파이썬으로 배우는
딥러닝 교과서

파이썬으로 배우는 딥러닝 교과서

이미지 인식 모델을 만들면서 익히는 딥러닝

초판 1쇄 발행 2020년 3월 1일

지은이 이시카와 아키히코 / **옮긴이** 박광수 / **펴낸이** 김태헌
펴낸곳 한빛미디어(주) / **주소** 서울시 서대문구 연희로2길 62 한빛미디어(주) IT출판부
전화 02-325-5544 / **팩스** 02-336-7124
등록 1999년 6월 24일 제25100-2017-000058호 / **ISBN** 979-11-6224-282-7 93000

총괄 전정아 / **책임편집** 이상복 / **기획** 홍성신 / **교정·조판** 김철수
디자인 표지·내지 김연정
영업 김형진, 김진불, 조유미 / **마케팅** 박상용, 송경석, 조수현, 이행은, 홍혜은 / **제작** 박성우, 김정우

이 책에 대한 의견이나 오탈자 및 잘못된 내용에 대한 수정 정보는 한빛미디어(주)의 홈페이지나 아래 이메일로
알려주십시오. 잘못된 책은 구입하신 서점에서 교환해드립니다. 책값은 뒤표지에 표시되어 있습니다.

한빛미디어 홈페이지 www.hanbit.co.kr / **이메일** ask@hanbit.co.kr

Pythonで動かして学ぶ! あたらしい深層学習の教科書
(Python de Ugokashite Manabu! Atarashii Shinsogakushu no Kyokasho : 5857-0)
© 2018 Aidemy, inc. Akihiko Ishikawa
Original Japanese edition published by SHOEISHA Co., Ltd.
Korean translation rights arranged with SHOEISHA Co., Ltd. through Botong Agency.
Korean translation copyright © 2020 by Habit Media, Inc.
이 책의 한국어판 저작권은 Botong Agency를 통한 저작권자와의 독점 계약으로 한빛미디어(주)에 있습니다.
저작권법에 의하여 한국 내에서 보호를 받는 저작물이므로 무단 전재와 무단 복제를 금합니다.

지금 하지 않으면 할 수 없는 일이 있습니다.
책으로 펴내고 싶은 아이디어나 원고를 메일(writer@hanbit.co.kr)로 보내주세요.
한빛미디어(주)는 여러분의 소중한 경험과 지식을 기다리고 있습니다.

파이썬으로 배우는
딥러닝 교과서

이시카와 아키히코 지음 | 박광수(아크몬드) 옮김

SE
SHOEISHA

HB 한빛미디어
Hanbit Media, Inc.

지은이·옮긴이 소개

지은이 **이시카와 아키히코(石川 聡彦)**

주식회사 Aidemy 대표이사. 도쿄대학 공학부를 졸업하고 데이터 분석 관련 연구와 실무 경험을 살려 2017년 인공지능 엔지니어를 위한 온라인 교육 서비스 Aidemy를 시작했습니다. Aidemy는 인공지능을 다루는 데 필요한 기술을 알려주는 서비스로, 2만 명 넘는 회원이 100만 회 넘게 학습했습니다. 지금은 와세다대학 선진이공학 박사과정에서 AI 프로그래밍 실습 과정을 지도하고 있습니다.

옮긴이 **박광수** archmond@gmail.com | archmond.win

'아크몬드'라는 필명으로 더 잘 알려진 블로거입니다. 2004년부터 지금까지 최신 윈도우 정보를 꾸준히 나누고 있습니다. 2007년부터 2019년까지 마이크로소프트 MVP(Windows 부문)를 수상했습니다. 오피스 365, 애저(Azure) 등 마이크로소프트의 최신 기술에 열광합니다. 현재 일본에서 서버 개발자로 활동하면서 딥러닝에 많은 관심을 두고 있습니다. 번역 도서로 『처음 배우는 딥러닝 수학』, 『파이썬으로 배우는 머신러닝의 교과서』(이상 한빛미디어, 2018) 등이 있습니다.

지은이의 말

이 책은 프로그래밍 경험은 있지만 머신러닝과 파이썬 경험이 거의 없는 독자를 위한 참고서입니다. 파이썬 기초부터 시작해서 NumPy, Pandas 등 파이썬에서 자주 사용하는 라이브러리를 접한 뒤 머신러닝과 딥러닝을 학습합니다. 최종적으로 딥러닝 기술인 CNN을 이용한 이미지 인식 프로젝트 구현까지 코딩하는 것이 목표입니다.

이 책은 프로그래밍 학습 사이트 Aidemy의 교재를 기반으로 작성되었습니다. Aidemy는 AI 등 첨단 기술에 특화된 일본 최대의 프로그래밍 학습 사이트입니다. 학습 사이트의 온라인 교육도 좋지만 '종이책으로 보고 기록하면서 배우고 싶다'는 분도 많을 겁니다. 종이책은 가독성이 우수하기 때문에 다시 살펴보기에 매우 편리합니다. 그래서 Aidemy의 첫 '공식 교과서'를 출간하게 되었습니다. 저와 Aidemy 팀의 첫 시도입니다.

프로그래밍에서 중요한 점은 '계속하는 것'입니다. 프로그래밍 초보자라도 이 책을 6개월간 읽으며 계속해서 학습한다면 딥러닝 관련 앱을 만들거나 자격증 취득 가능성이 높아지며 엔지니어로 첫발을 내디딜 수 있을 겁니다. 또한 프로그래밍 지식은 있지만 머신러닝을 경험하지 않은 독자의 경우 3개월 정도 읽고 학습한다면 딥러닝 실무를 해낼 수 있을 겁니다. 프로그래밍 학습에는 구현이 필수입니다. 꼭 코드를 작성해가며 이 책의 내용을 이해하기 바랍니다. 이 책을 잘 활용하여 머신러닝과 딥러닝 지식을 얻어 세상을 바꿀 앱을 만들어보세요.

이시카와 아키히코

옮긴이의 말

시장의 화두인 인공지능(AI)을 구현하는 기술인 딥러닝(심층학습)에 대한 관심이 늘고 있습니다. 앞으로도 지속적인 발전이 기대되는 분야이자 새 시대를 이끌 기술로 촉망받고 있습니다. 이러한 신기술을 배우기 위해서는 강력한 딥러닝 라이브러리를 가진 파이썬 학습이 꼭 필요합니다. 이 책에서는 풍부한 그림과 구체적인 예를 통해 딥러닝에 필요한 지식과 파이썬 활용법을 기초부터 제대로 배울 수 있습니다.

이 책의 장점은 다음 3가지입니다.

1. 파이썬부터 배웁니다. 초반부에 아주 간략하게 딥러닝 개요만 소개한 뒤 바로 파이썬 학습에 들어갑니다. 딥러닝 기초와 함수 사용법을 배우고 행렬 계산에 특화된 NumPy와 빅데이터를 다루는 Pandas 등을 반복적으로 다루면서 파이썬 사용법을 철저히 익힐 수 있습니다.

2. 후반부에는 이미지(화상) 인식 딥러닝에 방점을 찍고 있습니다. 영상에 비치는 문자나 얼굴 등의 물체와 특징을 감지하며 시각화하면서 언뜻 어려워 보이는 주제이지만 영상을 활용하므로 한층 쉽고 재미있게 다가갈 수 있습니다. 어떤 근거로 구현할 것인지 수치와 예제로 알려주므로 자신감을 갖고 문제를 풀 수 있습니다.

3. 다양한 문제를 통해 복습하고 넘어가도록 설계되어 있습니다. 개념 설명 후에 꼭 등장하는 문제를 통해 그동안 배운 지식을 바로 활용하여 프로그램으로 구현하도록 유도합니다. '우선 손을 움직여' 딥러닝을 깨우칠 수 있도록 돕습니다.

번역 작업을 끝내고 하얀 바탕의 빈 문서에 역자의 글을 적고 있으니 감회가 새롭습니다. 이 책의 독자가 딥러닝 초보자에서 실무 코드를 작성할 정도로 성장하는 모습을 기대합니다.

이 책을 담당한 한빛미디어 홍성신 님, 번역에 도움을 주신 이중민, 이미연 님, 그리고 최병수, 이인수, 최희찬, 츠카모토 유이(塚本 唯) 님을 비롯한 도쿄의 지인에게 감사드립니다.

2020년 2월
박광수

6

기본 지식

이 책은 딥러닝의 기초부터 배울 수 있으며, 다음 지식이 있으면 더 깊게 이해할 수 있습니다.

- 기본적인 컴퓨터 활용
- 기초적인 파이썬 프로그래밍 경험
- 함수, 미분, 벡터, 행렬의 기초 지식

이 책의 개발 환경

이 책에서 사용하는 라이브러리의 세부 내용은 0장 '개발 환경 준비'에서 확인할 수 있습니다.

코드 예제 테스트 환경

코드 예제는 다음 환경에서 문제없이 동작하는 것을 확인했습니다.

- 윈도우 10
- 파이썬 3.6.1
- 아나콘다 4.4.0
- 주피터 노트북 4.3.0

예제 파일 다운로드

이 책에서 사용된 예제 파일은 아래 사이트에서 다운로드할 수 있습니다.

www.hanbit.co.kr/src/10282

CONTENTS

CHAPTER 0 개발 환경 준비

CHAPTER 1 머신러닝 개요

CHAPTER 2 머신러닝의 흐름과 과적합

CHAPTER 3 성능평가지표와 PR 곡선

CONTENTS

CONTENTS

CHAPTER 6 함수 기초

CONTENTS

CHAPTER 10 데이터 시각화

CONTENTS

CHAPTER **11** matplotlib 사용하기

CHAPTER 12 다양한 그래프 그리기

CONTENTS

CHAPTER **13** 람다와 맵: 편리한 파이썬 기법

CHAPTER **14** DataFrame을 이용한 데이터 클렌징

CONTENTS

CHAPTER 17 하이퍼파라미터와 튜닝(1)

CONTENTS

CHAPTER 18 하이퍼파라미터와 튜닝(2)

CHAPTER 19 딥러닝 구현

CHAPTER 20 **딥러닝 튜닝**

CONTENTS

개발 환경 준비

0.1 아나콘다 설치

이 책은 파이썬 3.x 버전을 이용하여 설명하므로 먼저 파이썬 3.x 버전을 설치하겠습니다. 아나콘다^{Anaconda}를 이용하면 파이썬과 관련된 다양한 패키지를 쉽게 설치할 수 있습니다. 아나콘다는 아나콘다 사에서 제공하는 패키지로, 파이썬 코드 실행에 필요한 환경을 갖추고 있습니다.

❶ 아나콘다 다운로드 사이트에 접속합니다.

> URL www.anaconda.com/distribution

Python 3.7 version 아래의 Download를 클릭하여 애플리케이션을 다운로드합니다(그림 0-1).

그림 0-1 아나콘다 다운로드 사이트

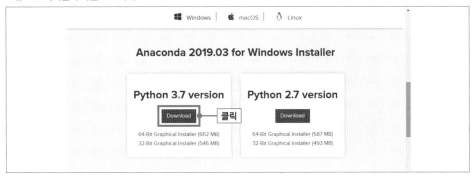

❷ 다운로드가 완료되면 설치 프로그램(집필 시점의 파일명은 Anaconda3-2019.03-Windows-x86_64.exe)을 더블 클릭하여 설치를 시작합니다(그림 0-2).

그림 0-2 설치 프로그램을 더블 클릭

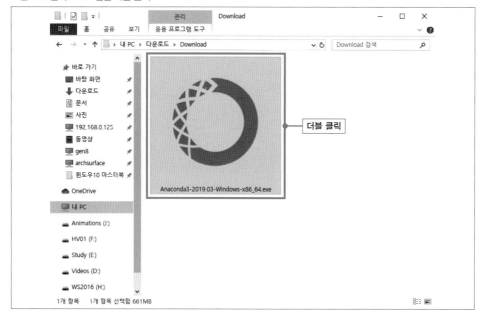

❸ Anaconda3 Setup 창에서 Next를 클릭합니다(그림 0-3).

그림 0-3 Next 클릭

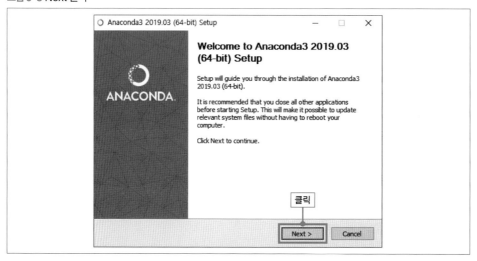

❹ License Agreement 창에서 ❶ 라이선스를 확인하고 ❷ I Agree를 클릭합니다(그림 0-4).

그림 0-4 사용권 계약 내용 확인

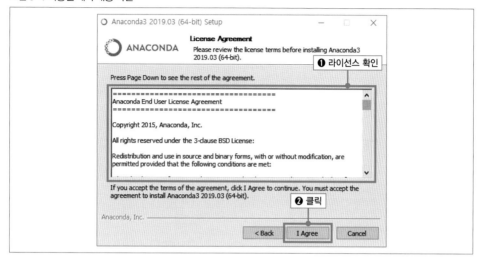

❺ Select Installation Type 창에서 ❶ Just Me(recommended)를 선택하고 ❷ Next를 클릭합니다(그림 0-5).

그림 0-5 설치 유형 선택

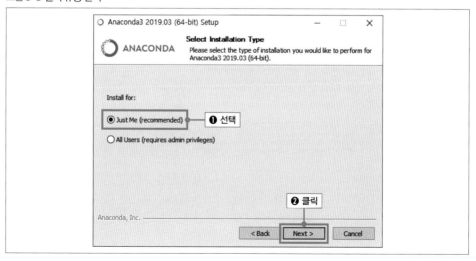

❻ Choose Install Location 창에서 ❶ Destination Folder에 설치 위치를 지정하고 ❷ Next를 클릭합니다(그림 0-6).

그림 0-6 설치 위치 지정

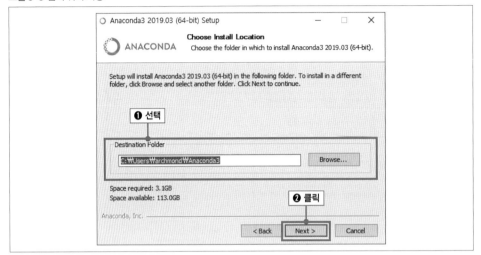

❼ Advanced Installation Options 창에서는 그대로 Install을 클릭합니다(그림 0-7).

그림 0-7 Install 클릭

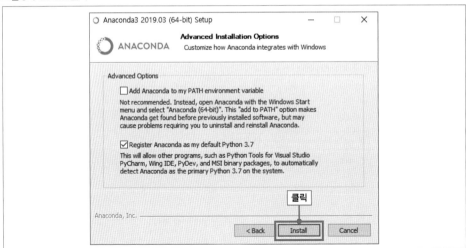

❽ Installing 창이 나타나며 설치가 시작됩니다(그림 0-8).

그림 0-8 설치 중

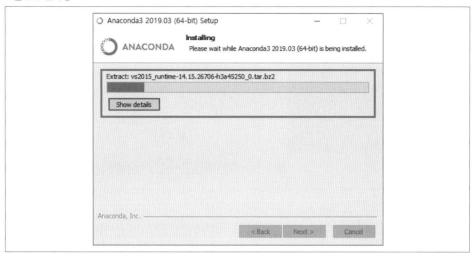

❾ Installation Completed 창이 나타나면 설치가 완료된 것입니다. ❶ Next를 클릭하고, ❷ Finish를 클릭하여 마법사를 닫습니다(그림 0-9).

그림 0-9 설치 완료

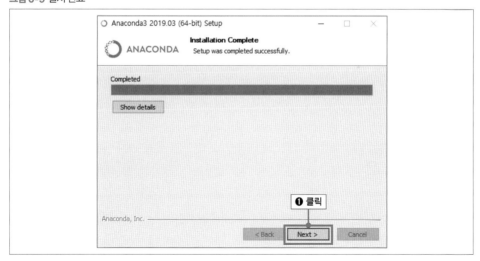

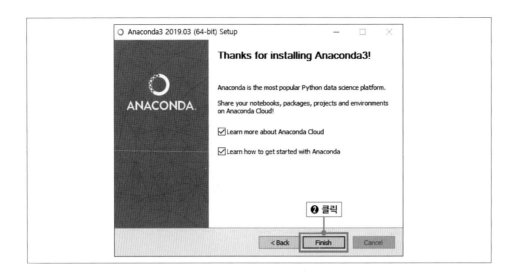

NOTE 아나콘다 버전

번역 시점(2019년 7월)에는 Anaconda3-2019.03-Windows-x86_64.exe가 가장 최신 버전이었습니다. [그림 0-1]에서 제공하는 버전은 시기에 따라 달라질 수 있지만 기본적으로 최신 버전을 이용하면 됩니다(파이썬 3.x 버전). 이 책의 환경에 맞추려면 다음 사이트에서 버전을 지정하여 다운로드하세요.

- 아나콘다 설치 파일 저장소

  repo.continuum.io/archive/

- 이 책에서 사용한 아나콘다 설치 파일명

  Anaconda3-2019.03-Windows-x86_64.exe

0.2 가상 환경 만들기

아나콘다를 설치한 후에는 가상 환경을 만듭니다.

❶ 윈도우에서 ❶ 시작 → ❷ Anaconda3 (64-bit) → ❸ Anaconda Navigator를 클릭하여
아나콘다 내비게이터를 시작합니다(그림 0-10).

그림 0-10 아나콘다 내비게이터 시작

❷ Anaconda Navigator 창에서 ❶ Environments → ❷ Create를 클릭하여 새로운 가상 환경을 만듭니다(그림 0-11).

그림 0-11 가상 환경 만들기(1)

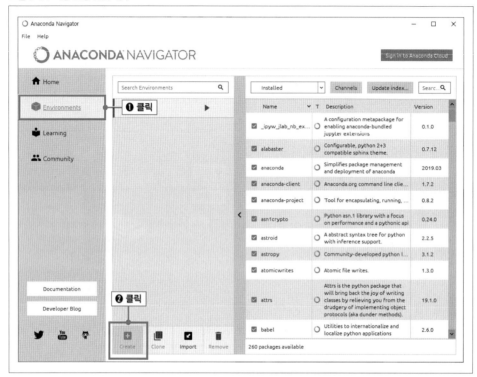

❸ Create new environment 창이 열리면 ❶ Name에 가상 환경의 이름을 입력하고 → ❷ Packages에서 Python을 체크한 뒤 3.6을 선택하고 → ❸ Create를 클릭합니다(그림 0-12)

그림 0-12 가상 환경 만들기(2)

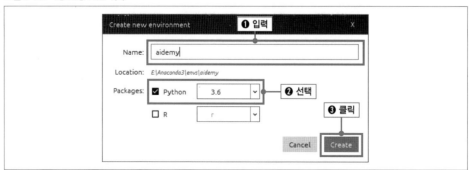

❹ 가상 환경이 만들어집니다(그림 0-13).

그림 0-13 생성된 가상 환경

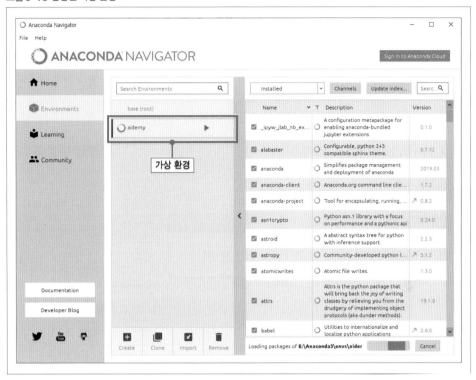

0.3 라이브러리 설치

가상 환경에 필요한 라이브러리를 설치합니다. Anaconda Navigator의 터미널에서 설치합니다.

❶ 작성한 가상 환경의 오른쪽에 있는 ❶ ▶를 클릭하고 ❷ Open Terminal을 선택합니다(그림 0-14).

그림 0-14 Open Terminal 선택

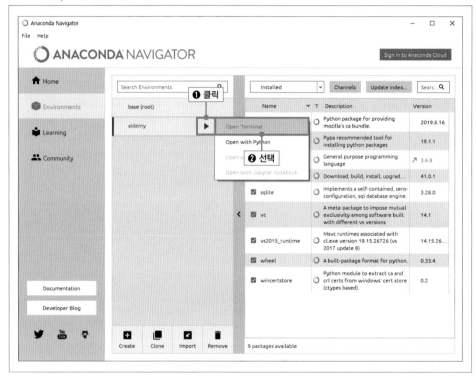

❷ 이 책에서는 scikit-learn(사이킷런)과 TensorFlow(텐서플로) 등도 다루기 때문에 pip 명령이나 conda 명령을 이용하여 필요한 라이브러리를 설치합니다.

```
conda install jupyter
conda install matplotlib==2.2.2
pip install scikit-learn==0.19.1
pip install tensorflow==1.5.0
pip install keras==2.2.0
```

❸ 그 외 필요한 라이브러리는 [표 0-1]과 같습니다. 다음 명령으로 설치하세요.

```
conda install 라이브러리명==버전명
```

표 0-1 라이브러리명과 버전명

라이브러리명	버전명
opencv	3.4.2
pandas	0.22.0
pydot	1.2.4
requests	2.19.1

0.4 주피터 노트북 실행 및 조작

주피터 노트북Jupyter Notebook을 실행하여 코드와 텍스트를 입력해보겠습니다.

❶ 작성한 가상 환경의 오른쪽에 있는 ❶ ▶를 클릭하고 ❷ Open with Jupyter Notebook을 선택합니다(그림 0-15).

그림 0-15 Open with Jupyter Notebook 선택

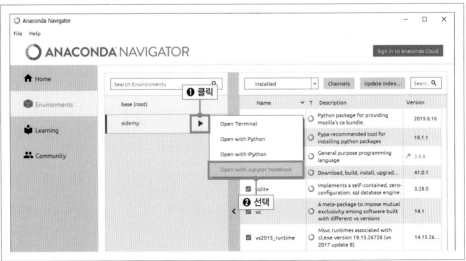

❷ 브라우저가 실행되면 ❶ New를 클릭하고 ❷ Python 3를 선택합니다(그림 0-16).

그림 0-16 Python 3 선택

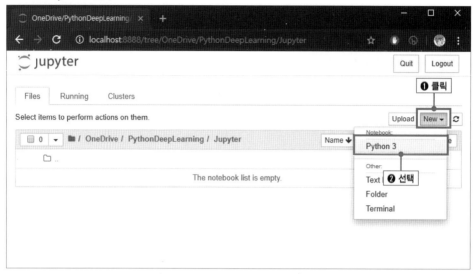

코드 입력하기

❶ In [ ]이라고 쓰여 있는 셀 안에서 커서가 깜박입니다. ❶ 코드를 입력하고 ❷ Shift + Enter 를 누릅니다(그림 0-17).

그림 0-17 셀에 코드를 입력한 뒤 실행

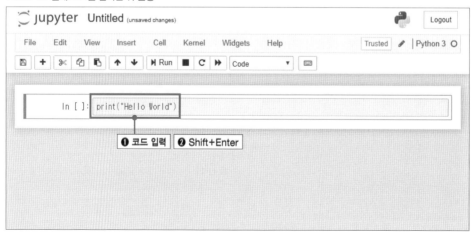

❷ 실행 결과가 표시됩니다(그림 0-18).

그림 0-18 실행 결과

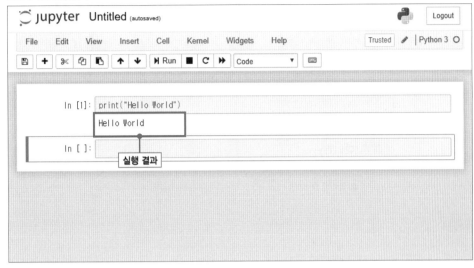

텍스트 입력하기

❶ 메뉴에서 ❶ Cell → ❷ Cell Type → ❸ Markdown을 선택합니다(그림 0-19).

그림 0-19 Markdown 선택

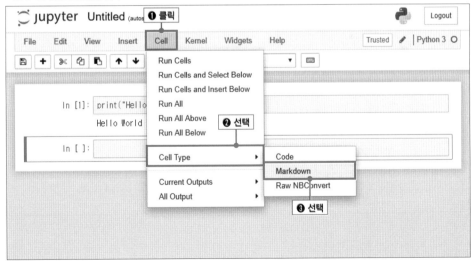

❷❶ # Aidemy라고 입력하고 **❷** Shift + Enter를 누릅니다(그림 0-20).

그림 0-20 텍스트 입력

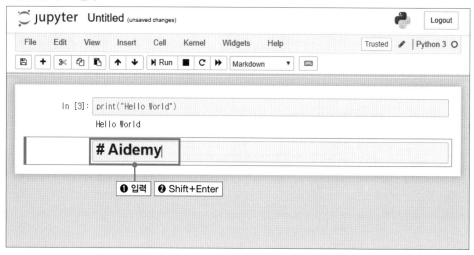

#은 마크다운(markdown) 입력 시 사용하는 태그입니다. #(대제목), ##(중제목), ###(소제목)으로 글꼴 크기를 변경할 수 있습니다.

❸ 실행 결과가 표시됩니다(그림 0-21).

그림 0-21 실행 결과

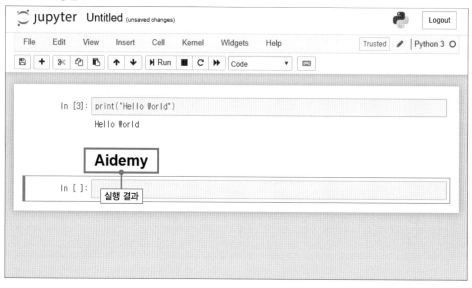

❹ 셀 종류로는 코드와 텍스트가 있으며, 필요에 따라 [그림 0-22]와 같이 메뉴에서 ❶ Cell →
❷ Cell Type → ❸ Code 또는 Markdown을 선택해서 변경할 수 있습니다. Code는 코드 셀
이며, Markdown은 텍스트 셀입니다.

그림 0-22 Markdown 선택

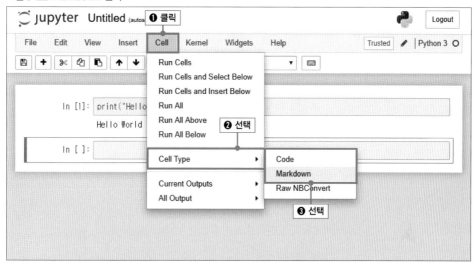

## CHAPTER 1

머신러닝 개요

1.1 머신러닝 기초

1.1.1 왜 지금 머신러닝이 주목받는가

머신러닝^{machine learning, ML}(기계학습)이 크게 주목받고 있는 주된 이유로 '사람이 처리 불가능한 단시간에 대량의 데이터에서 자동으로 정확한 결과를 얻을 수 있다'는 점을 들 수 있습니다. 머신 러닝은 대량의 데이터에서 패턴을 읽어내 문제를 해결합니다. 대량의 데이터를 인간이 처리하는 것은 비현실적인 비용이 듭니다. 그래서 이미지, 음성, 마케팅, 자연어, 의료 등 다양한 분야에서 진가를 발휘하고 있는 머신러닝이 큰 주목을 받고 있습니다. 컴퓨터의 처리 속도가 향상되어 대 용량 데이터 분석을 할 수 있는 환경이 조성된 것도 머신러닝이 주목받는 이유 중 하나입니다.

최근에는 인공지능^{artificial intelligence, AI}, 머신러닝, 딥러닝^{deep learning, DL}(심층학습) 등 다양한 기 술이 거론되고 있습니다. 이러한 개념의 관계를 [그림 1-1]에 나타냈습니다.

[그림 1-1]에서 볼 수 있듯이 인공지능은 광범위합니다. 예를 들어 조건을 늘어놓고 분류하는 알고리즘도 인공지능이라고 할 수 있습니다. 인공지능은 If-Then 형식의 지식 표현 알고리즘 등으로 불리기도 합니다. 이런 기술은 현재 주목받는 기술이라고 말하기 어렵기 때문에 이 책에 서는 다루지 않습니다. 이 책에서는 딥러닝을 포함한 머신러닝을 살펴봅니다.

그림 1-1 인공지능, 머신러닝, 딥러닝의 관계

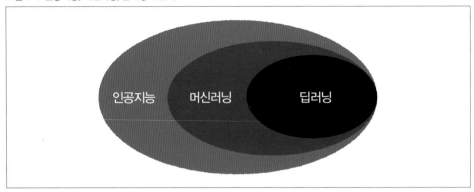

인공지능에 대한 설명 중 잘못된 것을 선택하세요.

1. 인공지능은 이미지, 음성, 마케팅 등의 분야에서 활용되고 있습니다.

2. 머신러닝은 대량의 데이터에서 패턴을 읽어 문제를 해결하는 방법입니다.

3. 딥러닝 기법의 일부가 머신러닝입니다.

4. 인공지능 알고리즘에는 If-Then 형식으로 지식을 표현하는 것도 포함됩니다.

힌트

잘못된 것을 선택하는 문제입니다.

해답

3. 딥러닝 기법의 일부가 머신러닝입니다.

1.1.2 머신러닝이란

머신러닝이란 무엇일까요? 간단히 말해 머신러닝은 '데이터를 반복적으로 학습하여 데이터에 숨어 있는 패턴을 찾아내는 것'이라고 할 수 있습니다. 그렇다면 여기서 말하는 '데이터에 숨어 있는 패턴'은 무엇일까요?

예를 들어 사람은 망막에서 빛의 신호를 받아서 눈에 무엇이 비치고 있는지 빠르게 인식할 수 있습니다. 사과나 귤 같은 과일, 책상이나 의자 같은 가구를 순식간에 구분하며, 사과를 의자로 착각하지 않습니다. 왜 그럴까요? 사과와 의자의 특징(패턴)이 다르기 때문입니다. 사과와 의자는 각각의 패턴이 존재합니다. 의자는 네모고, 사과는 둥근 것은 하나의 패턴입니다. 사과는 빨간색이고, 의자는 갈색인 것도 패턴입니다. 인간은 그 패턴의 차이를 순식간에 인식하기 때문에 사과를 의자로 오인하지 않습니다.

그러나 컴퓨터가 사과와 의자의 이미지에서 패턴을 찾는 것은 매우 어렵습니다. 예를 들어 '사과는 빨간색이며, 반경 5cm 정도의 구체'라고 컴퓨터에 가르쳐도 빨간색으로 칠한 공을 사과로 오인해버립니다. 이처럼 인간의 지식을 특징이라는 기호만으로 완벽하게 설명하는 것은 어렵습니다. 특징을 배우는 것만으로 기계가 제대로 실물을 이해할 수 있는가 하는 문제는 **기호 접지 문제**symbol grounding problem[1]로 불리며, 인공지능이 풀어야 할 난제 중 하나입니다.

머신러닝은 이러한 문제의 해결 방법으로 인간의 지식을 기술하지 않고, 대량의 사과 사진에서 공통의 패턴을 찾는 방법 등을 채택합니다. 여러 수단이 존재하는데, 머신러닝 방식은 크게 세 가지로 나눌 수 있습니다.

- 지도학습(supervised learning)
- 비지도학습(unsupervised learning)
- 강화학습(reinforcement learning)

여기서 '지도'란 무엇일까요? 다음 절에서 각각의 방식을 살펴보겠습니다.

문제

다음 문장에서 ( ) 안에 들어갈 적절한 단어를 선택하세요.

머신러닝 학습 방식을 크게 3가지로 나누면 ( ), ( ), 강화학습입니다.

1. 지도학습, 기호 접지 문제
2. 기호 접지 문제, 비지도학습
3. 지도학습, 비지도학습

힌트

기호 접지 문제는 인공지능이 풀어야 할 난제 중 하나입니다.

해답

3. 지도학습, 비지도학습

---

[1] 옮긴이_ 기호와 실물을 얼마나 잘 연결시키는지의 문제

1.2 머신러닝 학습 방식

1.2.1 지도학습

지금부터 머신러닝의 대표적인 학습 방법 중 하나인 **지도학습**을 알아보겠습니다. 지도학습의 '지도'란 '데이터에 붙어 있는 정답 라벨'을 말합니다. 그렇다면 정답 라벨은 무엇을 가리키는 걸까요? [그림 1-2]를 보세요.

그림 1-2 데이터와 관련된 정답 라벨

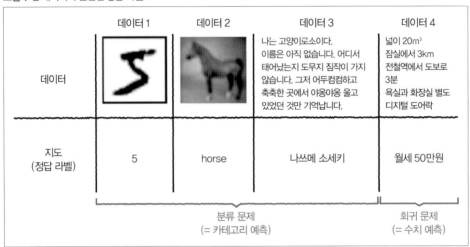

왼쪽부터 여러 데이터와 그 내용을 나타내는 카테고리 및 수치가 부여되어 있습니다. 이런 내용을 나타내는 데이터는 **정답 라벨** 등으로 불립니다. 데이터 1은 필기체 문자(이미지)로, 지도 데이터 '5'가 부여되어 있습니다. 데이터 2는 사진 이미지로, 지도 데이터 'horse'가 부여되어 있습니다. 이처럼 이미지 데이터를 취급하는 것은 이미지 인식으로 불리며, 머신러닝 중에서도 딥러닝의 분야입니다.

데이터 3은 문장으로, 지도 데이터 '나쓰메 소세키'가 부여되어 있습니다. 글을 다루는 것은 자연어 처리라고 합니다. 자연어 처리 natural language processing[2] 분야는 각 언어마다 별도의 데이터셋을 준비해야 해서 정보를 모으기 어려운 것이 특징입니다.

---

2 **옮긴이_** 인간의 언어를 분석하여 컴퓨터가 처리하는 인공지능의 주요 분야

데이터 1~3처럼 최종적으로 카테고리를 예측하는 것을 **분류 문제**라고 합니다. 데이터 4는 넓이 등의 정량적인 데이터를 바탕으로 정답 라벨에 '월세 50만원'이 주어져 있습니다. 최종적으로 임대료 등의 수치값을 예측하는 것을 **회귀 문제**라고 합니다.

지도학습의 흐름을 정리하겠습니다.

   1 다양한 지도 데이터를 컴퓨터에 제공하여 정답 라벨을 학습하고, 정답 라벨을 출력하도록 학습 모델 생성하기
   2 생성한 모델에 미지의 데이터를 적용해서 정답 라벨에 가까운 값이 나오는지 확인하기

대량의 데이터로 컴퓨터가 정답 라벨에 근접하도록 반복 처리하는 것이 지도학습의 기본 원리입니다.

문제

회귀 문제로 적절한 것을 선택하세요.

1. 임대료 예측과 기온 예측
2. 매출 예측과 0~9의 필기체 문자 인식
3. 사진에 찍힌 물건의 식별과 문장으로 저자 예측
4. 얼굴 사진에서 남녀 식별과 주가 예측

힌트

수치 예측은 임대료 예측, 매출 예측, 기온 예측, 주가 예측이며, 카테고리 예측은 0~9의 필기체 문자 인식, 사진에 찍힌 물건의 식별, 문장으로 저자 예측, 얼굴 사진에서 남녀 식별입니다.

해답

1. 임대료 예측과 기온 예측

1.2.2 비지도학습

이 절에서는 **비지도학습**(자율학습)을 살펴봅니다. 앞에서 살펴본 것처럼 지도학습에는 정답 라벨이라는 해답이 존재하는 반면 비지도학습에는 정답 라벨이 없습니다. 주어진 데이터에서 규칙성을 발견해서 학습합니다. 지도학습은 컴퓨터에 미리 답을 알려주는 반면 비지도학습은 컴퓨터가 우리를 이끌어줍니다. 따라서 비지도학습에는 정답이나 오답이 없는 것이 특징입니다.

그림 1-3 데이터에 부여된 정답 라벨

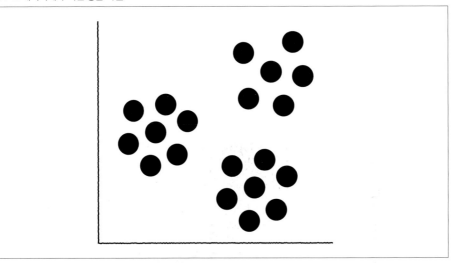

[그림 1-3]에 있는 20개 점의 집합을 보세요. 사람이 이 그림을 보면 크게 3개의 덩어리로 되어 있다는 것을 바로 알 수 있습니다. 3개의 덩어리를 기계에 인식시키기 위해 비지도학습의 하나인 **클러스터링**clustering 기법을 사용합니다. 그러면 기계도 크게 3개의 덩어리로 구성되어 있다는 것을 인식할 수 있습니다. 일반적으로 비지도학습은 데이터의 집합 중에서 법칙성이나 데이터의 그룹을 이끌어내는 용도로 사용됩니다.

비지도학습은 추천 상품이나 메뉴를 알려주는 제안 사항recommendation 으로 이용하거나, 다차원 데이터의 정보(데이터)를 압축(주성분 분석principal component analysis, PCA 또는 차원 감소dimensionality reduction 등으로 불립니다)할 때 이용하며, 자연어 처리 등의 분야에서 정보(데이터)를 압축하기 위해 자주 사용합니다.

문제

다음 문장에서 ( ) 안에 들어갈 적절한 단어를 선택하세요.

비지도학습에서는 정답 라벨이 ( )을 취급하며, 대표적인 방식으로 ( )가 있습니다.

1. 주어진 것, 랜덤 포레스트

2. 주어지지 않은 것, 랜덤 포레스트

3. 주어진 것, 클러스터링

4. 주어지지 않은 것, 클러스터링

랜덤 포레스트는 지도학습의 하나입니다.

4. 주어지지 않은 것, 클러스터링

1.2.3 강화학습

지도학습과 비지도학습 외에도 최근 주목받고 있는 방법으로 강화학습이 있습니다. 강화학습 또한 지도가 필요 없습니다. 강화학습은 에이전트^{agent}[3]와 환경^{environment}을 제공합니다. 에이전트가 환경에 대해 행동하고, 그 결과로 환경이 에이전트에 보상하고, 주어진 보상에 따라 에이전트가 행동에 대해 좋았다/나빴다 평가를 하여 다음 행동을 결정하는 형태입니다. 강화학습은 최근 딥러닝과 함께 사용되며, 바둑이나 장기 AI 및 로봇의 조작 제어 등에 이용되고 있습니다(그림 1-4).

그림 1-4 에이전트와 환경

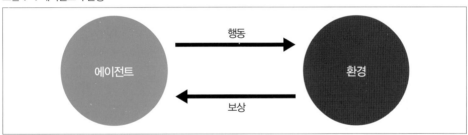

다음 동영상은 실제 강화학습 모델을 잘 설명해줍니다.

- **산적 로봇**: 딥러닝으로 자율 동작 획득

  출처 Preferred Networks, Inc.
  URL www.youtube.com/watch?v=ATXJ5dzOcDw

동영상의 재생 시간으로 보면 0:16에는 학습하지 않았기 때문에 로봇이 둥근 막대 형태의 부품을 제대로 고르지 못하고 있습니다. 하지만 0:55 시점에는 학습이 되었기 때문에 90% 이상의

---

3 옮긴이_ 사용자나 다른 소프트웨어와의 중개(agency) 관계에서 동작하는 소프트웨어

확률로 부품을 잘 선별하고 있습니다. 로봇의 동작이나 시뮬레이션을 통해 컴퓨터가 자동으로 좋은 평가를 받을 움직임을 학습하는 것이 강화학습입니다.

문제

다음 문장에서 ( ) 안에 들어갈 적절한 단어를 선택하세요.

강화학습은 ( )을 필요로 하지 않는 학습 방식으로, 이미지 인식과 ( ) 등에서 사용되고 있습니다.

1. 정답 라벨, 로봇 제어
2. 보상, 로봇 제어
3. 정답 라벨, 필기체 문자 인식
4. 보상, 필기체 문자 인식

힌트

필기체 문자 인식은 대부분 지도학습의 알고리즘으로 실현 가능합니다.

해답

1. 정답 라벨, 로봇 제어

‖‖연습 문제‖‖

이 장에서 배운 지식을 모두 쏟아 부으세요. 다음 문제의 ①~⑧에 해당하는 단어를 떠올려보세요.

문제

머신러닝의 학습 방식은 크게 ①, ②, ③의 3가지입니다. 그중에서 가장 대표적인 방법은 ④입니다. ④는 인간의 학습 과정을 모방한 것입니다. ⑤로 학습하여 ⑥을 이용해서 답을 도출한 뒤 ⑦을 보고 답을 맞힙니다. 결과가 잘못되었다면 다시 ⑧하여 답이 맞을 때까지 여러 번 다시 학습합니다.

힌트

모두 이 장에서 학습한 단어입니다. 모르는 단어가 있으면 복습하세요.

머신러닝의 학습 방식은 크게 지도학습, 비지도학습, 강화학습의 3가지입니다. 그중에서 가장 대표적인 방법은 지도학습입니다. 지도학습은 인간의 학습 과정을 모방한 것입니다. 학습 데이터로 학습하여 머신러닝 알고리즘을 이용해서 답을 도출한 뒤 정답 라벨을 보고 답을 맞힙니다. 결과가 잘못되었다면 다시 계산하여 답이 맞을 때까지 여러 번 다시 학습합니다.

머신러닝의 대표 주자인 지도학습은 지도 데이터라고 하는 문제와 해답이 첨부된 데이터를 다루는 것이 특징입니다. 학습 데이터에서 머신러닝 알고리즘을 통해 답을 도출한 뒤 라벨 데이터를 이용하여 답을 맞히고 정답이 나올 때까지 몇 번이고 답을 맞히는 것입니다. 강화학습은 최근 주목받기 시작한 기술로, 보드게임 분야에 강점을 갖고 있습니다. 최근에는 바둑에 응용한 것이 제일 유명합니다. 지도학습, 비지도학습, 강화학습은 16장에서 자세히 설명하므로 기대해주세요.

## CHAPTER 2

머신러닝의 흐름과 과적합

2.1 머신러닝의 흐름

2.1.1 지도학습의 흐름

앞 장에서 머신러닝이 크게 3종류로 나뉘는 것을 배웠습니다. 이 장에서는 머신러닝의 일련의 흐름을 지도학습, 비지도학습, 강화학습 중에서 가장 많이 적용되는 지도학습을 통해 알아봅니다. 지도학습의 흐름은 다음과 같이 정리할 수 있습니다.

1 데이터 수집
2 데이터 클렌징
3 머신러닝 기법으로 데이터 학습(기준 취득)
4 테스트 데이터로 성능 테스트
5 머신러닝 모델을 웹 환경 등에서 구현

위 흐름에서 머신러닝이 사용된 부분은 세 번째 항목뿐입니다. 이처럼 머신러닝 실행에는 **사전 준비 및 결과의 고찰**이 필요합니다. 대개는 1과 2에 상당한 시간이 소요됩니다. 예를 들어 이미지 인식 분야라면 사진 데이터만 수만 장이 필요할 수 있습니다. 데이터양이 많으면 컴퓨터로 처리하더라도 사전 준비에 걸리는 시간이 증가하고, 그 결과를 사람이 확인한 뒤 다시 1과 2의 처리에 들어가게 됩니다. 머신러닝의 실행에는 꾸준한 작업이 필요합니다(데이터 과학자 작업 시간의 80% 이상이 데이터 수집과 정리라고 말하고 있습니다).

다음 중 일반적으로 지도학습에서 시간이 가장 많이 필요한 부분은 어디입니까?

1. 데이터 수집 및 클렌징
2. 머신러닝 기법으로 데이터 학습(기준 취득)
3. 테스트 데이터로 성능 테스트
4. 머신러닝 모델을 웹 환경 등에서 구현

데이터 과학자 작업 시간의 80% 이상이 데이터 수집과 정리라고 말하고 있습니다.

1. 데이터 수집 및 클렌징

2.1.2 데이터 학습

앞에서 언급한 머신러닝의 흐름 중 '3. 머신러닝 기법으로 데이터 학습(기준 취득)'을 자세하게 설명하겠습니다.

머신러닝에서 자주 사용되는 샘플 데이터셋으로 Iris가 있습니다. 아이리스는 우리말로 붓꽃입니다. 모든 꽃이 그러하듯이 붓꽃은 꽃을 감싸는 꽃잎과 꽃잎을 받치는 작은 잎인 꽃받침 구조로 되어 있습니다. 붓꽃에는 다양한 종류가 존재하지만, 여기에서는 setosa와 versicolor 두 품종만 채택합니다. 이들을 꽃받침의 길이와 폭, 꽃잎의 길이와 폭으로 분류해봅시다.

setosa와 versicolor에 대해 꽃받침의 길이와 폭 데이터가 각각 5개씩 주어졌다고 합시다. 이때 그래프의 가로축을 꽃받침의 길이, 세로축을 꽃받침의 폭으로 하는 산포도를 봅시다(그림 2-1).

그림 2-1 산포도

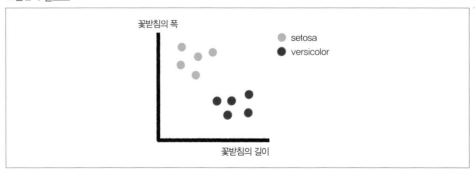

하늘색 점이 setosa, 파란색 점이 versicolor입니다. 우리 눈으로 보면 하늘색과 파란색 점을 [그림 2-2]처럼 하나의 선으로 나눌 수 있습니다.

그림 2-2 산포도

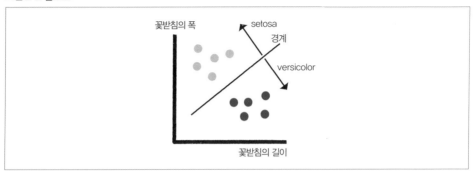

이 그림을 본 사람은 쉽게 setosa 또는 versicolor를 분류할 수 있을 겁니다. 그러나 컴퓨터가 이렇게 분류하도록 시키는 것은 쉽지 않습니다. 어떻게 하면 컴퓨터가 분류할 수 있게 될까요?

컴퓨터로 분류하는 흐름을 정리해봅시다. 기계는 다음과 같은 흐름으로 인간의 눈으로 봐도 올바른 선을 그릴 수 있게 됩니다.

1. 적당한 선 긋기(그림 2-3).

그림 2-3 선긋기

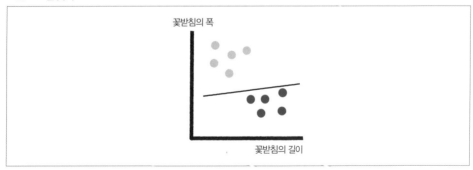

2. 그은 선이 적절한 위치에 있는지 계산하기 (그림 2-4).

그림 2-4 계산하여 위치 구하기

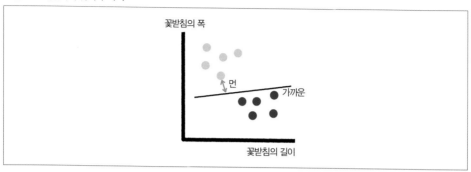

3. 선 위치를 개선하여 수정하기

4. 점을 적절히 분류할 수 있는 위치에 선을 그리면 종료 (그림 2-5)

그림 2-5 분류 가능한 위치에 선 긋기

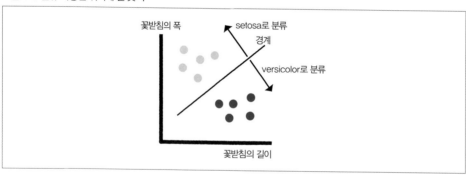

위 예는 어디까지나 많은 분류 방법 중 하나입니다. 실제로 2의 계산도 여러 가지 방법이 있는데, 16장 '지도학습(분류) 기초'에서 자세히 소개합니다. 여기서는 컴퓨터가 스스로 올바른 선을 그었는지 계산하고 수정한다는 것만 기억해도 됩니다.

2와 3을 계속 반복하면 정확한 선을 그릴 수 있게 됩니다. 그리고 4의 시점은 컴퓨터 자신이 '이런 데이터에는 이런 선을 그어 분류하면 된다'고 학습한 것입니다. 컴퓨터 스스로 답을 찾아 데이터의 패턴으로 만든 기준을 모델^{model}이라고 부릅니다.

다음 문장에서 ( ) 안에 들어갈 적절한 단어를 선택하세요.

지도학습은 데이터 중에서 ( )을 찾고, 분류하기 위한 ( )을 만듭니다.

1. 패턴, 모델

2. 패턴, 데이터

3. 모델, 라벨

4. 패턴, 라벨

컴퓨터 스스로 답을 찾은 데이터의 패턴으로 만든 기준을 모델이라고 합니다. 지도학습에서는 정답 라벨의 데이터를 사용하여 학습합니다.

1. 패턴, 모델

2.2 학습 데이터 사용법

2.2.1 훈련 데이터와 테스트 데이터

머신러닝의 흐름을 확인해봅시다. 머신러닝의 지도학습에서는 취급하는 데이터를 훈련 데이터와 테스트 데이터로 나누어 사용합니다. **훈련 데이터**는 학습에 사용하는 데이터이며, **테스트 데이터**는 학습된 모델의 정밀도^{precision}를 평가할 때 사용하는 데이터입니다.

훈련 데이터$^{training\ data}$와 테스트 데이터$^{test\ data}$로 나누는 이유는 머신러닝은 미지의 데이터를 예측하는 것을 목적으로 한 학문 체계이기 때문입니다.[1] 머신러닝은 사진에 찍힌 것 인식하기, 주가 예측하기, 뉴스 기사를 카테고리로 나누기 등 다양한 활용 방안이 있으며, 모두 미지의 데이터에 대해 학습된 모델이 적용됩니다.

따라서 머신러닝 모델의 평가에는 학습에 사용되지 않은 테스트 데이터를 사용합니다(머신러닝과 비슷한 학문으로 통계학이 있지만 통계학에서는 훈련 데이터와 테스트 데이터를 나누어 사용

---

[1] 머신러닝은 인공지능이라는 학문 체계에서 가장 주목받고 있는 연구 과제 중 하나입니다. 이 책에서는 통계학과 차이를 명확히 하기 위해 학문 체계라고 표현하고 있습니다.

하는 경우가 거의 없습니다. 통계학은 데이터에서 현상을 설명하는 것에 중점을 두고 있기 때문입니다(그림 2-6).

그림 2-6 머신러닝과 통계학

머신러닝에서 필기체 문자 인식에 자주 사용하는 MNIST^{Modified National Institute of Standards and Technology}[2]라는 데이터셋이 있습니다. 모든 데이터(70,000장의 필기체 문자 이미지) 중에서 60,000장을 훈련 데이터로, 10,000장을 테스트 데이터로 나누어 사용합니다. 60,000장의 데이터로 학습 모델을 만들고, 학습에 사용하지 않은 10,000장의 데이터로 학습 모델의 정확성을 검증하는 것으로 알려져 있습니다. 경우에 따라 다르지만 전체 데이터의 20% 정도를 테스트 데이터로 사용하는 경우가 많습니다(그림 2-7).

그림 2-7 MNIST 데이터셋을 훈련 데이터와 테스트 데이터로 나누기

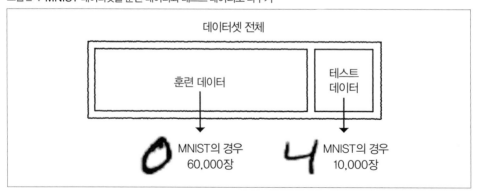

---

2 옮긴이_ 손으로 쓴 숫자들로 이루어진 대형 데이터베이스. 다양한 이미지 처리 시스템 훈련에 사용됩니다.

다음 중 옳지 않은 것을 선택하세요.

1. 머신러닝은 주로 알 수 없는 데이터를 예측하는 것을 목적으로 하는 학문 체계다.

2. 통계학은 주로 데이터에서 현상을 설명하는 것을 목적으로 하는 학문 체계다.

3. MNIST 데이터셋은 훈련 데이터로 60,000장의 데이터가 사용된다.

4. 경우에 따라 다르지만 훈련 데이터보다 테스트 데이터의 분량이 많은 경우가 흔하다.

힌트

대부분의 경우 전체 데이터의 20 % 정도를 테스트 데이터로 사용합니다.

해답

4. 경우에 따라 다르지만 훈련 데이터보다 테스트 데이터의 분량이 많은 경우가 흔하다.

2.2.2 홀드아웃 방법의 이론과 실현

데이터를 분리하는 방법으로 홀드아웃 방법과 k-분할 교차검증을 소개합니다. **홀드아웃 방법**은 주어진 데이터셋을 훈련 데이터와 테스트 데이터 2가지로 분할하는 방법입니다.

이번에는 scikit-learn 라이브러리로 홀드아웃 방법을 실현해봅니다. scikit-learn은 파이썬 의 오픈소스 머신러닝 라이브러리입니다. scikit-learn의 홀드아웃 방법을 구현하려면 train_test_split() 함수를 사용합니다. 예제는 다음과 같습니다.

```
X_train, X_test, y_train, y_test = train_test_split(X, y, test_size=XXX,
random_state=0)
```

X에는 데이터셋의 정답 라벨에 대응하는 특징이 배열로 되어 있는 데이터를, y에는 데이터셋의 정답 라벨이 배열로 되어 있는 데이터를 준비했습니다.

여기서 XXX는 전체 데이터에서 테스트 데이터로 선택하고 싶은 비율을 0에서 1 사이의 수치로 지정합니다. 즉, 0.2를 지정하면 데이터 중 20%가 테스트 데이터(80%는 훈련용 데이터)가 됩니다. 이렇게 지정하면 X_train에는 훈련 데이터의 데이터셋(정답 라벨 이외)이, X_test에는 테스트 데이터의 데이터셋(정답 라벨 이외)이 저장되며, y_train에는 훈련 데이터의 정답 라벨이, y_test에는 테스트 데이터의 정답 라벨이 저장됩니다.

random_state=0은 지정하지 않아도 되는 인수지만 테스트를 할 때는 지정하는 경우가 많습니다. random_state=0을 지정하지 않으면 테스트 시 선택되는 데이터셋이 고정되지 않고 매번 무작위로 선택됩니다. 데이터셋이 매번 바뀌기 때문에 정밀도도 매번 달라져서 정밀도를 비교하거나 실험을 재현하기 힘들게 됩니다. 따라서 이 인수는 지정하는 경우가 많습니다.

train_test_split() 함수는 그 밖에도 다양한 인수가 존재하지만 가장 중요한 것은 test_size=XXX라는 인자입니다.

문제

[리스트 2-1]의 __를 채우고, 전체 데이터셋에서 20%를 테스트 데이터로 지정하여 출력하세요.

리스트 2-1 문제

```
In
# 코드 실행에 필요한 모듈을 import합니다.
from sklearn import datasets
from sklearn.model_selection import train_test_split

# Iris 데이터셋을 읽어 들입니다.
iris = datasets.load_iris()
X = iris.data
y = iris.target

# X_train, X_test, y_train, y_test에 데이터를 저장합니다.
X_train, X_test, y_train, y_test = train_test_split(X, y, test_size=___,
random_state=0)

# 훈련 데이터와 테스트 데이터의 크기를 확인합니다.
print("X_train: ", X_train.shape)
print("y_train: ", y_train.shape)
print("X_test: ", X_test.shape)
print("y_test: ", y_test.shape)
```

힌트

[리스트 2-1]에서 test_size를 0.3으로 하면 전체 데이터의 30%를 테스트 데이터로 지정할 수 있습니다.

리스트 2-2 해답

| In | (…생략…)
X_train, X_test, y_train, y_test에 데이터를 저장합니다.
X_train, X_test, y_train, y_test = train_test_split(X, y, test_size=0.2,
random_state=0)
(…생략…) |

| Out | X_train: (120, 4)
y_train: (120,)
X_test: (30, 4)
y_test: (30,) |

2.2.3 k-분할 교차검증의 이론

k-분할 교차검증은 모델 평가 검증의 하나입니다. 비복원 추출(한 번 추출한 데이터는 제자리에 되돌리지 않는 추출법)을 이용하여 훈련 데이터셋을 k개로 분할한 뒤 k-1개의 데이터는 학습 데이터셋으로 사용하고, 나머지 1개를 모델 테스트에 사용하는 방법입니다. 결과적으로 k개의 모델과 그 모델에 대한 성능 평가를 k개 얻을 수 있기 때문에 k회 학습과 평가를 반복하고 k개 성능 평가의 평균을 취해 평균 성능을 산출합니다.

k-분할 교차검증에서는 데이터셋에서 테스트 데이터를 추출하는 모든 조합을 시험할 수 있기 때문에 보다 안정되고 정확한 모델 평가가 가능합니다. k회 학습과 평가를 하기 때문에 홀드아웃 방법보다 k배의 연산이 필요하다는 단점이 있습니다. [그림 2-8]은 k=10일 경우의 k-분할 교차검증의 모습을 보여줍니다.

일반적으로 사용되는 k의 값은 5~10 정도입니다. 데이터셋이 큰 경우에는 k의 값을 크게 하여 분할되는 수를 늘림으로써 좋은 결과를 얻을 수 있는 경우가 많습니다.

또한 k-분할 교차검증에는 리브-원-아웃 교차검증Leave-One-Out Cross-Validation, LOOCV (한 개 빼기 교차검증)이라는 특별한 방법이 있습니다. 분할되는 수를 데이터셋의 수와 같게 하고, 한 줄 이외의 데이터셋으로 학습하고, 학습에 사용하지 않았던 한 줄로 모델의 정밀도를 평가하는 방법입니다(여기서 한 줄은 하나의 데이터를 의미합니다). 즉, 20행의 데이터가 있다면 19행으로 학습하고, 학습에 사용하지 않은 1행으로 테스트를 실시합니다. 총 20회 교육을 실시한 테스트 결과의 평균을 취해 정밀도를 산출합니다. 작은 데이터셋(예를 들어 데이터셋이 50~100행 이하)을 취급하는 경우에는 이 방법이 권장됩니다. 교차검증의 장점은 보유한 데이터를 최대한으로 활용한 성능 측정을 할 수 있다는 것입니다.

그림 2-8 k=10일 때 k-분할 교차검증의 모습

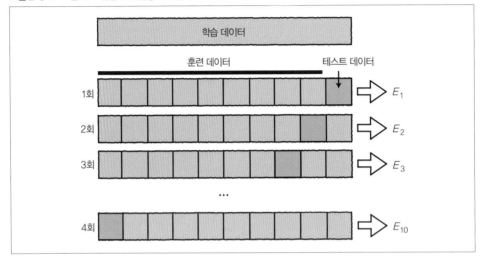

문제

다음 중 옳지 않은 것을 선택하세요.

1. k-분할 교차검증은 모든 데이터로 학습을 수행하고, k개로 분할된 데이터셋을 테스트 데이터로 사용하는 방법이다.

2. k-분할 교차검증은 훈련 데이터셋을 k개로 분할하여 그중 k−1개의 데이터를 학습용 데이터셋으로 사용하고, 나머지 1개를 모델 테스트에 사용한다.

3. k-분할 교차검증은 크로스 벨리데이션cross-validation이라고도 불린다.

4. k-분할 교차검증은 홀드아웃 방법보다 k배의 연산이 필요하다.

힌트

훈련 데이터와 테스트 데이터를 분리하는 것은 머신러닝의 기초이자 기본입니다.

해답

1. k-분할 교차검증은 모든 데이터로 학습을 수행하고, k개로 분할된 데이터셋을 테스트 데이터로 사용하는 방법이다.

2.2.4 k-분할 교차검증의 실현

실제로 코드를 작성해서 k-분할 교차검증을 구현하겠습니다. 샘플은 다음과 같습니다.

```
scores = cross_validation.cross_val_score(svc, X, y, cv=5)
```

X에는 데이터셋의 정답 라벨 이외의 데이터가 배열로 되어 있고, y에는 데이터셋의 정답 라벨이 배열로 되어 있는 데이터를 준비했습니다.

이를 토대로 하여 다음 문제에 도전합니다. 여기서는 아직 배우지 않은 머신러닝 모델인 서포트 벡터 머신^{support vector machine, SVM}이 등장합니다. 이 모델의 개요 및 인수 사용법은 16장 '지도학습(분류) 기초'에서 다루기 때문에 지금은 자세하게 이해할 필요 없습니다.

문제

[리스트 2-3]의 __를 채우고, 교차검증의 분할수를 5로 지정하여 출력하세요.

리스트 2-3 문제

```
In     # 코드의 실행에 필요한 모듈을 import합니다.
       from sklearn import svm, datasets, cross_validation

       # Iris 데이터셋을 읽어 들입니다.
       iris = datasets.load_iris()
       X = iris.data
       y = iris.target

       # 머신러닝 알고리즘 SVM을 사용합니다.
       svc = svm.SVC(C=1, kernel="rbf", gamma=0.001)

       # 교차검증을 이용하여 점수를 구합니다.
       # 내부에서는 X, y가 각각 X_train, X_test, y_train, y_test로 분할 처리됩니다.
       scores = cross_validation.cross_val_score(svc, X, y, cv=__)

       # 훈련 데이터와 테스트 데이터의 크기를 확인합니다.
       print(scores)
       print("평균 점수: ", scores.mean())
```

힌트

• k 분할의 개수를 조정하면 최종 점수가 변동합니다.

- 분류에 사용한 SVM은 머신러닝에서 데이터를 분류하는 방법 중 하나입니다. 학습 데이터를 전달하여 답을 예상하고 출력합니다. 16장 '지도학습(분류) 기초'에서 자세히 설명합니다. 여기서는 데이터를 분류하는 방법 중 하나라고만 알아두세요.

해답

리스트 2-4 해답

In
```
# 코드 실행에 필요한 모듈을 import합니다.
from sklearn import svm, datasets, cross_validation
(... 생략 ...)
# 교차검증을 이용하여 점수를 구합니다.
# 내부에서는 X, y가 각각 X_train, X_test, y_train, y_test로 분할 처리됩니다.
scores = cross_validation.cross_val_score(svc, X, y, cv=5)
(... 생략 ...)
```

Out
```
[0.86666667 0.96666667 0.83333333 0.96666667 0.93333333]
평균 점수: 0.9133333333333334
```

2.3 과적합

데이터의 패턴에서 기준을 만들어낸 컴퓨터에 새로운 데이터를 제공하면 심한 변동이 없는 한 데이터를 패턴별로 분류할 수 있습니다. 그러면 컴퓨터를 훈련할 겸 편중된 데이터를 제공하면 어떻게 될까요? 예를 들어 [그림 2-9]는 꽃받침의 폭과 길이에 따라 꽃의 종류를 분류하고 있으며, 일부 편중된 데이터가 존재합니다.

그림 2-9 꽃받침의 폭과 길이에 따라 꽃의 종류를 분류한 데이터

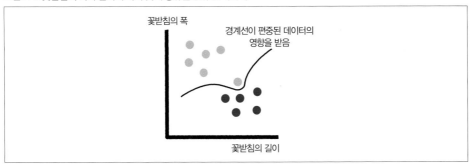

하나의 데이터에 영향을 받아서 올바른 선을 그리지 못한 것을 알 수 있습니다. 이처럼 주어진 데이터에 과하게 적용되어 올바른 기준을 구축하지 못한 것, 즉 컴퓨터가 데이터를 과하게 학습한 상태를 **과적합**^overfitting(과대적합)이라고 합니다.

힌트

과적합과 달리 데이터를 제대로 학습하지 못한 상태를 과소적합(underfitting)이라고 합니다.

해답

1. 과적합

2.3.1 과적합의 회피

과적합의 해결책은 여러 가지가 있습니다. 예를 들어 딥러닝에서는 **드롭아웃**이라는 기법을 이용하여 과적합을 막고 있습니다. 이는 학습시 무작위로 일부 뉴런(특정 입력에 대해 값을 출력하는 뉴런)을 없애는 방법입니다. 그 밖에 과적합을 방지하는 대표적인 방법으로 **정규화**^regularization, ^normalization가 있습니다. 정규화란 간단히 말하면 편향된 데이터의 영향을 없애는 방법입니다. [그림 2-9]의 과적합에 데이터 정규화를 적용하면 [그림 2-10]과 같습니다.

그림 2-10 과적합에 데이터 정규화를 적용한 결과

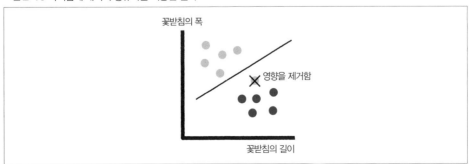

데이터셋에서 벗어난 데이터의 영향을 정규화로 지웠습니다. 이렇게 하면 데이터를 과도하게 학습하지 않으면서 데이터를 분류할 수 있습니다.

컴퓨터가 데이터를 과도하게 학습한 상태를 과적합이라고 부르며, 데이터를 제대로 학습하지 못한 상태를 과소적합이라고 합니다. 또한 과적합을 일으키고 있는 모델은 분산^{variance}이 크다고 하고, 과소적합을 일으키고 있는 모델은 편향^{bias}이 크다고 할 수 있습니다.

문제

다음 문장에서 ( ) 안에 들어갈 적절한 단어를 선택하세요.

컴퓨터가 데이터에 대한 모델을 구축할 때 과적합 해결 방법의 하나로 ( )가 있다.

1. 정규화
2. 커널화
3. 대각화
4. 함수화

힌트

정규화를 이용하면 데이터셋에서 벗어난 데이터의 영향을 줄일 수 있습니다. 이렇게 하면 데이터를 과도하게 학습하지 않고 데이터를 분류할 수 있습니다.

해답

1. 정규화

2.4 앙상블 학습

앙상블 학습$^{ensemble\ learning}$은 여러 모델을 학습시킴으로써 데이터의 일반화를 획득하려는 시도입니다. 여기서는 소개 정도에 그치지만 주로 두 가지 방법이 있습니다.

하나는 배깅^{bagging}이라는 방법으로, 복수의 모델을 동시에 학습시켜 예측 결과의 평균을 취하는 것으로 예측 결과의 일반화를 시도합니다. 다른 하나는 부스팅^{boosting}이라는 방법으로, 모델의 예측 결과에 대한 모델을 만들어 일반화 성능을 높이는 기술입니다.

앙상블 학습에 대한 설명으로 올바른 것을 선택하세요.

1. 강력한 학습 기계 learning machine 를 사용하여 모든 데이터의 학습을 계속하는 수법이다.
2. 복수의 모델을 움직여서 모델을 일반화하는 방법이다.
3. 배깅에서는 모델의 학습 결과를 다른 모델에 입력하는 시간이 걸린다.
4. 부스팅은 모델의 학습을 촉진시키는 방법이다.

힌트

배깅은 복수의 모델을 동시에 움직일 수 있습니다. 앙상블 학습은 복수의 모델로 서로 다른 접근을 합니다.

해답

2. 복수의 모델을 움직여서 모델을 일반화하는 방법이다.

||연습 문제||

이 장에서 배운 지식을 모두 쏟아 부으세요. 다음 문제의 ①~⑨에 해당하는 단어를 떠올려보세요.

문제

머신러닝을 구현하는 데 문제가 되는 것 중 하나로 ①이 있습니다. ①은 데이터가 ②를 의미합니다. ①된 상태를 ③이 크다고 말하며, ④된 상태를 ⑤이 크다고 말합니다. ①을 방지하는 방법 중 하나로 홀드아웃 방법이 있습니다. 홀드아웃 방법을 사용하여 학습 데이터를 ⑥와 ⑦로 나눕니다. ⑥는 모델의 학습에 사용되며, ⑦를 이용하여 학습된 모델의 성능을 평가합니다. 홀드아웃 방법의 파생형으로 ⑧이나 ⑨ 등이 있습니다.

힌트

과적합의 개념 및 해결 방법은 머신러닝에서 가장 중요한 내용 중 하나입니다. 제대로 복습하도록 합시다.

해답

머신러닝을 구현하는 데 문제가 되는 것 중 하나로 과적합이 있습니다. 과적합은 데이터가 과잉 학습된 상태를 의미합니다. 과적합된 상태를 분산이 크다고 말하며, 과소적합된 상태를 편향이 크다고 말합니다. 과적합을 방지하는 방법 중 하나로 홀드아웃 방법이 있습니다. 홀드아웃 방법을 사용하여 학습 데이터를 훈련 데이터와 테스트 데이터로 나눕니다. 훈련 데이터는 모델의 학습에 사용되며, 테스트 데이터를 이용하여 학습된 모델의 성능을 평가합니다. 홀드아웃 방법의 파생형으로 k-분할 교차검증이나 리브-원-아웃 교차검증 등이 있습니다.

설명

과적합의 개념 및 해결 방법을 이해하셨나요? 자세한 정규화 사용법과 교차검증의 실질적인 사용법은 다른 장에서 설명합니다. 이 장의 내용은 머신러닝에 필수적이므로 확실히 기억해두기 바랍니다.

## CHAPTER 3

성능평가지표와 PR 곡선

3.1 성능평가지표

3.1.1 혼동 행렬의 이해

이 장에서는 훈련 데이터를 이용하여 구축되고 학습된 모델이 얼마나 훌륭한지 판단하는 성능 평가지표를 설명합니다. 그전에 먼저 혼동 행렬을 소개하겠습니다. **혼동 행렬**이란 각 테스트 데이터에 대한 모델의 예측 결과를 참 양성^{True Positive}, 참 음성^{True Negative}, 거짓 양성^{False Positive}, 거짓 음성^{False Negative}의 4가지 관점에서 분류하고, 각각에 해당하는 예측 결과의 개수를 정리한 표입니다.

참과 거짓은 예측이 적중했는지 보여주며, 양성과 음성은 예측한 클래스를 보여줍니다. 그러므로 다음 네 가지 관점을 보여줍니다.

- 참 양성은 양성 클래스로 예측되었고 결과도 양성 클래스인 개수
- 참 음성은 음성 클래스로 예측되었고 결과도 음성 클래스인 개수
- 거짓 양성은 양성 클래스로 예측되었지만 결과는 음성 클래스인 개수
- 거짓 음성은 음성 클래스로 예측되었지만 결과는 양성 클래스인 개수

참 양성과 참 음성은 머신러닝 모델이 정답을 이끌어냈다는 것을 보여주며, 거짓 음성과 거짓 양성은 오답을 이끌어냈다는 것을 보여줍니다(그림 3-1).

그림 3-1 혼동 행렬

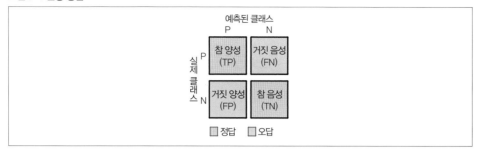

다음 문장을 읽고, 이래 보기 중에서 적절한 것을 선택하세요.

A는 병원에서 의사에게 대장암을 선고받았습니다. 그러나 사실은 대장암을 앓지 않았고, 의사의 잘못이었음이 밝혀졌습니다. 의사의 선고는 [그림 3-1]에서 설명한 혼동 행렬의 4개 성분 중 어디에 해당할까요? 암을 앓고 있으면 '양성', 암을 앓고 있지 않으면 '음성'으로 부릅니다.

1. 참 양성
2. 거짓 양성
3. 거짓 음성
4. 참 음성

힌트

정말로 암에 걸렸는데 암으로 선고한 것을 참 양성, 암에 걸리지 않았는데 암으로 선고한 것은 거짓 양성, 암에 걸렸는데 암이 아니라고 선고한 것은 거짓 음성, 암에 걸리지 않았는데 암이 아니라고 선고한 것을 참 음성이라고 합니다.

해답

2. 거짓 양성

3.1.2 혼동 행렬 구현하기

지금까지 혼동 행렬의 각 요소를 학습했습니다. 여기서는 sklearn.metrics 모듈의 confusion_matrix( ) 함수를 이용해서 실제 혼동 행렬의 각 성분의 개수를 살펴보겠습니다.

confusion_matrix( ) 함수는 다음과 같이 사용할 수 있습니다.

```
from sklearn.metrics import confusion_matrix
confmat = confusion_matrix(y_true, y_pred)
```

y_true에는 정답 데이터의 실제 클래스가 배열로 저장되고, y_pred에는 예상된 클래스가 배열로 저장됩니다. 저장 방식은 [그림 3-2]와 같습니다.

그림 3-2 혼동 행렬(scikit-learn으로 출력)

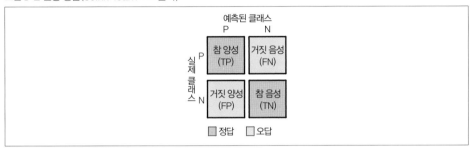

실제로 문제를 풀면서 혼동 행렬을 구현해봅시다.

문제

변수 confmat에 y_true와 y_pred의 혼동 행렬을 저장하세요(리스트 3-1).

리스트 3-1 문제

```
In     # 코드 실행에 필요한 모듈을 import합니다.
       import numpy
       from sklearn.metrics import confusion_matrix

       # 데이터를 저장합니다. 여기에서는 0이 양성을, 1이 음성을 나타냅니다.
       y_true = [0,0,0,1,1,1]
       y_pred = [1,0,0,1,1,1]

       # 변수 confmat에 y_true와 y_pred의 혼동 행렬을 저장하세요.


       # 결과를 출력합니다.
       print(confmat)
```

confusion_matrix( ) 함수를 사용하여 구현합니다.

리스트 3-2 해답

```
In    # 코드 실행에 필요한 모듈을 import합니다.
      (... 생략 ...)
      # 변수 confmat에 y_true와 y_pred의 혼동 행렬을 저장하세요.
      confmat = confusion_matrix(y_true, y_pred)

      # 결과를 출력합니다.
      print(confmat)
```

```
Out   [[2 1]
       [0 3]]
```

3.1.3 정확도

실제로 분류 모델을 구축했다면 그 모델이 다른 모델보다 성능이 우수한지, 우수하지 않은지 평가하기 위한 명확한 기준이 필요합니다. 여기서는 혼동 행렬의 각 개수를 바탕으로 산출 가능한 **성능평가지표**를 설명합니다.

우선 정확도를 확인합니다. **정확도**는 모든 경우에 진단 결과가 맞은(TP와 TN으로 분류된) 비율로서, 다음과 같이 계산할 수 있습니다.

$$정확도 = \frac{TP + TN}{FP + FN + TP + TN}$$

아주 간단한 지표이므로 직관적이며 알기 쉽습니다. 실제 사례로 정확도를 계산해봅시다.

다음 중 $\begin{bmatrix} TP & FN \\ FP & TN \end{bmatrix} = \begin{bmatrix} 2 & 1 \\ 0 & 3 \end{bmatrix}$ 의 정확도로 올바른 것을 선택하세요.

1. 50%

2. 66.7%

3. 83.3%

4. 100%

힌트

본문의 정확도 공식을 확인하세요.

해답

3. 83.3%

3.1.4 F값

병원의 암 검진에서 환자 10,000명을 진료했다고 가정합니다. 환자 10,000명의 암 검진 결과로 만든 혼동 행렬은 [표 3-1]과 같습니다.

표 3-1 환자 10,000명의 암 검진 결과로 만든 혼동 행렬

실제 클래스 \\ 예측된 클래스	암일 것이다	암이 아닐 것이다
암이다	60	40
암이 아니다	140	9760

직감적으로 이 진단의 성능이 그다지 좋지 않다고 느껴지나요? 100명의 암 환자 중 40%는 '암이 아닐 것이다'고 오진해버렸고, 양성 환자가 실제로 암일 확률이 30% 정도이기 때문입니다. 그런데 정확도를 계산해보면 다음과 같습니다.

$$정확도 = \frac{TP + TN}{FP + FN + TP + TN} = \frac{60 + 9760}{140 + 40 + 60 + 9760} = 98.2\%$$

정확도가 98.2%로 높은 값이 되었습니다. 이는 환자 대부분이 암이 아니었기 때문입니다. 이처럼 데이터가 한쪽으로 치우쳐 있는 상태에서 정확도라는 지표를 사용하는 것은 매우 위험합니다. 따라서 머신러닝에서는 **적합률**^{precision} (**정밀도**), **재현율**^{recall}, **F값**$^{F-measure}$이라는 지표로 성능을 평가하는 경우가 많습니다. 각각의 지표를 살펴봅시다.

적합률은 양성으로 예측된 데이터 중 실제로 양성인 것의 비율이며, **재현율**은 실제 양성 데이터 중 양성으로 예측된 것의 비율을 나타냅니다.

$$적합률 = \frac{TP}{TP+FP}$$

$$재현율 = \frac{TP}{TP+FN}$$

또한 F값은 적합률과 재현율을 조합(조화 평균)한 것입니다. F값은 다음과 같이 구할 수 있습니다.

$$F값 = 2 \times \frac{석합률 \times 재현율}{적합률 + 재현율}$$

적합률, 재현율, F값 모두 0~1의 범위에서 표시되어, 1에 가까운 쪽이 성능이 좋다는 것을 보여줍니다. 그러면 실제 암 검진의 적합률, 재현율, F값을 구해봅시다.

$$적합률 = \frac{TP}{TP+FP} = \frac{60}{60+140} = 30\%$$

$$재현율 = \frac{TP}{TP+FN} = \frac{60}{60+40} = 60\%$$

$$F값 = 2 \times \frac{적합률 \times 재현율}{적합률 + 재현율} = 2 \times \frac{30 \times 60}{30+60} = 40\%$$

실제로 계산해보면 적합률, 재현율, F값 모두 큰 값(100%에 가까운 값)이라고는 말할 수 없습니다. 왠지 직감과 맞아 떨어진 것 같네요.

문제

$\begin{bmatrix} TP & FN \\ FP & TN \end{bmatrix} = \begin{bmatrix} 2 & 1 \\ 0 & 3 \end{bmatrix}$ 의 F값은 다음 중 어느 것일까요?

1. 51%
2. 63%
3. 71%
4. 80%

F값을 계산하기 전에 적합률과 재현율을 계산해야 합니다. 계산해보면 적합률은 1(100%), 재현율은 0.67 (67%)이 됩니다.

4. 80 %

3.1.5 성능평가지표 구현하기

지금까지 모델을 평가하는 지표의 계산식을 학습했습니다. 여기서는 scikit-learn에 구현되어 있는 성능평가지표를 이용해봅니다. 해당 함수는 sklearn.metrics 모듈에서 import할 수 있습니다(리스트 3-3).

리스트 3-3 성능평가지표의 구현

```
# 적합률, 재현율, F
from sklearn.metrics import precision_score
from sklearn.metrics import recall_score, f1_score

# 데이터를 저장합니다. 여기에서는 0이 양성, 1이 음성을 나타냅니다.
y_true = [0,0,0,1,1,1]
y_pred = [1,0,0,1,1,1]

# y_true에는 정답 라벨을, y_pred에는 예측 결과의 라벨을 각각 전달합니다.
print("Precision: %.3f" % precision_score(y_true, y_pred))
print("Recall: %.3f" % recall_score(y_true, y_pred))
print("F1: %.3f" % f1_score(y_true, y_pred))
```

%.3f는 소수점 넷째 자리에서 반올림하여 소수점 셋째 자리까지 표시합니다. 6.4절의 '문자열 포맷 지정'에서 자세히 설명하겠습니다.

문제

$\begin{bmatrix} TP & FN \\ FP & TN \end{bmatrix} = \begin{bmatrix} 2 & 1 \\ 0 & 3 \end{bmatrix}$ 의 F값을 f1_score() 함수가 아니라 precision_score()와 recall_score() 함수를 사용하여 계산해보세요.

$$F값 = 2 \times \frac{적합률 \times 재현율}{적합률 + 재현율}$$

리스트 3-4 문제

```
In    # 적합률, 재현율, F1
      from sklearn.metrics import precision_score
      from sklearn.metrics import recall_score, f1_score

      # 데이터를 저장합니다. 여기에서는 0이 음성, 1이 양성을 나타냅니다.
      y_true = [1,1,1,0,0,0]
      y_pred = [0,1,1,0,0,0]

      # 적합률과 재현율을 미리 계산합니다.
      precision = precision_score(y_true, y_pred)
      recall = recall_score(y_true, y_pred)

      # 다음 줄에 F1을 구하는 식을 작성하세요.
      f1_score =

      print("F1: %.3f" % f1_score)
```

힌트

precision_score( ) 함수와 recall_score( ) 함수를 사용하여 표현할 수 있습니다.

해답

리스트 3-5 해답

```
In    # 적합률, 재현율, F1
      (... 생략 ...)
      # 다음 줄에 F1을 구하는 식을 작성하세요.
      f1_score = 2 * (precision*recall) / (precision+recall)

      print("F1: %.3f" % f1_score)
```

```
Out   F1: 0.800
```

3.2 PR 곡선

3.2.1 재현율과 적합률의 관계

지금까지 다양한 성능평가지표를 살펴봤습니다. 이제는 데이터에서 얻은 재현율과 적합률로 모델의 성능을 평가하는 방법을 설명합니다.

복습할 겸 TP, FN, FP, TN의 관계 및 재현율과 적합률에 대해 다시 확인해봅시다(그림 3-3).

그림 3-3 TP, FN, FP, TN의 관계

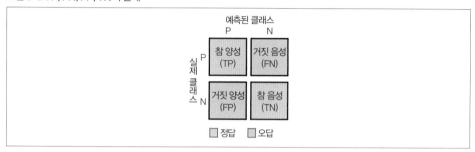

- **재현율**
  실제로 양성인 데이터 중 몇 퍼센트를 양성으로 판정했는지 보여줍니다.

- **적합률**
  양성이라고 예측한 데이터 중 몇 퍼센트가 옳았는지 보여줍니다.

$$적합률 = \frac{TP}{TP + FP}$$

$$재현율 = \frac{TP}{TP + FN}$$

위 두 성능평가지표는 **트레이드오프 관계**[1](상충 관계)입니다. 트레이드오프 관계는 재현율을 높이려고 하면 적합률이 낮아지고, 적합률을 높이려고 하면 재현율이 낮아지는 것을 의미합니다.

병원의 암 검진을 예로 들겠습니다. 병원에서 보수적인 검사를 실시하여 많은 양성(암 선고) 판단을 했다고 합시다. 양성 판단을 많이 했기 때문에 정말 양성인 쪽의 적중률이 상승하여 재현율

---

1 옮긴이_ 한쪽을 추구하면 반대쪽을 희생하게 되는 상태

이 높아집니다. 하지만 그 반대로 조금이라도 암의 징후가 보인 경우 즉시 양성으로 판단했기 때문에 적합률은 낮아집니다.

이번에는 많은 음성(암이 아님) 판단을 했다고 합시다. 그러면 일반적으로 음성인 환자 쪽이 많기 때문에 이 경우 적합률이 높아집니다. 반대로 재현율은 낮아집니다. 이렇게 한쪽을 올리려하면 한쪽이 떨어집니다(그림 3-4).

그림 3-4 재현율과 적합률

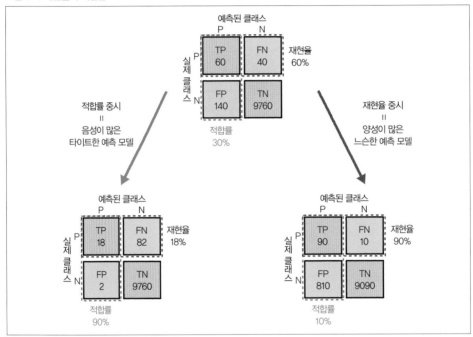

지금까지 소개한 암 검진과 같은 경우 **재현율**을 중시하는 것이 좋습니다. 암 발견을 놓친다는 것은 사람의 생명에 관련되는 중대한 일이며, 가능한 FN(거짓 음성)의 수를 줄여야 하기 때문입니다.

반대로 웹사이트의 추천 기능 등에는 **적합률**을 중시하는 것이 좋습니다. 고객의 취향이 아닌 제품을 추천하면 서비스의 신뢰성과 브랜드가 훼손될 수 있기 때문입니다. 즉, 마음에 드는 제품을 추천하지 못한(=구매 기회의 감소) 것보다 취향이 아닌 제품을 추천해버리는(=신뢰성 감소) 것을 피하고 싶은 경우 가능한 한 FP(거짓 양성)의 수를 줄이는 것이 필요합니다.

위와 같은 조건에 구애되지 않는 일반적인 경우에는 재현율과 적합률을 모두 고려한 F값이 사용됩니다.

다음 문장에서 ( ) 안에 들어갈 적절한 단어를 선택하세요.

재현율과 적합률은 ( ) 관계에 있다.

1. 상관
2. 허위
3. 트레이드오프
4. 트레이드온

힌트

재현율과 적합률의 의미를 확인합시다.

- **재현율**
  실제로 양성인 데이터 중 몇 퍼센트를 양성으로 판정했는지 보여줍니다.

- **적합률**
  양성으로 예측한 데이터 중 몇 퍼센트가 옳았는지 보여줍니다.

해답

3. 트레이드오프

3.2.2 PR 곡선이란

PR 곡선precision-recall curve은 가로축을 재현율recall, 세로축을 적합률(정밀도precision)로 한 그래프 입니다. 예를 들어 암 검진을 받은 20명의 환자 중 양성으로 선고된 환자를 10명이라고 하고, 실제로 암인 환자 수를 다섯 명이라고 합시다. 이 경우 적합률은 암 검진에서 양성으로 선고된 환자 중 정말 암인 환자의 비율이며, 재현율은 정말 암인 환자 중에서 암으로 선고된 비율입니다. 암 선고를 받은 환자 한 명씩 적합률과 재현율을 계산하고 순서대로 나타낸 것이 PR 곡선입니다. 플롯plot[2]되는 과정은 [그림 3-5]와 같습니다. 표 안의 환자는 암일 확률이 높은 순으로 정렬되어 있습니다.

---

2 **옮긴이_** 데이터셋 렌더링 기법. 두 가지 이상의 변수 관계를 그래프로 나타내는 데 사용합니다.

그림 3-5 암 선고를 받은 환자의 데이터와 PR 곡선

암 선고를 받은 환자의 데이터

환자 수 = 10
실제 암 환자 수 = 5

	환자 번호	실제로 암인가?	적합률	재현율	비고
적합률이 최대화되는 임곗값	1	○	1÷1=1.00	1÷5=0.20	첫 번째 정답
	2	×	1÷2=0.50	1÷5=0.20	
	3	○	2÷3=0.67	2÷5=0.40	두 번째 정답
F값이 극대화되는 임곗값	4	○	3÷4=0.75	3÷5=0.60	세 번째 정답
	5	×	3÷5=0.60	3÷5=0.60	
	6	×	3÷6=0.50	3÷5=0.60	
	7	×	3÷7=0.42	3÷5=0.60	
	8	○	4÷8=0.50	4÷5=0.80	네 번째 정답
	9	○	5÷9=0.56	5÷5=1.00	다섯 번째 정답
재현율이 최대화되는 임곗값	10	×	5÷10=0.50	5÷5=1.00	

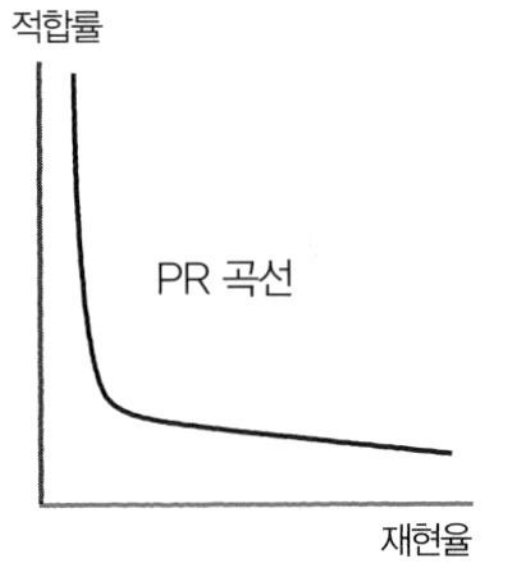

[그림 3-5]를 보면 재현율과 적합률의 관계는 트레이드오프라고 할 수 있습니다. 지금까지 PR 곡선의 구조를 알아봤으며, 다음 절에서는 PR 곡선을 이용한 모델 평가를 설명합니다.

문제

다음 문장에서 ( ) 안에 들어갈 적절한 단어를 선택하세요.

PR 곡선은 가로축을 ( )로, 세로축을 ( )로 한 그래프입니다.

1. 재현율, 표현율
2. 표현율, 재현율
3. 재현율, 적합률
4. 적합률, 재현율

힌트

PR 곡선이란 가로축을 재현율로, 세로축을 적합률로 하여 데이터를 나타낸 그래프입니다.

해답

3. 재현율, 적합률

3.2.3 PR 곡선을 이용한 모델 평가

적합률과 재현율을 다른 관점에서 보겠습니다. 여기에서는 암 검진 예를 비즈니스 예로 바꾸겠

습니다. 모든 고객 중 우선적으로 접근할 우량 고객을 판정하는 문제로 치환합니다. 그러면 우량 고객으로 예상한 고객과 실제 우량 고객으로 나뉩니다. 즉, 다음과 같습니다.

- **적합률이 높고, 재현율이 낮은 상태**
  낭비는 적지만 손실이 많은 판정을 하고 있는 상태입니다. 즉, 기회 손실(opportunity loss)이 발생하고 있다고 말할 수 있습니다.

- **적합률이 낮고, 재현율이 높은 상태**
  손실은 적지만 낭비가 많은 판정을 하고 있는 상태입니다. 즉, 접근(approach)에 예산이 낭비될 가능성이 높습니다.

적합률과 재현율 모두 높아서 나쁠 것은 없습니다. 하지만 트레이드오프 관계 때문에 어느 한쪽을 올리려고 하면 반대쪽은 낮아집니다. 그러나 PR 곡선에서는 적합률과 재현율이 일치하는 점이 존재합니다. 이 점을 **손익분기점**break-even point, BEP이라고 합니다. 이 점은 적합률과 재현율의 관계를 균형 있게 유지하면서 비용과 이익을 최적화할 수 있기 때문에 비즈니스에서 중요한 개념입니다. 3.1.4절 'F값'에서 F값이라는 성능평가지표를 언급했습니다. BEP도 유사한 개념으로 짚고 넘어가면 좋을 것입니다(그림 3-6).

그림 3-6 PR 곡선

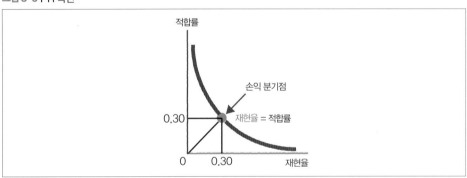

PR 곡선이 그려졌으니 PR 곡선을 이용한 모델의 평가를 해봅시다. PR 곡선에 의한 모델의 우열은 [그림 3-7]과 같습니다. 즉, BEP가 오른쪽 위로 이동할수록 좋은 모델을 구축했다고 할 수 있습니다. BEP가 오른쪽 위로 가는 만큼 적합률과 재현율이 동시에 높아지기 때문입니다.

그림 3-7 PR 곡선에 의한 모델의 우열

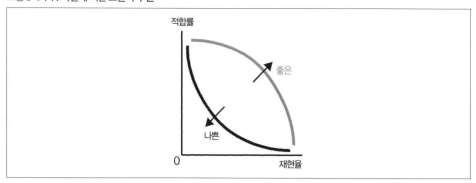

다음 문장에서 ( ) 안에 들어갈 적절한 단어를 선택하세요.

PR 곡선에서 재현율과 적합률이 일치하는 점을 ( )라고 합니다.

1. break non-even point

2. break-even point

3. joint-even point

4. joint non-even point

힌트

줄여서 BEP라고 부르는 경우도 있습니다.

해답

2. break-even point(손익 분기점)

||연습 문제|||

이 장에서 배운 지식을 모두 쏟아 부으세요. 다음 문제의 ①~⑱에 해당하는 단어를 떠올려보세요.

문제

혼동 행렬은 ①, ②, ③, ④으로 구성된 정방 행렬입니다. ①은 ⑤으로 예측했고 실제로도 ⑥
인 데이터 수, ②은 ⑦으로 예측했지만 실제로는 ⑧인 데이터 수, ③은 ⑨으로 예측했지만 실제로는 ⑩인 데이터 수, ④은 ⑪으로 예측했고 실제로도 ⑫인 데이터 수를 나타냅니다. 또한 성능평가지표로 중요한 적합률과 재현율은 다음 식으로 표현됩니다.

$$적합률 = \frac{TP}{TP + (⑬)}$$

$$재현율 = \frac{TP}{TP + (⑭)}$$

가로축에 ⑮, 세로축에 ⑯을 취한 그래프를 ⑰이라고 합니다. 또한 비즈니스 관점에서 보면 ⑰에서 이익과 비용의 균형을 최적화하는 점을 ⑱이라고 합니다.

힌트

①~⑱에 해당하는 단어는 모두 이 장에서 배운 것입니다. 모르는 경우 본문을 다시 복습하세요.

해답

혼동 행렬은 참 양성, 거짓 양성, 거짓 음성, 참 음성으로 구성된 정방 행렬입니다. 참 양성은 양성으로 예측했고 실제로도 양성인 데이터 수, 거짓 양성은 양성으로 예측했지만 실제로는 음성인 데이터 수, 거짓 음성은 음성으로 예측했지만 실제로는 양성인 데이터 수, 참 음성은 음성으로 예측했고 실제로도 음성인 데이터 수를 나타냅니다. 또한 성능평가지표로 중요한 적합률과 재현율은 다음 식으로 표현됩니다.

$$적합률 = \frac{TP}{TP + (FP)}$$

$$재현율 = \frac{TP}{TP + (FN)}$$

가로축에 재현율, 세로축에 적합률을 취한 그래프를 PR 곡선이라고 합니다. 또한 비즈니스 관점에서 보면 PR 곡선에서 이익과 비용의 균형을 최적화하는 점을 손익 분기점(BEP)이라고 합니다.

||종합 문제||

1~3장에서 배운 내용을 활용하여 머신러닝 흐름을 복습합시다.

문제

[리스트 3-6]의 코드는 머신러닝의 기본적인 흐름을 담고 있습니다. (1), (2), (3), (4)의 각 블록은 무엇을 하고 있는지 설명하세요.

리스트 3-6 문제

In
```python
import matplotlib.pyplot as plt
import numpy as np
import pandas as pd
from sklearn import datasets
from sklearn import svm
from sklearn.model_selection import train_test_split
from sklearn.metrics import accuracy_score

# (1)
#Iris 데이터셋을 읽어 들입니다.
iris = datasets.load_iris()
# 3, 4번째의 특징을 추출합니다.
X = iris.data[:, [2,3]]
# 클래스 라벨을 가져옵니다.
y = iris.target

# (2)
X_train, X_test, y_train, y_test = train_test_split(
    X, y, test_size=0.3, random_state=0)

# (3)
svc = svm.SVC(C=1, kernel='rbf', gamma=0.001)
svc.fit(X_train, y_train)

# (4)
y_pred = svc.predict(X_test)
print("Accuracy: %.2f"% accuracy_score(y_test, y_pred))
```

Out
```
Accuracy: 0.60
```

힌트

머신러닝은 기본적으로 훈련 데이터와 테스트 데이터를 준비한 후 머신러닝 알고리즘을 훈련 데이터로 학습시키고, 학습된 머신러닝 알고리즘의 성능을 테스트 데이터로 검증하는 흐름을 갖고 있습니다.

해답

1. 지도 데이터를 준비하고 있습니다.
2. 지도 데이터를 훈련 데이터와 테스트 데이터로 분할하고 있습니다.
3. 머신러닝 알고리즘을 훈련 데이터로 학습시키고 있습니다.
4. 테스트 데이터를 이용하여 얼마나 예측이 적중했는지 확인하고, 머신러닝 알고리즘의 성능을 확인하고 있습니다.

설명

힌트의 흐름과 같은 코드입니다. 기본적인 흐름은 학습했지만 정밀도는 낮은 값(**0.60**)이 되었습니다. 지도 데이터를 제공하여 그대로 머신러닝 알고리즘에 적용했을 뿐이므로 낮은 정밀도가 되어버린 것은 어쩔 수 없습니다. 머신러닝 알고리즘에 지도 데이터를 적용하기 전에 미리 높은 정밀도가 되도록 데이터를 처리해놓는 것을 데이터 **전처리**^data pre-processing라고 합니다. 머신러닝의 정밀도는 이 전처리에 달려 있다고 해도 과언이 아닙니다. 자세한 전처리 방법은 15장과 16장에서 설명합니다.

파이썬 기초, 변수와 자료형

4.1 파이썬 기초

4.1.1 Hello world

파이썬을 실행해서 'Hello world'를 출력해봅시다. 파이썬에서는 print( )를 사용해서 출력할 수 있습니다. 출력하는 내용이 **문자열**이면 큰따옴표(")나 작은따옴표(')로 묶어주어야 합니다.

> **문제**
>
> [리스트 4-1]의 코드를 실행(RUN)하여 'Hello world'를 출력하세요.

리스트 4-1 문제

```
In   # 파이썬에서는 행의 시작 부분에 #을 입력하면 주석으로 처리됩니다.
     # 코드를 실행하여 'Hello world'를 출력하세요.
     print("Hello world")
```

힌트

- print("문자")
- print('문자')

해답

리스트 4-2 해답

```
Out   Hello world
```

4.1.2 파이썬의 용도

파이썬은 다목적으로 사용할 수 있는 프로그래밍 언어입니다. 읽고 쓰기 쉽게 설계되어 있기 때문에 매우 인기 있는 프로그래밍 언어 중 하나입니다. 파이썬을 사용하여 웹 애플리케이션을 제작할 수 있습니다. 파이썬의 웹 애플리케이션 제작 프레임워크framework (프로그래밍을 쉽게 하기 위한 뼈대)로 유명한 것은 **장고**Django, **플라스크**Flask 등입니다.

파이썬은 과학 기술 계산 및 데이터 분석용 언어로 유명합니다. 데이터 분석에 적합한 언어로 R, MATLAB (매트랩) 등도 있지만 인공지능과 머신러닝 분야에서는 파이썬이 가장 많이 사용됩니다. 실제로 AI 엔지니어 구인광고를 살펴보면 파이썬 사용 경험을 요구하는 경우가 대부분입니다.

피이썬의 통합 개발 환경Integrated Development Environment, IDE 으로는 **파이참**PyCharm이 유명합니다. 텍스트 편집기인 **아톰**Atom과 **서브라임 텍스트**Sublime Text도 인기입니다. 또한 **주피터 노트북**도 자주 사용됩니다. 주피터 노트북은 데이터가 메모리에 유지되며, 데이터 처리 로그를 노트로 남길 수 있기 때문에 데이터 전처리에 사용됩니다.

> **문제**
>
> 다음 중 파이썬의 웹 애플리케이션 제작 프레임워크를 선택하세요.
>
> 1. 장고
> 2. 파이참
> 3. 주피터 노트북
> 4. 아톰

힌트

장고는 웹 애플리케이션 제작 프레임워크이며, 파이참은 통합 개발 환경입니다. 주피터 노트북은 데이터 전처리에 사용되며, 아톰은 텍스트 편집기입니다.

해답

1. 장고

4.1.3 주석 입력

실제로 프로그램을 작성하다 보면 코드의 의도나 내용을 메모로 남기고 싶을 때가 있습니다. 그런 경우 프로그램의 작동에는 영향이 없는 **주석** (코멘트comment)을 사용합니다. 파이썬에서는 #

을 문장 앞에 붙이는 것만으로 주석을 작성할 수 있습니다. #을 붙여 주석으로 만드는 것을 코멘트 아웃^{comment out}[1]이라고 합니다.

여러 사람과 공동으로 개발하는 경우 주석에 코드의 의도를 표시하여 원활한 작업 진행이 가능하게 만들 수 있습니다.

문제

print(3 + 8)에 '#3 + 8의 결과를 출력합니다.'라는 주석을 붙이세요(리스트 4-3).

리스트 4-3 문제

```
# 5 + 2의 결과를 출력합니다.
print(5 + 2)

print(3 + 8)
```

해답

리스트 4-4 해답

In
```
# 5 + 2의 결과를 출력합니다.
print(5 + 2)

# 3 + 8의 결과를 출력합니다.
print(3 + 8)
```

Out
```
7
11
```

4.1.4 숫자와 문자열

앞서 문자열을 출력해봤습니다. 마찬가지로 숫자도 출력 가능합니다. **숫자**의 경우 큰따옴표(")나 작은따옴표(')로 묶을 필요가 없습니다. 또한 ( ) 안에 계산식을 대입하면 계산 결과가 출력됩니다(리스트 4-5, 4-6).

---

1 옮긴이_ 소스 코드를 주석으로 변환하여 비활성화하는 것

In	print(3 + 6)

Out	9

리스트 4-6 대입의 예(2)

In	print("8 - 3")

Out	8 - 3

따옴표로 묶여 있는 경우(리스트 4-6)는 문자열(str)형이 되며, 묶여 있지 않은 경우(리스트 4-5)는 정수(int)형으로 출력됩니다. 자료형은 나중에 알아봅니다.

문제

- 숫자 18을 출력하세요.
- 2 + 6을 계산하고, 결과를 출력하세요.
- '2 + 6'이라는 문자열을 출력하세요.
- 모두 print ( ) 함수를 이용해서 출력하세요.

리스트 4-7 문제

In	# 숫자 18을 출력하세요.
	# 2 + 6을 계산하고, 결과를 출력하세요.
	# '2 + 6'이라는 문자열을 출력하세요.

힌트

- 숫자 출력
  print(5), print(7 + 2)
- 문자열 출력
  print("7 + 2")

리스트 4-8 해답

| In | ```
# 숫자 18을 출력하세요.
print(18)

# 2 + 6을 계산하고, 결과를 출력하세요.
print(2 + 6)

# '2 + 6'이라는 문자열을 출력하세요.
print("2 + 6")
``` |

| Out | ```
18
8
2 + 6
``` |

4.1.5 연산자

파이썬에서는 기본적인 계산을 할 수 있습니다. 사칙 연산뿐만 아니라 지수(x^2 등) 계산과 나눗셈의 나머지 계산도 가능합니다. +와 – 등을 **산술 연산자**라고 합니다.

산술 연산자에는 덧셈(+), 뺄셈(–), 곱셈(*), 나눗셈(/), 나머지(%), 지수(**) 등이 있습니다.

문제

- 3 + 5의 결과를 출력하세요.
- 3 – 5의 결과를 출력하세요.
- 3 × 5의 결과를 출력하세요.
- 3 ÷ 5의 결과를 출력하세요.
- 3을 5로 나눈 나머지를 출력하세요.
- 3의 5승의 결과를 출력하세요.
- 모두 print( ) 함수를 이용하여 출력하세요.

리스트 4-9 문제

```
# 3 + 5

# 3 - 5

# 3 × 5

# 3 ÷ 5

# 3을 5로 나눈 나머지

# 3의 5승
```

힌트

- print (2 + 5)   # 출력 결과 7
- print (2 - 5)   # 출력 결과 -3
- print (2 * 5)   # 출력 결과 10
- print (2 / 5)   # 출력 결과 0.4
- print (2 % 5)   # 출력 결과 2
- print (2 ** 5) # 출력 결과 32

해답

리스트 4-10 해답

```
# 3 + 5
print(3 + 5)

# 3 - 5
print(3 - 5)

# 3 × 5
print(3 * 5)

# 3 ÷ 5
print(3 / 5)

# 3을 5로 나눈 나머지
print(3 % 5)

# 3의 5승
print(3 ** 5)
```

Out	8
	-2
	15
	0.6
	3
	243

4.2 변수

4.2.1 변수 정의

프로그램 안에서 여러 번 같은 값을 출력하고 싶을 때가 있습니다. 이때 한 번 출력한 값의 모든 것을 하나하나 바꾸는 것은 매우 많은 시간이 걸릴 겁니다. 그래서 값에 대해 이름을 붙임으로써 이름으로 값을 사용할 수 있도록 하는 구조를 **변수**^{variable}라고 합니다.

변수는 '변수명 = 값'으로 정의합니다. 프로그래밍에서 '='는 수학에서 말하는 '같다'는 의미가 아니라 우변의 값을 좌변의 변수명에 **대입**(저장)하라는 의미입니다. 변수명은 의미 있는 이름으로 정해야 합니다. 예를 들어 n이라는 변수명에 '홍길동'이라는 문자열이 대입되어 있으면 나중에 자신이 코드를 고칠 때 혹은 다른 사람과 협력해서 서비스를 만들 때 동료가 혼란스러워하게 됩니다. 이런 경우에는 변수명을 name으로 정하는 게 좋습니다.

변수의 값을 출력할 때는 변수에 문자열이 포함되어 있더라도 숫자처럼 따옴표를 사용하지 않습니다(리스트 4-11).

리스트 4-11 변수의 예(1)

```
In      n = "강아지"
        print(n)
```

```
Out     강아지
```

변수명을 정할 때는 몇 가지 규칙이 있습니다. 다음 조건을 충족시켜야 합니다.

- 변수명에 사용할 수 있는 문자는 다음 세 가지입니다.

  1 알파벳(대문자, 소문자)

  2 숫자

  3 _(밑줄 문자)

- 변수명의 첫 글자는 숫자를 사용할 수 없습니다.
- 예약어나 키워드(if나 for 등 코드에서 특별한 의미를 가진 단어)를 변수명으로 사용하지 말 것
- 사전 정의되어 있는 함수명(print, list 등)은 변수명으로 사용하지 말 것

예약어나 키워드, 함수명은 변수명으로 사용해도 당분간 오류가 발생하지 않지만 같은 이름의 처리문을 사용하면 에러가 발생합니다(리스트 4-12).

리스트 4-12 변수의 예(2)

```
In    # print를 변수명에 사용하면 print()를 호출하는 단계에서 오류가 발생합니다.
      print = "Hello"
      print(print) # TypeError: 'str' object is not callable
```

문제

- 변수 n에 '고양이'를 대입하세요.
- 변수 n을 print( ) 함수로 출력하세요.
- 'n'이라는 문자열을 print( ) 함수로 출력하세요.
- 변수 n에 3 + 7이라는 수식을 대입하세요.
- 변수 n을 print( ) 함수로 출력하세요.

리스트 4-13 문제

```
In    # 변수 n에 '고양이'를 대입하세요.

      # 변수 n을 출력하세요.

      # 'n'이라는 문자열을 출력하세요.

      # 변수 n에 3 + 7이라는 수식을 대입하세요.

      # 변수 n을 출력하세요.
```

변수를 출력할 때는 따옴표로 묶지 않습니다.

해답

리스트 4-14 해답

```
In     # 변수 n에 '고양이'를 대입하세요.
       n = "고양이"

       # 변수 n을 출력하세요.
       print(n)

       # 'n'이라는 문자열을 출력하세요.
       print("n")

       # 변수 n에 3 + 7이라는 수식을 대입하세요.
       n = 3 + 7

       # 변수 n을 출력하세요.
       print(n)
```

```
Out    고양이
       n
       10
```

4.2.2 변수 갱신

기존 변수에 새로운 값을 대입하면 변수가 새로운 값으로 덮어씌집니다. [리스트 4-15]로 갱신을 확인합시다.

리스트 4-15 변수 갱신의 예(1)

```
In     x = 1
       print(x)
       x = x + 1
       print(x)
```

x = x + 1은 x += 1과 같이 짧게 적을 수 있습니다. 마찬가지로 x = x-1은 x -= 1로, x = x * 2는 x *= 2로, x = x / 2는 x /= 2로 적을 수 있습니다(리스트 4-16).

리스트 4-16 변수 갱신의 예(2)

```
x = 5
x *= 2
print(x)
```

Out 10

문제

- 변수 m의 값을 '강아지'로 덮어쓰고 print( ) 함수로 출력하세요(리스트 4-17).
- 변수 n에 5를 곱하여 덮어쓰세요.

리스트 4-17 문제

```
m = "고양이"
print(m)

# 변수 m의 값을 '강아지'로 덮어쓰고 출력하세요.


n = 14
print(n)

# 변수 n에 5를 곱하여 덮어쓰세요.


print(n)
```

힌트

- 변숫값을 덮어쓸 때는 대입과 같은 방법을 사용합니다.
- n에 5를 곱할 때는 n = n * 5를 써도 되고, n *= 5를 써도 됩니다.

리스트 4-18 해답

```
In    m = "고양이"
      print(m)

      # 변수 m의 값을 '강아지'로 덮어쓰고 출력하세요.
      m = "강아지"
      print(m)

      n = 14
      print(n)

      # 변수 n에 5를 곱하여 덮어쓰세요.
      n *= 5 # n = n * 5 또는 n = 5 * n라고 해도 됩니다.

      print(n)
```

```
Out   고양이
      강아지
      14
      70
```

4.2.3 문자열 연결

'+'는 수치 계산뿐만 아니라 **문자열 연결**에도 사용할 수 있습니다. 물론 변수와 문자열, 변수끼리의 연결도 가능합니다. 변수와 문자열을 연결할 때 [리스트 4-19]와 같이 표현합니다. 변수를 따옴표로 감싸지 않도록 주의하세요.

리스트 4-19 문자열 연결의 예

```
In    m = "홍길동"
      print("내 이름은 "+ m + "입니다.")
```

```
Out   내 이름은 홍길동입니다.
```

문제

- 변수 p에 '서울'을 대입하세요(리스트 4-20).
- 변수 p를 사용해서 print ( ) 함수로 '나는 서울 출신입니다.'라고 출력하세요.

리스트 4-20 문제

```
In      # 변수 p에 '서울'을 대입하세요.


        # 변수 p를 사용해서 '나는 서울 출신입니다.'라고 출력하세요.
```

힌트

- 문자열끼리 연결

```
p = "서울"+ "시"
print(p)
# 출력 결과
서울시
```

- 문자열과 변수 연결

```
print(p + " 출신")
# 출력 결과
서울시 출신
```

해답

리스트 4-21 해답

```
In      # 변수 p에 '서울'을 대입하세요.
        p = "서울"

        # 변수 p를 사용해서 '나는 서울 출신입니다.'라고 출력하세요.
        print("나는 "+ p + " 출신입니다.")
```

```
Out     나는 서울 출신입니다.
```

4.3 자료형

4.3.1 자료형의 종류

파이썬의 값은 형(자료형$^{data type}$)이라는 개념이 있습니다. 자료형은 문자열형(str형), 정수형(int형), 부동소수점형(float형), 리스트형(list형) 등이 있으며, 문자열형(str형)과 정수형(int형)은 이미 다뤘습니다.

다른 형끼리의 계산이나 연결을 시도하면 에러가 발생하는 경우가 있습니다. 예를 들어 [리스트 4-22]의 코드를 실행하면 '신장은 177cm입니다.'라고 출력될 것 같지만 오류가 발생합니다.

리스트 4-22 자료형의 예(1)

```
In    height = 177
      print("신장은 "+ height + "cm입니다.") # "TypeError: must be str, not int"라
      는 오류 메시지가 출력됩니다.
```

이 오류의 해결 방법은 다음 절에서 확인하기로 하고, 우선은 변수의 **자료형**을 조사하는 방법을 알아보겠습니다.

변수의 자료형을 알고 싶을 때는 type( )을 사용합니다. ( ) 안에 궁금한 자료형의 값을 넣으면 됩니다(리스트 4-23).

리스트 4-23 자료형의 예(2)

```
In    height = 177
      type(height) # int형임을 알 수 있습니다.
```

```
Out   int
```

type( )의 ( ) 안에는 하나의 변수만 넣을 수 있으니 주의하세요.

- 변수 h, w의 자료형을 출력하세요.
- 변수 bmi에 비만도 지수 계산 결과를 대입하여 값을 출력하세요.
- 비만도는 $bmi = \dfrac{w}{h^2}$ 로 계산할 수 있습니다(체중 ÷ 신장의 제곱으로 계산할 수 있습니다. 참고로 신장의 단위는 미터입니다).
- 변수 bmi의 자료형을 출력하세요.
- 모든 출력은 print( ) 함수를 사용하세요.

리스트 4-24 문제

In
```
h = 1.7
w = 60

# 변수 h, w의 자료형을 출력하세요.

# 변수 bmi에 비만도 지수 계산 결과를 대입하세요.

# 변수 bmi를 출력하세요.

# 변수 bmi의 자료형을 출력하세요
```

힌트

```
print(type(자료형을 알고 싶은 변수))
```

해답

리스트 4-25 해답

In
```
h = 1.7
w = 60

# 변수 h, w의 자료형을 출력하세요.
print(type(h))
print(type(w))

# 변수 bmi에 비만도 지수 계산 결과를 대입하세요.
bmi = w / h ** 2

# 변수 bmi를 출력하세요.
print(bmi)
```

```
# 변수 bmi의 자료형을 출력하세요.
print(type(bmi))
```

Out   <class 'float'>
       <class 'int'>
       20.761245674740486
       <class 'float'>

4.3.2 자료형의 변환

4.3.1절 '자료형의 종류'에서 배운 대로 자료에는 다양한 형이 존재합니다. 서로 다른 자료형을 계산하거나 결합하려면 형을 변환하여 같은 형으로 만들어야 합니다.

정수형으로 변환하려면 int ( )를, 소수점을 포함한 수치형으로 변환하려면 float ( )을, 문자열로 변환하려면 str ( )을 사용합니다. 소수점을 포함한 수치형을 부동소수점형(float형)이라고 합니다.

> **NOTE 부동소수점**
> 부동소수점의 '부동'은 부호, 지수, 가수로 소수점을 나타내는 컴퓨터 특유의 표시 방법입니다. 프로그래밍 실무에서 소수점을 포함하는 숫자는 대부분 float형입니다.

4.3.1절 '자료형의 종류'에서 오류가 발생한 코드(리스트 4-22)를 [리스트 4-26]과 같이 수정하면 '신장은 177cm입니다.'라고 올바르게 출력됩니다.

리스트 4-26 형 변환의 예(1)

In   h = 177
      print("신장은 " + str(h) + "cm입니다.")

Out   신장은 177cm입니다.

부동소수점형과 정수형은 엄밀하게는 다른 형이지만 둘 다 수치를 취급하는 형입니다. 그러므로 [리스트 4-27]처럼 형 변환을 하지 않아도 부동소수점형과 정수형을 혼합한 계산이 가능합니다.

리스트 4-27 형 변환의 예(2)

```
In    a = 35.4
      b = 10
      print(a + b)
```

```
Out   45.4
```

[리스트 4-28]의 print("당신의 bmi는 " + bmi + "입니다.")에서 오류가 발생하지 않도록 수정하세요.

리스트 4-28 문제

```
In    h = 1.7
      w = 60
      bmi = w / h ** 2

      # '당신의 bmi은 OO입니다.'라고 출력하세요.
      print("당신의 bmi는 " + bmi + "입니다.")
```

힌트

숫자를 문자열로 변환할 때는 str( )을 사용하세요.

해답

리스트 4-29 해답

```
In    ( ... 생략 ... )
      # '당신의 bmi은 OO입니다.'라고 출력하세요.
      print("당신의 bmi는 " + str(bmi) + "입니다.")
```

```
Out   당신의 bmi는 20.761245674740486입니다.
```

4.3.3 자료형의 이해와 확인

프로그래밍에서 자료형은 매우 중요합니다. 4.3.1절 '자료형의 종류'와 4.3.2절 '자료형의 변환'에서 배운 자료형을 재확인해보면 결국 다른 자료형끼리는 결합할 수 없으며, 문자열로 저장된 수치는 계산할 수 없다는 것입니다.

또한 [리스트 4-30]처럼 문자열에 수치를 곱하면 문자열이 여러 개 나란히 출력됩니다.

리스트 4-30 자료형의 이해

```
In    greeting = "hi!"
      print(greeting * 2)
```

```
Out   hi!hi!
```

문제

[리스트 4-31]의 코드를 실행했을 때의 출력 결과와 자료형을 선택하세요.

1. 30, int형

2. 101010, int형

3. 30, str형

4. 101010, str형

리스트 4-31 문제

```
In    n = "10"
      print(n * 3)
```

힌트

변수 n의 값에 따옴표가 포함되어 있습니다. 이는 str형임을 보여줍니다.

해답

4. 101010, str형

4.4 if 문

4.4.1 비교 연산자

비교 연산자는 연산자 좌우에 있는 두 값의 관계를 조사합니다. 좌우가 동일한 경우에는 ==을, 다른 경우에는 !=을, 부등호는 >, <, >=, <=과 같이 사용할 수 있습니다. =은 사용되지 않는다는 점에 주의하세요. 프로그래밍 세계에서 =은 대입을 의미하는 기호이기 때문입니다.

새로운 자료형으로 bool형(불리언 자료형)을 소개합니다. bool형은 True 또는 False 중 하나의 값을 가진 자료형입니다. int형으로 변환하면 True는 1, False는 0으로 변환됩니다. 비교 연산자를 사용한 식이 성립할 때는 True, 성립하지 않을 때는 False입니다.

비교 연산자의 예를 들면 [리스트 4-32]와 같습니다.

리스트 4-32 비교 연산자의 예

| In | `print(1 + 1 == 3)` |

| Out | `False` |

문제

- !=을 이용해서 4 + 6과 -10의 관계식을 만들어 True를 출력하세요(리스트 4-33).
- 출력은 print() 함수를 사용하세요.

리스트 4-33 문제

| In | `# !=을 이용해서 4 + 6과 -10의 관계식을 만들어 True를 출력하세요.` |

힌트

print()의 ()에 비교 연산자를 사용하여 식을 만듭니다.

해답

리스트 4-34 해답

| In | `# !=을 이용해서 4 + 6과 -10의 관계식을 만들어 True를 출력하세요.`
`print(4 + 6 != -10)` |

4.4.2 if 문

if 문은 'if 조건식: …'의 형태를 하고 있고, '만약 조건식이 성립한다면 …을 실시한다'는 조건에 따른 분기를 구현할 수 있습니다. 조건식은 비교 연산자를 이용한 식으로, 조건식이 성립하는 True일 때만 후반의 처리를 합니다. 조건문의 끝에는 ':'이 필요합니다. 파이썬에 익숙해지기 전까지는 ':'을 잊어버리기 쉬우므로 주의하세요.

또한 조건이 성립했을 때 수행할 작업의 범위를 나타내기 위해 반드시 **들여쓰기**(인덴트^{indentation})를 해야 합니다. 조건식이 성립했을 때의 행동 범위를 들여쓰기하는 것은 파이썬의 특징입니다. if 문이 True일 경우 들여쓰기한 부분이 처리됩니다.

PEP 8이라는 파이썬 코딩 규약에는 코드의 가독성을 위해 들여쓰기는 공백(스페이스) 네 개가 바람직하다고 되어 있습니다. 주피터 노트북에서는 ':'을 입력하고 줄 바꿈을 하면 자동으로 공백 네 개 분량의 들여쓰기가 됩니다.

파이썬의 조건식은 [리스트 4-35]와 [리스트 4-36]처럼 기술할 수 있습니다.

리스트 4-35 if 문의 예(1)

```
In      n = 2
        if n == 2:
            print("아쉽습니다! 당신은 " + str(n) + "번째로 도착했습니다.") # n이 2일 때 출력됩니다.
```

```
Out     아쉽습니다! 당신은 2번째로 도착했습니다.
```

리스트 4-36 if 문의 예(2)

```
In      animal = "cat"
        if animal == "cat":
            print("고양이가 귀엽네요.") # animal이 cat일 때 출력됩니다.
```

문제

- if 문을 사용하여 변수 n이 15보다 크면 '큰 숫자'라고 출력하세요(리스트 4-37).
- 출력은 print() 함수를 사용하세요.

리스트 4-37 문제

    n = 16

    # if 문을 사용하여 n이 15보다 크면 '큰 숫자'를 출력하도록 작성하세요.

힌트

- '15보다 크다'는 'a > 15'라고 기술합니다.
- ':'을 잊지 마세요.

해답

리스트 4-38 해답

    n = 16

    # if 문을 사용하여 n이 15보다 크면 '큰 숫자'를 출력하도록 작성하세요.
    if n > 15:
        print("큰 숫자")

Out   큰 숫자

4.4.3 else

if 문에 else를 사용하면 '그렇지 않으면 ... 을 한다'처럼 조건에 따른 분기를 세밀하게 할 수 있습니다. 사용법은 if와 똑같은 들여쓰기 위치에서 else:라고 씁니다. if에서처럼 처리될 부분을 들여쓰기해서 나타냅니다. [리스트 4-39]와 [리스트 4-40]에서 else의 예를 보여주고 있습니다.

리스트 4-39 else의 예(1)

```
In    n = 2
      if n == 1:
          print("우승을 축하합니다!") # n이 1일 때 출력됩니다.
      else:
          print("아쉽습니다! 당신은 "+ str(n) + "번째로 도착했습니다.") # n이 1이 아닐 때
      출력됩니다.
```

```
Out   아쉽습니다! 당신은 2번째로 도착했습니다.
```

리스트 4-40 else의 예(2)

```
In    animal = "cat"
      if animal == "cat":
          print("고양이가 귀엽네요.") # animal이 cat일 때 출력됩니다.
      else:
          print("고양이가 아닙니다.") # animal이 cat이 아닐 때 출력됩니다.
```

```
Out   고양이가 귀엽네요.
```

문제

- else를 이용하여 n이 15보다 작으면 '작은 숫자'라고 출력하세요(리스트 4-41).
- 출력은 print( ) 함수를 사용하세요.

리스트 4-41 문제

```
In    n = 14

      if n > 15:
          print("큰 숫자")

      # else를 사용하여 n이 15보다 작으면 '작은 숫자'를 출력하도록 작성하세요.
```

힌트

- else와 if의 위치를 맞출 필요가 있습니다.
- 'print("작은 숫자")'는 들여쓰기해야 합니다.

리스트 4-42 해답

```
In     n = 14

       if n > 15:
           print("큰 숫자")

       # else를 사용하여 n이 15보다 작으면 '작은 숫자'를 출력하도록 작성하세요.
       else:
           print("작은 숫자")
```

```
Out    작은 숫자
```

4.4.4 elif

if 문의 조건이 성립되지 않았을 경우 다른 조건을 정의하고 싶을 때 elif[2]를 사용할 수 있습니다. 물론 여러 elif를 설정할 수도 있습니다. 사용법 및 들여쓰기는 if와 동일합니다. elif는 [리스트 4-43]과 [리스트 4-44]처럼 사용할 수 있습니다.

elif는 if에서 지정한 조건에 해당하지 않을 때 위에서 아래 순서로 조건에 해당하는지 판단합니다.

리스트 4-43 elif의 예(1)

```
In     number = 2

       if number == 1:
           print("금메달입니다!")
       elif number == 2:
           print("은메달입니다!")
       elif number == 3:
           print("동메달입니다!")
       else:
           print("아쉽습니다! 당신은 "+ str (number) + "번째로 도착했습니다.")
```

---

2 옮긴이_ elif는 else와 if 키워드의 조합입니다.

리스트 4-44 elif의 예(2)

```
In     animal = "cat"

       if animal == "cat":
           print("고양이가 귀엽네요.")
       elif animal == "dog":
           print("개가 잘생겼네요.")
       elif animal == "elephant":
           print("코끼리가 크네요.")
       else:
           print("고양이도, 개도, 코끼리도 아니군요.")
```

Out   고양이가 귀엽네요.

문제

elif를 사용하여 n이 11 이상 15 이하일 때 '중간 숫자'라고 출력하도록 작성하세요(리스트 4-45).

리스트 4-45 문제

```
In     n = 14

       if n > 15:
           print("큰 숫자")

       # elif를 사용하여 n이 11 이상 15 이하일 때 '중간 숫자'를 출력하도록 작성하세요.


       else:
           print("작은 숫자")
```

힌트

elif의 들여쓰기는 if, else와 같은 위치에 가지런히 맞춰주세요.

리스트 4-46 해답

```
In    n = 14
      (... 생략 ...)
      # elif를 사용하여 n이 11 이상 15 이하일 때 '중간 숫자'를 출력하도록 작성하세요.
      elif n >= 11:
          print("중간 숫자")
      else:
          print("작은 숫자")
```

```
Out   중간 숫자
```

4.4.5 and, or, not

4.4.1 ~ 4.4.4절에서 배운 비교 연산자에 대한 and, or, not을 **부울 연산자**boolean operator라고 부르며, 조건 분기문을 기술할 때 사용합니다. and나 or은 조건식 사이에 사용하며, and는 복수의 조건식이 모두 True인 경우 True를 반환하고, or은 복수의 조건식 중 하나라도 True인 경우 True를 반환합니다. not은 조건식 앞에 사용하며, 조건이 True인 경우 False를 반환하고, False인 경우 True를 반환합니다.

사용법은 다음과 같습니다.

- 조건식 and 조건식
- 조건식 or 조건식
- not 조건식

문제

- 변수 n_1이 8보다 크고 14보다 작다는 조건식을 만들고, 결괏값 False를 print( )로 출력하세요.
- 변수 n_1의 제곱이 변수 n_2의 다섯 배보다 작다는 조건식을 만들고, not을 사용하여 결과를 반전시켜 결괏값 True를 print( )로 출력하세요.

```
In    n_1 = 14
      n_2 = 28

      # n_1이 8보다 크고 14보다 작다는 조건식을 만들고, 결과를 출력하세요.
      print()

      # n_1의 제곱이 n_2의 다섯 배보다 작다는 조건식을 만들고, 결과를 반전시켜 출력하세요.
      print()
```

힌트

- 변수 n_1이 8보다 크다 and 변수 n_1이 14보다 작다.
- not 변수 n_1의 제곱이 변수 n_2의 다섯 배보다 작다.

해답

리스트 4-48 해답

```
In    ( ... 생략 ... )
      # n_1이 8보다 크고 14보다 작다는 조건식을 만들고, 결과를 출력하세요.
      print(n_1 > 8 and n_1 < 14)

      # n_1의 제곱이 n_2의 다섯 배보다 작다는 조건식을 만들고, 결과를 반전시켜 출력하세요.
      print(not n_1 ** 2 < n_2 * 5)
```

```
Out   False
      True
```

||| 연습 문제 |||

윤년 여부를 검사하는 프로그램을 작성하세요.

문제

- 연도가 400으로 나누어떨어지지 않고, 100으로 나누어떨어지면 윤년이 아닙니다(평년입니다).

- 위와 같지 않을 때 연도가 4로 나누어떨어지면 윤년입니다.
- 윤년이 아닌 경우 평년입니다.
- 윤년의 경우 '**년은 윤년입니다.'라고 출력하세요.
- 평년의 경우 '**년은 평년입니다.'라고 출력하세요.

리스트 4-49 문제

In
```
# 변수 year에 연도를 입력하세요.


# if 문으로 조건 분기를 하고 윤년과 평년을 판별하세요.
```

힌트

나누어떨어지는 경우 나머지가 0이므로 조건은 %를 사용하여 year % 100 == 0처럼 쓸 수 있습니다.

해답

리스트 4-50 해답

In
```
# 변수 year에 연도를 입력하세요.
year = 2000

# if 문으로 조건 분기를 하고 윤년과 평년을 판별하세요.
if year % 100 == 0 and year % 400 != 0:
    print(str(year) + "년은 평년입니다.")
elif year % 4 == 0:
    print(str(year) + "년은 윤년입니다.")
else:
    print(str(year) + "년은 평년입니다.")
```

Out
```
2000년은 윤년입니다.
```

설명

400으로 나누어떨어지지 않는 것은 year % 400 != 0이라고 쓸 수 있습니다. 출력할 수치를 문자열로 변환하는 것 잊지 마세요.

## CHAPTER 5

파이썬 기본 문법

5.1 리스트

5.1.1 리스트형(1)

앞 장에서는 변수에 하나의 값만 대입했지만, 이 장에서는 변수에 여러 값을 대입할 수 있는 리스트형(list형) 변수를 소개합니다.

리스트형은 수치, 문자열 등의 데이터를 한꺼번에 저장할 수 있는 자료형이며, [요소 1, 요소 2, ...]처럼 기술합니다. 또한 리스트에 저장되어 있는 값 하나하나를 요소 또는 객체(오브젝트 object)라고 합니다.

다른 프로그래밍 언어를 접한 적이 있는 분이라면 배열처럼 생각하면 좋을 것입니다.

```
["코끼리", "기린", "팬더"]
[1, 5, 2, 4]
```

문제

- 변수 c에 'red', 'blue', 'yellow' 세 개의 문자열을 저장합니다.
- 변수 c의 자료형을 print( ) 함수를 이용하여 출력하세요.

리스트 5-1 문제

| In | # 변수 c에 'red', 'blue', 'yellow' 세 개의 문자열을 저장하세요. |

```
print(c)
```

변수 c의 자료형을 출력하세요.

힌트

- 리스트도 하나의 값이므로 변수에 할당할 수 있습니다.
- animal = ["코끼리", "기린", "팬더"], storages = [1, 5, 2, 4]처럼 리스트형으로 생성하세요.
- 자료형의 출력은 print(type())을 사용합니다.
- 자료형의 출력에 대해서는 4.3절 '자료형'에서 설명했습니다.

해답

리스트 5-2 해답

| In | # 변수 c에 'red', 'blue', 'yellow' 세 개의 문자열을 저장하세요. |

```
c = ["red", "blue", "yellow"]

print(c)
```

변수 c의 자료형을 출력하세요.
```
print(type(c))
```

| Out | ['red', 'blue', 'yellow']
<class 'list'> |

5.1.2 리스트형(2)

지금까지는 리스트형에 저장되어 있는 요소가 모두 같은 자료형이었지만, 다른 자료형이 섞여 있어도 괜찮습니다. 또한 [리스트 5-3]처럼 변수를 리스트 안에 저장할 수도 있습니다.

리스트 5-3 리스트형(2)의 예

```
In     n = 3
       print(["사과", n, "고릴라"])
```

```
Out    ['사과', 3, '고릴라']
```

문제

리스트형 fruits 변수를 만들어 apple, grape, banana 변수를 요소로 저장하세요.

리스트 5-4 문제

```
In     apple = 4
       grape = 3
       banana = 6

       # 리스트형 fruits 변수에 apple, grape, banana 변수를 순서대로 저장하세요.


       print(fruits)
```

힌트

리스트 안에 넣을 변수의 순서에 주의하세요.

해답

리스트 5-5 해답

```
In     (... 생략 ...)
       # 리스트형 fruits 변수에 apple, grape, banana 변수를 순서대로 저장하세요.
       fruits = [apple, grape, banana]

       print(fruits)
```

```
Out    [4, 3, 6]
```

5.1.3 리스트 안의 리스트

리스트의 요소로 리스트형을 저장할 수 있습니다. 즉, 중첩된 구조를 만들 수 있습니다(리스트 5-6).

리스트 5-6 리스트 안의 리스트의 예

| In | `print([[1, 2], [3, 4], [5, 6]])` |

| Out | `[[1, 2], [3, 4], [5, 6]]` |

문제

- 변수 fruits는 '과일 이름'과 '개수' 변수를 가진 리스트입니다.
- [["사과", 2], ["귤", 10]]이 출력되도록 fruits에 변수를 리스트형으로 대입하세요.

리스트 5-7 문제

```
In    fruits_name_1 = "사과"
      fruits_num_1 = 2
      fruits_name_2 = "귤"
      fruits_num_2 = 10

      # [["사과", 2], ["귤", 10]]이 출력되도록 fruits에 변수를 리스트형으로 대입하세요.


      # 출력합니다
      print(fruits)
```

힌트

- 리스트 요소에 변수를 이용하여 리스트를 포함하는 경우에도 동일한 형식으로 저장할 수 있습니다.
- 변수를 저장할 때는 따옴표가 필요 없습니다.

해답

리스트 5-8 해답

```
In    (... 생략 ...)

      # [["사과", 2], ["귤", 10]]이 출력되도록 fruits에 변수를 리스트형으로 대입하세요.
      fruits = [[fruits_name_1, fruits_num_1], [fruits_name_2, fruits_num_2]]
```

```
(... 생략 ...)
```

Out
```
[['사과', 2], ['귤', 10]]
```

5.1.4 리스트에서 값 추출

리스트 요소는 차례대로 0, 1, 2, 3, ...이라는 번호가 할당되어 있으며, 이를 인덱스 번호라고 합니다. 인덱스 번호는 0부터 시작하므로 첫 번째 요소가 0번째라는 점에 주의하세요. 또한 리스트 요소는 뒤에서부터 순서대로 번호를 지정할 수도 있습니다.

가장 마지막 요소는 −1번째, 끝에서 두 번째 요소는 −2번째처럼 지정할 수도 있습니다. 리스트의 각 요소는 '리스트[인덱스 번호]'로 검색할 수 있습니다(리스트 5-9).

리스트 5-9 리스트 값 꺼내기

In
```python
a = [1, 2, 3, 4]
print(a[1])
print(a[-2])
```

Out
```
2
3
```

문제
- 변수 fruits의 두 번째 요소를 출력하세요.
- 변수 fruits의 마지막 요소를 출력하세요.
- 출력은 print() 함수를 사용하세요.

리스트 5-10 문제

In
```python
fruits = ["apple", 2, "orange", 4, "grape", 3, "banana", 1]

# 변수 fruits의 두 번째 요소를 출력하세요.

# 변수 fruits의 마지막 요소를 출력하세요.
```

- 인덱스 번호는 0부터 시작하므로 두 번째 요소의 인덱스 번호는 1입니다.

- 마지막 요소는 −1을 사용하면 편리합니다.

리스트 5-11 해답

```
In       ( ... 생략 ... )
         # 변수 fruits의 두 번째 요소를 출력하세요.
         print(fruits[1]) # print(fruits[-7])이라고 해도 됩니다.

         # 변수 fruits의 마지막 요소를 출력하세요.
         print(fruits[7]) # print(fruits[-1])이라고 해도 됩니다.
```

```
Out      2
         1
```

5.1.5 리스트에서 리스트 추출(슬라이스)

리스트에서 새로운 리스트를 추출할 수도 있습니다. 이 작업을 슬라이스라고 합니다. 작성법은 '리스트[start:end]'이며, 인덱스 번호 start부터 end-1까지의 리스트를 추출합니다.

[리스트 5-12]는 슬라이스로 리스트를 추출하는 방법을 보여줍니다.

리스트 5-12 슬라이스의 예

```
In       alphabet = ["a", "b", "c", "d", "e", "f", "g", "h", "i", "j"]
         print(alphabet[1:5])
         print(alphabet[1:-5])
         print(alphabet[:5])
         print(alphabet[6:])
         print(alphabet[0:20])
```

```
Out      ['b', 'c', 'd', 'e']
         ['b', 'c', 'd', 'e']
         ['a', 'b', 'c', 'd', 'e']
```

```
[ 'g', 'h' 'i', 'j']
[ 'a', 'b', 'c', 'd', 'e', 'f', 'g', 'h' 'i', 'j']
```

[리스트 5-12]를 보면 [:5]를 지정하여 첫 번째부터 인덱스 번호 4까지, [6:]을 지정하여 인덱스 번호 6부터 끝까지 리스트를 추출하고 있습니다.

문제

- chaos 리스트에서 다음 리스트를 꺼내 변수 fruits에 저장하세요.

  ["apple", 2, "orange", 4, "grape", 3, "banana", 1]

- 변수 fruits를 print ( ) 함수로 출력하세요.

리스트 5-13 문제

In
```
chaos = ["cat", "apple", 2, "orange", 4, "grape", 3, "banana", 1,
"elephant", "dog"]

# chaos 리스트에서 ["apple", 2, "orange", 4, "grape", 3, "banana", 1] 리스트를
꺼내 변수 fruits에 저장하세요.


# 변수 fruits를 출력합니다.
print(fruits)
```

힌트

chaos[start :end]로 chaos의 인덱스 번호 start부터 end -1까지 리스트를 추출할 수 있습니다.

해답

리스트 5-14 해답

In
```
( ... 생략 ... )
# chaos 리스트에서 ["apple", 2, "orange", 4, "grape", 3, "banana", 1] 리스트를
꺼내 변수 fruits에 저장하세요.
```
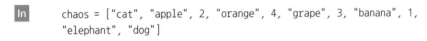
```
( ... 생략 ... )
```

Out
```
['apple', 2, 'orange', 4, 'grape', 3, 'banana', 1]
```

5.1.6 리스트 요소 갱신 및 추가

리스트 요소(객체)를 갱신하거나 추가할 수 있습니다. '리스트[인덱스 번호] = 값'을 사용하면 지정한 인덱스 번호의 요소를 갱신할 수 있습니다. 슬라이스를 이용하여 값을 갱신할 수도 있습니다(리스트 5-15).

리스트에 요소를 추가하고 싶은 경우 리스트와 리스트를 '+'를 사용하여 연결합니다. 여러 요소를 동시에 추가하는 것도 가능합니다. '리스트명.append(추가할 요소)'로 추가할 수도 있습니다. append() 메서드를 사용할 경우에는 여러 요소를 동시에 추가할 수 없습니다.

리스트 5-15 리스트 요소 갱신 및 추가

```
In    alphabet = ["a", "b", "c", "d", "e"]
      alphabet[0] = "A"
      alphabet[1:3] = ["B", "C"]
      print(alphabet)

      alphabet = alphabet + ["f"]
      alphabet += ["g","h"]
      alphabet.append("i")
      print(alphabet)
```

```
Out   ['A', 'B', 'C', 'd', 'e']
      ['A', 'B', 'C', 'd', 'e', 'f', 'g', 'h', 'i']
```

문제

- 리스트 c의 첫 요소를 'red'로 갱신하세요.
- 리스트 끝에 문자열 'green'을 추가하세요.

리스트 5-16 문제

```
In    c = ["dog", "blue", "yellow"]

      # 변수 c의 첫 번째 요소를 'red'로 갱신하세요.

      print(c)
```

```
                    # 리스트 끝에 문자열 'green'을 추가하세요.

        print(c)
```

- 리스트[인덱스 번호] = 값
- append( ) 메서드를 사용하지 않는 경우 리스트의 결합이므로 [ ]로 감싸야 합니다.

리스트 5-17 해답

```
In      c = ["dog", "blue", "yellow"]

        # 변수 c의 첫 번째 요소를 'red'로 갱신하세요.
        c[0] = "red"
        print(c)

        # 리스트 끝에 문자열 'green'을 추가하세요.
        c = c + ["green"] # c.append("green")이라고 해도 됩니다.
        print(c)
```

```
Out     ['red', 'blue', 'yellow']
        ['red', 'blue', 'yellow', 'green']
```

5.1.7 리스트 요소 삭제

리스트 요소를 삭제하려면 'del 리스트[인덱스 번호]'라고 기술합니다. 그러면 지정한 인덱스 번호의 요소가 삭제됩니다. 인덱스 번호를 슬라이스로 지정할 수도 있습니다(리스트 5-18).

리스트 5-18 리스트에서 요소를 삭제하는 방법

```
In      alphabet = ["a", "b", "c", "d", "e"]
        del alphabet[3:]
        del alphabet[0]
        print(alphabet)
```

변수 c의 첫 번째 요소를 제거하세요.

리스트 5-19 문제

```
In       c = ["dog", "blue", "yellow"]
         print(c)

         # 변수 c의 첫 번째 요소를 제거하세요.

         print(c)
```

힌트

del 리스트[인덱스 번호]

해답

리스트 5-20 해답

```
In       (... 생략 ...)
         # 변수 c의 첫 번째 요소를 제거하세요.
         del c[0]

         print(c)
```

```
Out      ['dog', 'blue', 'yellow']
         ['blue', 'yellow']
```

5.1.8 리스트형의 주의점

리스트형을 이용할 때 주의할 점이 있습니다. 우선 [리스트 5-21]의 코드를 보세요.

리스트 5-21 리스트형의 예(1)

```
In      alphabet = ["a", "b", "c"]
        alphabet_copy = alphabet
        alphabet_copy[0] = "A"
        print(alphabet)
```

```
Out     ['A', 'b', 'c']
```

리스트 변수를 다른 변수에 대입한 뒤 대입한 변수에서 값을 바꾸면 원래 변수의 값도 바뀌어
버립니다. 이를 막으려면 y = x 대신 y = x[:] 또는 y = list(x)라고 쓰면 됩니다. [리스트
5-22]에서 확인합니다.

리스트 5-22 리스트형의 예(2)

```
In      alphabet = ["a", "b", "c"]
        alphabet_copy = alphabet[:]
        alphabet_copy[0] = "A"
        print(alphabet)
```

```
Out     ['a', 'b', 'c']
```

문제

변수 c의 리스트 요소가 변하지 않도록 'c_copy = c' 부분을 수정하세요.

리스트 5-23 문제

```
In      c = ["red", "blue", "yellow"]

        # 변수 c의 값이 변하지 않도록 수정하세요.
        c_copy = c

        c_copy[1] = "green"
        print(c)
```

- y = x[:]

- y = list (x)

리스트 5-24 해답

```
In      (... 생략 ...)
        # 변수 c의 값이 변하지 않도록 수정하세요.
        c_copy = list(c) # c[:]이라고 해도 됩니다.
        (... 생략 ...)
```

```
Out     ['red', 'blue', 'yellow']
```

5.2 딕셔너리

5.2.1 딕셔너리형

딕셔너리형은 리스트형처럼 여러 데이터를 다룰 때 사용합니다. 리스트형과 다른 점은 인덱스 번호로 요소를 꺼내는 방식이 아니라 키^{key}와 값^{value} 쌍으로 연결되어 있어 키를 통해 연결되어 있는 값을 얻습니다. 다른 프로그래밍 언어를 접한 적이 있다면 JSON$^{JavaScript\ Object\ Notation}$과 비슷한 자료형이라고 기억해두면 좋을 것입니다.

작성 방법은 {키1: 값1, 키2: 값2, ...}입니다. 문자열의 경우에는 따옴표(")로 감싸줍니다 (리스트 5-25).

리스트 5-25 딕셔너리형의 예

```
In      dic ={"Japan": "Tokyo", "Korea": "Seoul"}
        print(dic)
```

```
Out     {'Japan': 'Tokyo', 'Korea': 'Seoul'}
```

문제

변수 town에 다음 키와 값을 가진 딕셔너리를 만들어 저장하세요.

키1 : 경기도, 값1 : 수원, 키2 : 서울, 값2 : 중구

리스트 5-26 문제

```
In
# 변수 town에 딕셔너리를 저장하세요.


# town을 출력합니다.
print(town)
# 자료형을 출력합니다.
print(type(town))
```

힌트

딕셔너리형은 {"yellow": "banana", "red": "tomato", "purple": "grape"}처럼 {"키": "값", ...} 형식을 갖고 있습니다.

해답

리스트 5-27 해답

```
In
# 변수 town에 딕셔너리를 저장하세요.
town = {"경기도": "수원", "서울": "중구"}
(... 생략 ...)
```

```
Out
{'경기도': '수원', '서울': '중구'}
<class 'dict'>
```

5.2.2 딕셔너리 요소 추출

딕셔너리 요소를 추출할 때는 '딕셔너리명["키"]'라고 기술합니다(리스트 5-28).

리스트 5-28 딕셔너리 요소를 추출하는 예

```
In
dic ={"Japan": "Tokyo", "Korea": "Soul"}
print(dic["Japan"])
```

문제

- 딕셔너리 town의 값을 이용하여 '경기도의 중심 도시는 수원입니다.'라고 출력하세요.

- 딕셔너리 town의 값을 이용하여 '서울의 중심 도시는 중구입니다.'라고 출력하세요.

- 출력은 print( ) 함수를 사용하세요.

리스트 5-29 문제

```
In      town = {"경기도": "수원", "서울": "중구"}

        # '경기도의 중심 도시는 수원입니다.'라고 출력하세요.


        # '서울의 중심 도시는 중구입니다.'라고 출력하세요.
```

힌트

town["꺼낼 값의 키"]

해답

리스트 5-30 해답

```
In      # '경기도의 중심 도시는 수원입니다.'라고 출력하세요.
        print("경기도의 중심 도시는 " + town["경기도"] + "입니다.")

        # '서울의 중심 도시는 중구입니다.'라고 출력하세요.
        print("서울의 중심 도시는 " + town["서울"] + "입니다.")
```

```
Out     경기도의 중심 도시는 수원입니다.
        서울의 중심 도시는 중구입니다.
```

5.2.3 딕셔너리 갱신 및 추가

딕셔너리의 값을 갱신할 때는 '딕셔너리명["값을 갱신할 키"] = 값'이라고 쓰고, 딕셔너리에 요소를 추가할 때는 '딕셔너리명["추가할 키"] = 값'이라고 씁니다(리스트 5-31).

리스트 5-31 딕셔너리 갱신 및 추가의 예

```
In    dic ={"Japan": "Tokyo", "Korea": "Soul"}
      dic["Japan"] = "Osaka"
      dic["China"] = "Beijin"
      print(dic)
```

```
Out   {'Japan': 'Osaka', 'Korea': 'Soul', 'China': 'Beijin'}
```

문제

- 키 '제주도'와 값 '제주시' 요소를 추가한 뒤 출력하세요.
- 키 '경기도'의 값을 '분당'으로 변경하여 출력하세요.

리스트 5-32 문제

```
In    town = {"경기도": "수원", "서울": "중구"}

      # 키 '제주도'와 값 '제주시'를 추가하세요.

      print(town)

      # 키 '경기도'의 값을 '분당'으로 변경하세요.

      print(town)
```

힌트

- 딕셔너리명["값을 갱신할 키"] = 값
- 딕셔너리명["추가할 키"] = 값

해답

리스트 5-33 해답

```
In    (... 생략 ...)
      # 키 '제주도'와 값 '제주시'를 추가하세요.
      town["제주도"] = "제주시"
      print(town)

      # 키 '경기도'의 값을 '분당'으로 변경하세요.
      town["경기도"] = "분당"
      print(town)
```

| Out | {'경기도': '수원', '서울': '중구', '제주도': '제주시'}
{'경기도': '분당', '서울': '중구', '제주도': '제주시'} |

5.2.4 딕셔너리 요소 삭제

딕셔너리의 값을 삭제할 때는 'del 딕셔너리명["삭제할 키"]'라고 기술합니다(리스트 5-34).

리스트 5-34 딕셔너리 요소 삭제의 예

```
In
dic ={"Japan": "Tokyo", "Korea": "Seoul", "China": "Beijin"}
del dic["China"]
print(dic)
```

```
Out
{'Japan': 'Tokyo', 'Korea': 'Seoul'}
```

문제

키가 '경기도'인 요소를 삭제하세요.

리스트 5-35 문제

```
In
town = { "경기도": "분당", "서울": "중구", "제주도": "제주시"}

# 키가 '경기도'인 요소를 삭제하세요.

print(town)
```

힌트

del 딕셔너리명["삭제할 키"]

해답

리스트 5-36 해답

```
In
(... 생략 ...)
# 키가 '경기도'인 요소를 삭제하세요.
del town["경기도"]
print(town)
```

| Out | {'서울': '중구', '제주도': '제주시'} |

5.3 while 문

5.3.1 while 문(1)

while 문을 이용하면 주어진 조건식이 False가 될 때까지 처리를 반복(루프^{loop})할 수 있습니다.

4장에서 배운 if처럼 'while 조건식: ...'이라고 기술합니다. 조건식이 True인 동안 while 문의 처리가 반복됩니다. 또한 while 문의 처리는 if 문과 같이 들여쓰기를 해서 루프할 곳을 지정합니다. 들여쓰기는 공백 4개를 주로 사용합니다(리스트 5-37).

리스트 5-37 while 문의 예

| In |
```
n = 2
while n > 0:
    print(n)
    n -= 1
```

| Out |
```
2
1
```

문제

[리스트 5-38]의 코드를 실행하면 print("Hanbit")이 몇 번 실행될까요?

1. 1회

2. 2회

3. 3회

4. 4회

```
In      x = 5
        while x > 0:
            print("Hanbit")
            x -= 2
```

힌트

- x값은 1회 순환할 때마다 2씩 작아집니다.
- x가 0보다 크면 루프가 계속됩니다.

해답

리스트 5-39 해답

```
Out     Hanbit
        Hanbit
        Hanbit
```

3. 3회

5.3.2 while 문(2)

while 문은 파이썬에서 자주 사용되는 요소이므로 반복 연습해서 제대로 이해합시다.

조건식의 변숫값을 갱신하지 않거나 조건식이 항상 성립되도록 하면 루프가 무한정 반복됩니다. 무한 루프가 발생하지 않도록 주의하세요.

문제

- while 문을 사용하여 변수 x가 0이 아닌 동안 반복하도록 만드세요.
- 반복문 안에서는 변수 x에서 1을 빼고, x값을 출력하세요.
- 출력은 print() 함수를 사용하세요.
- 다음처럼 실행 결과가 나오게 만드세요.

    4

    3

    2

```
1
0
```

리스트 5-40 문제

In
```
x = 5

# while 문을 사용하여 변수 x가 0이 아닌 동안 반복하도록 만드세요.

# 반복문 안에서는 변수 x에서 1을 빼고, x값을 출력하세요.
```

힌트

- '0이 아니다'는 'x != 0'으로 표기할 수 있습니다.
- while 조건식: ...

해답

리스트 5-41 해답

In
```
(... 생략 ...)
# while 문을 사용하여 변수 x가 0이 아닌 동안 반복하도록 만드세요.
while x != 0:
    # 반복문 안에서는 변수 x에서 1을 빼고, x값을 출력하세요.
    x -= 1
    print(x)
```

Out
```
4
3
2
1
0
```

5.3.3 while과 if

while과 if를 이용한 문제를 풀어봅시다.

[리스트 5-41]에서 작성한 코드를 if 문을 사용하여 다음과 같이 출력되도록 수정하세요.

4

3

2

1

Bang

리스트 5-42 문제

```
In    x = 5

      # while 문을 사용하여 변수 x가 0이 아닌 동안 반복하도록 만드세요.

      # 반복문 안에서는 변수 x에서 1을 빼고, x값을 출력하세요.


      print(x)
```

힌트

• if를 사용하여 print(x)와 print("Bang")을 조건 분기시킵니다.

• x != 0인 경우와 x = 0인 경우로 코드를 나누면 됩니다.

해답

리스트 5-43 해답

```
In    (... 생략 ...)
      # while 문을 사용하여 변수 x가 0이 아닌 동안 반복하도록 만드세요.
      while x != 0:
          # 반복문 안에서는 변수 x에서 1을 빼고, x값을 출력하세요.
          x -= 1
          if x != 0:
              print(x)
          else:
              print("Bang")
```

| Out | 4
3
2
1
Bang |

5.4 for 문

5.4.1 for 문

리스트의 요소를 모두 출력하고 싶을 때 자주 사용하는 것이 for 문입니다. 'for 변수 in 데이터셋:'이라고 작성하면 데이터셋의 요소 수만큼 처리를 반복할 수 있습니다.

데이터셋은 리스트형이나 딕셔너리형처럼 복수의 요소를 가진 것을 가리킵니다. 여기서는 for 문에 리스트형을 사용합니다. 딕셔너리형은 5.5.3절 '딕셔너리형의 루프'에서 다루겠습니다.

for 문 뒤에는 **콜론**(:)이 들어가는 것 잊지 마세요. 지금까지 배운 if나 while과 마찬가지로 들여쓰기로 처리 범위를 나타냅니다. 여기서도 들여쓰기는 공백 네 개로 합니다(리스트 5-44).

리스트 5-44 for 문의 예

```
In     animals = ["tiger", "dog", "elephant"]
       for animal in animals:
           print(animal)
```

```
Out    tiger
       dog
       elephant
```

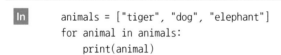

문제

- for 문을 사용하여 변수 storages의 요소를 하나씩 출력하세요.
- 출력은 print() 함수를 사용하세요.
- for 문에서 사용할 변수명은 임의로 지정하세요.

```
In    storages = [1, 2, 3, 4]

      # for 문으로 변수 storages의 요소를 출력하세요.
```

힌트

for 문 뒤에 콜론(:) 붙이는 것 잊지 마세요.

해답

리스트 5-46 해답

```
In    (... 생략 ...)
      # for 문으로 변수 storages의 요소를 출력하세요.
      for n in storages:
          print(n)
```

```
Out   1
      2
      3
      4
```

5.4.2 break

break를 이용해서 반복 처리를 종료할 수 있습니다. if 문과 함께 사용되는 경우가 많습니다
(리스트 5-47).

리스트 5-47 break의 예

```
In    storages = [1, 2, 3, 4, 5, 6, 7, 8, 9, 10]
      for n in storages:
          print(n)
          if n >= 5:
              print("끝")
              break
```

Out	1
	2
	3
	4
	5
	끝

문제

변수 n의 값이 4일 때 처리를 종료하세요.

리스트 5-48 문제

| In | ```
storages = [1, 2, 3, 4, 5, 6]

for n in storages:
    print(n)
    # 변수 n의 값이 4일 때 처리를 종료하세요.
``` |

힌트

• 등호(equal)를 나타내는 기호는 '=='입니다. '='은 우변의 값을 좌변의 변수명에 대입(저장)하라는 의미입니다.
• 들여쓰기 잊지 마세요.

해답

리스트 5-49 해답

| In | ```
(... 생략 ...)
for n in storages:
    print(n)
    # 변수 n의 값이 4일 때 처리를 종료하세요.
    if n == 4:
        break;
``` |

Out	1
	2
	3
	4

5.4.3 continue

continue는 break와 마찬가지로 if 문 등과 조합해서 사용하지만 break와 달리 특정 조건일 때 루프를 한 번 건너뜁니다. (리스트 5-50).

리스트 5-50 continue의 예

```
In     storages = [1, 2, 3]
       for n in storages:
           if n == 2:
               continue
           print(n)
```

```
Out    1
       3
```

문제

변수 n이 2의 배수일 때는 continue를 사용하여 처리를 생략하세요.

리스트 5-51 문제

```
In     storages = [1, 2, 3, 4, 5, 6]

       for n in storages:
           # 변수 n이 2의 배수일 때는 처리를 생략하세요.

           print(n)
```

힌트

- 2의 배수는 '2로 나눴을 때 나머지가 0'이라고 바꿔 말할 수 있습니다.
- 나머지를 구하는 산술 연산자는 %입니다.

해답

리스트 5-52 해답

```
In     (... 생략 ...)
           # 변수 n이 2의 배수일 때는 처리를 생략하세요.
```

```
if n % 2 == 0:
    continue
print(n)
```

Out
```
1
3
5
```

5.5 추가 설명

5.5.1 for 문에서 index 표시

for 문을 사용한 루프에서 리스트의 인덱스 확인이 필요할 때가 있습니다. enumerate() 함수를 사용하면 인덱스가 포함된 요소를 얻을 수 있습니다(함수는 6.2절 '함수'에서 설명합니다). 사용 형식은 다음과 같습니다.

형식
```
for x, y in enumerate ("리스트형"):
    for 안에서는 x, y를 사용하여 작성합니다.
    x는 정수형의 인덱스, y는 리스트에 포함된 요소입니다.
```

x, y는 인덱스와 요소를 얻기 위한 변수이며, [리스트 5-53]처럼 자유롭게 이름을 붙일 수 있습니다.

리스트 5-53 for 문에서 index를 표시하는 예

In
```
list = ["a", "b"]
for index, value in enumerate(list):
    print(index, value)
```

Out
```
0 a
1 b
```

문제

- for 문 및 enumerate() 함수를 사용하여 다음을 출력하는 코드를 작성하세요.
  index:0 tiger
  index:1 dog
  index:2 elephant
- 출력은 print() 함수를 사용하세요.

리스트 5-54 문제

In
```
animals = ["tiger", "dog", "elephant"]

# enumerate() 함수를 사용하여 출력하세요.
```

힌트

- for 다음에 기술하는 변수명은 자유롭게 정할 수 있습니다.
- print(a, b) # 출력 결과 a b

해답

리스트 5-55 해답

In
```
(... 생략 ...)
# enumerate() 함수를 사용하여 출력하세요.
for index, animal in enumerate(animals):
    print("index:" + str(index), animal)
```

Out
```
index:0 tiger
index:1 dog
index:2 elephant
```

5.5.2 리스트 안의 리스트 루프

리스트의 요소가 리스트형일 경우 그 내용을 for 문으로 꺼낼 수 있습니다. 이때 'for a, b, c, ... in 변수(리스트형)'과 같이 씁니다. a, b, c, ...의 개수는 리스트의 요소 수와 같아야 합니다(리스트 5-56).

リスト 5-56 리스트 안의 리스트 루프의 예

```
In    list = [[1, 2, 3],
              [4, 5, 6]]
      for a, b, c in list:
          print(a, b, c)
```

```
Out   1 2 3
      4 5 6
```

문제

- for 문을 사용하여 다음을 출력하는 코드를 작성하세요.

strawberry is red

peach is pink

banana is yellow

- 출력은 print ( ) 함수를 사용하세요.

리스트 5-57 문제

```
In    fruits = [["strawberry", "red"],
                ["peach", "pink"],
                ["banana", "yellow"]]

      # for 문을 사용하여 출력하세요.
```

힌트

- for 다음에 기술하는 변수명은 자유롭게 정할 수 있습니다.

- 예를 들어 for fruit, color in fruits :라고 기술할 수 있습니다.

해답

리스트 5-58 해답

```
In    (... 생략 ...)
      # for 문을 사용하여 출력하세요.
      for fruit, color in fruits:
          print(fruit + " is " + color)
```

```
Out    strawberry is red
       peach is pink
       banana is yellow
```

5.5.3 딕셔너리형의 루프

딕셔너리형의 루프에서는 키와 값을 모두 변수로 하여 반복(루프)할 수 있습니다. items( )를 사용하여 'for key의_변수명, value의_변수명 in 변수(딕셔너리형).items( ):'로 기술합니다(리스트 5-59).

리스트 5-59 딕셔너리형의 루프 예

```
In     fruits = {"strawberry": "red", "peach": "pink", "banana": "yellow"}
       for fruit, color in fruits.items():
           print(fruit + " is " + color)
```

```
Out    strawberry is red
       peach is pink
       banana is yellow
```

문제

• for 문을 사용하여 다음을 출력하는 코드를 작성하세요.

경기도 분당

서울 중구

제주도 제주시

• 출력은 print( ) 함수를 사용하세요.

리스트 5-60 문제

```
In     town = {"경기도": "분당", "서울": "중구", "제주도": "제주시"}

       # for 문을 사용하여 출력하세요.
```

- for 다음에 기술하는 변수명은 자유롭게 정할 수 있습니다.

- 예를 들어 for key, value in town.items():라고 기술할 수 있습니다.

해답

리스트 5-61 해답

In	(... 생략 ...)

```
(... 생략 ...)
# for 문을 사용하여 출력하세요.
for prefecture, capital in town.items():
    print(prefecture, capital)
```

Out	경기도 분당

```
경기도 분당
서울 중구
제주도 제주시
```

‖‖연습 문제‖‖

상품의 가격과 개수, 지불 금액과 거스름돈을 표시하는 프로그램을 작성하세요.

문제

- 변수 items를 for 문으로 루프시킵니다. 변수는 item으로 합니다.

- for 문의 처리

  – '**은(는) 한 개에 **원이며, **개 구입합니다.'라고 출력하세요.

  – 변수 total_price에 가격×수량을 더해서 저장하세요.

- '지불해야 할 금액은 **원입니다.'라고 출력하세요.

- 변수 money에 임의의 값을 대입하세요.

- money > total_price일 때는 '거스름돈은 **원입니다.'라고 출력하세요.

- money == total_price일 때는 '거스름돈은 없습니다.'라고 출력하세요.

- money < total_price일 때는 '돈이 부족합니다.'라고 출력하세요.

- 출력은 print() 함수를 사용하세요.

```
In    items = {"지우개": [100, 2], "펜": [200, 3], "노트": [400,5]}
      total_price = 0

      # 변수 items를 for 문으로 루프시킵니다.

          # '**은(는) 한 개에 **원이며, **개 구입합니다.'라고 출력하세요.

          # 변수 total_price에 가격×수량을 더해서 저장하세요.

      # '지불해야 할 금액은 **원입니다.'라고 출력하세요.

      # 변수 money에 임의의 값을 대입하세요.

      # money > total_price일 때는 '거스름돈은 **원입니다.'라고 출력하세요.

      # money == total_price일 때는 '거스름돈은 없습니다.'라고 출력하세요.

      # money < total_price일 때는 '돈이 부족합니다.'라고 출력하세요.
```

힌트

- for 문에서 반복(루프)하고 싶은 범위는 들여쓰기로 표시합니다.
- 숫자를 문자열로 변환하려면 str형을 사용합니다.
- 딕셔너리형의 값이 리스트일 때는 두 번째 [ ]로 요소를 지정할 수 있습니다.
- 문자열을 숫자로 변환하려면 int ( )를 사용합니다.
- if, elif, else를 활용하세요.

해답

리스트 5-63 해답

```
In    items = {"지우개": [100, 2], "펜": [200, 3], "노트": [400,5]}
      total_price = 0

      # 변수 items를 for 문으로 루프시킵니다.
      for item in items:

          # '**은(는) 한 개에 **원이며, **개 구입합니다.'라고 출력하세요.
          print(item + "은(는) 한 개에 " + str(items[item][0]) + "원이며, "
              + str(items[item][1]) + "개 구입합니다.")
```

```python
# 변수 total_price에 가격 × 수량을 더해서 저장하세요.
total_price += items[item][0] * items[item][1]

# '지불해야 할 금액은 **원입니다.'라고 출력하세요.
print("지불해야 할 금액은 " + str(total_price) + "원입니다.")

# 변수 money에 임의의 값을 대입하세요.
money = 3000

# money > total_price일 때는 '거스름돈은 **원입니다.'라고 출력하세요.
if money > total_price:
    print("거스름돈은 " + str(money - total_price) + "원입니다.")

# money == total_price일 때는 '거스름돈은 없습니다.'라고 출력하세요.
elif money == total_price:
    print("거스름돈은 없습니다.")

# money < total_price일 때는 '돈이 부족합니다.'라고 출력하세요.
else:
    print("돈이 부족합니다.")
```

Out
```
지우개은(는) 한 개에 100원이며, 2개 구입합니다.
펜은(는) 한 개에 200원이며, 3개 구입합니다.
노트은(는) 한 개에 400원이며, 5개 구입합니다.
지불해야 할 금액은 2800원입니다.
거스름돈은 200원입니다.
```

설명

리스트 5-64 설명

In
```python
items = {"지우개": [100, 2], "펜": [200, 3], "노트": [400,5]}

print(items["펜"][1])
```

Out
```
3
```

'items["키"]'로 리스트의 내용을 꺼낼 수 있습니다. 즉, 'items["키"][인덱스 번호]'로 값을 추출할 수 있습니다. 따라서 가격 및 수량은 items[item][0], items[item][1]로 찾을 수 있습니다. 또한 str( )의 ( ) 안에 연산자를 사용할 수 있습니다.

## CHAPTER 6

함수 기초

6.1 내장 함수와 메서드

6.1.1 내장 함수

함수는 간단히 말해 처리를 정리한 프로그램입니다. 사용자는 함수를 자유롭게 정의할 수 있으며, 여러 함수가 들어 있는 패키지도 있습니다. 이러한 패키지는 라이브러리, 프레임워크 등으로 불립니다.

내장 함수란 파이썬에 미리 정의된 함수이며, 대표적인 예로 print( ) 함수가 있습니다. 파이썬은 print( ) 외에도 많은 편리한 내장 함수가 준비되어 있으며, 이들을 이용하여 효율적으로 프로그램을 작성할 수 있습니다. 앞서 학습한 print( ), type( ), int( ), str( ) 등도 내장 함수입니다.

여기서는 자주 사용되는 내장 함수인 len( )을 알아보겠습니다. len( ) 함수는 ( ) 내 객체의 길이나 요소 수를 돌려줍니다.

객체(오브젝트)는 변수에 할당할 수 있는 요소를 말합니다. 객체에 대한 자세한 설명은 6.3.1절 '객체'에서 다루겠습니다. 대입되는 값은 **인수**라고 합니다. 인수를 파라미터라고 부르는 경우도 있습니다.

함수에서 인수로 받는 변수의 자료형(4장에서 설명했습니다)은 정해져 있습니다. 여기에서 다룰 len( ) 함수는 문자열형(str형)과 리스트형(list형)을 인수로 받을 수 있지만 정수형(int

형), 부동소수점형(float형), 불리언형(bool형) 등은 인수로 받을 수 없습니다. 함수를 익힐 때는 어떤 자료형의 인수를 사용할 수 있는지 확인해두세요. 인수를 확인할 때는 파이썬의 레퍼런스를 참조하는 것이 좋습니다.

다음은 인수에 따라 오류가 발생하지 않는 예와 발생하는 예를 보여줍니다.

- **오류가 발생하지 않는 예**

```
len("tomato") # 6
len([1,2,3]) # 3
```

- **오류가 발생하는 예**

```
len(3)    # TypeError: object of type 'int' has no len()
len(2.1)  # TypeError: object of type 'float' has no len()
len(True) # TypeError: object of type 'bool' has no len()
```

함수와 변수는 동일한 객체의 개념을 갖고 있습니다. 따라서 파이썬에서는 예약어나 내장 함수가 보호되어 있지 않습니다. 예약어나 내장 함수명을 그대로 변수명으로 사용하면 예약어나 내장 함수가 덮어써지기 때문에 본래의 동작을 하지 못하게 됩니다. 4.2.1절 '변수 정의'에서 변수 명명 규칙을 설명할 때 '예약어나 키워드(if나 for 등 코드에서 특별한 의미를 가진 단어)를 변수명으로 사용하지 말 것', '사전 정의되어 있는 함수명(print, list 등)은 변수명으로 사용하지 말 것'이라고 한 것은 이런 이유에서입니다.

문제

- 변수 vege의 객체 길이를 len() 함수와 print() 함수를 이용하여 출력하세요.
- 변수 n의 객체 길이를 len() 함수와 print() 함수를 이용하여 출력하세요.

리스트 6-1 문제

```
In    vege = "potato"
      n = [4, 5, 2, 7, 6]

      # 변수 vege의 객체 길이를 출력하세요.

      # 변수 n의 객체 길이를 출력하세요.
```

- len("hello") # 출력 결과 5

- len([2, 4, 5]) # 출력 결과 3

리스트 6-2 해답

```
In      (... 생략 ...)
        # 변수 vege의 객체 길이를 출력하세요.
        print(len(vege))

        # 변수 n의 객체 길이를 출력하세요.
        print(len(n))
```

```
Out     6
        5
```

6.1.2 메서드

메서드는 어떠한 값에 대해 처리를 하는 것이며, '값.메서드명( )' 형식으로 기술합니다. 역할은 함수와 동일합니다. 그러나 함수의 경우 처리하려는 값을 ( ) 안에 기입했지만, 메서드는 값 뒤에 .(짐)을 연결해 기술한다는 점을 기억하세요. 함수와 마찬가지로 값의 자료형에 따라 사용할 수 있는 메서드가 다릅니다. 예를 들어 5장에서 배운 append( )는 리스트형에 사용할 수 있는 메서드입니다(리스트 6-3).

리스트 6-3 append( ) 메서드의 예

```
In      # append 복습
        alphabet = ["a","b","c","d","e"]
        alphabet.append("f")
        print(alphabet)
```

```
Out     ['a', 'b', 'c', 'd', 'e', 'f']
```

내장 함수와 메서드가 같은 처리를 제공하는 경우도 있습니다. 내장 함수 sorted( )와 메서드 sort( )를 예로 들 수 있습니다(리스트 6-4, 6-5). 이들은 정렬용 함수와 메서드입니다.

리스트 6-4 함수와 메서드의 예(1)

In
```
# sorted입니다.
number = [1,5,3,4,2]
print(sorted(number))
print(number)
```

Out
```
[1, 2, 3, 4, 5]
[1, 5, 3, 4, 2]
```

리스트 6-5 함수와 메서드의 예(2)

In
```
# sort입니다.
number = [1,5,3,4,2]
number.sort()
print(number)
```

Out
```
[1, 2, 3, 4, 5]
```

[리스트 6-4]와 [리스트 6-5]처럼 같은 정렬 처리라도 print(number)를 할 때 원래 값이 변화했는가 하는 점에서 차이가 납니다. 변수의 내용을 변경하지 않은 것이 sorted( )이며, 변수의 내용까지 변경해버리는 것이 sort( )입니다(그러나 모든 내장 함수와 메서드가 이러한 관계가 성립하는 것은 아닙니다). 이처럼 원래 리스트의 내용 자체를 바꿔버리는 메서드인 sort( )는 프로그래밍 세계에서 파괴적 메서드[destructive method]라고 부르기도 합니다.

문제

다음 코드를 실행했을 때의 출력 결과를 선택하세요.

- 첫 번째
```
alphabet = ["b", "a", "e", "c", "d"]
sorted(alphabet)
print(alphabet)
```

- 두 번째
```python
alphabet = ["b", "a", "e", "c", "d"]
alphabet.sort()
print(alphabet)
```

1. 첫 번째: ["a", "b", "c", "d", "e"], 두 번째: ["a", "b", "c", "d", "e"]
2. 첫 번째: ["a", "b", "c", "d", "e"], 두 번째: ["b", "a", "e", "c", "d"]
3. 첫 번째: ["b", "a", "e", "c", "d"], 두 번째: ["a", "b", "c", "d", "e"]
4. 첫 번째: ["b", "a", "e", "c", "d"], 두 번째: ["b", "a", "e", "c", "d"]

힌트

내장 함수 sorted ( )와 메서드 sort ( )의 차이를 확인하세요.

해답

3. 첫 번째: ["b", "a", "e", "c", "d"], 두 번째: ["a", "b", "c", "d", "e"]

6.1.3 문자열형 메서드(upper, count)

문자열형 메서드인 upper ( )와 count ( )를 살펴보겠습니다. upper ( )는 모든 문자열을 대문자로 반환하는 메서드입니다. count ( )는 ( ) 안에 들어 있는 문자열에 요소가 몇 개 포함되어 있는지 알려주는 메서드입니다.

사용법은 각각 '변수.upper ( )'와 '변수.count ("객체")'입니다. [리스트 6-6]을 통해 사용법을 알아봅시다.

리스트 6-6 upper ( ) 메서드와 count ( ) 메서드의 예

In
```python
# 메서드의 예입니다.
city = "Tokyo"
print(city.upper())
print(city.count("o"))
```

Out
```
TOKYO
2
```

- 변수 animal에 저장되어 있는 문자열을 대문자로 변환해서 변수 animal_big에 저장하세요.
- 변수 animal에 'e'가 몇 개 포함되어 있는지 출력하세요.
- 출력은 print( ) 함수를 사용하세요.

리스트 6-7 문제

In
```
animal = "elephant"

# 변수 animal에 저장되어 있는 문자열을 대문자로 변환해서 변수 animal_big에 저장하세요.

print(animal)
print(animal_big)

# 변수 animal에 'e'가 몇 개 포함되어 있는지 출력하세요.
```

힌트

- color = "red"
- color.upper( )
- color.count("r")

해답

리스트 6-8 해답

In
```
( ... 생략 ...)
# 변수 animal에 저장되어 있는 문자열을 대문자로 변환해서 변수 animal_big에 저장하세요.
animal_big = animal.upper()
print(animal)
print(animal_big)

# 변수 animal에 'e'가 몇 개 포함되어 있는지 출력하세요.
print(animal.count("e"))
```

Out
```
elephant
ELEPHANT
2
```

6.1.4 문자열형 메서드(format)

문자열형에는 유용한 format( ) 메서드가 있습니다. format( ) 메서드는 임의의 값을 대입한 문자열을 생성할 수 있습니다. 문자열에 변수를 삽입할 때 자주 사용됩니다. 문자열 내에 {}를 포함하는 것이 특징입니다. {} 안에 값이 들어갑니다(리스트 6-9).

리스트 6-9 format( ) 메서드의 예

In	
	`print("나는 {}에서 태어나 {}에서 유년기를 보냈습니다.".format("서울", "광명시"))`

Out	
	나는 서울에서 태어나 광명시에서 유년기를 보냈습니다.

문제

- format( ) 메서드를 사용하여 '바나나는 노란색입니다.'라고 출력하세요.
- 출력은 print( ) 함수를 사용하세요.

리스트 6-10 문제

In	
	``` fruit = "바나나" color = "노란색" # '바나나는 노란색입니다.'라고 출력하세요. ```

힌트

print("나는 {}에서 태어나 {}에서 유년기를 보냈습니다.".format("서울", "광명시"))

해답

리스트 6-11 해답

In	
	``` (... 생략 ...) # '바나나는 노란색입니다.'라고 출력하세요. print("{}는 {}입니다.".format(fruit, color)) ```

Out	
	바나나는 노란색입니다.

6.1.5 리스트형 메서드(index)

5장에서 살펴본 리스트형에는 인덱스 번호가 존재합니다. 인덱스 번호는 리스트 내용을 0부터 순서대로 나열했을 때의 번호입니다. 객체의 인덱스 번호를 찾는 용도의 index( ) 메서드가 제 공됩니다(리스트 6-12). 리스트형에서도 앞서 다룬 count( ) 메서드를 사용할 수 있습니다.

리스트 6-12 index( ) 메서드의 예

In
```python
alphabet = ["a", "b", "c", "d", "d"]
print(alphabet.index("a"))
print(alphabet.count("d"))
```

Out
```
0
2
```

문제

- '2'의 인덱스 번호를 출력하세요.
- 변수 n에 '6'이 몇 개 들어 있는지 출력하세요.
- 출력은 print( ) 함수를 사용하세요.

리스트 6-13 문제

In
```python
n = [3, 6, 8, 6, 3, 2, 4, 6]

# '2'의 인덱스 번호를 출력하세요.

# 변수 n에 '6'이 몇 개 들어 있는지 출력하세요.
```

힌트

- print( ) 함수를 사용합니다.
- n.index(2)
- n.count(6)

리스트 6-14 해답

```
In
      (... 생략 ...)
      # '2'의 인덱스 번호를 출력하세요.
      print(n.index(2))

      # 변수 n에 '6'이 몇 개 들어 있는지 출력하세요.
      print(n.count(6))
```

```
Out
      5
      3
```

6.1.6 리스트형 메서드(sort)

6.1.2절 '메서드'에서 다룬 sort( ) 메서드는 리스트형에서 자주 사용됩니다. sort( ) 메서드는 리스트를 오름차순으로 정렬합니다(리스트 6-15). reverse( ) 메서드를 사용하면 리스트 요소의 순서를 반대로 할 수 있습니다(리스트 6-16).

sort( ) 메서드를 사용하면 리스트의 내용이 변경됩니다. 그러므로 단순히 정렬된 리스트를 보고 싶을 뿐이라면 내장 함수인 sorted( )를 사용하는 것이 좋습니다.

리스트 6-15 sort( ) 메서드의 예

```
In
      # sort() 메서드의 예
      list = [1, 10, 2, 20]
      list.sort()
      print(list)
```

```
Out
      [1, 2, 10, 20]
```

리스트 6-16 reverse( ) 메서드의 예

```
In
      # reverse() 메서드의 예
      list = ["가", "나", "다", "라", "마"]
      list.reverse()
      print(list)
```

| Out | ['마', '라', '다', '나', '가'] |

문제

- 변수 n을 정렬하여 오름차순으로 출력하세요.
- n.reverse( )로 정렬된 변수 n의 요소를 순서를 반대로 하여 내림차순으로 출력하세요.
- 출력은 print( ) 함수를 사용하세요.

리스트 6-17 문제

```
In    n = [53, 26, 37, 69, 24, 2]

      # n을 정렬하여 오름차순으로 출력하세요.

      print(n)

      # n의 순서를 반대로 하여 내림차순으로 출력하세요.

      print(n)
```

힌트

- 리스트.sort( )
- 리스트.reverse( )
- 리스트의 내용을 오름차순 또는 내림차순으로 정렬할 수 있습니다.

해답

리스트 6-18 해답

```
In    (... 생략 ...)
      # n을 정렬하여 오름차순으로 출력하세요.
      n.sort()
      print(n)

      # n의 순서를 반대로 하여 내림차순으로 출력하세요.
      n.reverse()
      print(n)
```

```
[2, 24, 26, 37, 53, 69]
[69, 53, 37, 26, 24, 2]
```

6.2 함수

6.2.1 함수 작성

함수는 프로그램의 여러 처리를 하나로 정리한 것입니다. 정확하게는 인수를 받아 처리한 결과를 반환값으로 돌려줍니다. 함수를 사용하면 전체적인 동작이 알기 쉬워지고, 동일한 처리를 여러 번 작성하지 않아도 되는 장점이 있습니다.

함수의 작성법은 'def 함수명(인수):'입니다. 인수는 함수에 전달하려는 값입니다. 인수가 비어 있는 경우도 있습니다. 함수의 처리 범위는 들여쓰기로 나타냅니다.

함수를 호출할 때는 '함수명( )'을 사용합니다. 함수는 정의한 후에만 호출할 수 있습니다.

다음은 인수가 없는 간단한 함수입니다. 함수 작성법과 호출 방식을 확인하세요(리스트 6-19).

리스트 6-19 함수 작성 예

```
In    def sing():
          print("노래합니다!")

      sing()
```

```
Out   노래합니다!
```

문제

- '홍길동입니다.'라고 출력하는 함수 introduce를 작성하세요.
- 출력은 print( ) 함수를 사용하세요.

In	# '홍길동입니다.'라고 출력하는 함수 *introduce*를 작성하세요.
	# 함수 호출 `introduce()`

힌트

```
def introduce():
```

해답

리스트 6-21 해답

In	# '홍길동입니다.'라고 출력하는 함수 *introduce*를 작성하세요.
	`def introduce():`
	`    print("홍길동입니다.")`
	(... 생략 ...)

Out	홍길동입니다.

6.2.2 인수

6.2.1절 '함수 작성'에서 설명한 것처럼 함수에 전달하는 값을 **인수**라고 합니다. 함수는 인수를 받아서 그 값을 사용합니다.

'def 함수명(인수):'처럼 인수를 지정합니다. '함수명(인수)'로 함수를 호출할 때 전달된 인수 (값)가 인수로 지정한 변수에 대입되기 때문에 인수를 바꾸는 것만으로 출력 내용을 변경할 수 있습니다. 인수와 함수에 정의된 변수는 그 함수 내에서만 사용할 수 있다는 점에 주의하세요.

다음은 인수가 하나인 함수입니다. 함수 작성법과 호출 방식을 확인하세요(리스트 6-22).

리스트 6-22 인수의 예

In	`def introduce(n):`
	`    print(n + "입니다.")`
	
	`introduce("홍길동")`

| Out | 홍길동입니다. |

문제

인수 n을 세제곱한 값을 출력하는 함수 cube_cal을 작성하세요 (리스트 6-23)

리스트 6-23 문제

| In |

```
# 인수 n을 세제곱한 값을 출력하는 함수 cube_cal을 작성하세요.

# 함수를 호출합니다.
cube_cal(4)
```

힌트

- def cube_cal(n)
- 제곱을 계산하는 산술 연산자는 ★★입니다.

해답

리스트 6-24 해답

| In |

```
# 인수 n을 세제곱한 값을 출력하는 함수 cube_cal을 작성하세요.
def cube_cal(n):
    print(n ** 3)
(... 생략 ...)
```

| Out | 64 |

6.2.3 복수 개의 인수

복수 개의 인수를 전달하려면 ( ) 안에 쉼표로 구분하여 지정합니다. 다음은 인수를 두 개 지정한 함수입니다. 함수 작성법과 호출 방식을 확인하세요 (리스트 6-25).

리스트 6-25 여러 인수의 예

| In |

```
def introduce(first, second):
    print("성은 " + first + "이고, 이름은 "+ second + "입니다.")

introduce("홍", "길동")
```

문제

- 인수 n과 age를 이용하여 '**입니다. **살입니다.'를 출력하는 함수 introduce를 작성하세요.
- '홍길동'과 '18'을 인수로 하여 함수 introduce를 호출하세요.
- '홍길동'은 문자열로, '18'은 정수로 지정합니다.

리스트 6-26 문제

In   # 함수 *introduce*을 작성하세요.

         # 함수를 호출하세요.

힌트

- def introduce(n, age):
- 숫자를 문자열로 변환하세요.
- introduce("홍길동", 18)

해답

리스트 6-27 해답

In   # 함수 *introduce*를 작성하세요.
```
def introduce(n, age):
    print(n + "입니다. "+ str (age) + "살입니다.")
```

         # 함수를 호출하세요.
```
introduce("홍길동", 18)
```

Out   홍길동입니다. 18살입니다.

6.2.4 인수의 초깃값

인수에 **초깃값**을 설정할 수 있습니다. 초깃값을 설정하면 '함수명 (인수)'로 호출시 인수를 생략하면 초깃값이 사용됩니다. 초깃값을 설정하려면 ( ) 안에 '인수=초깃값'이라고 적으면 됩니다.

다음은 초깃값을 설정한 함수입니다. 함수 작성법과 호출 방식을 확인하세요(리스트 6-28).

리스트 6-28 인수의 초깃값 예(1)

```
In    def introduce(first = "김", second = "길동"):
          print("성은 " + first + "이고, 이름은 " + second + "입니다.")

      introduce("홍")
```

```
Out    성은 홍이고, 이름은 길동입니다.
```

초깃값을 설정한 인수 뒤에 초깃값을 설정하지 않는 인수를 둘 수 없다는 점에 주의하세요. 즉, [리스트 6-29]는 가능하지만 [리스트 6-30]과 같은 함수는 정의할 수 없습니다(오류 메시지가 출력됩니다).

다음 코드를 실행하면 오류가 발생하지 않습니다.

리스트 6-29 인수의 초깃값 예(2)

```
In    def introduce(first, second = "길동"):
          print("성은 " + first + "이고, 이름은 " + second + "입니다.")

      introduce("홍")
```

```
Out    성은 홍이고, 이름은 길동입니다.
```

다음 코드를 실행하면 오류가 발생합니다.

리스트 6-30 인수의 초깃값 예(3)

```
In    def introduce(first = "홍", second):
          print("성은 " + first + "이고, 이름은 " + second + "입니다.")
```

```
File "<ipython-input-24-f2a3d9129b29>", line 1
    def introduce(first = "홍", second):
                              ^
SyntaxError: non-default argument follows default argument
```

문제

- 인수 n의 초깃값을 '홍길동'으로 합니다.
- '18'만 인수로 넣어 함수를 호출하세요.

리스트 6-31 문제

In

```
# 초깃값을 설정하세요.
def introduce(age, n):
    print(n + "입니다. " + str(age) + "살입니다.")

# 함수를 호출하세요.
```

힌트

- 초깃값은 함수를 정의할 때 '인수=초깃값'으로 설정합니다.
- 초깃값을 설정한 인수 뒤에 초깃값을 설정하지 않는 인수를 둘 수 없습니다.

해답

리스트 6-32 해답

In

```
# 초깃값을 설정하세요.
def introduce(age, n = "홍길동"):
    print(n + "입니다. " + str(age) + "살입니다.")

# 함수를 호출하세요.
introduce(18)
```

Out

홍길동입니다. 18살입니다.

6.2.5 return

함수는 반환값을 설정하여 함수를 호출한 곳으로 그 값을 되돌릴 수 있습니다. 'return 반환값'
으로 기술합니다.

[리스트 6-33]과 같이 return 뒤에 실행 결과를 직접 적을 수도 있습니다.

리스트 6-33 return의 예(1)

```
def introduce(first = "김", second = "길동"):
    return "성은 " + first + "이고, 이름은 " + second + "입니다."

print(introduce("홍"))
```

```
성은 홍이고, 이름은 길동입니다.
```

return 뒤에 문자가 길게 나열되면 함수를 이해하기 힘들기 때문에 [리스트 6-34]처럼 변수를
정의하여 반환하는 것도 가능합니다.

리스트 6-34 return의 예(2)

```
def introduce(first = "김", second = "길동"):
    comment = "성은 " + first + "이고, 이름은 " + second + "입니다."
    return comment

print(introduce("홍"))
```

```
성은 홍이고, 이름은 길동입니다.
```

문제

- bmi를 계산하는 함수를 작성하고, bmi 값을 반환하세요.
- $bmi = \dfrac{weight}{height^2}$ 로 계산할 수 있습니다.
- weight, height라는 두 개의 변수를 사용하세요.

리스트 6-35 문제

In
```
# bmi를 계산하는 함수를 작성하고, bmi 값을 반환하세요.

print(bmi(1.65, 65))
```

힌트

weight / height**2를 반환합니다.

해답

리스트 6-36 해답

In
```
# bmi를 계산하는 함수를 작성하고, bmi 값을 반환하세요.
def bmi(height, weight):
    return weight / height**2
(... 생략 ...)
```

Out
```
23.875114784205696
```

6.2.6 함수 임포트(가져오기)

파이썬에서는 여러분이 직접 만든 함수 외에도 일반에 공개된 함수를 import하여 사용할 수 있습니다. 이런 함수는 유사한 용도끼리 셋으로 공개되어 있습니다. 이 셋을 **패키지**라고 합니다. 패키지 안에 들어 있는 하나하나의 함수를 **모듈**이라고 합니다(그림 6-1). 여기에서는 time 패키지를 예로 들어봅니다.

그림 6-1 패키지 및 모듈

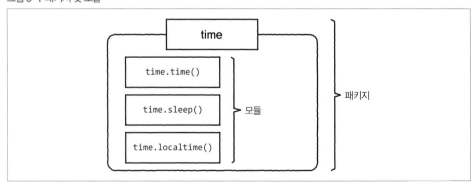

실행 시간의 출력이나 프로그램의 중지 시간 등 시간과 관련된 함수는 time이라는 패키지로 공개되어 있습니다. 또한 time 패키지에는 프로그램에서 사용하는 모듈이 여러 개 포함되어 있습니다. [그림 6-1]에는 세 개만 있지만 실제로는 수십 개의 모듈이 들어 있습니다.

패키지는 import하여 사용할 수 있습니다. 패키지를 import하면 '패키지명.모듈명'으로 함수를 사용할 수 있게 됩니다. time 패키지를 import하여 현재 시간을 출력해봅시다(리스트 6-37).

리스트 6-37 함수 import 예(1)

```
In    # time 패키지를 import합니다.
      import time

      # time() 모듈을 사용하여 현재 시간을 now_time에 대입합니다.
      now_time = time.time()

      # print()를 이용하여 출력합니다.
      print(now_time)
```

```
Out   1565014886.3722658
```

'from 패키지명 import 모듈명'으로 모듈을 import하면 패키지명을 생략하고 모듈명만으로 모듈을 사용할 수 있습니다. [리스트 6-37]과 마찬가지로 현재 시간을 출력해봅시다(리스트 6-38).

리스트 6-38 함수 임포트 예(2)

```
In    # from을 이용하여 time 모듈을 import합니다.
      from time import time

      # 모듈을 import했기 때문에 패키지명을 생략하고 모듈을 사용할 수 있습니다.
      now_time = time()

      print(now_time)
```

```
Out   1565014964.64183
```

패키지에는 어떤 종류가 있을까요? Python에는 PyPI^{Python Package Index}라는 패키지 관리 시스템이 있으며, 그곳에 공개되어 있는 패키지를 자신의 컴퓨터에 설치해서 사용할 수 있습니다. PyPI에서 패키지를 다운로드하는 관리 도구로 pip가 잘 알려져 있습니다. 명령 프롬프트 (Windows 이외에는 터미널)에서 'pip install 패키지명'을 입력하여 설치할 수 있습니다.

문제

- from을 이용하여 time 패키지의 time 모듈을 import하세요.
- time( )을 이용하여 현재 시간을 출력하세요.

리스트 6-39 문제

```
# from을 이용하여 time 모듈을 import하세요.
from    import

# now_time에 현재 시간을 대입하세요.
now_time =

print(now_time)
```

힌트

- 현재 시간은 time 패키지의 time 모듈로 출력할 수 있습니다.
- 모듈을 직접 import했으므로 time.time( )으로 호출하면 오류가 발생합니다.

해답

리스트 6-40 해답

```
# from을 이용하여 time 모듈을 import하세요.
from time import time

# now_time에 현재 시간을 대입하세요.
now_time = time()
(... 생략 ...)
```

Out   1565015053.6206481

6.3 클래스

6.3.1 객체

6.1.1절 '내장 함수'에서 소개했지만 파이썬은 객체 지향 언어이기 때문에 지금까지 취급한 문자 열이나 배열 등은 모두 객체(오브젝트)입니다. 객체라는 추상적인 개념에 당황할 수도 있지만, 객체는 실세계에 존재하거나 생각할 수 있는 '물건' 또는 '물체'를 의미합니다. 프로그래밍 세계 에서 객체는 변수(멤버)와 함수(메서드)가 뭉쳐서 정리된 '물건'을 말합니다.

예를 들어 list형 객체(5.1.1절 '리스트형(1)' 참조)는 배열로 사용되지만, 잘 보면 [리스트 6-41]처럼 상황에 따라 행동을 바꾸고 있습니다.

리스트 6-41 클래스의 예

```
In    # 값을 저장할 수 있습니다.
      mylist = [1, 10, 2, 20]

      # 저장한 값에 정렬을 수행할 수 있습니다.
      mylist.sort()

      # 함수로 전달하여 처리 결과를 표시할 수 있습니다.
      print(mylist)
```

```
Out   [1, 2, 10, 20]
```

이는 mylist가 내부에 변수와 함수를 가지고 있으며, 상황에 따라 행동 방식을 바꾸기 때문에 실 현할 수 있습니다. 객체를 사용하면 프로그래머는 함수나 변수를 의식하고 관리할 필요가 없습 니다. 객체에 대해 '이 숫자를 기억하라', '방금 전의 숫자를 정렬하라'고 주문하면 되므로 함수 및 변수 관리의 부담이 가벼워집니다.

이미 존재하는 객체를 이용하기만 한다면 특별히 알아둘 필요는 없지만 스스로 새로운 객체를 만들거나 기존 객체를 수정할 경우에는 [표 6-1]에 소개한 객체 지향의 개념과 용어를 알아두면 좋습니다. 생소한 단어가 많지만 이러한 단어는 Java나 Ruby 같은 다른 객체 지향 언어에서도 공통으로 사용되므로 널리 응용할 수 있습니다. 구체적인 이미지를 함께 생각하면 그리 어렵지 않으므로 쉽게 기억할 수 있을 겁니다.

표 6-1 객체 지향(용어 및 구체적인 이미지)

용어	구체적인 이미지
클래스(정의)	자동차 설계도
생성자(함수)	자동차 공장
멤버(변수)	휘발유의 양, 현재 속도 등
메서드(함수)	브레이크, 엑셀, 핸들 등
인스턴스(실체)	공장에서 만들어진 실제 자동차

[그림 6-2]에 객체 지향 개념을 그림으로 나타냈습니다.

그림 6-2 객체 지향(개념)

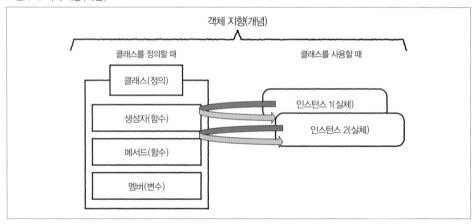

클래스를 설계할 때는 다음 세 가지를 정의합니다.

- **생성자(constructor)**
  클래스를 만들 때 자동으로 호출되는 특수 함수입니다. 파이썬에서는 이름을 __init__으로 할 필요가 있습니다. 첫 번째 인수로 객체 자신을 의미하는 self라는 특수한 변수를 갖게 됩니다.

- **메서드(method)**
  클래스가 갖는 처리, 즉 함수입니다. 인스턴스를 조작하는 인스턴스 메서드, 클래스 전체를 처리하는 클래스 메서드, 인스턴스 없이도 실행할 수 있는 정적 메서드의 세 종류가 존재합니다.

- **멤버(member)**
  클래스가 가지는 값, 즉 변수입니다. 다른 객체 지향 언어에는 프라이빗(private, 클래스 외부에서 접근 불가)과 퍼블릭(public, 클래스 외부에서 접근 가능) 두 종류의 멤버가 마련되어 있지만, 파이썬에서는 모두 퍼블릭 멤버로 처리됩니다. 대신 파이썬에서는 멤버에 대한 접근(access)을 프로퍼티(property)로 제한할 수 있습니다.

기본적으로 생성자를 호출하여 인스턴스를 생성한 뒤 클래스를 사용할 수 있습니다. 객체와 클래스는 6.2.6절 '함수 임포트(가져오기)'에서 소개한 패키지, 모듈과 비슷합니다. 엄격한 규칙이 있는 것은 아니지만 하나만 사용할 때는 모듈이, 복수 개를 사용할 때는 클래스가 좋다고 합니다. 예를 들어 time 모듈은 시간을 계산할 뿐이므로 프로그램에 하나만 있어도 충분하지만, 차량과 같은 경우에는 자가용과 회사 업무용으로 각각 다른 실체(즉, 인스턴스)를 만들고 싶은 경우를 대비해서 클래스로 구현하는 것이 좋습니다.

문제

다음 중 잘못 설명한 것은?

1. 인스턴스는 객체다.
2. 객체는 인스턴스다.
3. 메서드는 인스턴스를 만들어 이용하지만 클래스 정의에서 직접 불러낼 수 있는 정적 메서드도 존재한다.
4. 파이썬은 프라이빗 멤버는 존재하지 않지만 그 대신 프로퍼티라는 접근 제한법이 있다.
5. __init__ 함수를 작성하는 것은 클래스의 생성자를 만들고 있는 것이다.

힌트

- 객체는 개념입니다. 비유하면 '차량'입니다.
- 인스턴스는 실체입니다. 비유하자면 '내 소유 그랜저'와 같습니다.
- 파이썬에는 세 종류의 메서드가 존재합니다.
- 파이썬의 멤버는 모두 퍼블릭이지만 접근 제한 방식이 존재합니다.
- 파이썬에서 생성자의 이름은 반드시 __init__입니다.

해답

2. 객체는 인스턴스다.

6.3.2 클래스(멤버와 생성자)

각각의 객체는 어떤 값을 가질지, 어떻게 처리할지 결정하기 위해 객체의 구조를 결정하는 **설계도**가 필요합니다. 이 설계도를 **클래스**^{class}라고 합니다. list 객체는 list 클래스에 설계된 대로 처리를 할 수 있습니다. 여기에서는 다음과 같은 구조를 가진 객체를 생각합니다.

- 객체의 내용
  - 상품
- 멤버
  - 상품명 : name
  - 가격 : price
  - 재고 : stock
  - 매출 : sales

위 상품 객체를 정의하려면 아래처럼 클래스를 정의합니다(리스트 6-42).

리스트 6-42 클래스의 예(1)

```
In     # MyProduct 클래스를 정의합니다.
       class MyProduct:

           # 생성자를 정의합니다.
           def __init__(self, name, price):
               # 인수를 멤버에 저장합니다.
               self.name = name
               self.price = price
               self.stock = 0
               self.sales = 0
```

정의된 클래스는 설계도일 뿐이므로 객체를 만들려면 클래스를 호출해야 합니다(리스트 6-43).

리스트 6-43 클래스의 예(2)

```
In     # MyProduct를 호출하여 객체 product1을 만듭니다.
       product1 = MyProduct("cake", 500)
```

클래스를 호출할 때 작동하는 메서드를 생성자라고 합니다. 생성자는 __init__()로 정의하며, self를 생성자의 첫 번째 인수로 지정해야 합니다. 클래스 내 멤버는 self.price처럼 변수명 앞에 self.를 붙입니다.

위 예에서는 MyProduct가 호출되면 name="cake", price=500으로 생성자가 작동하고, 각 인수에 의해 멤버 name, price가 초기화됩니다.

생성된 객체의 멤버를 참조할 때는 '객체.변수명'으로 직접 참조할 수 있습니다. 직접 참조에서는 멤버의 변경도 가능합니다.

문제

MyProduct 클래스의 생성자를 수정하여 클래스 호출시 name, price, stock의 초깃값을 설정하세요. 이때 각각의 인수명은 다음과 같습니다.

- 상품명 : name
- 가격 : price
- 재고 : stock

product_1의 stock을 직접 참조하여 print하세요.

리스트 6-44 문제

```
In    # MyProduct 클래스를 정의합니다.
      class MyProduct:
          # 생성자를 수정하세요.
          def __init__():
              # 인수를 멤버에 저장하세요.


      # MyProduct를 호출하여 객체 product_1을 만듭니다.
      product_1 = MyProduct("cake", 500, 20)

      # product_1의 stock을 출력하세요.
      print()
```

힌트

- 메서드의 첫 번째 인수로 self를 지정하는 것 주의하세요.
- 멤버를 정의할 때는 변수명 앞에 self.를 붙입니다.

해답

리스트 6-45 해답

```
In    (... 생략 ...)
          # 생성자를 수정하세요.
          def __init__(self, name, price, stock):
              # 인수를 멤버에 저장하세요.
              self.name = name
```

```
        self.price = price
        self.stock = stock
        self.sales = 0
(... 생략 ...)
# product_1의 stock을 출력하세요.
print(product_1.stock)
```

Out   20

6.3.3 클래스(메서드)

앞서 정의한 클래스에는 메서드가 없었습니다. 이번에는 MyProduct 클래스에 다음과 같이 메서드를 정의합니다.

- **메서드**
  - 상품을 n개 구매하고, 재고를 갱신 : buy_up(n)
  - 상품을 n개 판매하고, 재고와 매출을 갱신 : sell(n)
  - 상품의 개요를 출력 : summary()

MyProduct 클래스 정의에 위 세 메서드를 추가하면 다음과 같습니다(리스트 6-46).

리스트 6-46 클래스(메서드)의 예

In
```
# MyProduct 클래스를 정의합니다.
class MyProduct:
    def __init__(self, name, price, stock):
        self.name = name
        self.price = price
        self.stock = stock
        self.sales = 0
    # 구매 메서드
    def buy_up(self, n):
        self.stock += n
    # 판매 메서드
    def sell(self, n):
        self.stock -= n
        self.sales += n*self.price
```

```
# 개요 메서드
def summary(self):
    message = "called summary().\n name: " + self.name + \
    "\n price: " + str(self.price) + \
    "\n stock: " + str(self.stock) + \
    "\n sales: " + str(self.sales)
    print(message)
```

메서드를 정의할 때는 생성자와 마찬가지로 첫 번째 인수로 self를 지정해야 하며, 멤버 앞에 self.를 붙여야 합니다. 다른 부분은 일반 함수처럼 정의하면 됩니다. 메서드를 호출할 때는 '객체.메서드명'을 사용합니다.

멤버는 직접 참조할 수도 있지만, 객체 지향으로는 바람직하지 않습니다. 멤버가 간단히 변경되지 않도록 하는 것이 좋은 클래스 설계의 기본이며, 객체 지향 언어를 사용하는 이상 가급적 이를 따라야 합니다. 따라서 멤버의 참조와 변경을 위한 전용 메서드를 준비하는 것이 좋습니다.

> **문제**
>
> MyProduct 클래스에 다음 메서드를 추가하세요.
>
> * name의 값을 취득해서 반환 : get_name()
> * price를 n만큼 낮춤 : discount(n)
>
> product_2의 price를 5,000만큼 낮추고, summary() 메서드로 요약 정보를 출력하세요.

리스트 6-47 문제

In
```
# MyProduct 클래스를 정의합니다.
class MyProduct:
    def __init__(self, name, price, stock):
        self.name = name
        self.price = price
        self.stock = stock
        self.sales = 0
    # 요약 메서드
    # 문자열과 '자신의 메서드'나 '자신의 멤버'를 연결하여 출력합니다.
    def summary(self):
        message = "called summary()." + \
        "\n name: " + self.get_name() + \
        "\n price: " + str(self.price) + \
        "\n stock: " + str(self.stock) + \
```

```
                        "\n sales: " + str(self.sales)
                    print(message)
                # name을 반환하는 get_name()을 작성하세요.
                def get_name():

                    # 인수만큼 price를 줄이는 discount()를 작성하세요.
                    def discount():

    product_2 = MyProduct("phone", 30000, 100)
    # 5,000만큼 discount하세요.

    # product_2의 summary를 출력하세요.
```

힌트

• 메서드의 첫 번째 인수에 주의하세요.

• 일반적인 함수와 마찬가지로 return으로 반환값을 지정할 수 있습니다.

해답

리스트 6-48 해답

In

```
(... 생략 ...)
                # name을 반환하는 get_name()을 작성하세요.
                def get_name(self):
                    return self.name

                # 인수만큼 price를 줄이는 discount()를 작성하세요.
                def discount(self, n):
                    self.price -= n

    product_2 = MyProduct("phone", 30000, 100)
    # 5,000만큼 discount하세요.
    product_2.discount(5000)
    # product_2의 summary를 출력하세요.
    product_2.summary()
```

Out

```
called summary().
 name: phone
 price: 25000
 stock: 100
 sales: 0
```

6.3.4 클래스(상속, 오버라이드, 슈퍼)

다른 사람이 만든 클래스에 기능을 추가하고 싶을 때는 어떻게 하면 좋을까요? 클래스를 직접 변경할 수도 있지만 그 클래스를 사용 중인 다른 프로그램에 영향을 줄지도 모릅니다. 해당 소스를 복사하여 새 클래스를 만드는 것도 가능하지만 유사한 프로그램이 두 개가 되어버립니다. 수정할 경우 같은 작업을 두 번 해야 합니다.

이럴 때를 대비해 객체 지향 언어는 상속inheritance이라는 스마트한 구조를 제공합니다. 기존의 클래스를 바탕으로 메서드나 멤버를 추가하거나 일부만 변경하여 새로운 클래스를 만들 수 있습니다. 바탕이 되는 클래스는 부모 클래스, 슈퍼 클래스, 기저 클래스 등으로 부르고, 새로 만든 클래스는 자식 클래스, 서브 클래스, 파생 클래스 등으로 부릅니다. 자식 클래스에서는 다음과 같은 일이 가능합니다.

- 부모 클래스의 메서드와 멤버를 그대로 사용할 수 있습니다.
- 부모 클래스의 메서드와 멤버를 덮어쓸 수 있습니다(오버라이드).
- 자기 자신의 메서드와 멤버를 자유롭게 추가할 수 있습니다.
- 자식 클래스에서 부모 클래스의 메서드와 멤버를 호출할 수 있습니다(슈퍼).

그럼 실제로 앞 절의 MyProduct을 상속하여 10%의 소비세를 적용한 MyProductSalesTax를 새로 만들어봅시다(리스트 6-49).

리스트 6-49 클래스 상속의 예

```
In
      # MyProduct 클래스를 상속하는 MyProductSalesTax을 정의합니다.
      class MyProductSalesTax(MyProduct):
          # MyProductSalesTax는 생성자의 네 번째 인수가 소비세율을 받습니다.
          def __init__(self, name, price, stock, tax_rate):
              # super()를 사용하면 부모 클래스의 메서드를 호출할 수 있습니다.
              # 여기서는 MyProduct 클래스의 생성자를 호출합니다.
              super().__init__(name, price, stock)
              self.tax_rate = tax_rate

          # MyProductSalesTax에서 MyProduct의 get_name을 재정의(오버라이드)합니다.
          def get_name(self):
              return self.name + "(소비세 포함)"

          # MyProductSalesTax에서 get_price_with_tax를 새로 구현합니다.
          def get_price_with_tax(self):
              return int(self.price * (1 + self.tax_rate))
```

프로그램을 실행한 결과는 다음과 같습니다(리스트 6-50).

리스트 6-50 클래스 상속의 예

```
In    product_3 = MyProductSalesTax("phone", 30000, 100, 0.1)
      print(product_3.get_name())
      print(product_3.get_price_with_tax())
      # MyProductSalesTax 클래스에는 summary() 메서드가 정의되어 있지 않지만,
      # MyProduct를 상속하고 있기 때문에 MyProduct의 summary() 메서드를 호출할 수 있습니다.
      product_3.summary()
```

```
Out   phone(소비세 포함) ─────── 기대한 대로 출력
      33000 ─────── 기대한 대로 출력
      called summary(). ─────── price에 소비세가 포함되지 않았습니다!
       name: phone(소비세 포함)
       price: 30000
       stock: 100
       sales: 0
```

처음 두 줄은 예상대로 출력되었지만 summary() 메서드로 호출한 결과 price가 소비세를 포함하지 않은 가격을 반환했습니다. 즉, 새롭게 구현한 get_name() 메서드와 get_price_with_tax() 메서드는 예상대로 작동하지만 MyProduct로 상속한 summary() 메서드가 소비세를 포함하지 않는 가격을 반환하는 버그가 발생하고 말았습니다.

> **문제**
>
> MyProduct의 summary() 메서드를 재정의(오버라이드)하여 summary가 소비세를 포함한 가격을 출력하도록 만드세요.

리스트 6-51 문제

```
In    class MyProduct:
          def __init__(self, name, price, stock):
              self.name = name
              self.price = price
              self.stock = stock
              self.sales = 0
```

```python
    def summary(self):
        message = "called summary().\n name: " + self.get_name() + \
                  "\n price: " + str(self.price) + \
                  "\n stock: " + str(self.stock) + \
                  "\n sales: " + str(self.sales)
        print(message)

    def get_name(self):
        return self.name

    def discount(self, n):
        self.price -= n

class MyProductSalesTax(MyProduct):
    # MyProductSalesTax는 생성자의 네 번째 인수가 소비세율을 받습니다.
    def __init__(self, name, price, stock, tax_rate):
        # super()를 사용하면 부모 클래스의 메서드를 호출할 수 있습니다.
        # 여기에서는 MyProduct 클래스의 생성자를 호출합니다.
        super().__init__(name, price, stock)
        self.tax_rate = tax_rate

    # MyProductSalesTax에서 MyProduct의 get_name을 재정의(오버라이드)합니다.
    def get_name(self):
        return self.name + "(소비세 포함)"

    # MyProductSalesTax에 get_price_with_tax를 새로 구현합니다.
    def get_price_with_tax(self):
        return int(self.price * (1 + self.tax_rate))

    # MyProduct의 summary() 메서드를 재정의하고 summary가 소비세를 포함한 가격을 출
력하도록 만드세요.


product_3 = MyProductSalesTax("phone", 30000, 100, 0.1)
print(product_3.get_name())
print(product_3.get_price_with_tax())
product_3.summary()
```

힌트

메서드 내에서 다른 메서드를 호출할 수 있습니다.

리스트 6-52 해답

```
In     (... 생략 ...)
           # MyProduct의 summary() 메서드를 재정의하고 summary가 소비세를 포함한 가격을 출
       력하도록 만드세요.
           def summary(self):
               message = "called summary().\n name: " + self.get_name() + \
                           "\n price: " + str(self.get_price_with_tax()+0) + \
                           "\n stock: " + str(self.stock) + \
                           "\n sales: " + str(self.sales)
               print(message)
       (... 생략 ...)
```

```
Out    phone(소비세 포함)
       33000
       called summary().
        name: phone(소비세 포함)
        price: 33000
        stock: 100
        sales: 0
```

6.4 문자열 포맷 지정

6.1.4절 '문자열형 메서드(format)'에서는 format() 메서드를 사용하여 문자열의 포맷^{format}(형식)을 지정했습니다. 파이썬에서 포맷을 지정하는 방법은 그 외에도 여러 가지가 있습니다.

여기서는 % 연산자를 사용하는 방법을 알아보겠습니다. 큰따옴표 혹은 작은따옴표로 둘러싸인 문자열에 %를 기술하여 문자열 뒤에 나열된 객체를 넘겨줄 수 있습니다(리스트 6-53).

%d : 정수로 표시

%f : 소수로 표시

%.2f : 소수점 이하 두 자리까지 표시

%s : 문자열로 표시

리스트 6-53 문자열형 지정 예

```
In     pai = 3.141592
       print("원주율은 %f" % pai)
       print("원주율은 %.2f" % pai)
```

```
Out    원주율은 3.141592
       원주율은 3.14
```

문제

- [리스트 6-54]의 밑줄(__) 친 부분을 채워서 'bmi는 **입니다.'라고 출력하세요(bmi는 소수점 네 자리까지 구하세요).
- 신장과 체중은 자유롭게 입력해도 좋습니다.

리스트 6-54 문제

```
In     def bmi(height, weight):
           return weight / height**2

       # 'bmi는 **입니다.'라고 출력하세요.
       print("bmi는 ___입니다." % _____)
```

힌트

%.4f로 소수점 이하 네 자리까지 구할 수 있습니다.

해답

리스트 6-55 해답

```
In     def bmi(height, weight):
           return weight / height**2

       # 'bmi는 **입니다.'라고 출력하세요.
       print("bmi는 %.4f입니다" % bmi(1.65, 65))
```

```
Out    bmi는 23.8751입니다.
```

‖연습 문제‖

이 장에서 배운 지식을 이용하여 문제를 풀어보세요.

문제

- object 중에서 character를 포함한 요소 수를 세는 함수를 작성하세요.
- 인수 object와 character를 취하는 함수 check_character를 작성하세요.
- count ( ) 메서드로 문자열과 리스트 안의 요소 수를 반환하세요.

  check_character ([1, 2 ,4 ,5 ,5 ,3], 5) # 출력 결과 2
- 함수 check_character에 '임의의 문자열(또는 리스트)'과 '개수를 조사할 요소'를 입력하세요.

리스트 6-56 문제

```
In    # 함수 check_character를 작성하세요.

      # 함수 check_character에 임의의 문자열(또는 리스트)과 조사할 요소를 입력하세요.
```

힌트

변수명.count (character)

해답

리스트 6-57 해답

```
In    # 함수 check_character를 작성하세요.
      def check_character(object, character):
          return object.count(character)

      # 함수 check_character에 임의의 문자열(또는 리스트)과 조사할 요소를 입력하세요.
      print(check_character([1, 3, 4, 5, 6, 4, 3, 2, 1, 3, 3, 4, 3], 3))
      print(check_character("asdgaoirnoiafvnwoeo", "d"))
```

```
Out   5
      1
```

설명

count ( ) 메서드로 문자열의 문자 수를 확인하거나 리스트의 요소 수를 추출할 수 있습니다.

||종합 문제||

이진 검색 알고리즘^{binary search algorithm}을 이용하여 검색하는 프로그램을 만들겠습니다. 알고리즘은 문제를 푸는 절차입니다. 검색 데이터가 커질수록 선형 검색 알고리즘^{linear search algorithm} [1] (맨 앞부터 끝까지 차례대로 찾는 방법)에 비해 검색 시간이 압도적으로 짧습니다. 이진 검색 알고리즘은 다음과 같습니다.

1 데이터의 중앙값을 구합니다.

2 중앙값이 찾는 값과 일치하는 경우 종료합니다.

3 찾는 값이 중앙값보다 크면 탐색 범위의 최솟값을 중앙값에 1을 더한 값으로 변경하고, 찾는 값이 중앙값보다 작으면 탐색 범위의 최댓값을 중앙값에서 1을 뺀 값으로 변경합니다.

문제

- 함수 binary_search에 이진 검색 알고리즘을 사용하여 리스트 numbers에서 target_number를 찾아내는 프로그램을 작성하세요.
- 함수를 실행했을 때 '11은(는) 10번째에 있습니다.'라고 출력하세요.
- 변수 target_number를 변경하고 자신의 프로그램이 제대로 동작하는지 확인하세요.

리스트 6-58 문제

```
In   # 함수 binary_search의 내용을 작성하세요.
     def binary_search(numbers, target_number):



     # 검색 대상 데이터
     numbers = [1, 2, 3, 4, 5, 6, 7, 8, 9, 10, 11, 12, 13]
     # 찾을 값
     target_number = 11
     # 바이너리 검색 실행
     binary_search(numbers, target_number)
```

힌트

- 처음에 구하는 중앙값은 리스트의 index인 점에 주의하세요.
- 중앙값을 구할 때 /(나누기) 대신 //(몫)를 이용하면 좋습니다.

---

1 **옮긴이_** 순차 검색 알고리즘(sequential search algorithm)이라고도 합니다.

리스트 6-59 해답

```
In     # 함수 binary_search의 내용을 작성하세요.
       def binary_search(numbers, target_number):
           # 최솟값을 임시로 결정해둡니다.
           low = 0
           # 범위 내의 최댓값
           high = len(numbers)
           # 목적지를 찾을 때까지 루프
           while low <= high:
               # 중앙값을 구합니다(index).
               middle = (low + high) // 2
               # numbers(검색 대상)의 중앙값과 target_number(찾는 값)가 동일한 경우
               if numbers[middle] == target_number:
                   # 출력합니다.
                   print("{1}은(는) {0}번째에 있습니다.".format(middle, target_
number))
                   # 종료합니다.
                   break
               # numbers의 중앙값이 target_number보다 작은 경우
               elif numbers[middle] < target_number:
                   low = middle + 1
               # numbers의 중앙값이 target_number보다 큰 경우
               else:
                   high = middle - 1

       # 검색 대상 데이터
       numbers = [1, 2, 3, 4, 5, 6, 7, 8, 9, 10, 11, 12, 13]
       (... 생략 ...)
```

```
Out    11은(는) 10번째에 있습니다.
```

설명

기본적으로 이진 검색 알고리즘에 따라서 코드를 작성하면 됩니다. 이진 검색은 일반적으로 상한과 하한을 가지고 있으며, 그 범위 내를 검색합니다. 이 상한과 하한의 값을 서서히 좁혀가며 원하는 숫자를 찾습니다. 어떻게 범위를 좁힐지 결정하는 것이 middle입니다. middle은 상한과 하한의 중간을 취합니다. 중앙값이 목적값보다 크면 상한을 middle - 1로 갱신합니다. 중앙값이 목적값보다 작으면 하한을 middle + 1로 갱신합니다. 이 과정을 반복하여 target_num의 위치를 좁혀나갑니다.

여력이 있다면 target_number(찾는 값)가 numbers(검색 대상)에 없는 경우 '리스트에 해당 요소가 없다'는 메시지를 출력하도록 만들어보세요.

## CHAPTER 7

NumPy

7.1 NumPy 개요

7.1.1 NumPy가 하는 일

NumPy(넘파이)는 파이썬으로 벡터나 행렬 계산을 빠르게 하도록 특화된 기본 라이브러리입니다. **라이브러리**란 외부에서 읽어 들이는 파이썬 코드 묶음입니다. 라이브러리 안에는 여러 모듈이 포함되어 있으며, 모듈은 많은 함수가 통합된 것입니다(그림 7-1).

그림 7-1 라이브러리

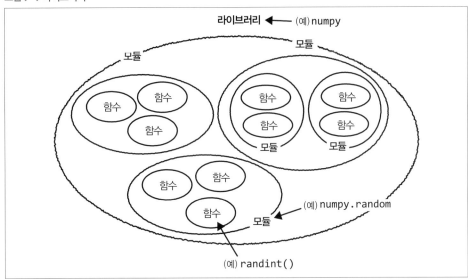

그 밖에 자주 이용되는 라이브러리는 SciPy, Pandas, scikit-learn, Matplotlib 등이 있습니다. 파이썬이 머신러닝 분야에서 널리 활용되는 이유는 NumPy 등 과학 기술 계산에 편리한 라이브러리가 충실하기 때문입니다. 라이브러리와 개발 환경 등을 포함해 파이썬 환경 전체를 생태계(에코시스템 ecosystem)라고 부릅니다. [그림 7-2]에 파이썬 생태계의 개요를 나타냈습니다. 아래로 갈수록 기반이 되는 기능을 제공합니다. NumPy는 다른 라이브러리에도 관련되어 있으며, 매우 기초적인 역할을 담당합니다.

그림 7-2 파이썬 생태계의 개요

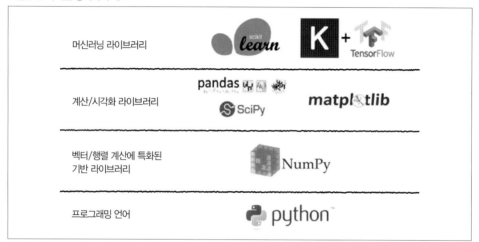

NumPy는 어떤 처리를 하는 라이브러리일까요?

1. 데이터의 플롯을 실시한다.
2. 독자적인 데이터 구조를 사용하여 데이터를 조작한다.
3. 머신러닝 라이브러리를 제공한다.
4. 벡터나 행렬 계산을 고속화한다.

힌트

NumPy는 벡터와 행렬 계산을 전문으로 합니다.

해답

4. 벡터나 행렬 계산을 고속화한다.

7.1.2 NumPy의 고속 처리 경험하기

파이썬은 벡터와 행렬 계산 처리 속도가 느립니다. 이를 보완하는 라이브러리가 NumPy입니다. NumPy로 인해 행렬 계산 처리 속도가 얼마나 빨라졌는지 확인합시다.

코드 내용은 다음 절에서 설명합니다. 여기에서는 코드를 실행하여 NumPy의 행렬 계산 속도를 살펴보겠습니다.

문제

[리스트 7-1]의 행렬 계산을 수행하여 NumPy로 인해 행렬 계산 처리 속도가 빨라지는 것을 확인하세요.

리스트 7-1 문제

```
In
# 필요한 라이브러리를 import합니다.
import numpy as np
import time
from numpy.random import rand

# 행, 열의 크기
N = 150

# 행렬을 초기화합니다.
matA = np.array(rand(N, N))
matB = np.array(rand(N, N))
matC = np.array([[0] * N for _ in range(N)])

# 파이썬의 리스트를 사용하여 계산합니다.
# 시작 시간을 저장합니다.
start = time.time()

# for 문을 사용하여 행렬 곱셈을 실행합니다.
for i in range(N):
    for j in range(N):
        for k in range(N):
            matC[i][j] = matA[i][k] * matB[k][j]

print("파이썬 기능만으로 계산한 결과: %.2f[sec]" % float(time.time() - start))

# NumPy를 사용하여 계산합니다.
# 시작 시간을 저장합니다.
start = time.time()
```

```
# NumPy를 사용하여 행렬 곱셈을 실행합니다.
matC = np.dot(matA, matB)

# 소수점 이하 두 자리까지 표시되므로 NumPy는 0.00[sec]으로 표시됩니다.
print("NumPy를 사용하여 계산한 결과: %.2f[sec]" % float(time.time() - start))
```

소수점 이하 두 자리까지 나타나므로 0일 때는 0.00[sec]으로 표시됩니다.

해답

리스트 7-2 해답(실행 환경에 따라 시간이 달라집니다)

Out   파이썬 기능만으로 계산한 결과: 3.36[sec]
    NumPy를 사용하여 계산한 결과: 0.04[sec]

7.2 NumPy 1차원 배열

7.2.1 import

본격적으로 NumPy를 사용한 프로그래밍에 도전하겠습니다.

NumPy를 import할 때는 import numpy로 표기합니다. import한 NumPy는 'numpy.모듈명' 형태로 사용합니다. 이때 import numpy as np처럼 as를 사용하여 표기하면 패키지명을 변경할 수 있으며, 'numpy.모듈명' 대신 'np.모듈명' 형태로 간단하게 사용할 수 있습니다. 파이썬 커뮤니티에는 관례적으로 많이 사용되는 모듈 명명 규칙이 있으며, numpy는 np라는 이름으로 정의하는 경우가 많습니다. 이 책에서도 numpy는 np로 표기합니다.

문제

NumPy를 import하여 np라는 이름으로 정의하세요(리스트 7-3).

리스트 7-3 문제

In   # NumPy를 np라는 이름으로 import하세요.

import _____ as __

리스트 7-4 해답

In
```
# NumPy를 np라는 이름으로 import하세요.
import numpy as np
```

7.2.2 1차원 배열

NumPy에는 배열을 고속으로 처리하는 ndarray 클래스가 준비되어 있습니다. ndarray를 생성하는 방법 중 하나는 NumPy의 np.array() 함수를 이용하는 것입니다. 'np.array(리스트)'로 리스트를 전달하여 생성할 수 있습니다.

```
np.array([1,2,3])
```

np.arange() 함수를 이용하는 방법도 있습니다. np.arange(X)로 표기하여 일정한 간격으로 증감시킨 값의 요소를 X개 만들어줍니다.

```
np.arange(4) # 출력 결과 [0 1 2 3]
```

ndarray 클래스는 1차원의 경우 **벡터**vector, 2차원의 경우 **행렬**matrix, 3차원 이상은 **텐서**tensor 라고 합니다. 텐서는 수학적인 개념이지만 머신러닝에서는 단순히 행렬의 개념을 확장한 것으로 보아도 좋습니다. 1차원, 2차원, 3차원 np.array 예는 다음과 같습니다.

- 1차원 ndarray 클래스

```
array_1d = np.array([1,2,3,4,5,6,7,8])
```

- 2차원 ndarray 클래스

```
array_2d = np.array([[1,2,3,4],[5,6,7,8]])
```

- 3차원 ndarray 클래스

```
array_3d = np.array([[[1,2],[3,4]],[[5,6],[7,8]]])
```

- 변수 storages에서 ndarray 배열을 생성하여 변수 np_storages에 대입하세요.
- 변수 np_storages의 자료형을 출력하세요.

리스트 7-5 문제

```
In    import numpy as np

      storages = [24, 3, 4, 23, 10, 12]
      print(storages)

      # ndarray 배열을 생성하여 변수 np_storages에 대입하세요.

      # 변수 np_storages의 자료형을 출력하세요.
      print()
```

힌트

- np.array(리스트)
- 자료형을 출력하는 함수는 'type(변수)'입니다.

해답

리스트 7-6 해답

```
In    (... 생략 ...)
      # ndarray 배열을 생성하여 변수 np_storages에 대입하세요.
      np_storages = np.array(storages)

      # 변수 np_storages의 자료형을 출력하세요.
      print(type(np_storages))
```

```
Out   [24, 3, 4, 23, 10, 12]
      <class 'numpy.ndarray'>
```

7.2.3 1차원 배열의 계산

리스트에서는 요소별로 계산하기 위해 루프시킨 뒤 하나씩 더했지만, ndarray에서는 루프를 사용하지 않아도 됩니다. ndarray의 산술 연산은 같은 위치에 있는 요소끼리 계산됩니다(리스트 7-7, 7-8).

리스트 7-7 1차원 배열 계산의 예(1)

```
In    # NumPy를 사용하지 않고 실행합니다.
      storages = [1, 2, 3, 4]
      new_storages =[]
      for n in storages:
          n += n
          new_storages.append(n)
      print(new_storages)
```

```
Out   [2, 4, 6, 8]
```

리스트 7-8 1차원 배열 계산의 예(2)

```
In    # NumPy를 사용하여 실행합니다.
      import numpy as np
      storages = np.array([1, 2, 3, 4])
      storages += storages
      print(storages)
```

```
Out   [2 4 6 8]
```

문제

- 변수 arr에 arr을 더해서 출력하세요.
- 변수 arr에서 arr을 빼서 출력하세요.
- 변수 arr의 3승을 출력하세요.
- 1을 변수 arr로 나눠서 출력하세요.
- 출력은 print( ) 함수를 사용하세요.

리스트 7-9 문제

```
In    import numpy as np

      arr = np.array([2, 5, 3, 4, 8])

      # arr + arr
      print()
```

```
# arr - arr
print()

# arr ** 3
print()

# 1 / arr
print()
```

힌트

변수 계산과 마찬가지입니다.

해답

리스트 7-10 해답

In

```
import numpy as np

arr = np.array([2, 5, 3, 4, 8])

# arr + arr
print('arr + arr')
print(arr + arr)

# arr - arr
print('arr - arr')
print(arr - arr)

# arr ** 3
print('arr ** 3')
print(arr ** 3)

# 1 / arr
print('1 / arr')
print(1 / arr)
```

Out

```
arr + arr
[ 4 10  6  8 16]
arr - arr
[0 0 0 0 0]
arr ** 3
[  8 125  27  64 512]
1 / arr
[0.5        0.2        0.33333333 0.25       0.125     ]
```

7.2.4 인덱스 참조와 슬라이스

리스트형과 마찬가지로 NumPy도 **인덱스 참조**와 **슬라이스**가 가능합니다. 5.1.4절 '리스트에서 값 추출'에서 인덱스 참조를 다뤘고, 5.1.5절 '리스트에서 리스트 추출(슬라이스)'에서 슬라이스를 살펴봤습니다. 인덱스 참조와 슬라이스는 리스트와 사용 방법이 동일합니다. 1차원 배열은 벡터이므로 인덱스를 참조한 곳은 스칼라값(일반 정수와 소수점 등)이 됩니다.

- 리스트에서 값 추출(5.1.4절 참조)
- 리스트에서 리스트 추출(슬라이스)(5.1.5절 참조)

슬라이스값을 변경하려면 'arr[start:end]=변경하려는 값'으로 표기합니다. arr[start:end]는 start부터 end-1까지의 리스트가 작성된다는 점에 주의하세요(리스트 7-11, 7-12).

리스트 7-11 슬라이스의 예(1)

| In |
```
arr = np.arange(10)
print(arr)
```

| Out |
```
[0 1 2 3 4 5 6 7 8 9]
```

리스트 7-12 슬라이스의 예(2)

| In |
```
arr = np.arange(10)
arr[0:3] = 1
print(arr)
```

| Out |
```
[1 1 1 3 4 5 6 7 8 9]
```

문제

- 변수 arr의 요소 중에서 3, 4, 5만 출력하세요.
- 변수 arr의 요소 중에서 3, 4, 5를 24로 변경하세요.

```
In    import numpy as np

      arr = np.arange(10)
      print(arr)

      # 변수 arr의 요소 중에서 3, 4, 5만 출력하세요.
      print()

      # 변수 arr의 요소 중에서 3, 4, 5를 24로 변경하세요.

      print(arr)
```

힌트

• arr[start:end]를 하면 start부터 end-1까지의 리스트가 만들어집니다.
• arr[start:end]=변경하려는 값

해답

리스트 7-14 해답

```
In    ( ... 생략 ... )
      # 변수 arr의 요소 중에서 3, 4, 5만 출력하세요.
      print(arr[3:6])

      # 변수 arr의 요소 중에서 3, 4, 5를 24로 변경하세요.
      arr[3:6] = 24
      print(arr)
```

```
Out   [0 1 2 3 4 5 6 7 8 9]
      [3 4 5]
      [ 0  1  2 24 24 24  6  7  8  9]
```

7.2.5 ndarray 사용시 주의사항

ndarray 배열을 다른 변수에 그대로 대입한 경우 해당 변수의 값을 변경하면 원래 ndarray 배열의 값도 변경됩니다(파이썬의 리스트와 동일). ndarray를 복사하여 두 개의 변수를 별도로 만들고 싶을 때는 copy( ) 메서드를 사용합니다. '복사할 배열.copy( )'로 복사할 수 있습니다.

[리스트 7-15]의 코드를 실행하여 동작을 확인하세요.

리스트 7-15 문제

```
In    import numpy as np

      # ndarray를 그대로 arr2 변수에 대입한 경우를 살펴봅니다.
      arr1 = np.array([1, 2, 3, 4, 5])
      print(arr1)

      arr2 = arr1
      arr2[0] = 100

      # arr2 변수를 변경하면 원래 변수(arr1)도 영향을 받습니다.
      print(arr1)

      # ndarray를 copy()를 사용해서 arr2 변수에 대입한 경우를 살펴봅니다.
      arr1 = np.array([1, 2, 3, 4, 5])
      print(arr1)

      arr2 = arr1.copy()
      arr2[0] = 100

      # arr2 변수를 변경해도 원래 변수(arr1)에 영향을 주지 않습니다.
      print(arr1)
```

힌트

변수를 그대로 다른 변수에 대입하면 원본 변수의 데이터 위치가 할당되어 결과적으로 원본 데이터와 동일해진다는 점에 주의하세요.

해답

리스트 7-16 해답

```
Out    [1 2 3 4 5]
       [100   2   3   4   5]
       [1 2 3 4 5]
       [1 2 3 4 5]
```

7.2.6 view와 copy

파이썬의 리스트와 ndarray의 차이는 ndarray의 슬라이스는 배열의 복사본이 아닌 view라는 점입니다. view란 원래 배열의 데이터를 가리키는 것입니다(원본 참조). 즉, ndarray의 슬라이스는 원래 ndarray를 변경하게 됩니다. 슬라이스를 복사본으로 만들려면 앞 절에서 설명한 대로 copy( ) 메서드를 사용하여 arr[:].copy( )로 합니다.

> **문제**
>
> [리스트 7-17]을 실행하여 파이썬의 리스트와 NumPy의 ndarray 슬라이스의 차이를 확인하세요.

리스트 7-17 문제

In
```
import numpy as np

# 파이썬의 리스트에 슬라이스를 이용한 경우를 살펴봅니다.
arr_List = [x for x in range(10)]
print("리스트형 데이터입니다.")
print("arr_List:", arr_List)
print()

arr_List_copy = arr_List[:]
arr_List_copy[0] = 100

print("리스트의 슬라이스는 복사본이 생성되므로 arr_List에는 arr_List_copy의 변경이
반영되지 않습니다.")
print("arr_List:", arr_List)
print()

# NumPy의 ndarray에 슬라이스를 이용한 경우를 살펴봅니다.
arr_NumPy = np.arange(10)
print("NumPy의 ndarray 데이터입니다.")
print("arr_NumPy:", arr_NumPy)
print()

arr_NumPy_view = arr_NumPy[:]
arr_NumPy_view[0] = 100

print("NumPy의 슬라이스는 view(데이터가 저장된 위치의 정보)가 대입되므로 arr_NumPy_
view를 변경하면 arr_NumPy에 반영됩니다.")
```

```
print("arr_NumPy:", arr_NumPy)
print()

# NumPy의 ndarray에서 copy()를 사용한 경우를 살펴봅니다.
arr_NumPy = np.arange(10)
print("NumPy의 ndarray에서 copy()를 사용한 경우입니다.")
print("arr_NumPy:", arr_NumPy)
print()

arr_NumPy_copy = arr_NumPy[:].copy()
arr_NumPy_copy[0] = 100

print("copy()를 사용하면 복사본이 생성되기 때문에 arr_NumPy_copy는 arr_NumPy에 영
향을 미치지 않습니다.")
print("arr_NumPy:", arr_NumPy)
```

힌트

파이썬의 리스트와 NumPy의 ndarray는 슬라이스를 사용했을 때의 동작이 다르므로 주의하세요.

해답

리스트 7-18 해답

> Out
>
> 리스트형 데이터입니다.
> arr_List: [0, 1, 2, 3, 4, 5, 6, 7, 8, 9]
>
> 리스트의 슬라이스는 복사본이 생성되므로 arr_List에는 arr_List_copy의 변경이 반영되지
> 않습니다.
> arr_List: [0, 1, 2, 3, 4, 5, 6, 7, 8, 9]
>
> NumPy의 ndarray 데이터입니다.
> arr_NumPy: [0 1 2 3 4 5 6 7 8 9]
>
> NumPy의 슬라이스는 view(데이터가 저장된 위치의 정보)가 대입되므로 arr_NumPy_view를
> 변경하면 arr_NumPy에 반영됩니다.
> arr_NumPy: [100   1   2   3   4   5   6   7   8   9]
>
> NumPy의 ndarray에서 copy()를 사용한 경우입니다.
> arr_NumPy: [0 1 2 3 4 5 6 7 8 9]
>
> copy()를 사용하면 복사본이 생성되기 때문에 arr_NumPy_copy는 arr_NumPy에 영향을 미치
> 지 않습니다.
> arr_NumPy: [0 1 2 3 4 5 6 7 8 9]

7.2.7 부울 인덱스 참조

부울 인덱스 참조란 [ ] 안에 논리값(True/False) 배열을 사용하여 요소를 추출하는 방법을 말합니다. 'arr[ndarray 논리값 배열]'로 표기하면 논리값(부울) 배열의 True에 해당하는 요소의 ndarray를 만들어 반환해줍니다(리스트 7-19).

리스트 7-19 부울 인덱스 참조의 예(1)

In
```
arr = np.array([2, 4, 6, 7])
print(arr[np.array([True, True, True, False])])
```

Out
```
[2 4 6]
```

이를 응용하면 [리스트 7-20]처럼 ndarray 요소를 추출할 수 있습니다. [리스트 7-20]은 3으로 나누어 나머지가 1인 것을 True로 하며, 이에 해당되는 요소를 출력하고 있습니다.

리스트 7-20 부울 인덱스 참조의 예(2)

In
```
arr = np.array([2, 4, 6, 7])
print(arr[arr % 3 == 1])
```

Out
```
[4 7]
```

문제

- 변수 arr의 각 요소가 2로 나누어떨어지는지 나타내는 부울 배열을 출력하세요.
- 변수 arr의 각 요소 중 2로 나누어떨어지는 요소의 배열을 출력하세요.

리스트 7-21 문제

In
```
import numpy as np

arr = np.array([2, 3, 4, 5, 6, 7])

# 변수 arr의 각 요소가 2로 나누어떨어지는지 나타내는 부울 배열을 출력하세요.
print()
```

```
    # 변수 arr의 각 요소 중 2로 나누어떨어지는 요소의 배열을 출력하세요.
    print()
```

- 2로 나누어떨어지는지는 'arr % 2 == 0'으로 확인할 수 있습니다.

- 부울 배열의 출력은 'print(조건)'으로 할 수 있습니다.

- 요소의 배열은 'arr[ndarray 논리값 배열]'로 나타낼 수 있습니다.

리스트 7-22 해답

```
(... 생략 ...)
# 변수 arr의 각 요소가 2로 나누어떨어지는지 나타내는 부울 배열을 출력하세요.
print(arr % 2 == 0)

# 변수 arr의 각 요소 중 2로 나누어떨어지는 요소의 배열을 출력하세요.
print(arr[arr % 2 == 0])
```

```
[ True False  True False  True False]
[2 4 6]
```

7.2.8 범용 함수

범용 함수 universal function 는 ndarray 배열의 각 요소에 대한 연산 결과를 반환하는 함수입니다. 요소별로 계산하므로 다차원 배열에도 사용할 수 있습니다. 범용 함수는 인수가 하나인 경우와 두 개인 경우가 있습니다.

인수가 하나인 경우의 대표적인 예는 요소의 절댓값을 반환하는 np.abs() 함수, 요소의 e(자연 로그의 밑)의 거듭제곱을 반환하는 np.exp() 함수, 요소의 제곱근을 반환하는 np.sqrt() 함수 등이 있습니다.

인수가 두 개인 경우의 대표적인 예는 요소 간의 합을 반환하는 np.add() 함수, 요소 간의 차이를 반환하는 np.subtract() 함수, 요소 간의 최댓값을 저장한 배열을 반환하는 np.maximum() 함수 등이 있습니다.

- 변수 arr의 각 요소를 절댓값으로 하여 변수 arr_abs에 대입하세요.
- 변수 arr_abs의 각 요소의 e의 거듭제곱과 제곱근을 출력하세요.

리스트 7-23 문제

```
In    import numpy as np

      arr = np.array([4, -9, 16, -4, 20])
      print(arr)

      # 변수 arr의 각 요소를 절댓값으로 하여 변수 arr_abs에 대입하세요.
      arr_abs =
      print(arr_abs)

      # 변수 arr_abs의 각 요소의 e의 거듭제곱과 제곱근을 출력하세요.
      print()
      print()
```

힌트

함수에 np. 붙이는 것 잊지 마세요.

해답

리스트 7-24 해답

```
In    (... 생략 ...)
      # 변수 arr의 각 요소를 절댓값으로 하여 변수 arr_abs에 대입하세요.
      arr_abs = np.abs(arr)
      print(arr_abs)

      # 변수 arr_abs의 각 요소의 e의 거듭제곱과 제곱근을 출력하세요.
      print(np.exp(arr_abs))
      print(np.sqrt(arr_abs))
```

```
Out   [ 4 -9 16 -4 20]
      [ 4  9 16  4 20]
      [5.45981500e + 01 8.10308393e + 03 8.88611052e + 06 5.45981500e + 01
      4.85165195e + 08]
      [2.         3.         4.         2.         4.47213595]
```

7.2.9 집합 함수

집합 함수란 수학의 집합 연산을 수행하는 함수입니다. 1차원 배열만을 대상으로 합니다. 대표적인 집합 함수로는 배열 요소에서 중복을 제거하고 정렬한 결과를 반환하는 np.unique() 함수, 배열 x와 y의 합집합을 정렬해서 반환하는 np.union1d(x, y) 함수, 배열 x와 y의 교집합을 정렬해서 반환하는 np.intersect1d(x, y) 함수, 배열 x에서 배열 y를 뺀 차집합을 정렬해서 반환하는 np.setdiff1d(x, y) 함수 등이 있습니다.

> **문제**
>
> - np.unique() 함수를 사용하여 변수 arr1에서 중복을 제거한 배열을 변수 new_arr1에 대입하세요.
> - 변수 new_arr1과 변수 arr2의 합집합을 출력하세요.
> - 변수 new_arr1과 변수 arr2의 교집합을 출력하세요.
> - 변수 new_arr1에서 변수 arr2를 뺀 차집합을 출력하세요.

리스트 7-25 문제

```
In     import numpy as np

       arr1 = [2, 5, 7, 9, 5, 2]
       arr2 = [2, 5, 8, 3, 1]

       # np.unique() 함수를 사용하여 변수 arr1에서 중복을 제거한 배열을 변수 new_arr1에 대
       입하세요.
       new_arr1 =
       print(new_arr1)

       # 변수 new_arr1과 변수 arr2의 합집합을 출력하세요.
       print()

       # 변수 new_arr1과 변수 arr2의 교집합을 출력하세요.
       print()

       # 변수 new_arr1에서 변수 arr2를 뺀 차집합을 출력하세요.
       print()
```

함수에 np. 붙이는 것 잊지 마세요.

해답

리스트 7-26 해답

In
```
(... 생략 ...)
# np.unique() 함수를 사용하여 변수 arr1에서 중복을 제거한 배열을 변수 new_arr1에 대
입하세요.
new_arr1 = np.unique(arr1)
print(new_arr1)

# 변수 new_arr1과 변수 arr2의 합집합을 출력하세요.
print(np.union1d(new_arr1, arr2))

# 변수 new_arr1과 변수 arr2의 교집합을 출력하세요.
print(np.intersect1d(new_arr1, arr2))

# 변수 new_arr1에서 변수 arr2를 뺀 차집합을 출력하세요.
print(np.setdiff1d(new_arr1, arr2))
```

Out
```
[2 5 7 9]
[1 2 3 5 7 8 9]
[2 5]
[7 9]
```

7.2.10 난수

NumPy는 np.random 모듈로 난수[1]를 생성할 수 있습니다. 대표적인 함수인 np.random()은 0 이상 1 미만의 난수를 생성하는 np.random.rand() 함수, x 이상 y 미만의 정수를 z개 생성하는 np.random.randint(x, y, z) 함수, 가우스 분포를 따르는 난수를 생성하는 np.random.normal() 함수 등이 있습니다.

np.random.rand() 함수는 ()에 넣은 정수의 횟수만큼 난수가 생성됩니다. np.random.randint(x, y, z) 함수는 x 이상 y 미만의 정수를 생성하는 점에 주의하세요. 또한 z에는 (2,3) 등의 인수를 넣을 수도 있고, 이렇게 하면 2×3 행렬을 생성할 수 있습니다.

---

1 옮긴이_ 정의된 범위 내에서 무작위로 추출된 수

일반적으로 np.random.randint()와 같이 기술하여 난수를 생성하는 경우가 많지만 매번 np.random을 입력하는 것은 번거롭습니다. 소스 코드의 앞부분에 from numpy.random import randint와 같이 기술해두면 randint()만으로 함수를 사용할 수 있습니다. 'from 모듈명 import 모듈내_함수명'으로 일반화해서 사용할 수 있습니다.

문제

- np.random을 적지 않아도 randint() 함수를 사용할 수 있도록 import하세요.
- 변수 arr1에 각 요소가 0 이상 10 이하인 정수 행렬(5×2)을 대입하세요.
- 변수 arr2에 0 이상 1 미만의 난수를 3개 생성해서 대입하세요.

리스트 7-27 문제

```
In    import numpy as np

      # np.random을 적지 않아도 randint() 함수를 사용할 수 있도록 import하세요.


      # 변수 arr1에 각 요소가 0 이상 10 이하인 정수 행렬(5×2)을 대입하세요.
      arr1 =
      print(arr1)

      # 변수 arr2에 0 이상 1 미만의 난수를 3개 생성해서 대입하세요.
      arr2 =
      print(arr2)
```

힌트

- np.random이 아니라 numpy.random으로 import해야 합니다.
- randint(x, y, z) 함수의 z값으로 (1,3) 등의 인수도 부여할 수 있습니다.
- randint(x, y, z) 함수는 x 이상 y 미만의 정수를 생성하는 점에 주의하세요.

해답

리스트 7-28 해답

```
In    (... 생략 ...)
      # np.random을 적지 않아도 randint() 함수를 사용할 수 있도록 import하세요.
      from numpy.random import randint

      # 변수 arr1에 각 요소가 0 이상 10 이하인 정수 행렬(5×2)을 대입하세요.
```

```
arr1 = randint(0, 11, (5, 2))
print(arr1)

# 변수 arr2에 0 이상 1 미만의 난수를 3개 생성해서 대입하세요.
arr2 = np.random.rand(3)
print(arr2)
```

Out
```
[[9 3]
 [9 3]
 [0 9]
 [9 1]
 [0 7]]
[0.82950969 0.98641502 0.26852064]
```

7.3 NumPy 2차원 배열

7.3.1 2차원 배열

7.2.2절 '1차원 배열'에서 언급한 것처럼 2차원 배열은 행렬에 해당합니다. 'np.array([리스트, 리스트])'로 표기하여 2차원 배열을 만들 수 있습니다(그림 7-3).

ndarray 배열의 내부에는 shape라는 변수가 있어 'ndarray배열.shape'로 각 차원의 요소 수를 반환할 수 있습니다. 'ndarray배열.reshape(a, b)'로 지정한 인수와 같은 모양의 행렬로 변환합니다. ndarray 변수를 넣지 않고 ndarray 배열 자체를 넣어도 마찬가지로 반환합니다.

그림 7-3 2차원 배열

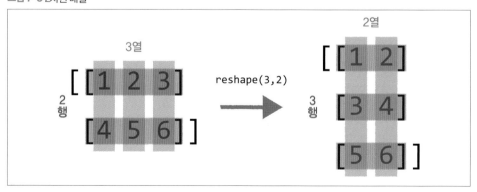

- 변수 arr에 리스트 [[1, 2, 3, 4], [5, 6, 7, 8]]을 2차원 배열로 변환하여 대입하세요.
- 변수 arr 행렬의 각 차원의 요소 수를 print() 함수로 출력하세요.
- 변수 arr을 4행 2열의 행렬로 변환하세요.

리스트 7-29 문제

```
import numpy as np

# 변수 arr에 2차원 배열을 대입하세요.
arr =
print(arr)

# 변수 arr 행렬의 각 차원의 요소 수를 출력하세요.
print()

# 변수 arr을 4행 2열의 행렬로 변환하세요.
print()
```

arr.reshape(x, y)에서 x는 행을 나타내고, y는 열을 나타냅니다.

리스트 7-30 해답

```
(... 생략 ...)
# 변수 arr에 2차원 배열을 대입하세요.
arr = np.array([[1, 2, 3, 4], [5, 6, 7, 8]])
print(arr)

# 변수 arr 행렬의 각 차원의 요소 수를 출력하세요.
print(arr.shape)

# 변수 arr을 4행 2열의 행렬로 변환하세요.
print(arr.reshape(4, 2))
```

```
[[1 2 3 4]
 [5 6 7 8]]
(2, 4)
```

```
[[1 2]
 [3 4]
 [5 6]
 [7 8]]
```

7.3.2 인덱스 참조와 슬라이스

2차원 배열의 경우 인덱스를 하나만 지정하면 임의의 행을 배열로 가져올 수 있습니다(리스트 7-31).

리스트 7-31 인덱스 참조의 예(1)

```
In    arr = np.array([[1, 2 ,3], [4, 5, 6]])
      print(arr[1])
```

```
Out    [4 5 6]
```

개별 요소, 즉 스칼라값에 도달하려면 인덱스를 두 개 지정해야 합니다. 즉, arr[1][2] 또는 arr[1, 2]와 같이 접근할 필요가 있습니다. arr[1][2]는 arr[1]에서 꺼낸 배열의 세 번째 요소에 접근하고, arr[1, 2]는 2차원 배열의 축을 지정하여 요소에 접근하게 됩니다(리스트 7-32).

리스트 7-32 인덱스 참조의 예(2)

```
In    arr = np.array([[1, 2 ,3], [4, 5, 6]])
      print(arr[1,2])
```

```
Out    6
```

2차원 배열을 참조할 때 슬라이스를 사용할 수도 있습니다. 슬라이스는 5.1.5절 '리스트에서 리스트 추출(슬라이스)'에서 살펴봤습니다. 슬라이스를 사용하려면 [리스트 7-33]과 같이 지정하면 됩니다. [리스트 7-33]의 경우 1행, 1열 이후를 추출하고 있습니다(그림 7-4).

리스트 7-33 슬라이스의 예

In	

```
arr = np.array([[1, 2 ,3], [4, 5, 6]])
print(arr[1,1:])
```

Out	

```
[5 6]
```

그림 7-4 2차원 배열의 예

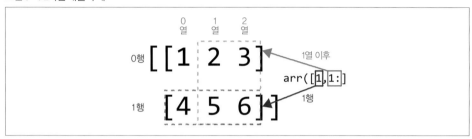

문제

- 2차원 배열 arr = $\begin{bmatrix} 1 & 2 & 3 \\ 4 & 5 & 6 \\ 7 & 8 & 9 \end{bmatrix}$ 를 사용합니다.

- 변수 arr의 요소 중 3을 출력하세요.

- 변수 arr에서 다음만 부분적으로 추출해서 출력하세요.

  [[4 5]

  [7 8]]

리스트 7-34 문제

In	

```
import numpy as np

arr = np.array([[1, 2, 3], [4, 5, 6], [7, 8, 9]])
print(arr)

# 변수 arr의 요소 중 3을 출력하세요.
print()

# 변수 arr에서 부분적으로 요소를 추출해서 출력하세요.
print()
```

- ' : '를 잘 활용하세요.
- 1행 이후를 추출하려면 1 : 을, 2열까지 추출하려면 : 2를 지정합니다.

리스트 7-35 해답

```
(... 생략 ...)
# 변수 arr의 요소 중 3을 출력하세요.
print(arr[0, 2])

# 변수 arr에서 부분적으로 요소를 추출해서 출력하세요.
# 1행 이후, 2열까지 추출합니다.
print(arr[1:, :2])
```

Out
```
[[1 2 3]
 [4 5 6]
 [7 8 9]]
3
[[4 5]
 [7 8]]
```

7.3.3 axis

2차원 배열에서는 axis라는 개념이 중요합니다. axis는 **좌표축**과 같습니다. NumPy 함수의 인수로 axis를 설정하는 경우가 많습니다. 2차원 배열의 경우 [그림 7-5]와 같이 axis가 설정됩니다. 열마다 처리하는 축이 axis=0, 행마다 처리하는 축이 axis=1입니다.

그림 7-5 axis의 예

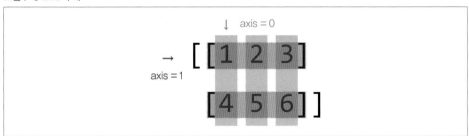

예를 들어 ndarray 배열의 sum( ) 메서드를 살펴봅니다. ndarray.sum( )으로 요소를 모두 더할 수 있습니다(리스트 7-36).

리스트 7-36 axis의 예

```
In     arr = np.array([[1, 2 ,3], [4, 5, 6]])

       print(arr.sum())
       print(arr.sum(axis=0))
       print(arr.sum(axis=1))
```

```
Out    21
       [5 7 9]
       [ 6 15]
```

sum( ) 메서드에 인수를 지정하지 않으면 단순히 전체 합계가 스칼라scalar로 반환되고, sum( ) 메서드에 인수 axis=0을 지정하면 세로로 더해져서 요소가 세 개인 1차원 배열이 되고, sum( ) 메서드에 인수 axis=1을 지정하면 가로로 더해져서 요소가 두 개인 1차원 배열이 되는 것을 알 수 있습니다.

문제

arr 행의 합을 구하여 다음과 같은 1차원 배열을 반환하세요.

[6 21 57]

리스트 7-37 문제

```
In     import numpy as np

       arr = np.array([[1, 2, 3], [4, 5, 12], [15, 20, 22]])

       # arr 행의 합을 구하여 문제에서 제시한 1차원 배열을 반환하세요.
       print()
```

힌트

- .sum ( ) 메서드를 사용합니다.

- 행을 남기고, 열마다 처리할 필요가 있으므로 축 설정은 axis=1이 됩니다.

해답

리스트 7-38 해답

```
In      (... 생략 ...)
        # arr 행의 합을 구하여 문제에서 제시한 1차원 배열을 반환하세요.
        print(arr.sum(axis=1))
```

```
Out     [ 6 21 57]
```

7.3.4 팬시 인덱스 참조

팬시 인덱스 참조는 인덱스 참조로 인덱스의 배열을 이용하는 방법입니다. ndarray 배열에서 특정 순서로 행을 추출하려면 그 순서를 나타내는 배열을 인덱스 참조로 전달하면 됩니다.

팬시 인덱스 참조는 슬라이스와는 달리 항상 원본 데이터의 복사본을 반환하여 새로운 요소를 작성하게 됩니다(리스트 7-39).

리스트 7-39 팬시 인덱스 참조의 예

```
In      arr = np.array([[1, 2], [3, 4], [5, 6], [7, 8]])

        # 3행, 2행, 0행을 순서대로 추출하여 새로운 요소를 만듭니다.
        # 인덱스 번호는 0부터 시작합니다.
        print(arr[[3, 2, 0]])
```

```
Out     [[7 8]
         [5 6]
         [1 2]]
```

팬시 인덱스 참조를 사용하여 변수 arr의 2행, 4행, 1행 순서로 배열을 출력하세요. 여기서 말하는 행은 인덱스 번호와는 별도로 1행부터 센 행을 말합니다(리스트 7-40).

리스트 7-40 문제

```
import numpy as np

arr = np.arange(25).reshape(5, 5)

# 변수 arr의 행의 순서를 변경하여 출력하세요.
print()
```

• arr[3, 2, 0]이 아니라 arr[[3, 2, 0]]인 점에 주의하세요.

• 인덱스 번호는 0부터 시작합니다.

리스트 7-41 해답

```
(... 생략 ...)
# 변수 arr의 행의 순서를 변경하여 출력하세요.
print(arr[[1, 3, 0]])
```

```
Out    [[ 5  6  7  8  9]
        [15 16 17 18 19]
        [ 0  1  2  3  4]]
```

7.3.5 전치 행렬

행렬에서 행과 열을 바꾸는 것을 전치라고 합니다. 전치 행렬 transposed matrix 은 행렬의 내적 계산 등에 사용합니다. ndarray를 전치하려면 np.transpose( ) 함수를 사용하거나 .T를 사용합니다(그림 7-6).

그림 7-6 전치 행렬의 예

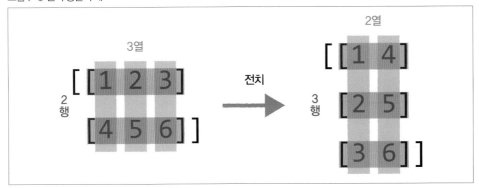

변수 arr을 전치하여 출력하세요.

리스트 7-42 문제

```
In   import numpy as np

     arr = np.arange(10).reshape(2, 5)

     # 변수 arr을 전치하여 출력하세요.
     print()
```

힌트

• transpose( ) 함수를 사용하는 경우 np.를 잊지 마세요.

• arr.T를 사용해도 전치할 수 있습니다.

해답

리스트 7-43 해답

```
In   (... 생략 ...)
     # 변수 arr을 전치하여 출력하세요.
     print(arr.T) # print(np.transpose(arr))
```

```
Out   [[0 5]
       [1 6]
```

```
[2 7]
[3 8]
[4 9]]
```

7.3.6 정렬

ndarray도 리스트형과 마찬가지로 sort( ) 메서드로 정렬할 수 있습니다. 2차원 배열의 경우 0을 인수로 하면 **열 단위**로 요소가 정렬되며, 1을 인수로 하면 **행 단위**로 요소가 정렬됩니다. 또한 np.sort( ) 함수로도 정렬할 수 있습니다. sort( ) 메서드와 달리 np.sort( ) 함수는 정렬된 배열의 **복사본**을 반환합니다.

또한 머신러닝에 자주 사용되는 함수로 argsort( ) 메서드가 있습니다. argsort( ) 메서드는 정렬된 배열의 **인덱스**를 반환합니다(리스트 7-44).

리스트 7-44 정렬의 예

| In |
```
arr = np.array([15, 30, 5])
arr.argsort()
```

| Out |
```
array([2, 0, 1], dtype=int64)
```

위 예에서 arr.sort( )를 하면 [5 15 30]이 됩니다. 원래의 배열에서 2번째에 있던 '5'가 0번째 요소가 되었고, 0번째에 있던 '15'가 1번째 요소가 되었으며, 1번째에 있던 '30'이 2번째 요소가 되었습니다. 따라서 [15, 30, 5]를 .argsort( )하면 차례대로 '2번째, 0번째, 1번째' 요소가 되어 [2, 0, 1]이라는 값을 반환하게 됩니다.

> **문제**
>
> • 변수 arr을 argsort( ) 메서드로 정렬하여 출력하세요.
> • 변수 arr을 np.sort( ) 함수로 정렬하여 출력하세요.
> • 변수 arr을 sort( ) 메서드로 행을 정렬하여 출력하세요.

```
In    import numpy as np

      arr = np.array([[8, 4, 2], [3, 5, 1]])

      # argsort() 메서드로 정렬하여 출력하세요.
      print()

      # np.sort() 함수로 정렬하여 출력하세요.
      print()

      # sort() 메서드로 행을 정렬하여 출력하세요.

      print(arr)
```

힌트

열을 정렬하려면 인수를 0으로, 행을 정렬하려면 인수를 1로 설정합니다.

해답

리스트 7-46 해답

```
In    import numpy as np

      arr = np.array([[8, 4, 2], [3, 5, 1]])

      # argsort() 메서드로 정렬하여 출력하세요.
      print(arr.argsort())

      # np.sort() 함수로 정렬하여 출력하세요.
      print(np.sort(arr))

      # sort() 메서드로 행을 정렬하여 출력하세요.
      arr.sort(1)
      print(arr)
```

```
Out   [[2 1 0]
       [2 0 1]]
      [[2 4 8]
       [1 3 5]]
      [[2 4 8]
       [1 3 5]]
```

7.3.7 행렬 계산

행렬 계산을 위한 함수로 두 행렬의 행렬곱을 반환하는 np.dot(a, b)와 노름을 반환하는 np.linalg.norm(a) 등이 있습니다.

행렬곱이란 행렬에서 행벡터와 열벡터의 내적을 요소로 하는 행렬을 새로 생성하는 것입니다. np.dot(a, b) 함수를 실행하면 행벡터 a와 열벡터 b의 행렬곱이 생성됩니다(그림 7-7).

그림 7-7 행렬곱의 예

$$\begin{bmatrix} 1 & 2 \\ 3 & 4 \end{bmatrix} \times \begin{bmatrix} 1 & 2 \\ 3 & 4 \end{bmatrix} = \begin{bmatrix} 1 \times 1 + 2 \times 3 & 1 \times 2 + 2 \times 4 \\ 1 \times 3 + 3 \times 4 & 3 \times 2 + 4 \times 4 \end{bmatrix} = \begin{bmatrix} 7 & 10 \\ 15 & 22 \end{bmatrix}$$

노름^{norm}은 벡터의 길이를 반환하는 것으로, 요소의 제곱값을 더해 루트를 씌운 것입니다. np.linalg.norm(a) 함수를 실행하면 벡터 a와 b의 노름이 출력됩니다(그림 7-8).

그림 7-8 노름의 예

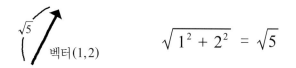

$$\sqrt{1^2 + 2^2} = \sqrt{5}$$

벡터(1,2)

문제

- 변수 arr과 arr의 행렬곱을 출력하세요.
- 변수 vec의 노름을 출력하세요.

리스트 7-47 문제

```
In        import numpy as np

          # arr을 정의합니다.
          arr = np.arange(9).reshape(3, 3)

          # 변수 arr과 arr의 행렬곱을 출력하세요.
          print()
```

```
                # vec을 정의합니다.
                vec = arr.reshape(9)

                # 변수 vec의 노름을 출력하세요.
                print()
```

힌트

- x.dot(y) 또는 np.dot(x, y)

- numpy는 np로 생략할 수 있습니다.

해답

리스트 7-48 해답

In	

```
(... 생략 ...)
# 변수 arr과 arr의 행렬곱을 출력하세요.
print(np.dot(arr, arr))

# vec을 정의합니다.
vec = arr.reshape(9)

# 변수 vec의 노름을 출력하세요.
print(np.linalg.norm(vec))
```

Out	

```
[[ 15  18  21]
 [ 42  54  66]
 [ 69  90 111]]
14.2828568570857
```

7.3.8 통계 함수

통계 함수란 ndarray 배열 전체 또는 특정 축을 중심으로 수학적 처리를 수행하는 함수 또는 메서드입니다. 이미 학습한 통계 함수로는 7.3.3절 'axis'에서 다루었던 배열의 합을 반환하는 sum() 메서드가 있습니다.

자주 사용되는 메서드로는 배열 요소의 평균을 반환하는 mean() 메서드와 np.average() 메서드, 최댓값/최솟값을 반환하는 np.max() 메서드와 np.min() 메서드가 있습니다. 또한 요소의 최댓값 또는 최솟값의 인덱스 번호를 반환하는 np.argmax() 메서드와 np.argmin() 메서드도 있습니다.

그 밖에도 통계 분야에서 자주 사용되는 '표준 편차'와 '분산'을 반환하는 함수로 np.std() 메서드와 np.var() 메서드가 있습니다. 이들은 데이터의 편차를 나타내는 지표입니다.

sum() 메서드에서 axis를 지정해서 어떤 축을 중심으로 처리할 것인지 결정했듯이 mean() 메서드 등에서도 마찬가지로 축을 지정할 수 있습니다. argmax() 메서드와 argmin() 메서드의 경우에는 axis로 지정한 축마다 최댓값 또는 최솟값의 인덱스를 반환합니다. 앞에서 이미 설명했듯이 열마다 처리하는 축이 axis=0, 행마다 처리하는 축이 axis=1입니다(그림 7-9).

그림 7-9 axis의 예(그림 7-5와 동일)

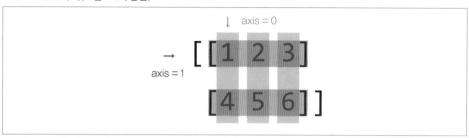

문제

• 변수 arr의 각 열의 평균을 출력하세요.
• 변수 arr의 행 합계를 출력하세요.
• 변수 arr의 최솟값을 출력하세요.
• 변수 arr의 각 열의 최댓값의 인덱스 번호를 출력하세요.
• 출력은 print() 함수를 사용하세요.

리스트 7-49 문제

In
```python
import numpy as np

arr = np.arange(15).reshape(3, 5)

# 변수 arr의 각 열의 평균을 출력하세요.
print()

# 변수 arr의 행 합계를 출력하세요.
print()
```

```
          # 변수 arr의 최솟값을 출력하세요.
        print()

          # 변수 arr의 각 열의 최댓값의 인덱스 번호를 출력하세요.
        print()
```

힌트

axis로 지정한 쪽을 계산합니다.

해답

리스트 7-50 해답

In
```
        (... 생략 ...)
          # 변수 arr의 각 열의 평균을 출력하세요.
        print(arr.mean(axis=0))

          # 변수 arr의 행 합계를 출력하세요.
        print(arr.sum(axis=1))

          # 변수 arr의 최솟값을 출력하세요.
        print(arr.min())

          # 변수 arr의 각 열의 최댓값의 인덱스 번호를 출력하세요.
        print(arr.argmax(axis=0))
```

Out
```
        [5. 6. 7. 8. 9.]
        [10 35 60]
        0
        [2 2 2 2 2]
```

7.3.9 브로드캐스트

크기가 다른 NumPy 배열(이하 ndarray) 간의 연산에는 **브로드캐스트**broadcast라는 처리가 자동
으로 이루어집니다. 브로드캐스트는 두 ndarray 연산시 크기가 작은 배열의 행과 열을 자동으
로 큰 배열 쪽에 맞춰줍니다. 두 배열의 행이 일치하지 않을 경우에는 행이 적은 쪽이 많은 쪽의
수에 맞추어 부족한 부분을 기존 행에서 복사합니다. 열이 일치하지 않는 경우에도 마찬가지입
니다. 어떤 배열이든 브로드캐스트되는 것은 아니지만 [그림 7-10]과 같이 모든 요소에 동일한
처리를 할 때는 브로드캐스트가 가능합니다.

그림 7-10 브로드캐스트

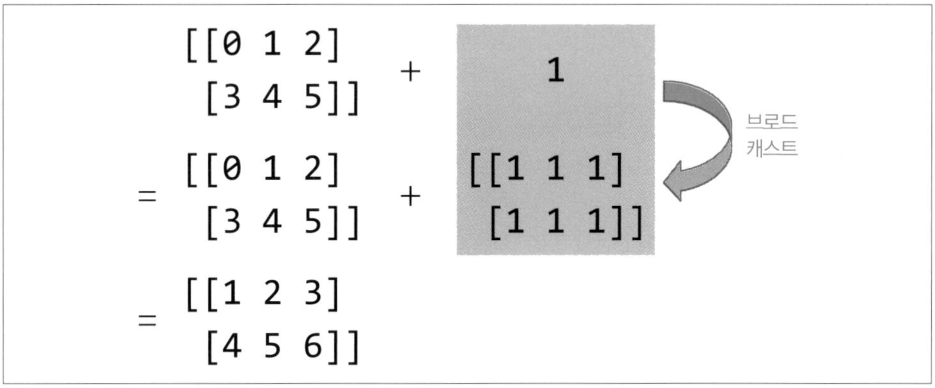

$$[[0\ 1\ 2]$$
$$[3\ 4\ 5]]\ +\ \quad 1$$

$$=\ [[0\ 1\ 2]$$
$$[3\ 4\ 5]]\ +\ [[1\ 1\ 1]$$
$$[1\ 1\ 1]]$$

브로드
캐스트

$$=\ [[1\ 2\ 3]$$
$$[4\ 5\ 6]]$$

[그림 7-10]을 코드로 작성하면 [리스트 7-51]과 같습니다.

리스트 7-51 브로드캐스트의 예

```
In    x = np.arange(6).reshape(2, 3)
      print(x + 1)
```

```
Out   [[1 2 3]
       [4 5 6]]
```

문제

0에서 14 사이의 정숫값을 가진 ndarray 배열 x에서 0에서 4 사이의 정숫값을 가진 ndarray 배열 y를 빼세요.

리스트 7-52 문제

```
In    import numpy as np

      # 0에서 14 사이의 정숫값을 갖는 3×5의 ndarray 배열 x를 생성합니다.
      x = np.arange(15).reshape(3, 5)

      # 0에서 4 사이의 정숫값을 갖는 1×5의 ndarray 배열 y를 생성합니다.
      y = np.array([np.arange(5)])
```

```
# x에서 y를 빼세요.
z =

# x를 출력합니다.
print(z)
```

힌트

- 브로드캐스트는 두 ndarray 간의 연산시 크기가 작은 배열의 열 또는 행을 자동으로 큰 배열 쪽에 맞춥니다.

- 출력 결과는 아래처럼 됩니다.

```
[[ 0  0  0  0  0]
 [ 5  5  5  5  5]
 [10 10 10 10 10]]
```

해답

리스트 7-53 해답

```
In    (... 생략 ...)
      # x에서 y를 빼세요.
      z = x - y
      (... 생략 ...)
```

```
Out   [[ 0  0  0  0  0]
       [ 5  5  5  5  5]
       [10 10 10 10 10]]
```

||연습 문제|||

이 장에서 배운 지식을 모두 쏟아 부으세요. NumPy의 기본을 확인합니다.

문제

- 각 요소가 0~30인 정수 행렬(5×3)을 변수 arr에 대입하세요.
- 변수 arr을 전치하세요.
- 변수 arr의 2, 3, 4열만 추출한 행렬(3×3)을 변수 arr1에 대입하세요.
- 변수 arr1의 행을 정렬하세요.
- 각 열의 평균을 출력하세요.

```
In     import numpy as np

       np.random.seed(100)

       # 각 요소가 0~30인 정수 행렬(5×3)을 변수 arr에 대입하세요.

       print(arr)

       # 변수 arr을 전치하세요.

       print(arr)

       # 변수 arr의 2, 3, 4열만 추출한 행렬(3×3)을 변수 arr1에 대입하세요.

       print(arr1)

       # 변수 arr1의 행을 정렬하세요.

       print(arr1)

       # 각 열의 평균을 출력하세요.
```

힌트

- np.random.randint()
- arr.T
- arr[:, 2:]
- np.sort() 함수가 아닌 sort() 메서드를 사용하세요.
- axis의 설정에 주의하세요.

해답

리스트 7-55 해답

```
In     (... 생략 ...)
       # 각 요소가 0~30인 정수 행렬(5×3)을 변수 arr에 대입하세요.
       arr = np.random.randint(0, 31, (5, 3))
       print(arr)

       # 변수 arr을 전치하세요.
       arr = arr.T
```

```
print(arr)

# 변수 arr의 2, 3, 4열만 추출한 행렬(3×3)을 변수 arr1에 대입하세요.
arr1 = arr[:, 1:4]
print(arr1)

# 변수 arr1의 행을 정렬하세요.
arr1.sort(0)
print(arr1)

# 각 열의 평균을 출력하세요.
print(arr1.mean(axis=0))
```

Out
```
[[ 8 24  3]
 [ 7 23 15]
 [16 10 30]
 [20  2 21]
 [ 2  2 14]]
[[ 8  7 16 20  2]
 [24 23 10  2  2]
 [ 3 15 30 21 14]]
[[ 7 16 20]
 [23 10  2]
 [15 30 21]]
[[ 7 10  2]
 [15 16 20]
 [23 30 21]]
[15.        18.66666667 14.33333333]
```

설명

난수를 생성하는 np.random.randint(x, y, z) 함수는 x ~ y-1의 임의의 정숫값을 z개 생성합니다. 0~30 사이의 난수를 생성하려면 'np.random.randint(0, 31, 개수)'와 같이 지정합니다.

슬라이스를 이용하여 일부를 추출하고 mean( ) 메서드로 평균을 계산합니다. 평균을 구하는 축을 설계하기 위해 axis=0을 설정합니다.

||종합 문제||

NumPy의 지식을 이용하여 두 이미지의 차이를 계산해보세요. 문제를 단순하게 하기 위해 0~5 사이의 정수를 색으로 가정합니다. 이미지는 2차원 데이터라서 행렬로 나타낼 수 있으며, NumPy 배열로 처리 가능합니다. 크기가 동일한 이미지의 차이는 같은 위치에 있는 요소 간의 차이를 성분으로 하는 행렬로 표시할 수 있습니다.

문제

- 난수로 지정한 크기의 이미지를 생성하는 함수 make_image( )를 완성하세요.
- 전달된 행렬의 일부분을 난수로 변경하는 함수 change_matrix( )를 완성하세요.
- 생성된 image1과 image2의 각 요소의 차이의 절댓값을 계산하여 image3에 대입하세요.

리스트 7-56 문제

```
import numpy as np

# 난수를 초기화합니다.
np.random.seed(0)

# 가로세로 크기를 전달하면 해당 크기의 이미지를 난수로 채워서 생성하는 함수입니다.
def make_image(m, n):

    # n × m 행렬의 각 성분을 0~5의 난수로 채우세요.


    return image

# 전달된 행렬의 일부를 변경하는 함수입니다.
def change_little(matrix):
    # 전달받은 행렬의 형태(크기)를 취득하여 shape에 대입하세요.

    # 행렬의 각 성분에 대해 변경 여부를 무작위로 결정한 다음
    # 변경할 때는 0~5 사이의 정수로 임의 교체하세요.


    return matrix

# 임의의 이미지를 만듭니다.
image1 = make_image(3, 3)
print(image1)
print()
```

```
# 임의의 변경사항을 적용합니다.
image2 = change_little(np.copy(image1))
print(image2)
print()

# image1과 image2의 차이를 계산하여 image3에 대입하세요.

print(image3)
print()

# image3의 각 성분을 절댓값으로 한 행렬을 image3에 다시 대입하세요.


# image3을 출력합니다.
print(image3)
```

힌트

• NumPy 배열 간의 덧셈과 뺄셈은 같은 위치의 요소끼리 계산됩니다.

• numpy.random.randint(x, y, z)로 x ~ y-1 사이의 임의의 정수를 z개 얻을 수 있습니다.

해답

리스트 7-57 해답

In
```
(... 생략 ...)
    # n×m 행렬의 각 성분을 0~5의 난수로 채우세요.
    image = np.random.randint(0, 6, (m, n))
(... 생략 ...)
    # 전달받은 행렬의 형태(크기)를 취득하여 shape에 대입하세요.
    shape = matrix.shape

    # 행렬의 각 성분에 대해 변경 여부를 무작위로 결정한 다음
    # 변경할 때는 0~5 사이의 정수로 임의 교체하세요.
    for i in range(shape[0]):
        for j in range(shape[1]):
            if np.random.randint(0, 2)==1:
                matrix[i][j] = np.random.randint(0, 6, 1)
    return matrix
(... 생략 ...)
# image1과 image2의 차이를 계산하여 image3에 대입하세요.
image3 = image2 - image1
(... 생략 ...)
# image3의 각 성분을 절댓값으로 한 행렬을 image3에 다시 대입하세요.
image3 = np.abs(image3)
(... 생략 ...)
```

Out [[4 5 0]
 [3 3 3]
 [1 3 5]]

[[4 5 0]
 [3 3 3]
 [0 5 5]]

[[0 0 0]
 [0 0 0]
 [-1 2 0]]

[[0 0 0]
 [0 0 0]
 [1 2 0]]

설명

난수를 만드는 경우에는 NumPy의 기능을 사용하는 것이 편리합니다. NumPy의 브로드캐스트 기능을 사용하여 두 2차원 배열의 계산을 합니다.

## CHAPTER 8

Pandas 기초

8.1 Pandas 개요

Pandas는 NumPy와 같이 데이터셋을 다루는 라이브러리입니다. NumPy는 데이터를 수학의 행렬로 처리할 수 있으므로 과학 계산에 특화되어 있습니다. Pandas는 일반적인 데이터베이스에서 이뤄지는 작업을 수행할 수 있으며, 수치뿐 아니라 이름과 주소 등 문자열 데이터도 쉽게 처리할 수 있습니다. NumPy와 Pandas를 적절히 구사하면 효율적으로 데이터를 분석할 수 있습니다.

Pandas에는 Series와 DataFrame의 두 가지 데이터 구조가 존재합니다. 주로 사용되는 데이터 구조는 2차원 테이블로 나타내는 DataFrame입니다(표 8-1). 가로 방향의 데이터는 행, 세로 방향의 데이터는 열이라고 합니다. 각 행과 열에는 라벨이 부여되어 있으며, 행의 라벨은 인덱스^{index}, 열의 라벨은 컬럼^{column}이라고 부릅니다.

Series는 1차원 배열(표 8-2)로, DataFrame의 행 또는 열로 볼 수 있습니다. Series도 각 요소에 라벨이 붙어 있습니다.

표 8-1 DataFrame의 라벨 정보

	Prefecture	Area	Population	Region
0	강릉	1040	213527	강원도
1	광주	430	1458915	전라도
2	평창	1463	42218	강원도
3	대전	539	1476955	충청도
4	단양	780	29816	충청도

- **DataFrame의 라벨 정보**

    인덱스 : [0, 1, 2, 3, 4]

    컬럼 : ["Prefecture", "Area", "Population", "Region"]

표 8-2 Series의 라벨 정보

0	강릉
1	광주
2	평창
3	대전
4	단양

문제

[표 8-3]에서 DataFrame의 컬럼은 어느 것일까요?

1. "Prefecture", "Area", "Population", "Region"

2. 0, 1, 2, 3, 4

표 8-3 데이터 구조

	Prefecture	Area	Population	Region
0	강릉	1040	213527	강원도
1	광주	430	1458915	전라도
2	평창	1463	42218	강원도
3	대전	539	1476955	충청도
4	단양	780	29816	충청도

힌트

컬럼은 열에 붙어 있는 라벨로, 세로 방향의 데이터를 가리키는 라벨입니다.

1. "Prefecture", "Area", "Population", "Region"

8.1.1 Series와 DataFrame의 데이터 확인

Pandas에는 Series와 DataFrame의 두 가지 데이터 구조가 존재하는 것을 배웠습니다. 실제로 어떤 데이터 구조인지 확인해봅시다. Series에 딕셔너리형을 전달하면 키에 의해 오름차순으로 정렬됩니다(리스트 8-1, 8-2).

Series와 DataFrame의 데이터 작성법은 8.2절 'Series'와 8.3절 'DataFrame'에서 다룹니다. Series는 라벨이 붙은 1차원 데이터이며, DataFrame은 여러 Series를 묶은 것과 같은 2차원 데이터 구조입니다.

리스트 8-1 Series와 DataFrame 데이터의 예(1)

```
In    # Pandas를 pd로 import합니다.
      import pandas as pd

      # Series 데이터입니다.
      fruits = {"orange": 2, "banana": 3}
      print(pd.Series(fruits))
```

```
Out   banana    3
      orange    2
      dtype: int64
```

리스트 8-2 Series와 DataFrame 데이터의 예(2)

```
In    # Pandas를 pd로 import합니다.
      import pandas as pd

      # DataFrame 데이터입니다.
      data = {"fruits": ["apple", "orange", "banana", "strawberry",
      "kiwifruit"],
              "year": [2001, 2002, 2001, 2008, 2006],
              "time": [1, 4, 5, 6, 3]}
```

```
df = pd.DataFrame(data)
print(df)
```

Out
```
       fruits  time  year
0        apple     1  2001
1       orange     4  2002
2       banana     5  2001
3   strawberry     6  2008
4    kiwifruit     3  2006
```

문제

[리스트 8-3]을 실행하여 Series와 DataFrame이 어떤 데이터인지 확인하세요.

리스트 8-3 문제

In
```
# Pandas를 pd로 import합니다.
import pandas as pd

# Series용 라벨(인덱스)을 작성합니다.
index = ["apple", "orange", "banana", "strawberry", "kiwifruit"]

# Series용 데이터를 대입합니다.
data = [10, 5, 8, 12, 3]

# Series를 작성합니다.
series = pd.Series(data, index=index)

# 딕셔너리형을 사용하여 DataFrame용 데이터를 작성합니다.
data = {"fruits": ["apple", "orange", "banana", "strawberry",
"kiwifruit"],
        "year": [2001, 2002, 2001, 2008, 2006],
        "time": [1, 4, 5, 6, 3]}

# DataFrame을 작성합니다.
df = pd.DataFrame(data)

print("Series 데이터")
print(series)
print("\n")
print("DataFrame 데이터")
print(df)
```

힌트

- [리스트 8-3]에서는 인덱스를 지정해서 Series를 작성하고 있습니다. 지정하지 않을 경우 0부터 오름차순으로 번호가 매겨집니다.
- DataFrame 행의 인덱스는 0부터 오름차순으로 번호가 매겨집니다.

해답

리스트 8-4 해답

```
Out    Series 데이터
       apple          10
       orange          5
       banana          8
       strawberry     12
       kiwifruit       3
       dtype: int64

       DataFrame 데이터
             fruits  time  year
       0      apple     1  2001
       1     orange     4  2002
       2     banana     5  2001
       3  strawberry    6  2008
       4   kiwifruit    3  2006
```

8.2 Series

8.2.1 Series 생성

Pandas의 데이터 구조 중 하나인 Series는 1차원 배열처럼 다룰 수 있습니다. Pandas를 임포트한 뒤 'pandas.Series(딕셔너리형의_리스트)'로 딕셔너리형의 리스트를 전달해서 Series를 생성할 수 있습니다. 또한 import pandas as pd라고 입력하면 pandas.Series를 pd.Series로 줄여서 적을 수 있습니다(이제부터 pandas는 pd라고 표기하겠습니다).

데이터에 관련된 인덱스를 지정해도 Series를 생성할 수 있습니다. 'pd.Series(데이터_배열, index=인덱스_배열)'로 Series를 생성할 수 있습니다(리스트 8-5). 인덱스를 지정하지 않으면 0부터 순서대로 정수 인덱스가 붙습니다. Series를 출력하면 'dtype: int64'라고 출력됩니다.

이는 Series에 저장되어 있는 값이 int64형임을 보여줍니다. dtype는 data type으로, 데이터의 자료형을 나타냅니다(데이터가 정수면 int, 소수점이 있으면 float 등). int64는 64bit의 크기를 가진 정수로, $-2^{63} \sim 2^{63}-1$까지의 정수를 처리할 수 있습니다. 그 밖에도 dtype에는 int32 등과 같이 같은 정수형이더라도 크기가 다른 것, 0 또는 1 값만 가지는 bool형 등이 있습니다.

리스트 8-5 Series 생성 예

In
```python
# Pandas를 pd로 import합니다.
import pandas as pd

fruits = {"banana": 3, "orange": 2}
print(pd.Series(fruits))
```

Out
```
banana    3
orange    2
dtype: int64
```

문제

- pandas를 import하세요.
- 데이터에는 data를, 인덱스에는 index를 지정해서 Series를 만든 뒤 series에 대입하세요.
- 대문자로 시작하는 Series는 데이터형의 이름이며, 소문자로 시작하는 series는 변수명입니다.

리스트 8-6 문제

In
```python
# Pandas를 pd로 import하세요.


index = ["apple", "orange", "banana", "strawberry", "kiwifruit"]
data = [10, 5, 8, 12, 3]

# index와 data를 포함한 Series를 만들어 series에 대입하세요.


print(series)
```

- pandas를 import하면 Series를 사용할 수 있습니다.

- 'pd.Series(데이터_배열, index=인덱스_배열)'로 Series를 생성할 수 있습니다.

리스트 8-7 해답

```
In     # Pandas를 pd로 import하세요.
       import pandas as pd

       index = ["apple", "orange", "banana", "strawberry", "kiwifruit"]
       data = [10, 5, 8, 12, 3]

       # index와 data를 포함한 Series를 만들어 series에 대입하세요.
       series = pd.Series(data, index=index)

       print(series)
```

```
Out    apple          10
       orange          5
       banana          8
       strawberry     12
       kiwifruit       3
       dtype: int64
```

8.2.2 참조

Series의 요소를 참조할 때는 [리스트 8-8]처럼 번호를 지정하거나 [리스트 8-9]처럼 인덱스값을 지정하는 방법을 사용할 수 있습니다.

번호를 지정하는 경우 리스트의 슬라이스 기능처럼 series[:3] 등으로 지정하여 원하는 범위를 추출할 수 있습니다.

인덱스값을 지정하는 경우 원하는 요소의 인덱스값을 하나의 리스트로 정리한 뒤 참조할 수 있습니다. 리스트 대신 하나의 정숫값을 지정하여 그 위치에 해당하는 데이터만 추출할 수도 있습니다.

```
In    import pandas as pd
      fruits = {"banana": 3, "orange": 4, "grape": 1, "peach": 5}
      series = pd.Series(fruits)
      print(series[0:2])
```

```
Out   banana    3
      grape     1
      dtype: int64
```

리스트 8-9 참조의 예(2)

```
In    print(series[["orange", "peach"]])
```

```
Out   orange    4
      peach     5
      dtype: int64
```

문제

- 인덱스 참조를 사용하여 series의 2~4번째에 있는 세 요소를 추출하여 items1에 대입하세요.
- 인덱스값을 지정하는 방법으로 "apple", "banana", "kiwifruit"의 인덱스를 가진 요소를 추출하여 items2에 대입하세요.

리스트 8-10 문제

```
In    import pandas as pd

      index = ["apple", "orange", "banana", "strawberry", "kiwifruit"]
      data = [10, 5, 8, 12, 3]
      series = pd.Series(data, index=index)

      # 인덱스 참조를 사용하여 series의 2~4번째에 있는 세 요소를 추출하여 items1에 대입하세요.
```

```
# 인덱스값을 지정하는 방법으로 "apple", "banana", "kiwifruit"의 인덱스를 가진 요소를
추출하여 items2에 대입하세요.

print(items1)
print()
print(items2)
```

힌트

- 인덱스값을 지정하는 경우 리스트의 슬라이스 기능처럼 series[:3]으로 임의 범위를 추출할 수 있습니다.
- 인덱스값을 지정할 때 원하는 요소의 인덱스값을 하나의 리스트로 정리한 뒤 참조할 수 있습니다.

해답

리스트 8-11 해답

 In

```
(... 생략 ...)
# 인덱스 참조를 사용하여 series의 2~4번째에 있는 세 요소를 추출하여 items1에 대입하세요.
items1 = series[1:4]

# 인덱스값을 지정하는 방법으로 "apple", "banana", "kiwifruit"의 인덱스를 가진 요소를
추출하여 items2에 대입하세요.
items2 = series[["apple", "banana", "kiwifruit"]]
(... 생략 ...)
```

Out

```
orange          5
banana          8
strawberry     12
dtype: int64

apple          10
banana          8
kiwifruit       3
dtype: int64
```

8.2.3 데이터와 인덱스 추출

작성한 Series의 데이터값 또는 인덱스를 추출하는 방법이 있습니다. Series 자료형은 series.
values로 데이터값을 참조할 수 있고, series.index로 인덱스를 참조할 수 있습니다.

- 변수 series_values에 series의 데이터를 대입하세요.
- 변수 series_index에 series의 인덱스를 대입하세요.

리스트 8-12 문제

```
In     import pandas as pd

       index = ["apple", "orange", "banana", "strawberry", "kiwifruit"]
       data = [10, 5, 8, 12, 3]
       series = pd.Series(data, index=index)

       # series_values에 series의 데이터를 대입하세요.


       # series_index에 series의 인덱스를 대입하세요.


       print(series_values)
       print(series_index)
```

힌트

Series형의 데이터 series는 series.values로 데이터값을 참조할 수 있으며, series.index로 인덱스를 참조할 수 있습니다.

해답

리스트 8-13 해답

```
In     (... 생략 ...)
       # series_values에 series의 데이터를 대입하세요.
       series_values = series.values

       # series_index에 series의 인덱스를 대입하세요.
       series_index = series.index
       (... 생략 ...)
```

```
Out    ([10  5  8 12  3]
       Index(['apple', 'orange', 'banana', 'strawberry', 'kiwifruit'],
       dtype='object')
```

8.2.4 요소 추가

Series에 요소를 추가하려면 해당 요소도 Series형이어야 합니다. 추가할 요소를 Series형으로 변환한 뒤 Series형의 append( )로 전달하여 추가할 수 있습니다(리스트 8-14).

리스트 8-14 요소를 추가하는 예

```
In    fruits = {"banana": 3, "orange": 2}
      series = pd.Series(fruits)
      series = series.append(pd.Series([3], index=["grape"]))
```

문제

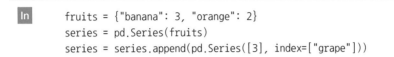

인덱스가 "pineapple"이고, 데이터가 12인 요소를 series에 추가하세요.

리스트 8-15 문제

```
In    import pandas as pd

      index = ["apple", "orange", "banana", "strawberry", "kiwifruit"]
      data = [10, 5, 8, 12, 3]

      series = pd.Series(data, index=index)

      # 인덱스가 "pineapple"이고, 데이터가 12인 요소를 series에 추가하세요.

      print(series)
```

힌트

추가할 요소를 Series형으로 변환한 후 Series 형의 append( )로 전달하여 추가할 수 있습니다.

해답

리스트 8-16 해답

```
In    (... 생략 ...)
      # 인덱스가 "pineapple"이고, 데이터가 12인 요소를 series에 추가하세요.
      pineapple = pd.Series([12], index=["pineapple"])
      series = series.append(pineapple)
      # series = series.append(pd.Series({"pineapple":12}))라고 해도 됨.
      (... 생략 ...)
```

```
Out  apple         10
     orange         5
     banana         8
     strawberry    12
     kiwifruit      3
     pineapple     12
     dtype: int64
```

8.2.5 요소 삭제

Series의 인덱스 참조를 사용하여 요소를 삭제할 수 있습니다. Series형의 변수 series에서 'series.drop("인덱스")'를 하여 해당 인덱스 위치의 요소를 삭제할 수 있습니다.

문제

인덱스가 strawberry인 요소를 삭제한 Series형 변수를 series에 대입하세요.

리스트 8-17 문제

```
In   import pandas as pd

     index = ["apple", "orange", "banana", "strawberry", "kiwifruit"]
     data = [10, 5, 8, 12, 3]

     # index와 data를 포함한 Series를 작성하여 series에 대입합니다.
     series = pd.Series(data, index=index)

     # 인덱스가 strawberry인 요소를 삭제하고 series에 대입하세요.


     print(series)
```

힌트

Series형의 변수 series는 'series.drop("인덱스")'로 해당 인덱스 위치의 요소를 삭제할 수 있습니다.

해답

리스트 8-18 해답

```
In   (... 생략 ...)
```

```
# 인덱스가 strawberry인 요소를 삭제하고 series에 대입하세요.
series = series.drop("strawberry")
(... 생략 ...)
```

```
Out    apple       10
       orange       5
       banana       8
       kiwifruit    3
       dtype: int64
```

8.2.6 필터링

Series형 데이터에서 조건과 일치하는 요소를 꺼내고 싶을 때가 있습니다. Pandas에서는 bool 형의 시퀀스를 지정해서 True인 것만 추출할 수 있습니다(리스트 8-19). 시퀀스란 '연속' 또는 '순서'를 말합니다.

리스트 8-19 필터링의 예(1)

```
In     index = ["apple", "orange", "banana", "strawberry", "kiwifruit"]
       data = [10, 5, 8, 12, 3]
       series = pd.Series(data, index=index)

       conditions = [True, True, False, False, False]
       print(series[conditions])
```

```
Out    apple       10
       orange       5
       dtype: int64
```

여기서는 bool형의 시퀀스를 작성했지만 Pandas에서는 Series(또는 DataFrame)를 사용하여 조건식을 만들어도 bool형의 시퀀스를 취득할 수 있습니다. 예를 들어 Series 변수 series에 대해 series[series >= 5]로 값이 5 이상인 요소만 가지는 Series를 취득할 수 있습니다(리스트 8-20). 또한 series[][]처럼 []를 여러 개 덧붙여 복수의 조건을 추가할 수 있습니다.

리스트 8-20 필터링의 예(2)

In
```
print(series[series >= 5])
```

Out
```
apple         10
orange         5
banana         8
strawberry    12
dtype: int64
```

문제

series의 요소 중에서 5 이상 10 미만의 요소를 포함하는 Series를 만들어 series에 다시 대입하세요.

리스트 8-21 문제

In
```
import pandas as pd

index = ["apple", "orange", "banana", "strawberry", "kiwifruit"]
data = [10, 5, 8, 12, 3]
series = pd.Series(data, index=index)

# series의 요소 중에서 5 이상 10 미만의 요소를 포함하는 Series를 만들어 series에 다시
대입하세요.


print(series)
```

힌트

• Series형 변수 series에 대해 series[series >= 5]로 하면 값이 5 이상인 요소만 포함한 Series를 취득할 수 있습니다.

• 조건을 복수 개 지정하려면 series[ ][ ]처럼 뒤에 [ ]를 덧붙이면 됩니다.

해답

리스트 8-22 해답

In
```
( ... 생략 ... )
# series의 요소 중에서 5 이상 10 미만의 요소를 포함하는 Series를 만들어 series에 다시
대입하세요.
```

```
series = series[series >= 5][series < 10]
(... 생략 ...)
```

Out

```
orange    5
banana    8
dtype: int64
```

8.2.7 정렬

Series는 인덱스 정렬과 데이터 정렬 방법이 준비되어 있습니다. Series형 변수 series에서 인덱스 정렬은 `series.sort_index()`로, 데이터 정렬은 `series.sort_values()`로 할 수 있습니다. 특별히 인수를 지정하지 않으면 오름차순으로 정렬됩니다. 인수에 `ascending=False`를 전달하면 내림차순으로 정렬됩니다.

문제

- series의 인덱스를 알파벳순으로 정렬해서 items1에 대입하세요.
- series의 데이터값을 오름차순으로 정렬해서 items2에 대입하세요.

리스트 8-23 문제

In

```
import pandas as pd

index = ["apple", "orange", "banana", "strawberry", "kiwifruit"]
data = [10, 5, 8, 12, 3]
series = pd.Series(data, index=index)

# series의 인덱스를 알파벳순으로 정렬해서 items1에 대입하세요.


# series의 데이터값을 오름차순으로 정렬해서 items2에 대입하세요.


print(items1)
print()
print(items2)
```

Series형 변수 series는 인덱스 정렬은 series.sort_index( )로, 데이터 정렬은 series.sort_values( )로 수행할 수 있습니다.

해답

리스트 8-24 해답

In
```
(... 생략 ...)
# series의 인덱스를 알파벳순으로 정렬해서 items1에 대입하세요.
items1 = series.sort_index()

# series의 데이터값을 오름차순으로 정렬해서 items2에 대입하세요.
items2 = series.sort_values()
(... 생략 ...)
```

Out
```
apple         10
banana         8
kiwifruit      3
orange         5
strawberry    12
dtype: int64

kiwifruit      3
orange         5
banana         8
apple         10
strawberry    12
dtype: int64
```

8.3 DataFrame

8.3.1 DataFrame 생성

DataFrame은 Series를 여러 개 묶은 것 같은 2차원 데이터 구조를 하고 있습니다. DataFrame은 pd.DataFrame( )에 Series를 전달하여 생성할 수 있습니다. 행에는 0부터 오름차순으로 번호가 붙어 있습니다.

```
pd.DataFrame([Series, Series, ...])
```

DataFrame의 값으로 딕셔너리형(리스트 포함)을 넣어도 됩니다. 참고로 해당 리스트형의 길이는 동일해야 합니다(리스트 8-25).

리스트 8-25 DataFrame 생성 예

```
In    data = {"fruits": ["apple", "orange", "banana", "strawberry",
      "kiwifruit"],
              "year": [2001, 2002, 2001, 2008, 2006],
              "time": [1, 4, 5, 6, 3]}
      df = pd.DataFrame(data)
      print(df)
```

```
Out           fruits  time  year
      0        apple     1  2001
      1       orange     4  2002
      2       banana     5  2001
      3   strawberry     6  2008
      4    kiwifruit     3  2006
```

문제

series1과 series2로 DataFrame을 생성하여 df에 대입하세요.

리스트 8-26 문제

```
In    import pandas as pd

      index = ["apple", "orange", "banana", "strawberry", "kiwifruit"]
      data1 = [10, 5, 8, 12, 3]
      data2 = [30, 25, 12, 10, 8]
      series1 = pd.Series(data1, index=index)
      series2 = pd.Series(data2, index=index)

      # series1과 series2로 DataFrame을 생성하여 df에 대입하세요.


      # 출력합니다.
      print(df)
```

힌트

pd.DataFrame([Series, Series, ...])

리스트 8-27 해답

```
In    (... 생략 ...)
      # series1과 series2로 DataFrame을 생성하여 df에 대입하세요.
      df = pd.DataFrame([series1, series2])
      (... 생략 ...)
```

```
Out       apple  orange  banana  strawberry  kiwifruit
      0      10       5       8          12          3
      1      30      25      12          10          8
```

8.3.2 인덱스와 컬럼 설정

DataFrame에서는 행의 이름을 인덱스, 열의 이름을 컬럼이라고 부릅니다. 인수를 지정하지 않고 DataFrame을 작성하면 0부터 오름차순으로 인덱스가 할당됩니다. 컬럼은 원본 데이터 Series의 인덱스 및 딕셔너리형의 키가 됩니다. DataFrame형 변수 df의 인덱스는 df.index에 행 수와 같은 길이의 리스트를 대입하여 설정할 수 있습니다. df의 컬럼은 df.columns에 열 수와 같은 길이의 리스트를 대입하여 설정할 수 있습니다.

```
df.index = ["name1", "name2"]
```

DataFrame형의 변수 df의 인덱스가 1부터 시작하도록 설정하세요.

리스트 8-28 문제

```
In    import pandas as pd

      index = ["apple", "orange", "banana", "strawberry", "kiwifruit"]
      data1 = [10, 5, 8, 12, 3]
      data2 = [30, 25, 12, 10, 8]
      series1 = pd.Series(data1, index=index)
      series2 = pd.Series(data2, index=index)
      df = pd.DataFrame([series1, series2])
```

```
                    # df의 인덱스가 1부터 시작하도록 설정하세요.


                    # 출력합니다.
                    print(df)
```

힌트

- DataFrame형 변수 df의 인덱스는 df.index에 행 수와 같은 길이의 리스트를 대입하여 설정할 수 있습니다.
- df의 컬럼은 df.columns에 열 수와 같은 길이의 리스트를 대입하여 설정할 수 있습니다.

해답

리스트 8-29 해답

```
In    (... 생략 ...)
      # df의 인덱스가 1부터 시작하도록 설정하세요.
      df.index = [1, 2]
      (... 생략 ...)
```

```
Out        apple  orange  banana  strawberry  kiwifruit
      1      10       5       8          12          3
      2      30      25      12          10          8
```

8.3.3 행 추가

새로운 관측 데이터나 거래 정보를 얻었을 때 이를 기존 DataFrame에 추가할 수 있습니다. DataFrame형 변수 df에 df.append("Series형 데이터", ignore_index=True)를 실행하면 전달된 Series형 데이터의 인덱스가 df의 컬럼에 대응해 새로운 행이 추가된 DataFrame이 생성됩니다(리스트 8-30). 다만 df의 컬럼과 df에 추가할 Series형 데이터의 인덱스가 일치하지 않으면 df에 새로운 컬럼이 추가되고, 값이 존재하지 않는 요소는 NaN으로 채워집니다.

리스트 8-30 행을 추가하는 예

```
In    data = {"fruits": ["apple", "orange", "banana", "strawberry",
      "kiwifruit"],
              "time": [1, 4, 5, 6, 3]}
      df = pd.DataFrame(data)
```

```
series = pd.Series(["mango", 2008, 7], index=["fruits", "year", "time"])

df = df.append(series, ignore_index=True)
print(df)
```

```
       fruits  time   year
0       apple     1    NaN
1      orange     4    NaN
2      banana     5    NaN
3  strawberry     6    NaN
4   kiwifruit     3    NaN
5       mango     7  2008.0
```

문제

- DataFrame형의 변수 df에 새로운 행으로 series3을 추가하세요.
- DataFrame의 컬럼과 추가할 Series의 인덱스가 일치하지 않을 때의 동작을 확인하세요.

리스트 8-31 문제

In

```
import pandas as pd

index = ["apple", "orange", "banana", "strawberry", "kiwifruit"]
data1 = [10, 5, 8, 12, 3]
data2 = [30, 25, 12, 10, 8]
data3 = [30, 12, 10, 8, 25, 3]
series1 = pd.Series(data1, index=index)
series2 = pd.Series(data2, index=index)

# df에 series3을 추가하고 df에 다시 대입합니다.
index.append("pineapple")
series3 = pd.Series(data3, index=index)
df = pd.DataFrame([series1, series2])

# df에 다시 대입하세요.


# 출력합니다.
# df와 추가할 Series의 인덱스가 일치하지 않을 때의 동작을 확인합니다.
print(df)
```

힌트

DataFrame형 변수 df에 'df.append("Series형 데이터", ignore_index=True)'를 실행하면 전달한 Series형 데이터의 인덱스가 df의 컬럼에 대응해 새로운 행이 추가된 DataFrame이 만들어집니다.

해답

리스트 8-32 해답

```
In     (... 생략 ...)
       # df에 다시 대입하세요.
       df = df.append(series3, ignore_index=True)
       (... 생략 ...)
```

```
Out        apple   orange   banana   strawberry   kiwifruit   pineapple
       0      10        5        8           12           3         NaN
       1      30       25       12           10           8         NaN
       2      30       12       10            8          25         3.0
```

8.3.4 열 추가

관측 데이터나 거래 정보에 새로운 속성을 추가할 때 이를 기존 DataFrame에 컬럼으로 추가할 수 있습니다. DataFrame 변수 df에 대해 'df["새로운 컬럼"]'으로 Series 또는 리스트를 대입해서 새 열을 추가할 수 있습니다. 리스트를 대입하면 첫 행부터 순서대로 요소가 할당되며, Series를 대입하면 Series의 인덱스가 df의 인덱스에 대응합니다(리스트 8-33).

리스트 8-33 열을 추가하는 방법

```
In     data = {"fruits": ["apple", "orange", "banana", "strawberry",
       "kiwifruit"],
               "year": [2001, 2002, 2001, 2008, 2006],
               "time": [1, 4, 5, 6, 3]}
       df = pd.DataFrame(data)

       df["price"] = [150, 120, 100, 300, 150]
       print(df)
```

```
        fruits  time  year  price
0        apple     1  2001    150
1       orange     4  2002    120
2       banana     5  2001    100
3   strawberry     6  2008    300
4    kiwifruit     3  2006    150
```

문제

df에 새로운 열 "mango"를 만들어 new_column의 데이터를 추가하세요.

리스트 8-34 문제

```
import pandas as pd

index = ["apple", "orange", "banana", "strawberry", "kiwifruit"]
data1 = [10, 5, 8, 12, 3]
data2 = [30, 25, 12, 10, 8]
series1 = pd.Series(data1, index=index)
series2 = pd.Series(data2, index=index)

new_column = pd.Series([15, 7], index=[0, 1])

# series1과 seires2로 DataFrame을 생성합니다.
df = pd.DataFrame([series1, series2])

# df에 새로운 열 "mango"를 만들어 new_column의 데이터를 추가하세요.



# 출력합니다.
print(df)
```

힌트

- DataFrame형 변수 df에 대해 'df["새로운 컬럼"]'으로 Series 또는 리스트를 대입해서 새 열을 추가할 수 있습니다.

- 리스트를 대입하면 첫 행부터 요소가 할당되며, Series를 대입하면 Series의 인덱스가 df의 인덱스에 대응합니다.

리스트 8-35 해답

| In | ```
(... 생략 ...)
# # df에 새로운 열 "mango"를 만들어 new_column의 데이터를 추가하세요.
df["mango"] = new_column
(... 생략 ...)
``` |

Out			apple	orange	banana	strawberry	kiwifruit	mango
0	10	5	8	12	3	15
1	30	25	12	10	8	7

8.3.5 데이터 참조

DataFrame의 데이터는 행과 열을 지정해서 참조할 수 있습니다. 행과 열의 지정에 따라 참조 방법이 [그림 8-1]처럼 바뀝니다. 참조 방법에는 여러 가지가 있지만 이 책에서는 loc과 iloc을 사용합니다. loc은 **이름으로 참조**하며, iloc는 **번호로 참조**합니다.

그림 8-1 행 지정, 열 지정, 행과 열 지정

	fruits	time	year
0	apple	1	2001
1	orange	4	2002
2	banana	5	2001
3	strawberry	6	2008
4	kiwifruit	3	2006

행 지정

	fruits	time	year
0	apple	1	2001
1	orange	4	2002
2	banana	5	2001
3	strawberry	6	2008
4	kiwifruit	3	2006

열 지정

	fruits	time	year
0	apple	1	2001
1	orange	4	2002
2	banana	5	2001
3	strawberry	6	2008
4	kiwifruit	3	2006

행과 열 지정

문제

다음 중 DataFrame의 데이터를 이름으로 참조하는 것은?

1. loc

2. iloc
```

loc은 이름으로 참조하며, iloc는 번호로 참조합니다.

1. loc

이름으로 참조

DataFrame형 데이터를 이름(즉, 인덱스와 컬럼명)으로 참조할 때는 loc을 사용합니다. DataFrame형 변수 df를 df.loc["인덱스 리스트", "컬럼 리스트"]로 지정하여 해당 범위의 DataFrame을 얻을 수 있습니다.

[리스트 8-36]의 데이터를 정의했을 때 [리스트 8-37]처럼 참조할 수 있습니다.

리스트 8-36 이름에 의한 참조의 예(1)

```
data = {"fruits": ["apple", "orange", "banana", "strawberry",
"kiwifruit"],
        "year": [2001, 2002, 2001, 2008, 2006],
        "time": [1, 4, 5, 6, 3]}
df = pd.DataFrame(data)

print(df)
```

```
       fruits  time  year
0       apple     1  2001
1      orange     4  2002
2      banana     5  2001
3  strawberry     6  2008
4   kiwifruit     3  2006
```

리스트 8-37 이름에 의한 참조의 예(2)

```
df = df.loc[[1,2],["time","year"]]
print(df)
```

```
        time  year
    1      4  2002
    2      5  2001
```

문제

- loc[ ]을 사용하여 df의 2행부터 5행까지의 4행과 "banana", "kiwifruit"의 2열을 포함한 DataFrame을 df에 대입하세요.
- 첫 번째 행의 인덱스는 1이며, 이후의 인덱스는 정수의 오름차순입니다.

리스트 8-38 문제

In
```python
import numpy as np
import pandas as pd
np.random.seed(0)
columns = ["apple", "orange", "banana", "strawberry", "kiwifruit"]

# DataFrame을 생성하고 열을 추가합니다.
df = pd.DataFrame()
for column in columns:
    df[column] = np.random.choice(range(1, 11), 10)

# range(시작행수, 종료행수-1)입니다.
df.index = range(1, 11)

# loc[]을 사용하여 df의 2~5행(4개 행)과 "banana", "kiwifruit"의 2열을 포함한
DataFrame을 df에 대입하세요.
# 첫 번째 행의 인덱스는 1이며, 이후의 인덱스는 정수의 오름차순입니다.


print(df)
```

힌트

DataFrame형 변수 df를 'df.loc["인덱스 리스트", "컬럼 리스트"]'로 지정하여 해당 범위의 DataFrame을 얻을 수 있습니다.

리스트 8-39 해답

```
In    (... 생략 ...)
      # 첫 번째 행의 인덱스는 1이며, 이후의 인덱스는 정수의 오름차순입니다.
      df = df.loc[range(2,6),["banana","kiwifruit"]]
      (... 생략 ...)
```

```
Out       banana  kiwifruit
       2      10         10
       3       9          1
       4      10          5
       5       5          8
```

번호로 참조

DataFrame형의 데이터를 번호(즉, 인덱스와 컬럼 번호)로 참조할 때는 iloc을 사용합니다. DataFrame형 변수 df를 df.iloc["행 번호 리스트", "열 번호 리스트"]로 지정하여 해당 범위의 DataFrame을 얻을 수 있습니다. 행 번호와 열 번호는 0부터 시작합니다. 리스트를 전달하는 것 외에 슬라이스 기능도 사용할 수 있습니다.

[리스트 8-40]의 데이터를 정의했을 때 [리스트 8-41]처럼 참조할 수 있습니다.

리스트 8-40 번호에 의한 참조의 예(1)

```
In    import pandas as pd

      data = {"fruits": ["apple", "orange", "banana", "strawberry",
      "kiwifruit"],
              "year": [2001, 2002, 2001, 2008, 2006],
              "time": [1, 4, 5, 6, 3]}
      df = pd.DataFrame(data)

      print(df)
```

```
        fruits  time  year
0        apple     1  2001
1       orange     4  2002
2       banana     5  2001
3   strawberry     6  2008
4    kiwifruit     3  2006
```

리스트 8-41 번호에 의한 참조의 예(2)

In
```
df = df.iloc[[1, 3], [0, 2]]
print(df)
```

Out
```
        fruits  year
1       orange  2002
3   strawberry  2008
```

문제

iloc[ ]을 사용하여 df의 2행부터 5행까지의 4행과 "banana", "kiwifruit"의 2열을 포함한 DataFrame을 df에 대입하세요.

리스트 8-42 문제

In
```
import numpy as np
import pandas as pd

np.random.seed(0)
columns = ["apple", "orange", "banana", "strawberry", "kiwifruit"]

# DataFrame을 생성하고 열을 추가합니다.
df = pd.DataFrame()
for column in columns:
    df[column] = np.random.choice(range(1, 11), 10)
df.index = range(1, 11)

# iloc[]을 사용하여 df의 2~5행(4개 행)과 "banana", "kiwifruit"의 2열을 포함한
# DataFrame을 df에 대입하세요.


print(df)
```

- DataFrame형 변수 df를 'df.iloc["행 번호 리스트", "열 번호 리스트"]'로 지정하여 해당 범위의 DataFrame을 얻을 수 있습니다.
- 행 번호와 열 번호는 0부터 시작합니다.
- 리스트를 전달하는 것 외에 슬라이스 기능도 사용할 수 있습니다.

해답

리스트 8-43 해답

```
In    (... 생략 ...)
      # iloc[]을 사용하여 df의 2~5행(4개 행)과 "banana", "kiwifruit"의 2열을 포함한
      DataFrame을 df에 대입하세요.
      df = df.iloc[range(1,5), [2, 4]]  # 슬라이스를 사용하여 df = df.iloc[1:5,
      [2,4]]로 해도 됩니다.
      (... 생략 ...)
```

```
Out       banana  kiwifruit
      2      10         10
      3       9          1
      4      10          5
      5       5          8
```

8.3.6 행 또는 열 삭제

DataFrame형 변수 df에 대해 df.drop()으로 인덱스 또는 컬럼을 지정하여 해당 행 또는 열을 삭제한 DataFrame을 생성할 수 있습니다. 인덱스 또는 컬럼을 리스트로 전달하여 한꺼번에 삭제할 수 있으며, 행과 열을 동시에 삭제할 수도 있습니다. 열을 삭제하려면 두 번째 인수로 axis=1을 전달해야 합니다(리스트 8-44).

리스트 8-44 행 또는 열 삭제의 예

```
In    import pandas as pd
      data = {"fruits": ["apple", "orange", "banana", "strawberry",
      "kiwifruit"],
              "time": [1, 4, 5, 6, 3],
              "year": [2001, 2002, 2001, 2008, 2006]}
```

```
df = pd.DataFrame(data)

# drop()을 이용하여 df의 0, 1행을 삭제합니다.
df_1 = df.drop(range(0, 2))

# drop()을 이용하여 df의 열 "year"를 삭제합니다.
df_2 = df.drop("year", axis=1)

print(df_1)
print()
print(df_2)
```

Out

```
        fruits  time  year
2       banana     5  2001
3   strawberry     6  2008
4    kiwifruit     3  2006

        fruits  time
0        apple     1
1       orange     4
2       banana     5
3   strawberry     6
4    kiwifruit     3
```

문제

- drop()을 이용하여 df에서 홀수 인덱스가 붙은 행만 남겨 df에 대입하세요.
- drop()을 이용하여 df의 열 "strawberry"를 삭제하고 df에 대입하세요.

리스트 8-45 문제

In

```
import numpy as np
import pandas as pd

np.random.seed(0)
columns = ["apple", "orange", "banana", "strawberry", "kiwifruit"]

# DataFrame을 생성하고 열을 추가합니다.
df = pd.DataFrame()
for column in columns:
    df[column] = np.random.choice(range(1, 11), 10)
df.index = range(1, 11)
```

> # drop()을 이용하여 df에서 홀수 인덱스가 붙은 행만 남겨 df에 대입하세요.

> # drop()을 이용하여 df의 열 "strawberry"를 삭제하고 df에 대입하세요.

```
print(df)
```

- DataFrame형 변수 df에 df.drop( )으로 인덱스 또는 컬럼을 지정하여 해당 행 또는 열을 삭제한 DataFrame을 생성합니다.
- 열을 삭제하려면 두 번째 인수로 axis=1을 전달해야 합니다.
- 짝수 수열은 numpy를 import한 뒤 np.arange를 사용해서 만들 수 있습니다.

해답

리스트 8-46 해답

In	

```
(... 생략 ...)
# drop()을 이용하여 df에서 홀수 인덱스가 붙은 행만 남겨 df에 대입하세요.
df = df.drop(np.arange(2, 11, 2))
# np.arange(2, 11, 2)는 2에서 10까지의 수열을 2의 간격으로 추출한 것입니다.
# 2, 4, 6, 8, 10이 출력됩니다.
# np.arange(2, 11, 3)은 2에서 10까지의 수열을 3의 간격으로 추출한 것입니다.

# drop()을 이용하여 df의 열 "strawberry"를 삭제하고 df에 대입하세요.
df = df.drop("strawberry", axis=1)
(... 생략 ...)
```

Out	apple	orange	banana	kiwifruit
1	6	8	6	10
3	4	9	9	1
5	8	2	5	8
7	4	8	1	3
9	3	9	6	3

8.3.7 정렬

DataFrame형 변수 df에 대해 df.sort_values(by="컬럼 또는 컬럼 리스트", ascending=True)를 지정하여 열의 값을 **오름차순**으로 정렬한 DataFrame을 생성할 수 있습니다.

ascending=False로 지정하면 **내림차순**으로 정렬됩니다. 지정하지 않으면 ascending=True로 처리됩니다. 컬럼 리스트에서 순서가 **빠른** 열이 우선적으로 정렬됩니다(리스트 8-47).

리스트 8-47 정렬의 예

```
import pandas as pd

data = {"fruits": ["apple", "orange", "banana", "strawberry",
"kiwifruit"],
        "time": [1, 4, 5, 6, 3],
        "year": [2001, 2002, 2001, 2008, 2006]}
df = pd.DataFrame(data)
print(df)

# 데이터를 오름차순으로 정렬합니다(인수에 컬럼을 지정).
df = df.sort_values(by="year", ascending=True)
print(df)

# 데이터를 오름차순으로 정렬합니다(인수에 컬럼 리스트를 지정).
df = df.sort_values(by=["time", "year"], ascending=True)
print(df)
```

```
        fruits  time  year
0        apple     1  2001
1       orange     4  2002
2       banana     5  2001
3   strawberry     6  2008
4    kiwifruit     3  2006
        fruits  time  year
0        apple     1  2001
2       banana     5  2001
1       orange     4  2002
4    kiwifruit     3  2006
3   strawberry     6  2008
        fruits  time  year
0        apple     1  2001
4    kiwifruit     3  2006
1       orange     4  2002
2       banana     5  2001
3   strawberry     6  2008
```

- df를 "apple", "orange", "banana", "strawberry", "kiwifruit" 순으로 오름차순 정렬하세요.
- 정렬한 결과로 만들어진 DataFrame을 df에 대입하세요.

리스트 8-48 문제

```
In   import numpy as np
     import pandas as pd

     np.random.seed(0)
     columns = ["apple", "orange", "banana", "strawberry", "kiwifruit"]

     # DataFrame을 생성하고 열을 추가합니다.
     df = pd.DataFrame()
     for column in columns:
         df[column] = np.random.choice(range(1, 11), 10)
     df.index = range(1, 11)

     # df를 "apple", "orange", "banana", "strawberry" "kiwifruit" 순으로 오름차순
     정렬하세요.
     # 정렬한 결과로 만들어진 DataFrame을 df에 대입하세요. 첫 번째 인수는 by를 생략할 수 있습
     니다.


     print(df)
```

힌트

- DataFrame형 변수 df를 'df.sort_values(by="컬럼 리스트", ascending=True)'로 지정하여 열의 값을 오름차순으로 정렬한 DataFrame을 생성할 수 있습니다.
- 리스트에서 순서가 빠른 열이 우선적으로 정렬됩니다.

해답

리스트 8-49 해답

```
In   ( ... 생략 ... )
     # 정렬한 결과로 만들어진 DataFrame을 df에 대입하세요. 첫 번째 인수는 by를 생략할 수 있습
     니다.
     df = df.sort_values(by=columns)

     print(df)
```

	apple	orange	banana	strawberry	kiwifruit
2	1	7	10	4	10
9	3	9	6	1	3
7	4	8	1	4	3
3	4	9	9	9	1
4	4	9	10	2	5
10	5	2	1	2	1
8	6	8	4	8	8
1	6	8	6	3	10
5	8	2	5	4	8
6	10	7	4	4	4

8.3.8 필터링

DataFrame의 경우도 Series와 마찬가지로 bool형의 시퀀스를 지정하여 True인 것만 추출하는 필터링을 수행할 수 있습니다. 또한 Series의 경우와 마찬가지로 DataFrame을 이용한 조건식으로 bool형의 시퀀스를 취득할 수 있습니다. 이 조건식을 이용함으로써 필터링을 수행할 수 있습니다. 예를 들어 [리스트 8-50]의 코드는 짝수 행의 데이터만 추출하고 있습니다.

리스트 8-50 필터링의 예

In
```
data = {"fruits": ["apple", "orange", "banana", "strawberry",
"kiwifruit"],
        "year": [2001, 2002, 2001, 2008, 2006],
        "time": [1, 4, 5, 6, 3]}
df = pd.DataFrame(data)

print(df.index % 2 == 0)
print()
print(df[df.index % 2 == 0])
```

Out
```
[ True False  True False  True]

     fruits  time  year
0     apple     1  2001
2    banana     5  2001
4  kiwifruit     3  2006
```

DataFrame형 변수 df에 대해 'df.loc[df["컬럼"] 조건식]'을 함으로써 조건에 일치하는 요소를 포함하는 행을 가진 DataFrame을 생성할 수 있습니다.

문제

필터링을 사용하여 df의 **"apple"** 열이 5 이상, **"kiwifruit"** 열이 5 이상의 값을 가진 행을 포함한 DataFrame을 df에 대입하세요.

리스트 8-51 문제

```
import numpy as np
import pandas as pd

np.random.seed(0)
columns = ["apple", "orange", "banana", "strawberry", "kiwifruit"]

# DataFrame을 생성하고 열을 추가합니다.
df = pd.DataFrame()
for column in columns:
    df[column] = np.random.choice(range(1, 11), 10)
df.index = range(1, 11)

# 필터링을 사용하여 df의 "apple" 열이 5 이상, "kiwifruit" 열이 5 이상의 값을 가진
# 행을 포함한 DataFrame을 df에 대입하세요.


print(df)
```

힌트

DataFrame형 변수 df에 대해 'df.loc[df["컬럼"] 조건식]'을 함으로써 조건에 일치하는 요소를 포함하는 행을 가진 DataFrame을 생성할 수 있습니다.

해답

리스트 8-52 해답

```
(... 생략 ...)
# 필터링을 사용하여 df의 "apple" 열이 5 이상, "kiwifruit" 열이 5 이상의 값을 가진
# 행을 포함한 DataFrame을 df에 대입하세요.
df = df.loc[df["apple"] >= 5]
df = df.loc[df["kiwifruit"] >= 5]
# df = df.loc[df["apple"] >= 5][df["kiwifruit"] >= 5]라고 해도 됩니다.
(... 생략 ...)
```

Out		apple	orange	banana	strawberry	kiwifruit
	1	6	8	6	3	10
	5	8	2	5	4	8
	8	6	8	4	8	8

||연습 문제||

이 장에서 배운 지식을 이용하여 문제를 풀어보세요.

문제

[리스트 8-53]의 주석에서 언급하는 처리를 구현하세요.

리스트 8-53 문제

```
import pandas as pd
import numpy as np

index = ["growth", "mission", "ishikawa", "pro"]
data = [50, 7, 26, 1]

# Series를 작성하세요.
series =

# 인덱스를 알파벳순으로 정렬한 series를 aidemy에 대입하세요.
aidemy =

# 인덱스가 "tutor"고, 데이터가 30인 요소를 series에 추가하세요.
aidemy1 =
aidemy2 = series.append(aidemy1)

print(aidemy)
print()
print(aidemy2)

# DataFrame을 생성하고 열을 추가합니다.
df = pd.DataFrame()
for index in index:
    df[index] = np.random.choice(range(1, 11), 10)
```

```
# range(시작행, 종료행-1)입니다.
df.index = range(1, 11)

# loc[]을 사용하여 df의 2~5행(4개 행)과 "banana", "kiwifruit"의 2열을 포함한
DataFrame을 df에 대입하세요.
# 첫 번째 행의 인덱스는 1이며, 이후의 인덱스는 정수의 오름차순입니다.
aidemy3 =
print()
print(aidemy3)
```

힌트

- Series를 작성하세요.

- series를 알파벳순으로 정렬합니다.

- 인덱스가 "tutor"고, 데이터가 30인 요소를 series에 추가하세요.

해답

리스트 8-54 해답

In
```
(... 생략 ...)
# Series를 작성하세요.
series = pd.Series(data, index=index)

# 인덱스를 알파벳순으로 정렬한 series를 aidemy에 대입하세요.
aidemy = series.sort_index()

# 인덱스가 "tutor"고, 데이터가 30인 요소를 series에 추가하세요.
aidemy1 = pd.Series([30], index=["tutor"])
aidemy2 = series.append(aidemy1)
(... 생략 ...)
# loc[]을 사용하여 df의 2~5행(4개 행)과 "banana", "kiwifruit"의 2열을 포함한
DataFrame을 df에 대입하세요.
# 첫 번째 행의 인덱스는 1이며, 이후의 인덱스는 정수의 오름차순입니다.
aidemy3 = df.loc[range(2,6),["ishikawa"]]
print()
print(aidemy3)
```

Out
```
growth      50
ishikawa    26
mission      7
pro          1
dtype: int64
```

```
growth      50
mission      7
ishikawa    26
pro          1
tutor       30
dtype: int64

    ishikawa
2         4
3         6
4        10
5         5
```

Pandas 응용

9.1 DataFrame 연결과 결합의 개요

Pandas의 DataFrame을 연결하거나 결합할 수 있습니다. DataFrame을 일정 방향으로 붙이는 작업을 **연결**(표 9-1)이라고 하며, 특정 Key를 참조하여 연결하는 조작을 **결합**(표 9-2)이라고 합니다.

표 9-1 가로로 연결한 경우

	apple	orange	banana
1	45	68	37
2	48	10	88
3	65	84	71
4	68	22	89

	apple	orange	banana
1	38	76	17
2	13	6	2
3	73	80	77
4	10	65	72

➡

	apple	orange	banana	apple	orange	banana
1	45	68	37	38	76	17
2	88	10	88	13	6	2
3	65	84	71	73	80	77
4	68	22	89	10	65	72

표 9-2 "fruits"를 Key로 결합한 경우

	amount	fruits	year
0	1	apple	2001
1	4	orange	2002
2	5	banana	2001
3	6	strawberry	2008

	area	fruits	price
0	China	apple	150
1	Brazil	orange	120
2	India	banana	100
3	China	strawberry	250

➡

	amount	fruits	year	area	price
0	1	apple	2001	China	150
1	4	orange	2002	Brazil	120
2	5	banana	2001	India	100
3	6	strawberry	2008	China	250

[표 9-3]의 조작은 연결, 결합 중 어떤 것일까요?

1. 연결

2. 결합

표 9-3 세로로 연결한 경우

	apple	orange	banana
1	45	68	37
2	48	10	88
3	65	84	71
4	68	22	89

	apple	orange	banana
1	38	76	17
2	13	6	2
3	73	80	77
4	10	65	72

→

	apple	orange	banana
1	45	68	37
2	48	10	88
3	65	84	71
4	68	22	89
1	38	76	17
2	13	6	2
3	73	80	77
4	10	65	72

힌트

그대로 연결하고 있는지, 어떠한 라벨을 기준(Key)으로 연결하고 있는지 구별하세요.

해답

1. 연결

9.2 DataFrame 연결

9.2.1 인덱스나 컬럼이 일치하는 DataFrame 간의 연결

DataFrame을 일정 방향으로 붙이는 작업을 연결이라고 합니다. 먼저 인덱스 또는 컬럼이 일치하는 DataFrame 간의 연결을 살펴봅시다. pandas.concat("DataFrame 리스트", axis=0)으로 리스트의 선두부터 순서대로 세로로 연결합니다. axis=1로 지정하면 가로로 연결됩니다. 세로 방향으로 연결할 때는 **동일한 컬럼**으로 연결되며, 가로 방향으로 연결할 때는 **동일한 인덱스**로 연결됩니다. 그대로 연결하므로 컬럼에 중복된 값이 생길 수 있습니다.

- DataFrame 변수 df_data1과 df_data2를 세로로 연결하여 df1에 대입하세요 (리스트 9-1).
- DataFrame 변수 df_data1과 df_data2를 가로로 연결하여 df2에 대입하세요.

리스트 9-1 문제

```
import numpy as np
import pandas as pd

# 지정한 인덱스와 컬럼을 가진 DataFrame을 난수로 생성하는 함수입니다.
def make_random_df(index, columns, seed):
    np.random.seed(seed)
    df = pd.DataFrame()
    for column in columns:
        df[column] = np.random.choice(range(1, 101), len(index))
    df.index = index
    return df

# 인덱스와 컬럼이 일치하는 DataFrame을 만듭니다.
columns = ["apple", "orange", "banana"]
df_data1 = make_random_df(range(1, 5), columns, 0)
df_data2 = make_random_df(range(1, 5), columns, 1)

# df_data1과 df_data2를 세로로 연결하여 df1에 대입하세요.


# df_data1과 df_data2를 가로로 연결하여 df2에 대입하세요.


print(df1)
print(df2)
```

힌트

- 'pandas.concat("DataFrame 리스트", axis=0)'으로 리스트의 선두부터 세로로 연결합니다.
- axis=1을 지정하면 가로로 연결됩니다.

리스트 9-2 해답

```
In    (... 생략 ...)
      # df_data1과 df_data2를 세로로 연결하여 df1에 대입하세요.
      df1 = pd.concat([df_data1, df_data2], axis=0)

      # df_data1과 df_data2를 가로로 연결하여 df2에 대입하세요.
      df2 = pd.concat([df_data1, df_data2], axis=1)
      (... 생략 ...)
```

```
Out        apple  orange  banana
      1     45     68      37
      2     48     10      88
      3     65     84      71
      4     68     22      89
      1     38     76      17
      2     13      6       2
      3     73     80      77
      4     10     65      72
           apple  orange  banana  apple  orange  banana
      1     45     68      37      38     76      17
      2     48     10      88      13      6       2
      3     65     84      71      73     80      77
      4     68     22      89      10     65      72
```

9.2.2 인덱스나 컬럼이 일치하지 않는 DataFrame 간의 연결

인덱스나 컬럼이 일치하지 않는 DataFrame끼리 연결하는 경우 공통의 인덱스나 컬럼이 아닌
행과 열에는 NaN 셀이 생성됩니다. `pandas.concat("DataFrame 리스트", axis=0)`으로 리
스트의 선두부터 순서대로 세로로 연결합니다. axis=1을 지정하면 가로로 연결됩니다.

문제

- 인덱스나 컬럼이 일치하지 않는 DataFrame끼리 연결했을 때 어떻게 동작하는지 확인하
  세요(리스트 9-3).
- DataFrame형 변수 df_data1과 df_data2를 세로로 연결하여 df1에, DataFrame형 변
  수 df_data1과 df_data2를 가로로 연결하여 df2에 대입하세요.

리스트 9-3 문제

```
In

        import numpy as np
        import pandas as pd

        # 지정한 인덱스와 컬럼을 가진 DataFrame을 난수로 생성하는 함수입니다.
        def make_random_df(index, columns, seed):
            np.random.seed(seed)
            df = pd.DataFrame()
            for column in columns:
                df[column] = np.random.choice(range(1, 101), len(index))
            df.index = index
            return df

        columns1 = ["apple", "orange", "banana"]
        columns2 = ["orange", "kiwifruit", "banana"]

        # 인덱스가 1, 2, 3, 4고, 컬럼이 columns1인 DataFrame을 만듭니다.
        df_data1 = make_random_df(range(1, 5), columns1, 0)

        # 인덱스가 1, 3, 5, 7이고, 컬럼이 columns2인 DataFrame을 만듭니다.
        df_data2 = make_random_df(np.arange(1, 8, 2), columns2, 1)

        # df_data1과 df_data2를 세로로 연결하여 df1에 대입하세요.


        # df_data1과 df_data2를 가로로 연결하여 df2에 대입하세요.


        print(df1)
        print(df2)
```

힌트

axis=0이나 axis=1 어떤 경우에도 공통의 인덱스나 컬럼이 아닌 행과 열에는 NaN 셀이 생성됩니다.

해답

리스트 9-4 해답

```
In

        (... 생략 ...)
        # df_data1과 df_data2를 세로로 연결하여 df1에 대입하세요.
        df1 = pd.concat([df_data1, df_data2], axis=0)

        # df_data1과 df_data2를 가로로 연결하여 df2에 대입하세요.
        df2 = pd.concat([df_data1, df_data2], axis=1)
        (... 생략 ...)
```

```
Out        apple  banana  kiwifruit  orange
     1     45.0     37       NaN        68
     2     48.0     88       NaN        10
     3     65.0     71       NaN        84
     4     68.0     89       NaN        22
     1      NaN     17      76.0        38
     3      NaN      2       6.0        13
     5      NaN     77      80.0        73
     7      NaN     72      65.0        10
           apple  orange  banana  orange  kiwifruit  banana
     1     45.0    68.0    37.0    38.0      76.0      17.0
     2     48.0    10.0    88.0     NaN       NaN       NaN
     3     65.0    84.0    71.0    13.0       6.0       2.0
     4     68.0    22.0    89.0     NaN       NaN       NaN
     5      NaN     NaN     NaN    73.0      80.0      77.0
     7      NaN     NaN     NaN    10.0      65.0      72.0
```

9.2.3 연결 시 라벨 지정하기

DataFrame끼리 연결하면 라벨이 중복되는 경우가 있습니다. 예를 들어 예 1 (표 9-4)에서는 "apple", "orange", "banana" 라벨이 중복됩니다. 이 경우 pd.concat ( )에 keys를 추가하여 라벨 중복을 피할 수 있습니다. 연결한 뒤의 DataFrame은 복수 라벨이 사용된 MultiIndex가 됩니다. 예 2 (표 9-5)에서는 새로운 "X", "Y" 컬럼이 기존 컬럼의 위에 추가된 것을 확인할 수 있습니다. df["X"]로 "X" 라벨의 열을 참조할 수 있고, df["X", "apple"]로 "X" 컬럼 안의 "apple" 컬럼을 참조할 수 있습니다.

표 9-4 (예 1) concat_df=pd.concat([df_data1,df_data2],axis=1)

	apple	orange	banana
1	45	68	37
2	48	10	88
3	65	84	71
4	68	22	89

	apple	orange	banana
1	38	76	17
2	13	6	2
3	73	80	77
4	10	65	72

	apple	orange	banana	apple	orange	banana
1	46	68	37	38	76	77
2	48	10	88	13	6	2
3	65	84	71	73	80	77
4	68	22	89	10	65	72

표 9-5 (예 2) concat_df=pd.concat([df_data1,df_data2],axis=1,keys=["X", "Y"])

	apple	orange	banana
1	45	68	37
2	48	10	88
3	65	84	71
4	68	22	89

	apple	orange	banana
1	38	76	17
2	13	6	2
3	73	80	77
4	10	67	72

	X			Y		
	apple	orange	banana	apple	orange	banana
1	45	68	37	38	76	17
2	48	10	88	13	6	2
3	65	84	71	73	80	77
4	68	22	89	10	65	82

문제

- DataFrame형 변수 df_data1과 df_data2를 가로로 연결하고, keys로 "X"와 "Y"를 지정하여 MultiIndex로 만든 뒤 df에 대입하세요 (리스트 9-5).
- df의 "Y" 라벨 "banana"를 Y_banana에 대입하세요.

리스트 9-5 문제

```
In    import numpy as np
      import pandas as pd

      # 지정한 인덱스와 컬럼을 가진 DataFrame을 난수로 생성하는 함수입니다.
      def make_random_df(index, columns, seed):
          np.random.seed(seed)
          df = pd.DataFrame()
          for column in columns:
                  df[column] = np.random..choice(range(1, 101), len(index))
          df.index = index
          return df

      columns = ["apple", "orange", "banana"]
      df_data1 = make_random_df(range(1, 5), columns, 0)
      df_data2 = make_random_df(range(1, 5), columns, 1)

      # df_data1과 df_data2를 가로로 연결하고, keys로 "X"와 "Y"를 지정하여 MultiIndex로
      만든 뒤 df에 대입하세요.


      # df의 "Y" 라벨 "banana"를 Y_banana에 대입하세요.
```

```
print(df)
print()
print(Y_banana)
```

pandas.concat( )에서 keys를 사용해 새로운 라벨 리스트를 지정하세요.

리스트 9-6 해답

In
```
(... 생략 ...)
# df_data1과 df_data2를 가로로 연결하고, keys로 "X"와 "Y"를 지정하여 MultiIndex로
만든 뒤 df에 대입하세요.
df = pd.concat([df_data1, df_data2], axis=1, keys=["X", "Y"])

# df의 "Y" 라벨 "banana"를 Y_banana에 대입하세요.
Y_banana = df["Y", "banana"]
(... 생략 ...)
```

Out

	X			Y		
	apple	orange	banana	apple	orange	banana
1	45	68	37	38	76	17
2	48	10	88	13	6	2
3	65	84	71	73	80	77
4	68	22	89	10	65	72

```
1    17
2     2
3    77
4    72
Name: (Y, banana), dtype: int32
```

9.3 DataFrame 결합

9.3.1 결합 유형

이 절에서는 결합^{join}을 다룹니다. 결합은 병합^{merge}이라고 부르기도 합니다. 결합은 Key로 불리는 열을 지정하고, 두 데이터베이스의 Key 값이 일치하는 행을 옆으로 연결합니다. 결합은 크게 **내부 결합**과 **외부 결합**의 두 가지 방법이 있습니다.

[표 9-6]의 두 DataFrame을 "fruits" 컬럼으로 결합해봅시다.

표 9-6 두 DataFrame

	amount	fruits	year			fruits	price	year
0	1	apple	2001		0	apple	150	2001
1	4	orange	2002		1	orange	120	2002
2	5	banana	2001		2	banana	100	2001
3	6	strawberry	2008		3	strawberry	250	2008
4	3	kiwifruit	2006		4	mango	3000	2007

내부 결합

Key 열이 공통되지 않는 행은 삭제됩니다. 또한 동일한 컬럼이지만 값이 일치하지 않는 행의 경우 이를 남기거나 없앨 수 있습니다. 두 DataFrame의 "fruits" 컬럼 중에서 공통되는 것만 남은 것을 확인할 수 있습니다(표 9-7).

표 9-7 내부 결합

	amount	fruits	year_x	price	year_y
0	1	apple	2001	150	2001
1	4	orange	2002	120	2002
2	5	banana	2001	100	2001
3	6	strawberry	2008	250	2008

외부 결합

Key 열이 공통되지 않아도 행이 삭제되지 않고 남습니다. 공통되지 않은 열에는 NaN 셀이 생성됩니다. "kiwifruit", "mango" 행 데이터에 NaN이 삽입된 것을 확인할 수 있습니다(표 9-8).

표 9-8 외부 결합

	amount	fruits	year_x	price	year_y
0	1.0	apple	2001.0	150.0	2001.0
1	4.0	orange	2002.0	120.0	2002.0
2	5.0	banana	2001.0	100.0	2001.0
3	6.0	strawberry	2008.0	250.0	2008.0
4	3.0	kiwifruit	2006.0	NaN	NaN
5	NaN	mango	NaN	3000.0	2007.0

문제

다음 중 외부 결합이 어울리는 경우는 어떤 것일까요?

1. 같은 시기, 서로 다른 두 지점에서 관측된 시간 데이터를 Key로 결합하는 경우
2. 주문 내역과 고객 ID를 고객 ID를 Key로 하여 결합하는 경우
3. 주문 내역과 고객 ID를 주문 내역을 Key로 하여 결합하는 경우
4. 상기 전체

힌트

결합 결과로 가능한 한 많은 요소를 갖는 편이 좋은 경우에는 외부 결합이 바람직합니다.

해답

1. 같은 시기, 서로 다른 두 지점에서 관측된 시간 데이터를 Key로 결합하는 경우

9.3.2 내부 결합의 기본

df1, df2 두 DataFrame에 대해 'pandas.merge(df1, df2, on=Key가_될_컬럼, how="inner")'
로 내부 결합된 DataFrame을 생성할 수 있습니다. 이 경우 df1이 왼쪽에 위치합니다.

Key 열의 값이 일치하지 않는 행은 삭제됩니다. Key가 아니면서 이름이 같은 열은 접미사가 붙
습니다. 왼쪽 DataFrame의 컬럼에는 _x가, 오른쪽 DataFrame의 컬럼에는 _y가 접미사로 붙
습니다. 사용자가 지정하지 않는 한 DataFrame의 인덱스는 처리에 관여하지 않습니다.

- 내부 결합의 동작을 확인하세요(리스트 9-7).
- DataFrame형 변수 df1과 df2의 컬럼 "fruits"를 Key로 하여 내부 결합한 DataFrame 을 df3에 대입하세요.

리스트 9-7 문제

```
In    import numpy as np
      import pandas as pd

      data1 = {"fruits": ["apple", "orange", "banana", "strawberry",
      "kiwifruit"],
              "year": [2001, 2002, 2001, 2008, 2006],
              "amount": [1, 4, 5, 6, 3]}
      df1 = pd.DataFrame(data1)

      data2 = {"fruits": ["apple", "orange", "banana", "strawberry", "mango"],
              "year": [2001, 2002, 2001, 2008, 2007],
              "price": [150, 120, 100, 250, 3000]}
      df2 = pd.DataFrame(data2)

      # df1과 df2의 내용을 확인하세요.
      print(df1)
      print()
      print(df2)
      print()

      # df1과 df2의 컬럼 "fruits"를 Key로 하여 내부 결합한 DataFrame을 df3에 대입하세요.


      # 출력합니다.
      # 내부 결합의 동작을 확인하세요.
      print(df3)
```

힌트

- df1, df2 두 DataFrame에 대해 'pandas.merge(df1, df2, on=Key가_될_컬럼, how="inner")'로 내 부 결합된 DataFrame을 생성할 수 있습니다.
- 두 DataFrame의 컬럼에 공통적으로 "year"가 있지만 자동으로 접미사가 붙기 때문에 구분할 수 있습니다.

리스트 9-8 해답

```
In   (... 생략 ...)
     # df1과 df2의 컬럼 "fruits"를 Key로 하여 내부 결합한 DataFrame을 df3에 대입하세요.
     df3 = pd.merge(df1, df2, on="fruits", how="inner")

     # 출력합니다.
     # 내부 결합의 동작을 확인하세요.
     print(df3)
```

```
Out      amount      fruits   year
      0       1       apple   2001
      1       4      orange   2002
      2       5      banana   2001
      3       6  strawberry   2008
      4       3   kiwifruit   2006

             fruits  price  year
      0       apple    150  2001
      1      orange    120  2002
      2      banana    100  2001
      3  strawberry    250  2008
      4       mango   3000  2007

         amount      fruits  year_x  price  year_y
      0       1       apple    2001    150    2001
      1       4      orange    2002    120    2002
      2       5      banana    2001    100    2001
      3       6  strawberry    2008    250    2008
```

9.3.3 외부 결합의 기본

df1, df2 두 DataFrame에 대해 'pandas.merge(df1, df2, on=Key가 될 컬럼, how="outer")'
로 외부 결합된 DataFrame을 생성할 수 있습니다. 이 경우 df1은 왼쪽에 위치합니다.

Key 열의 값이 일치하지 않는 행이 삭제되지 않고 남겨져 NaN으로 채워진 열이 생성됩니다. Key
가 아니면서 이름이 같은 열은 접미사가 붙습니다. 왼쪽 DataFrame의 컬럼에는 _x가, 오른쪽

DataFrame의 컬럼에는 _y가 접미사로 붙습니다. 사용자가 지정하지 않는 한 DataFrame의 인덱스는 처리에 관여하지 않습니다.

문제

- 외부 결합의 동작을 확인하세요(리스트 9-9).
- DataFrame형 변수 df1과 df2의 컬럼 "fruits"를 Key로 하여 외부 결합한 DataFrame 을 df3에 대입하세요.

리스트 9-9 문제

```
import numpy as np
import pandas as pd

data1 = {"fruits": ["apple", "orange", "banana", "strawberry",
"kiwifruit"],
         "year": [2001, 2002, 2001, 2008, 2006],
         "amount": [1, 4, 5, 6, 3]}
df1 = pd.DataFrame(data1)

data2 = {"fruits": ["apple", "orange", "banana", "strawberry", "mango"],
         "year": [2001, 2002, 2001, 2008, 2007],
         "price": [150, 120, 100, 250, 3000]}
df2 = pd.DataFrame(data2)

# df1과 df2의 내용을 확인하세요.
print(df1)
print()
print(df2)
print()

# df1과 df2의 컬럼 "fruits"를 Key로 하여 외부 결합한 DataFrame을 df3에 대입하세요.


# 출력합니다.
# 외부 결합의 동작을 확인하세요.
print(df3)
```

힌트

df1, df2 두 DataFrame에 대해 'pandas.merge(df1, df2, on=Key가_될_컬럼, how="outer")'로 외부 결합된 DataFrame을 생성할 수 있습니다.

리스트 9-10 해답

```
In    (... 생략 ...)
      # df1과 df2의 컬럼 "fruits"를 Key로 하여 외부 결합한 DataFrame을 df3에 대입하세요.
      df3 = pd.merge(df1, df2, on="fruits", how="outer")
      (... 생략 ...)
```

```
Out       amount      fruits   year
      0        1       apple   2001
      1        4      orange   2002
      2        5      banana   2001
      3        6  strawberry   2008
      4        3   kiwifruit   2006


              fruits  price   year
      0        apple    150   2001
      1       orange    120   2002
      2       banana    100   2001
      3   strawberry    250   2008
      4        mango   3000   2007


          amount      fruits   year_x   price   year_y
      0      1.0       apple   2001.0   150.0   2001.0
      1      4.0      orange   2002.0   120.0   2002.0
      2      5.0      banana   2001.0   100.0   2001.0
      3      6.0  strawberry   2008.0   250.0   2008.0
      4      3.0   kiwifruit   2006.0     NaN      NaN
      5      NaN       mango      NaN  3000.0   2007.0
```

9.3.4 이름이 다른 열을 Key로 결합하기

[표 9-9]에는 두 개의 DataFrame이 있는데, 왼쪽은 주문 정보를 저장한 order_df이며, 오른쪽은 고객 정보를 저장한 customer_df입니다. 주문 정보에서는 고객의 ID 컬럼을 "customer_id"라고 한 반면 고객 정보에서는 고객의 ID 컬럼을 "id"라고 했습니다. 주문 정보에 고객 정보의 데이터를 넣고 싶으므로 "customer_id"를 Key로 하고 싶지만 customer_df에서 대응하는 컬럼이 "id"이므로 대응하는 컬럼명이 일치하지 않습니다. 이런 경우에는 각 컬럼을 별도로 지정해야 합니다.

`pandas.merge(왼쪽 DF, 오른쪽 DF, left_on="왼쪽 DF의 컬럼", right_on="오른쪽 DF의 컬럼", how="결합 방식")`으로 컬럼이 다른 DataFrame 사이의 열을 결합할 수 있습니다.

표 9-9 두 개의 DataFrame

	id	item_id	customer_id
0	1000	2546	103
1	1001	4352	101
2	1002	342	101

order_df

	id	name
0	101	광수
1	102	민호
2	103	소희

customer_df

문제

- 주문 정보(order_df)와 고객 정보(customer_df)를 결합하세요(리스트 9-11).
- order_df의 "customer_id"로 customer_df의 "id"를 참조하세요. 결합 방식은 내부 결합으로 합니다.

리스트 9-11 문제

In

```python
import pandas as pd

# 주문 정보입니다.
order_df = pd.DataFrame([[1000, 2546, 103],
                         [1001, 4352, 101],
                         [1002, 342, 101]],
                        columns=["id", "item_id", "customer_id"])

# 고객 정보입니다.
customer_df = pd.DataFrame([[101, "광수"],
                            [102, "민호"],
                            [103, "소희"]],
                           columns=["id", "name"])

# order_df를 바탕으로 "id"를 customer_df와 결합하여 order_df에 대입하세요.


print(order_df)
```

힌트

'pandas.merge(왼쪽 DF, 오른쪽 DF, left_on="왼쪽 DF의 컬럼", right_on="오른쪽 DF의 컬럼", how="결합 방식")'을 지정하면 컬럼이 다른 DataFrame 사이의 컬럼을 결합할 수 있습니다.

해답

리스트 9-12 해답

```
In    (... 생략 ...)
      # order_df를 바탕으로 "id"를 customer_df와 결합하여 order_df에 대입하세요.
      order_df = pd.merge(order_df, customer_df, left_on="customer_id", right_on
      ="id", how="inner")
      (... 생략 ...)
```

```
Out       id_x  item_id  customer_id  id_y  name
      0   1000     2546          103   103    광수
      1   1001     4352          101   101    민호
      2   1002      342          101   101    소희
```

9.3.5 인덱스를 Key로 결합하기

DataFrame 간의 결합에 사용하는 Key가 인덱스인 경우에는 이전에 설명한 left_on="왼쪽 DF의 컬럼", right_on="오른쪽 DF의 컬럼" 대신 left_index=True, right_index=True로 지정합니다.

문제

주문 정보(order_df)와 고객 정보(customer_df)를 결합하세요(리스트 9-13). order_df 의 "customer_id"로 customer_df의 인덱스를 참조하세요. 결합 방식은 내부 결합으로 합니다.

리스트 9-13 문제

```
In    import pandas as pd

      # 주문 정보입니다.
      order_df = pd.DataFrame([[1000, 2546, 103],
                               [1001, 4352, 101],
```

```
                          [1002, 342, 101]],
                    columns=["id", "item_id", "customer_id"])

        # 고객 정보입니다.
        customer_df = pd.DataFrame([["광수"],
                                    ["민호"],
                                    ["소희"]],
                                   columns=["name"])
        customer_df.index = [101, 102, 103]

        # customer_df를 바탕으로 "name"을 order_df와 결합하여 order_df에 대입하세요.


        print(order_df)
```

힌트

결합할 때 왼쪽 DataFrame의 인덱스를 Key로 할 경우 left_index=True로 지정하며, 오른쪽 DataFrame의 인덱스를 Key로 할 경우 right_index=True로 지정합니다.

해답

리스트 9-14 해답

In
```
        (... 생략 ...)
        # customer_df를 바탕으로 "name"을 order_df와 결합하여 order_df에 대입하세요.
        order_df = pd.merge(order_df, customer_df, left_on="customer_id", right_
        index=True, how="inner")
        (... 생략 ...)
```

Out
```
            id  item_id  customer_id   name
        0  1000    2546          103   광수
        1  1001    4352          101   민호
        2  1002     342          101   소희
```

9.4 DataFrame을 이용한 데이터 분석

9.4.1 특정 행 얻기

Pandas에서 데이터양이 방대할 때 화면에 전부 출력하는 것은 어렵습니다. DataFrame형 변

수 df에 대해 df.head()는 첫 5행만 담긴 DataFrame을 반환합니다. 마찬가지로 df.tail()은 끝 5행만 담긴 DataFrame을 반환합니다. 또한 인수로 정숫값을 지정하면 처음이나 끝에서부터 특정 행까지의 DataFrame을 얻을 수 있습니다. head() 메서드와 tail() 메서드에 Series형 변수를 사용할 수도 있습니다.

문제

- DataFrame형 변수 df의 첫 3행을 취득하여 df_head에 대입하세요(리스트 9-15).
- DataFrame형 변수 df의 끝 3행을 취득하여 df_tail에 대입하세요.

리스트 9-15 문제

```
In    import numpy as np
      import pandas as pd

      np.random.seed(0)
      columns = ["apple", "orange", "banana", "strawberry", "kiwifruit"]

      # DataFrame을 생성하고 열을 추가합니다.
      df = pd.DataFrame()
      for column in columns:
          df[column] = np.random.choice(range(1, 11), 10)
      df.index = range(1, 11)

      # df의 첫 3행을 취득하여 df_head에 대입하세요.


      # df의 끝 3행을 취득하여 df_tail에 대입하세요.


      # 출력합니다.
      print(df_head)
      print(df_tail)
```

힌트

- DataFrame형 변수 df에 대해 df.head()는 첫 5행만 담긴 DataFrame을 반환합니다.
- 마찬가지로 df.tail()은 끝 5행만 포함한 DataFrame을 반환합니다. 또한 인수로 정숫값을 지정하면 처음이나 끝에서부터 특정 행까지의 DataFrame을 얻을 수 있습니다.

리스트 9-16 해답

```
In    (... 생략 ...)
      # df의 첫 3행을 취득하여 df_head에 대입하세요.
      df_head = df.head(3)

      # df의 끝 3행을 취득하여 df_tail에 대입하세요.
      df_tail = df.tail(3)
      (... 생략 ...)
```

```
Out      apple  orange  banana  strawberry  kiwifruit
     1       6       8       6           3         10
     2       1       7      10           4         10
     3       4       9       9           9          1
         apple  orange  banana  strawberry  kiwifruit
     8       6       8       4           8          8
     9       3       9       6           1          3
    10       5       2       1           2          1
```

9.4.2 계산 처리하기

Pandas와 NumPy는 상호호환이 좋아서 유연한 데이터 전달이 가능합니다. NumPy에서 제공하는 함수에 Series나 DataFrame을 전달하여 전체 요소를 계산할 수 있습니다. NumPy 배열을 받아들이는 함수에 DataFrame을 전달하는 경우 열 단위로 정리하여 계산됩니다.

또한 Pandas는 NumPy처럼 브로드캐스트를 지원하므로 Pandas 간의 계산 혹은 Pandas와 정수 간의 계산을 +, -, *, /를 사용해서 유연하게 처리할 수 있습니다.

문제

- df의 각 요소를 두 배로 만들어 double_df에 대입하세요(리스트 9-17).
- df의 각 요소를 제곱하여 square_df에 대입하세요.
- df의 각 요소의 제곱근을 계산하여 sqrt_df에 대입하세요.

```
In    import numpy as np
      import pandas as pd
      import math

      np.random.seed(0)
      columns = ["apple", "orange", "banana", "strawberry", "kiwifruit"]

      # DataFrame을 생성하고 열을 추가합니다.
      df = pd.DataFrame()
      for column in columns:
          df[column] = np.random.choice(range(1, 11), 10)
      df.index = range(1, 11)

      # df의 각 요소를 두 배로 만들어 double_df에 대입하세요.


      # df의 각 요소를 제곱하여 square_df에 대입하세요.


      # df의 각 요소를 제곱근 계산하여 sqrt_df에 대입하세요.


      # 출력합니다.
      print(double_df)
      print(square_df)
      print(sqrt_df)
```

힌트

Pandas는 NumPy처럼 브로드캐스트를 지원하므로 Pandas 간의 계산 혹은 Pandas와 정수 간의 계산을 +, -, *, /를 사용해서 유연하게 처리할 수 있습니다.

해답

리스트 9-18 해답

```
In    (... 생략 ...)
      # df의 각 요소를 두 배로 만들어 double_df에 대입하세요.
      double_df = df * 2 # double_df = df + df라고 해도 됩니다.

      # df의 각 요소를 제곱하여 square_df에 대입하세요.
      square_df = df * df #square_df = df**2라고 해도 됩니다.

      # df의 각 요소를 제곱근 계산하여 sqrt_df에 대입하세요.
```

```
sqrt_df = np.sqrt(df)
(... 생략 ...)
```

	apple	orange	banana	strawberry	kiwifruit
1	12	16	12	6	20
2	2	14	20	8	20
3	8	18	18	18	2
4	8	18	20	4	10
5	16	4	10	8	16
6	20	14	8	8	8
7	8	16	2	8	6
8	12	16	8	16	16
9	6	18	12	2	6
10	10	4	2	4	2

	apple	orange	banana	strawberry	kiwifruit
1	36	64	36	9	100
2	1	49	100	16	100
3	16	81	81	81	1
4	16	81	100	4	25
5	64	4	25	16	64
6	100	49	16	16	16
7	16	64	1	16	9
8	36	64	16	64	64
9	9	81	36	1	9
10	25	4	1	4	1

	apple	orange	banana	strawberry	kiwifruit
1	2.449490	2.828427	2.449490	1.732051	3.162278
2	1.000000	2.645751	3.162278	2.000000	3.162278
3	2.000000	3.000000	3.000000	3.000000	1.000000
4	2.000000	3.000000	3.162278	1.414214	2.236068
5	2.828427	1.414214	2.236068	2.000000	2.828427
6	3.162278	2.645751	2.000000	2.000000	2.000000
7	2.000000	2.828427	1.000000	2.000000	1.732051
8	2.449490	2.828427	2.000000	2.828427	2.828427
9	1.732051	3.000000	2.449490	1.000000	1.732051
10	2.236068	1.414214	1.000000	1.414214	1.000000

9.4.3 통계 정보 얻기

컬럼별로 데이터의 평균값, 최댓값, 최솟값 등의 통계 정보를 집계할 수 있습니다. DataFrame

형 변수 df를 df.describe( )하여 컬럼당 데이터 수, 평균값, 표준편차, 최솟값, 사분위수 (25%, 50%, 75%), 최댓값 정보를 포함하는 DataFrame을 반환합니다. 반환된 DataFrame 의 인덱스는 통계 정보의 이름이 됩니다.

문제

DataFrame형 변수 df의 통계 정보 중 "mean", "max", "min"을 꺼내서 df_des에 대입하세요(리스트 9-19).

리스트 9-19 문제

```
import numpy as np
import pandas as pd

np.random.seed(0)
columns = ["apple", "orange", "banana", "strawberry", "kiwifruit"]

# DataFrame을 생성하고 열을 추가합니다.
df = pd.DataFrame()
for column in columns:
    df[column] = np.random.choice(range(1, 11), 10)
df.index = range(1, 11)

# df의 통계 정보 중 "mean", "max", "min"을 꺼내서 df_des에 대입하세요.


print(df_des)
```

힌트

- DataFrame형 변수 df를 df.describe( )하면 df의 컬럼당 데이터 수, 평균값, 표준편차, 최솟값, 최댓값, 사분위수를 포함한 DataFrame을 반환합니다.
- df의 인덱스 참조는 'df.loc["인덱스 리스트"]'로 가능합니다.

해답

리스트 9-20 해답

```
(... 생략 ...)
# df의 통계 정보 중 "mean", "max", "min"을 꺼내서 df_des에 대입하세요.
df_des = df.describe().loc[["mean", "max", "min"]]
(... 생략 ...)
```

Out		apple	orange	banana	strawberry	kiwifruit
	mean	5.1	6.9	5.6	4.1	5.3
	max	10.0	9.0	10.0	9.0	10.0
	min	1.0	2.0	1.0	1.0	1.0

9.4.4 DataFrame의 행간 차이와 열간 차이 구하기

행간 차이를 구하는 작업은 시계열 분석[time-series analysis]에서 자주 이용됩니다. DataFrame형 변수 df에 대해 'df.diff("행 간격 또는 열 간격", axis="방향")'을 지정하면 행간 또는 열간 차이를 계산한 DataFrame이 생성됩니다. 첫 번째 인수가 양수면 이전 행과의 차이를, 음수면 다음 행과의 차이를 구합니다. axis가 0인 경우에는 행의 방향, 1인 경우에는 열의 방향을 가리킵니다.

문제

DataFrame형 변수 df의 각 행에 대해 2행 뒤와의 차이를 계산한 DataFrame을 df_diff 에 대입하세요(리스트 9-21).

리스트 9-21 문제

```
In    import numpy as np
      import pandas as pd

      np.random.seed(0)
      columns = ["apple", "orange", "banana", "strawberry", "kiwifruit"]

      # DataFrame을 생성하고 열을 추가합니다.
      df = pd.DataFrame()
      for column in columns:
          df[column] = np.random.choice(range(1, 11), 10)
      df.index = range(1, 11)

      # df의 각 행에 대해 2행 뒤와의 차이를 계산한 DataFrame을 df_diff에 대입하세요.


      # df와 df_diff의 내용을 비교해서 처리 결과를 확인하세요.
      print(df)
      print(df_diff)
```

- DataFrame형 변수 df에 대해 'df.diff("행 간격 또는 열 간격", axis="방향")'을 지정하면 행간 또는 열간 차이를 계산한 DataFrame이 생성됩니다.
- 첫 번째 인수가 양수면 이전 행과의 차이를, 음수면 다음 행과의 차이를 구합니다.
- axis가 0인 경우에는 행의 방향, 1인 경우에는 열의 방향을 가리킵니다.

해답

리스트 9-22 해답

In
```
(... 생략 ...)
# df의 각 행에 대해 2행 뒤와의 차이를 계산한 DataFrame을 df_diff에 대입하세요.
df_diff = df.diff(-2, axis=0)
(... 생략 ...)
```

Out

	apple	orange	banana	strawberry	kiwifruit
1	6	8	6	3	10
2	1	7	10	4	10
3	4	9	9	9	1
4	4	9	10	2	5
5	8	2	5	4	8
6	10	7	4	4	4
7	4	8	1	4	3
8	6	8	4	8	8
9	3	9	6	1	3
10	5	2	1	2	1

	apple	orange	banana	strawberry	kiwifruit
1	2.0	-1.0	-3.0	-6.0	9.0
2	-3.0	-2.0	0.0	2.0	5.0
3	-4.0	7.0	4.0	5.0	-7.0
4	-6.0	2.0	6.0	-2.0	1.0
5	4.0	-6.0	4.0	0.0	5.0
6	4.0	-1.0	0.0	-4.0	-4.0
7	1.0	-1.0	-5.0	3.0	0.0
8	1.0	6.0	3.0	6.0	7.0
9	NaN	NaN	NaN	NaN	NaN
10	NaN	NaN	NaN	NaN	NaN

9.4.5 그룹화

데이터베이스나 DataFrame의 특정 열에서 동일한 값의 행을 집계하는 것을 <u>그룹화</u>라고 합니다. DataFrame 변수 df에 대해 'df.groupby("컬럼")'으로 지정한 컬럼을 그룹화할 수 있습니다. 이 경우 GroupBy 객체는 반환하지만 그룹화된 결과는 표시하지 않습니다(그룹화만 했을 뿐입니다). 그룹화의 결과를 표시하려면 GroupBy 객체에 대해 그룹의 평균을 구하는 mean(), 합을 구하는 sum() 등 통계함수를 사용합니다.

문제

- DataFrame형 변수 prefecture_df는 도시 이름, 면적(정숫값), 인구(정숫값), 지역 명을 포함하고 있습니다(리스트 9-23). prefecture_df를 지역^{Region}으로 그룹화하여 grouped_region에 대입하세요.
- prefecture_df의 지역별 면적^{Area}과 인구^{Population}의 평균을 mean_df에 대입하세요.

리스트 9-23 문제

```
In    import pandas as pd

      # 도시 정보를 가진 DataFrame을 만듭니다.
      prefecture_df = pd.DataFrame([["강릉", 1040, 213527, "강원도"],
                                    ["광주", 430, 1458915, "전라도"],
                                    ["평창", 1463, 42218, "강원도"],
                                    ["대전", 539, 1476955, "충청도"],
                                    ["단양", 780, 29816, "충청도"]],
                                   columns=["Prefecture", "Area",
                                            "Population", "Region"])

      # 출력합니다.
      print(prefecture_df)

      # prefecture_df를 지역(Region)으로 그룹화하여 grouped_region에 대입하세요.


      # prefecture_df의 지역별 면적(Area)과 인구(Population)의 평균을 mean_df에 대입하
      세요.


      # 출력합니다.
      print(mean_df)
```

• DataFrame 변수 df에 대해 'df.groupby("컬럼")'으로 지정한 컬럼을 그룹화할 수 있습니다. 이때 GroupBy 객체가 반환됩니다.

• GroupBy 객체에 대해 그룹의 평균을 구하는 mean(), 합을 구하는 sum() 등의 연산이 가능합니다.

해답

리스트 9-24 해답

```
(... 생략 ...)
# prefecture_df를 지역(Region)으로 그룹화하여 grouped_region에 대입하세요.
grouped_region = prefecture_df.groupby("Region")

# prefecture_df의 지역별 면적(Area)과 인구(Population)의 평균을 mean_df에 대입하
세요.
mean_df = grouped_region.mean()
(... 생략 ...)
```

Out

	Prefecture	Area	Population	Region
0	강릉	1040	213527	강원도
1	광주	430	1458915	전라도
2	평창	1463	42218	강원도
3	대전	539	1476955	충청도
4	단양	780	29816	충청도

	Area	Population
Region		
강원도	1251.5	127872.5
전라도	430.0	1458915.0
충청도	659.5	753385.5

||| 연습 문제 |||

이 장에서 배운 Pandas 기술을 활용하여 기초적인 데이터 처리에 도전해봅시다.

문제

df1와 df2는 각각 야채와 과일에 대한 DataFrame입니다. "Name", "Type", "Price"는 각 각 이름, 종류(야채인지 과일인지), 가격을 나타냅니다.

여러분은 야채와 과일을 각각 3개씩 구입할 생각입니다. 가급적 저렴하게 구매하려 하므로 다음 순서로 최소 비용을 구하세요 (리스트 9-25).

- df1과 df2를 세로로 결합합니다.
- 야채와 과일을 각각 추출하여 "Price"로 정렬합니다.
- 야채와 과일을 저렴한 순으로 위에서 세 개씩을 선택하여 총액을 계산하고 출력합니다.

리스트 9-25 문제

```
In
        import pandas as pd

        # 두 DataFrame을 정의합니다.
        df1 = pd.DataFrame([["apple", "Fruit", 120],
                            ["orange", "Fruit", 60],
                            ["banana", "Fruit", 100],
                            ["pumpkin", "Vegetable", 150],
                            ["potato", "Vegetable", 80]],
                            columns=["Name", "Type", "Price"])

        df2 = pd.DataFrame([["onion", "Vegetable", 60],
                            ["carrot", "Vegetable", 50],
                            ["beans", "Vegetable", 100],
                            ["grape", "Fruit", 160],
                            ["kiwifruit", "Fruit", 80]],
                            columns=["Name", "Type", "Price"])

        # 여기에 해답을 기술하세요.
```

힌트

- DataFrame형 변수 df에 대해 'df.sort_value(by="컬럼명")'을 지정하면 해당 컬럼값으로 정렬할 수 있습니다.
- sum(df[a:b]["Price"])로 df[a] ~ df[b-1] 범위의 "Price"의 합을 구할 수 있습니다.

해답

리스트 9-26 해답

```
In
        (... 생략 ...)
        # 여기에 해답을 기술하세요.
        # 결합합니다.
```

```
df3 = pd.concat([df1, df2], axis=0)

# 과일을 추출하여 Price로 정렬합니다.
df_fruit = df3.loc[df3["Type"] == "Fruit"]
df_fruit = df_fruit.sort_values(by="Price")

# 야채를 추출하여 Price로 정렬합니다.
df_veg = df3.loc[df3["Type"] == "Vegetable"]
df_veg = df_veg.sort_values(by="Price")

# 과일과 야채의 상위 세 요소의 Price 합을 각각 계산합니다.
print(sum(df_fruit[:3]["Price"]) + sum(df_veg[:3]["Price"]))
```

Out   430

설명

여기서 사용한 DataFrame의 기능은 결합, 정렬, 참조입니다. DataFrame 조작에 익숙하지 않은 독자는 이 장을 한 번 더 살펴보세요. 해답의 마지막 부분에서 'df_fruit[행 지정][열 지정].sum()'을 이용해도 합계를 계산할 수 있습니다.

‖종합 문제‖

8장과 9장의 내용을 복습합니다.

문제

[리스트 9-27]의 DataFrame에 대해 주석에서 말하는 처리를 구현하세요.

리스트 9-27 문제

In

```
import pandas as pd

index = ["광수", "민호", "소희", "태양", "영희"]
columns = ["국어", "수학", "사회", "과학", "영어"]
data = [[30, 45, 12, 45, 87], [65, 47, 83, 17, 58], [64, 63, 86, 57, 46],
[38, 47, 62, 91, 63], [65, 36, 85, 94, 36]]
df = pd.DataFrame(data, index=index, columns=columns)
```

```
# df에 "체육"이라는 새 열을 만들고 pe_column의 데이터를 추가하세요.
pe_column = pd.Series([56, 43, 73, 82, 62], index=["광수", "민호", "소희", "
태양", "영희"])
df
print(df)
print()

# 수학을 오름차순으로 정렬하세요.
df1 =
print(df1)
print()

# df1의 각 요소에 5점을 더하세요.
df2 =
print(df2)
print()

# df의 통계 정보 중에서 "mean", "max", "min"을 출력하세요.
print()
```

힌트

DataFrame의 내용을 추가할 때는 append( ) 및 'df['열 이름']=Series'를 사용합니다.

해답

리스트 9-28 해답

In
```
(... 생략 ...)
# df에 "체육"이라는 새 열을 만들고 pe_column의 데이터를 추가하세요.
pe_column = pd.Series([56, 43, 73, 82, 62], index=["광수", "민호", "소희", "
태양", "영희"])
df["체육"] = pe_column
print(df)
print()

# 수학을 오름차순으로 정렬하세요.
df1 = df.sort_values(by="수학", ascending=True)
print(df1)
print()

# df1의 각 요소에 5점을 더하세요.
df2 = df1 + 5
print(df2)
print()
```

```python
# df의 통계 정보 중에서 "mean", "max", "min"을 출력하세요.
print(df2.describe().loc[["mean", "max", "min"]])
```

Out

	국어	수학	사회	과학	영어	체육
광수	30	45	12	45	87	56
민호	65	47	83	17	58	43
소희	64	63	86	57	46	73
태양	38	47	62	91	63	82
영희	65	36	85	94	36	62

	국어	수학	사회	과학	영어	체육
영희	65	36	85	94	36	62
광수	30	45	12	45	87	56
민호	65	47	83	17	58	43
태양	38	47	62	91	63	82
소희	64	63	86	57	46	73

	국어	수학	사회	과학	영어	체육
영희	70	41	90	99	41	67
광수	35	50	17	50	92	61
민호	70	52	88	22	63	48
태양	43	52	67	96	68	87
소희	69	68	91	62	51	78

	국어	수학	사회	과학	영어	체육
mean	57.4	52.6	70.6	65.8	63.0	68.2
max	70.0	68.0	91.0	99.0	92.0	87.0
min	35.0	41.0	17.0	22.0	41.0	48.0

데이터 시각화

10.1 다양한 그래프

10.1.1 꺾은선 그래프

평면상에 플롯된 데이터를 선으로 연결한 그래프를 꺾은선 그래프라고 합니다. 꺾은선 그래프는 시간이나 위치(거리) 변화의 추세를 시각화하기 좋습니다. 예를 들어 가로축(x축)에는 시간, 세로축(y축)에는 상품의 판매량을 대응시켜 판매량 추세를 시각화할 수 있습니다. [그림 10-1] 의 꺾은선 그래프는 1960년대 캐나다 퀘벡 주의 자동차 판매 대수 변화를 나타낸 것입니다.

그림 10-1 자동차 판매량의 변화(1960년대 캐나다 퀘벡)

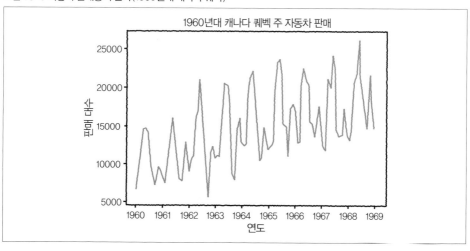

다음 중 꺾은선 그래프를 이용하면 좋은 것은 무엇일까요?

1. 월별 매출액

2. 애완동물 인기순위 투표 결과

3. 반 전체의 시험 성적

4. 위 보기 전체

꺾은선 그래프는 시간이나 위치(거리) 등 연속적인 정보와 관련된 데이터의 조합에 알맞습니다.

1. 월별 매출액

10.1.2 막대그래프

항목을 가로축에 나열하고, 해당 항목의 값을 수직으로 나타낸 그래프를 **막대그래프**라고 합니다. 막대그래프는 두 개 이상의 항목을 비교하는 데 적합한 시각화 방법입니다. 선거 후보자별 득표 수를 시각화할 때 막대그래프를 이용하면 좋을 것입니다. 막대그래프뿐 아니라 원그래프도 데이터 시각화에 효과적입니다.

[그림 10-2]의 막대그래프는 국가별 인구 비교를 나타냅니다.

그림 10-2 국가별 인구 비교

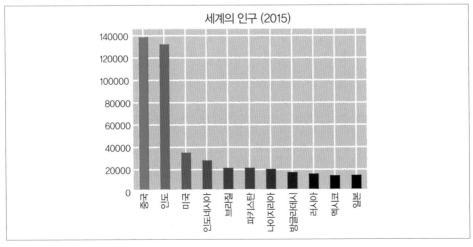

다음 중 막대그래프를 이용하면 좋은 것은 무엇일까요?

1. 월별 매출액을 나타내는 시간 데이터

2. 애완동물 인기순위 투표 결과

3. 마라톤 코스의 출발점에서 골까지 고도의 높낮이

4. 위 보기 전체

힌트

막대그래프는 두 개 이상의 항목을 비교하는 데 적합한 시각화 방법입니다.

해답

2. 애완동물 인기순위 투표 결과

10.1.3 히스토그램

데이터를 계급별로 나눈 도수(같은 계급에 속하는 자료 수)를 시각화한 그래프를 히스토그램이라고 합니다. 히스토그램은 도수 분포도라고도 합니다. 1차원 데이터(제품의 길이 측정 자료 등)의 분포를 시각화할 때 적합한 시각화 방법입니다.

[그림 10-3]의 히스토그램은 일본 성인 남성의 신장 분포를 나타냅니다.

그림 10-3 일본 성인 남성의 신장 분포

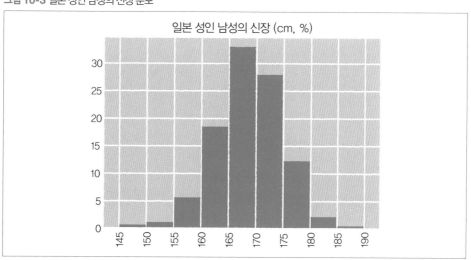

다음 중 히스토그램을 이용하면 좋은 것은 무엇일까요?

1. 애완동물 인기순위 투표 결과

2. 반 전체의 시험 성적

3. 마라톤 코스의 출발점에서 골까지 고도의 높낮이

4. 위 보기 전체

히스토그램은 1차원 데이터의 분포를 시각화하는 데 적합합니다.

2. 반 전체의 시험 성적

10.1.4 산포도

한 데이터의 두 가지 항목을 평면상의 x축과 y축에 각각 대응시켜 점을 찍은 그래프를 **산포도**라고 합니다. 점의 색상과 크기를 활용하여 총 세 개의 항목을 평면상에 시각화할 수 있습니다.

[그림 10-4]는 아이리스(붓꽃) 꽃잎의 길이와 폭의 분포를 나타낸 산포도입니다.

그림 10-4 아이리스(붓꽃) 꽃잎의 길이와 폭의 분포

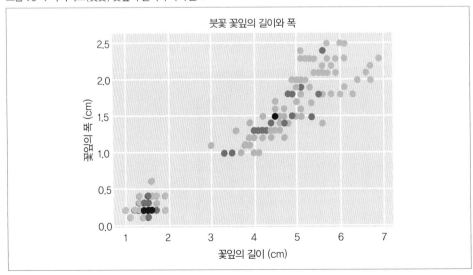

다음 중 산포도를 이용하면 좋은 것은 무엇일까요?

1. 멀리뛰기에서 도움닫기의 거리와 멀리뛰기의 비거리
2. 일일 지방 평균 섭취량과 혈압치
3. 최고 기온과 그날 판매된 팥빙수 수
4. 위 보기 전체

한 데이터의 두 가지 항목을 평면상의 x축과 y축에 각각 대응시켜 점을 찍은 그래프를 산포도라고 합니다.

4. 위 보기 전체

10.1.5 원그래프

전체에 대한 각 부분의 비율에 따라 중심으로부터의 각도를 할당한 그래프를 **원그래프**(파이차트 pie chart)라고 합니다. 원그래프는 어떤 항목의 비율을 전체와 비교할 때 적합한 시각화 방법입니다. 데이터 시각화에 원그래프가 적합할 때는 막대그래프에 의한 시각화도 유용할 수 있습니다.

[그림 10-5]의 그래프는 좋아하는 과일은 무엇인가라는 설문 조사 결과를 보여줍니다.

그림 10-5 설문 조사 결과

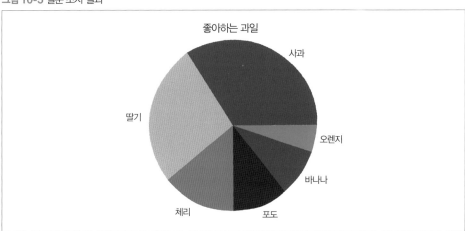

다음 중 원그래프를 이용하면 좋은 것은 무엇일까요?

1. 전자제품의 국가별 점유율

2. 전자제품의 월별 판매량

3. 최고 기온과 그날 판매된 팥빙수 수

4. 위 보기 전체

원그래프는 어떤 항목의 비율을 전체와 비교할 때 적합한 시각화 방법입니다.

1. 전자제품의 국가별 점유율

10.2 난수 생성

10.2.1 시드 설정

이 절에서는 다양한 종류의 난수를 생성하는 방법을 배웁니다. 컴퓨터는 시드^{seed}를 바탕으로 난수를 생성합니다. **시드**는 난수 생성의 기반이 되는 설정값입니다. 시드값을 고정하면 **동일한 난수열**을 생성할 수 있습니다. 동일한 난수열을 사용하여 같은 결과를 재현할 수 있습니다. 시드를 직접 설정하지 않으면 컴퓨터의 현재 시간을 시드로 사용하기 때문에 매번 다른 난수가 출력됩니다. numpy.random.seed( )에 정숫값을 전달하여 시드를 설정할 수 있습니다.

- 시드를 설정했을 때와 설정하지 않았을 때의 난수열 생성 결과를 확인하세요.
- [리스트 10-1]의 코드를 실행해서 결과를 출력하세요.

리스트 10-1 문제

```
import numpy as np

# 시드를 설정하지 않았을 때 난수가 일치하는지 확인합니다.
# X와 Y에 각각 다섯 개의 난수를 저장합니다.
```

```
X = np.random.randn(5)
Y = np.random.randn(5)

# X와 Y값을 출력합니다.
print("시드를 설정하지 않았을 때")
print("X:",X)
print("Y:",Y)

# 시드를 설정합니다.
np.random.seed(0)

# 난수열을 변수에 대입합니다.
x = np.random.randn(5)

# 동일한 시드를 설정하여 초기화합니다.
np.random.seed(0)

# 다시 난수열을 만들어 다른 변수에 대입합니다.
y = np.random.randn(5)

# x와 y값이 일치하는지 확인합니다.
print("시드를 설정했을 때")
print("x:",x)
print("y:",y)
```

numpy.random.seed ( )에 정숫값을 전달하여 시드를 설정할 수 있습니다.

해답

리스트 10-2 해답

```
Out   시드를 설정하지 않았을 때
      X: [-0.97727788  0.95008842 -0.15135721 -0.10321885  0.4105985 ]
      Y: [0.14404357 1.45427351 0.76103773 0.12167502 0.44386323]
      시드를 설정했을 때
      x: [1.76405235 0.40015721 0.97873798 2.2408932  1.86755799]
      y: [1.76405235 0.40015721 0.97873798 2.2408932  1.86755799]
```

10.2.2 정규분포에 따른 난수 생성

numpy.random.randn ( )으로 생성한 수치를 플롯한 히스토그램은 정규분포라고 불리는 식의 그래프에 가까운 형태를 하고 있습니다. numpy.random.randn()에 정수를 전달하면 **정규분포를** 따르는 난수를 전달한 수만큼 반환합니다.

- 시드값을 0으로 설정하세요(리스트 10-3).
- 정규분포를 따르는 난수를 10,000개 생성하여 변수 x에 대입하세요.

리스트 10-3 문제

```
import numpy as np
import matplotlib.pyplot as plt

%matplotlib inline

# 시드값을 0으로 설정하세요.


# 정규분포를 따르는 난수를 10,000개 생성하여 변수 x에 대입하세요.
x =

# 시각화합니다.
plt.hist(x, bins='auto')
plt.show()
```

numpy.random.randn()에 정수를 전달하면 정규분포를 따르는 난수를 전달한 수만큼 반환합니다.

리스트 10-4 해답

```
(... 생략 ...)
# 시드값을 0으로 설정하세요.
np.random.seed(0)

# 정규분포를 따르는 난수를 10,000개 생성하여 변수 x에 대입하세요.
x = np.random.randn(10000)
(... 생략 ...)
```

Out

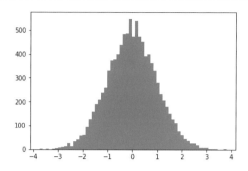

10.2.3 이항분포에 따른 난수 생성

numpy.random.binomial( )은 어떤 시도의 결과로 성공과 실패 중 하나를 반환합니다. 예를 들어 동전을 던지면 앞면이나 뒷면밖에 나오지 않습니다. 그리고 실패와 성공의 확률은 0.5입니다. numpy.random.binomial( )에 정수 n과 0 이상 1 이하의 실수 p를 전달하면 성공 확률 p의 조건으로 n 횟수만큼 시도한 뒤 성공한 횟수를 반환합니다. 세 번째 인수로 'size=정숫값'을 전달하면 n과 p의 조건에서 이 실험을 몇 번 반복할지 정숫값만큼 설정할 수 있습니다. 예를 들어 동전을 100번 던질 때 앞면이 나오는 횟수를 출력하고 싶다면 다음과 같이 기술합니다.

```
numpy.random.binomial(100, 0.5)
```

문제

- 성공 확률 0.5로 100번 시도했을 때 성공한 횟수를 구하는 실험을 10,000회 반복하여 변수 nums에 대입하세요(리스트 10-5).
- nums의 성공 횟수에서 성공률의 평균을 출력하세요.

리스트 10-5 문제

In
```
import numpy as np

# 시드를 설정합니다.
np.random.seed(0)
```

성공 확률 0.5로 100번 시도했을 때 성공 횟수를 구하는 실험을 10,000회 반복하여 변수
*nums*에 대입하세요.
nums =

*nums*의 성공 횟수에서 성공 확률의 평균을 출력하세요.

힌트

- numpy.random.binomial( )에 정수 n과 0 이상 1 이하의 실수 p를 전달하면 성공 확률 p의 조건으로 n 횟수
만큼 시도한 뒤 성공한 횟수를 반환합니다.
- 'size=정숫값'을 전달하면 n과 p의 조건에서 이 실험을 몇 번 반복할지 정숫값만큼 설정할 수 있습니다.

해답

리스트 10-6 해답

  `In`

```
( ... 생략 ... )
# 성공 확률 0.5로 100번 시도했을 때 성공 횟수를 구하는 실험을 10,000회 반복하여 변수
nums에 대입하세요.
nums = np.random.binomial(100, 0.5, size=10000)

# nums의 성공 횟수에서 성공 확률의 평균을 출력하세요.
print(nums.mean()/100)
```

`Out`

```
0.49832
```

10.2.4 리스트에서 무작위로 선택

아래와 같이 numpy.random.choice( )에 리스트형의 데이터 x와 정숫값 n을 전달하면 리스트
형의 데이터 중에서 랜덤으로 뽑은 결과를 전달한 정숫값만큼 돌려줍니다.

```
numpy.random.choice(x, n)
```

문제

리스트 x에서 무작위로 5개 선택한 결과를 변수 y에 대입하세요(리스트 10-7).

리스트 10-7 문제

```
In      import numpy as np

        x = ['Apple', 'Orange', 'Banana', 'Pineapple', 'Kiwifruit', 'Strawberry']

        # 시드를 설정합니다.
        np.random.seed(0)

        # x에서 무작위로 5개 선택하여 y에 대입하세요.
        y =

        print(y)
```

힌트

numpy.random.choice( )는 리스트형의 데이터 x에서 정수 n개만큼 무작위로 선택한 결과를 돌려줍니다.

해답

리스트 10-8 해답

```
In      (... 생략 ...)
        # x에서 무작위로 5개 선택하여 y에 대입하세요.
        y = np.random.choice(x, 5)
        (... 생략 ...)
```

```
Out     ['Kiwifruit' 'Strawberry' 'Apple' 'Pineapple' 'Pineapple']
```

10.3 시간 데이터

10.3.1 datetime형

시계열 데이터를 다룰 때는 시간을 표시하는 방법이 필요합니다. 파이썬에는 날짜와 시간을 처리하는 datetime 데이터형이 준비되어 있습니다. datetime.datetime(년, 월, 일, 시, 분, 초, 밀리초)를 지정하면 시각 데이터를 나타내는 datetime 객체를 돌려줍니다. 년, 월, 일 등을 순차적으로 전달하지 않고 'day=일', 'month=월', 'year=년'처럼 별도로 지정해서 설정할 수도 있습니다.

1992년 10월 22일을 나타내는 datetime 객체를 생성하여 x에 할당하세요 (리스트 10-9).

리스트 10-9 문제

```
In     import datetime as dt

       # 1992년 10월 22일을 나타내는 datetime 객체를 생성하여 x에 할당하세요.
       x =

       # 출력합니다.
       print(x)
```

'dt.datetime (년, 월, 일)'로 지정한 날짜를 나타내는 datetime 객체를 만들 수 있습니다.

리스트 10-10 해답

```
In     (... 생략 ...)
       # 1992년 10월 22일을 나타내는 datetime 객체를 생성하여 x에 할당하세요.
       x = dt.datetime(1992, 10, 22)
       (... 생략 ...)
```

```
Out    1992-10-22 00:00:00
```

10.3.2 timedelta형

datetime.timedelta형은 시간의 길이를 나타내는 데이터형입니다.

datetime.timedelta (일, 초)를 지정하면 시간 데이터를 나타내는 timedelta 객체를 반환합니다. hours=4, minutes=10과 같이 지정하여 시간과 분을 지정할 수도 있습니다.

한 시간 반을 나타내는 timedelta 객체를 만들어 x에 대입하세요 (리스트 10-11).

리스트 10-11 문제

```
import datetime as dt

# 한 시간 반을 나타내는 timedelta 객체를 만들어 x에 대입하세요.
x =

# 출력합니다.
print(x)
```

힌트

'datetime.timedelta(일, 초)'를 지정하면 시간 데이터를 나타내는 timedelta 객체를 반환합니다. hours=4, minutes=10과 같이 지정하여 시간과 분을 지정할 수도 있습니다.

해답

리스트 10-12 해답

```
(... 생략 ...)
# 한 시간 반을 나타내는 timedelta 객체를 만들어 x에 대입하세요.
x = dt.timedelta(hours=1, minutes=30)
(... 생략 ...)
```

```
1:30:00
```

10.3.3 datetime형과 timedelta형의 연산

datetime 객체와 timedelta 객체는 서로 더하거나 뺄 수 있습니다. timedelta형은 정수와 곱할 수 있으며, timedelta형끼리 연산할 수도 있습니다.

문제

- 1992년 10월 22일을 나타내는 datetime 객체를 생성하여 x에 대입하세요(리스트 10-13).
- x에서 1일 후를 나타내는 datetime 객체를 y에 대입하세요.

리스트 10-13 문제

```
In        import datetime as dt

          # 1992년 10월 22일을 나타내는 datetime 객체를 생성하여 x에 대입하세요.
          x =

          # x에서 1일 후를 나타내는 datetime 객체를 y에 대입하세요.
          y =

          # 출력합니다.
          print(y)
```

힌트

• datetime 객체와 timedelta 객체는 서로 더하거나 뺄 수 있습니다.

• dt.timedelta(1)로 하루 분의 timedelta 객체를 만들 수 있습니다.

해답

리스트 10-14 해답

```
In        (... 생략 ...)
          # 1992년 10월 22일을 나타내는 datetime 객체를 생성하여 x에 대입하세요.
          x = dt.datetime(1992, 10, 22)

          # x에서 1일 후를 나타내는 datetime 객체를 y에 대입하세요.
          y = x + dt.timedelta(1)
          (... 생략 ...)
```

```
Out       1992-10-23 00:00:00
```

10.3.4 시각을 나타내는 문자열로 datetime 객체 만들기

datetime을 사용하여 문자열에서 datetime 객체를 생성할 수 있습니다. 예를 들어 문자열 s가
"년-월-일 시-분-초" 형식일 경우 dt.datetime.strptime(s, "%Y-%m-%d %H-%M-%S")로
datetime 객체를 생성해서 반환합니다.

문제

- 1992년 10월 22일을 나타내는 문자열을 "년-월-일" 형식으로 s에 대입하세요(리스트 10-15).
- s를 변환하여 1992년 10월 22일을 나타내는 datetime 객체를 x에 대입하세요.

리스트 10-15 문제

In

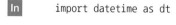

```
import datetime as dt

# 1992년 10월 22일을 나타내는 문자열을 "년-월-일" 형식으로 s에 대입하세요.
s =

# s를 변환하여 1992년 10월 22일을 나타내는 datetime 객체를 x에 대입하세요.
x =

# 출력합니다.
print(x)
```

힌트

예를 들어 문자열 s가 "년-월-일 시-분-초" 형식일 경우 'dt.datetime.strptime(s, "%Y-%m-%d %H-%M-%S")'로 datetime 객체를 생성해서 반환합니다.

해답

리스트 10-16 해답

In

```
(... 생략 ...)
# 1992년 10월 22일을 나타내는 문자열을 "년-월-일" 형식으로 s에 대입하세요.
s = "1992-10-22"

# s를 변환하여 1992년 10월 22일을 나타내는 datetime 객체를 x에 대입하세요.
x = dt.datetime.strptime(s, "%Y-%m-%d")
(... 생략 ...)
```

Out

```
1992-10-22 00:00:00
```

10.4 데이터 조작

10.4.1 문자열을 숫자로 형 변환하기

이 절에서는 데이터의 가공을 배웁니다. 여러 소스에서 얻은 데이터의 결합 등 데이터의 가공에 대해서는 14장 'DataFrame을 이용한 데이터 클렌징'에서 자세히 다룹니다. 여기서는 기본적인 내용만 배웁니다.

파일 등에서 읽은 수치를 계산하기 위해서는 데이터형이 int형이나 float형이어야 합니다. 숫자로만 이루어진 문자열을 int ( )와 float ( )에 전달하면 수치형으로 변환할 수 있습니다.

문제

> 숫자로 이뤄진 문자열이 저장된 변수 x와 y를 int ( )를 사용하여 변환한 뒤 x와 y의 합을 z에 대입하고 출력하세요(리스트 10-17).

리스트 10-17 문제

```
In    # 문자열을 대입합니다.
      x = '64'
      y = '16'

      # x와 y를 int()를 사용하여 변환한 뒤 x와 y의 합을 z에 대입하세요.
      z =

      # z를 출력합니다.
      print(z)
```

힌트

숫자로만 이루어진 문자열을 int ( )와 float ( )에 전달하면 수치형으로 변환할 수 있습니다.

해답

리스트 10-18 해답

```
In    (... 생략 ...)
      # x와 y를 int()를 사용하여 변환한 뒤 x와 y의 합을 z에 대입하세요.
      z = int(x) + int(y)
      (... 생략 ...)
```

```
Out   80
```

10.4.2 같은 간격의 수열 생성하기(1)

리스트 요소에 순서를 매기거나 짝수열(0, 2, 4, …)만 원할 경우 등에는 numpy.arange()를 사용하면 편리합니다. 'numpy.arange(시작값, 끝값, 간격)'으로 시작값부터 끝값까지의 수열을 지정한 간격으로 반환합니다. 예를 들어 0부터 4까지의 짝수열이 필요하다면 np.arange(0, 5, 2)를 기술합니다. 끝값은 직전 값까지이므로 만일 np.arange(0, 4, 2)로 지정하면 0부터 2까지의 짝수열이 되므로 주의하세요.

문제

np.arange()를 사용하여 x에 0부터 10까지의 짝수열을 대입하세요(리스트 10-19).

리스트 10-19 문제

```
In    import numpy as np

      # x에 0부터 10까지의 짝수열을 대입하세요.
      x =

      # 출력합니다.
      print(x)
```

힌트

- np.arange()로 시작값, 끝값, 간격을 전달하면 시작값부터 끝값까지의 숫자열을 지정한 간격으로 반환합니다.
- '끝값 − 1'까지, 즉 직전 값까지 지정된다는 점에 주의하세요.

해답

리스트 10-20 해답

```
In    (... 생략 ...)
      # x에 0부터 10까지의 짝수열을 대입하세요.
      x = np.arange(0, 11, 2)
      (... 생략 ...)
```

```
Out   [ 0  2  4  6  8 10]
```

10.4.3 같은 간격의 수열 생성하기(2)

원하는 범위를 임의의 개수로 분할하고 싶을 때는 numpy.linspace()를 사용하는 것이 편리합니다. numpy.linspace()에 시작값, 끝값, 분할 개수를 전달하면 지정한 개수로 분할한 결과를 반환합니다. 예를 들어 0부터 15까지를 4개의 동일 간격으로 나누어 0, 5, 10, 15와 같이 출력할 경우에는 np.linspace(0, 15, 4)로 합니다.

np.linspace()로 0에서 10까지를 5개의 동일 간격으로 나누어 x에 대입하세요(리스트 10-21).

리스트 10-21 문제

```
In    import numpy as np

      # 0에서 10까지를 5개의 동일 간격으로 나누어 x에 대입하세요.
      x =

      # 출력합니다.
      print(x)
```

힌트

• numpy.linspace()로 시작값, 끝값, 분할 개수를 전달하면 지정한 개수로 분할한 결과를 반환합니다.

  np.linspace(0, 15, 4)

해답

리스트 10-22 해답

```
In    (... 생략 ...)
      # 0에서 10까지를 5개의 동일 간격으로 나누어 x에 대입하세요.
      x = np.linspace(0, 10, 5)
      (... 생략 ...)
```

```
Out   [ 0.   2.5 5.   7.5 10. ]
```

||연습 문제||

matplotlib을 이용한 히스토그램 작성에 도전해봅시다.

문제

0부터 1 사이의 균등 난수, 정규분포를 따르는 난수, 이항분포를 따르는 난수를 각각 10,000개 생성하여 히스토그램으로 확인합시다. 각 히스토그램의 bins는 50으로 지정하세요.

리스트 10-23 문제

```
import matplotlib.pyplot as plt
import numpy as np

np.random.seed(100)

# 균등 난수를 10,000개 생성하여 random_number_1에 대입하세요.


# 정규분포를 따르는 난수를 10,000개 생성하여 random_number_2에 대입하세요.


# 이항분포를 따르는 난수를 10,000개 생성하여 random_number_3에 대입하세요. 성공 확률
은 0.5로 하세요.


plt.figure(figsize=(5,5))

# 균등 난수를 히스토그램으로 표시합니다. bins는 50으로 지정하세요.


plt.title('uniform_distribution')
plt.grid(True)
plt.show()

plt.figure(figsize=(5,5))

# 정규분포를 따르는 난수를 히스토그램으로 표시합니다. bins는 50으로 지정하세요.


plt.title('normal_distribution')
plt.grid(True)
plt.show()

plt.figure(figsize=(5,5))
```

```
# 이항분포를 따르는 난수를 히스토그램으로 표시합니다. bins는 50으로 지정하세요.




plt.title('binomial_distribution')
plt.grid(True)
plt.show()
```

힌트

균등 난수, 정규분포를 따르는 난수, 이항분포를 따르는 난수는 각각 np.random.rand( ), np.random.randn( ), np.random.binomial( )로 생성할 수 있습니다.

해답

리스트 10-24 해답

In

```
(... 생략 ...)
# 균등 난수를 10,000개 생성하여 random_number_1에 대입하세요.
random_number_1 = np.random.rand(10000)

# 정규분포를 따르는 난수를 10,000개 생성하여 random_number_2에 대입하세요.
random_number_2 = np.random.randn(10000)

# 이항분포를 따르는 난수를 10,000개 생성하여 random_number_3에 대입하세요. 성공 확률
은 0.5로 하세요.
random_number_3 = np.random.binomial(100, 0.5, size=(10000))
(... 생략 ...)
# 균등 난수를 히스토그램으로 표시합니다. bins는 50으로 지정하세요.
plt.hist(random_number_1, bins=50)
(... 생략 ...)
# 정규분포를 따르는 난수를 히스토그램으로 표시합니다. bins는 50으로 지정하세요.
plt.hist(random_number_2, bins=50)
(... 생략 ...)
# 이항분포를 따르는 난수를 히스토그램으로 표시합니다. bins는 50으로 지정하세요.
plt.hist(random_number_3, bins=50)
(... 생략 ...)
```

Out

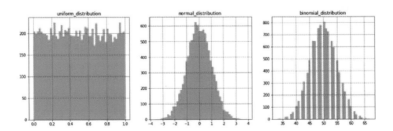

matplotlib 사용하기

11.1 한 종류의 데이터 시각화하기

11.1.1 그래프에 데이터 표시하기

데이터 분석에 있어서 데이터 시각화는 매우 효과적인 수단입니다. matplotlib(맷플롯립) 라이브러리에는 데이터를 시각화하는 많은 기능이 들어 있습니다. 'matplotlib.pyplot.plot(x축에 대응하는 데이터, y축에 해당하는 데이터)'를 이용하면 그래프의 x축(가로축)과 y축(세로축)에 데이터를 간단히 대응시켜 차트를 만들 수 있습니다.

matplotlib.pyplot.show()를 이용하면 그래프를 화면에 표시할 수 있습니다.

문제

- matplotlib.pyplot을 plt로 import하세요(리스트 11-1).
- plt.plot()를 이용해 x축에 변수 x의 데이터를, y축에 변수 y의 데이터를 대응시키세요.

리스트 11-1 문제

```
# matplotlib.pyplot을 plt로 import하세요.
import
import numpy as np

%matplotlib inline
```

```
# np.pi는 원주율(파이)을 나타냅니다.
x = np.linspace(0, 2*np.pi)
y = np.sin(x)

# 데이터 x, y를 그래프에 플롯하세요.

plt.show()
```

힌트

- 'plt.plot(x축에 대응하는 데이터, y축에 해당하는 데이터)'로 그래프를 작성합니다.
- 주피터 노트북에서는 %matplotlib inline을 기술하여 시각화된 출력 결과를 볼 수 있습니다(주피터 노트북에서만 동작합니다).
- plt.pyplot.show()로 그래프를 화면에 표시합니다.

해답

리스트 11-2 해답

In
```
# matplotlib.pyplot을 plt로 import하세요.
import matplotlib.pyplot as plt
(... 생략 ...)
# 데이터 x, y를 그래프에 플롯하세요.
plt.plot(x,y)
(... 생략 ...)
```

Out

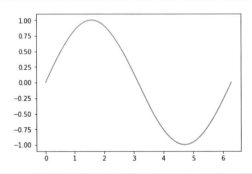

11.1.2 그래프의 표시 범위 설정하기

matplotlib.pyplot을 이용하여 그래프를 만들면 그래프의 표시 범위가 자동으로 설정됩니다. 각 축에 할당된 데이터(리스트)의 min()및 max()가 표시 범위의 최솟값과 최댓값이 되므로 기본적으로 데이터 전체가 자동으로 시각화됩니다.

하지만 그래프의 일부만 표시하고 싶은 경우가 있습니다. 이럴 때는 아래와 같이 그래프의 표시 범위를 지정할 수 있습니다.

```
matplotlib.pyplot.xlim([0,10])
```

여기서 xlim은 x축의 범위를 지정하는 함수입니다.

문제

> plt.plot()을 이용하여 x축에 변수 x의 데이터, y축에 변수 y의 데이터를 대응시키세요(리스트 11-3). 단, y축의 표시 범위는 [0,1]로 하세요.

리스트 11-3 문제

```
In
# matplotlib.pyplot을 plt로 import합니다.
import matplotlib.pyplot as plt
import numpy as np

%matplotlib inline

# np.pi는 원주율(파이)을 나타냅니다.
x = np.linspace(0, 2*np.pi)
y = np.sin(x)

# y축의 표시 범위를 [0,1]로 하세요.


# 데이터 x, y를 그래프에 플롯합니다.
plt.plot(x, y)
plt.show()
```

힌트

y축의 표시 범위는 'plot.ylim("범위")'로 지정할 수 있습니다.

리스트 11-4 해답

```
In     (... 생략 ...)
       # y축의 표시 범위를 [0,1]로 하세요.
       plt.ylim([0, 1])
       (... 생략 ...)
```

Out

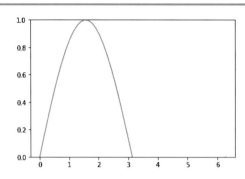

11.1.3 그래프 요소에 이름 설정하기

보기 좋은 그래프에는 제목이 붙어 있고, 각 축이 무엇을 나타내는지 표시되어 있는 경우가 많습니다. matplotlib.pyplot 메서드를 이용하면 그래프의 다양한 요소에 이름을 설정할 수 있습니다. 예를 들어 그래프의 제목은 아래와 같이 설정할 수 있습니다.

```
matplotlib.pyplot.title("제목")
```

그래프의 x축 이름은 아래와 같이 설정할 수 있습니다.

```
matplotlib.pyplot.xlabel("x축 이름")
```

문제

- 그래프의 제목을 'y=sin(x)(0 < y < 1)'로 설정하세요(리스트 11-5).'
- 그래프의 x축에는 'x-axis', y축에는 'y-axis'라는 이름을 설정하세요.

리스트 11-5 문제

```
In    # matplotlib.pyplot을 plt로 import합니다
      import matplotlib.pyplot as plt
      import numpy as np

      %matplotlib inline

      x = np.linspace(0, 2*np.pi)
      y = np.sin(x)

      # 그래프의 제목을 설정하세요.


      # 그래프의 x축과 y축 이름을 설정하세요.


      # y축의 표시 범위를 [0,1]로 지정합니다.
      plt.ylim([0, 1])

      # 데이터 x, y를 그래프에 플롯합니다.
      plt.plot(x, y)
      plt.show()
```

힌트

- 'plt.title("제목")'으로 제목을 설정합니다.
- 'plt.xlabel("x축 이름")'으로 x축 이름을 설정합니다.
- 'plt.ylabel("y축 이름")'으로 y축 이름을 설정합니다.

해답

리스트 11-6 해답

```
In    (... 생략 ...)
      # 그래프의 제목을 설정하세요.
      plt.title("y=sin(x)( 0< y< 1)")

      # 그래프의 x축과 y축 이름을 설정하세요..
      plt.xlabel("x-axis")
      plt.ylabel("y-axis")
      (... 생략 ...)
```

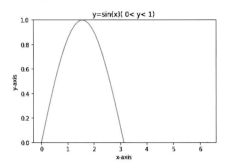

11.1.4 그래프에 그리드 표시하기

그래프에 그리드(격자)를 표시하면 그래프의 x축 값과 y축 값을 읽기 쉬워집니다. matplotlib. pyplot.grid(True)를 지정하면 그리드가 표시됩니다. 기본적으로는 그리드가 표시되지 않도록 되어 있습니다.

문제

그래프에 그리드를 표시하세요(리스트 11-7).

리스트 11-7 문제

```
# matplotlib.pyplot을 plt로 import합니다.
import matplotlib.pyplot as plt
import numpy as np

% matplotlib inline

x = np.linspace(0, 2 * np.pi)
y = np.sin(x)

# 그래프의 제목을 설정합니다.
plt.title("y=sin(x)")

# 그래프의 x축과 y축 이름을 설정합니다.
plt.xlabel("x-axis")
plt.ylabel("y-axis")
```

```
# 그래프에 그리드를 표시하세요.


# 데이터 x, y를 그래프에 플롯합니다.
plt.plot(x, y)
plt.show()
```

힌트

plt.grid(True)로 그리드를 표시합니다.

해답

리스트 11-8 해답

In
```
(... 생략 ...)
# 그래프에 그리드를 표시하세요.
plt.grid(True)
(... 생략 ...)
```

Out

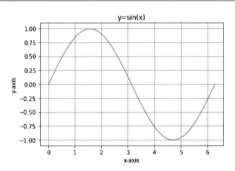

11.1.5 그래프 축에 눈금 설정하기

matplotlib으로 그래프를 작성하면 x축과 y축에 자동으로 눈금이 붙습니다. 대부분의 경우 각 축에 적당한 값의 눈금이 붙지만 데이터의 종류에 따라 눈금이 보기 좋지 않게 붙는 경우도 있습니다. 이때 그래프의 x축 눈금을 다음과 같이 다시 설정할 수 있습니다.

```
matplotlib.pyplot.xticks(눈금 삽입 위치, 삽입할 눈금)
```

- 그래프의 x축 눈금을 설정하세요(리스트 11-9).
- 눈금 삽입 위치는 positions에 들어 있고, 삽입할 눈금은 labels에 들어 있습니다.

리스트 11-9 문제

```
In
# matplotlib.pyplot을 plt로 import합니다.
import matplotlib.pyplot as plt
import numpy as np

%matplotlib inline

x = np.linspace(0, 2*np.pi)
y = np.sin(x)

# 그래프의 제목을 설정합니다.
plt.title("y=sin(x)")

# 그래프의 x축과 y축 이름을 설정합니다.
plt.xlabel("x-axis")
plt.ylabel("y-axis")

# 그래프에 그리드를 표시합니다.
plt.grid(True)

# positions와 labels를 설정합니다.
positions = [0, np.pi/2, np.pi, np.pi*3/2, np.pi*2]
labels = ["0°", "90°", "180°", "270°", "360°"]

# 그래프의 x축 눈금을 설정하세요.


# 데이터 x, y를 그래프에 플롯합니다.
plt.plot(x, y)
plt.show()
```

힌트

그래프의 x축 눈금은 'plt.xticks(눈금 삽입 위치, 삽입할 눈금)'으로 설정할 수 있습니다.

리스트 11-10 해답

In
```
( ... 생략 ... )
# 그래프의 x축 눈금을 설정하세요.
plt.xticks(positions, labels)
( ... 생략 ... )
```

Out

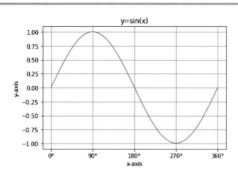

11.2 여러 데이터 시각화하기(1)

11.2.1 하나의 그래프에 두 종류의 데이터 표시하기

하나의 그래프에 여러 데이터를 표시해야 할 때가 있습니다. 이때 각각의 데이터를 색상으로 구분하고 라벨을 붙이면 데이터를 구별하기 쉽습니다. 다음과 같이 기술하여 데이터가 그래프에 플롯될 때의 색상을 지정할 수 있습니다.

```
matplotlib.pyplot.plot(x, y, color="색상")
```

또한 한 번 실행하면 matplotlib.pyplot.plot( )에 여러 번 다른 변수를 전달해도 플롯이 그래프에 그대로 반영됩니다.

플롯의 색상은 HTML 색상 코드로 지정할 수 있습니다. HTML 색상 코드는 #0000ff와 같이 #과 16진수(0~9 + A~F) 6자리로 색상을 나타낸 것입니다. 예를 들어 빨간색은 #AA0000으로 나타낼 수 있습니다.

또는 다음 문자로 지정할 수도 있습니다.

- "b" : 파란색(blue)
- "g" : 녹색(green)
- "r" : 빨간색(red)
- "c" : 청록색(cyan)
- "m" : 진홍색(magenta)
- "y" : 노란색(yellow)
- "k" : 검은색(black)
- "w" : 흰색(white)

문제

- plt.plot( )을 이용하여 x축에 변수 x, y축에 변수 y1의 데이터를 대응시키고, 검은색으로 플롯하세요(리스트 11-11).
- plt.plot( )을 이용하여 x축에 변수 x, y축에 변수 y2의 데이터를 대응시키고, 파란색으로 플롯하세요.
- 검은색은 "k", 파란색은 "b"를 사용하세요.

리스트 11-11 문제

In
```python
# matplotlib.pyplot을 plt로 import합니다.
import matplotlib.pyplot as plt
import numpy as np

%matplotlib inline

x = np.linspace(0, 2*np.pi)
y1 = np.sin(x)
y2 = np.cos(x)
labels = ["90°", "180°", "270°", "360°"]
positions = [np.pi/2, np.pi, np.pi*3/2, np.pi*2]

# 그래프의 제목을 설정합니다.
plt.title("graphs of trigonometric functions")

# 그래프의 x축과 y축 이름을 설정합니다.
plt.xlabel("x-axis")
plt.ylabel("y-axis")
```

```
# 그래프에 그리드를 표시합니다.
plt.grid(True)

# 그래프의 x축에 눈금을 설정합니다.
plt.xticks(positions, labels)

# 데이터 x, y1을 그래프에 검은색으로 플롯하세요.


# 데이터 x, y2를 그래프에 파란색으로 플롯하세요.


plt.show()
```

힌트

- 'plt.plot(x, y, color="색상")'으로 데이터가 그래프에 플롯될 때의 색상을 지정할 수 있습니다. 다른 데이터로 여러 줄 작성하더라도 각각 동일한 그래프에 플롯됩니다.
- 검은색은 "k", 파란색은 "b"로 지정할 수 있습니다.

해답

리스트 11-12 해답

In
```
(... 생략 ...)
# 데이터 x, y1을 그래프에 검은색으로 플롯하세요.
plt.plot(x, y1, color="k")

# 데이터 x, y2를 그래프에 파란색으로 플롯하세요.
plt.plot(x, y2, color="b")
(... 생략 ...)
```

Out

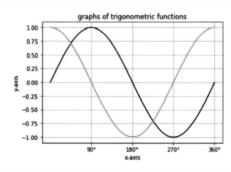

11.2.2 계열에 라벨 설정하기

하나의 그래프에 여러 계열의 데이터를 표시할 때 색상으로 구별할 수 있지만 각각의 데이터가 무엇을 나타내는지 모른다면 하나의 그래프로 정리한 의미가 없습니다. 다음과 같이 지정하여 그래프의 각 계열에 대해 라벨을 설정할 수 있습니다.

```
matplotlib.pyplot.legend("라벨명1", "라벨명2", ...)
```

문제

- plt.plot()으로 x축에 변수 x, y축에 변수 y1의 데이터를 대응시키고, 'y=sin(x)' 라벨을 붙여 검은색으로 플롯하세요(리스트 11-13).
- plt.plot()으로 x축에 변수 x, y축에 변수 y2의 데이터를 대응시키고, 'y=cos(x)' 라벨을 붙여 파란색으로 플롯하세요.
- plt.legend()로 계열의 라벨을 설정하세요.

리스트 11-13 문제

In
```python
# matplotlib.pyplot을 plt로 import합니다.
import matplotlib.pyplot as plt
import numpy as np

%matplotlib inline

x = np.linspace(0, 2*np.pi)
y1 = np.sin(x)
y2 = np.cos(x)
labels = ["90°", "180°", "270°", "360°"]
positions = [np.pi/2, np.pi, np.pi*3/2, np.pi*2]

# 그래프의 제목을 설정합니다.
plt.title("graphs of trigonometric functions")

# 그래프의 x축과 y축 이름을 설정합니다.
plt.xlabel("x-axis")
plt.ylabel("y-axis")

# 그래프에 그리드를 표시합니다.
plt.grid(True)
```

```
# 그래프의 x축에 눈금을 설정합니다.
plt.xticks(positions, labels)

# 데이터 x, y1을 그래프에 "y=sin(x)"라는 라벨을 붙여 검은색으로 플롯하세요.


# 데이터 x, y2를 그래프에 "y=cos(x)"라는 라벨을 붙여 파란색으로 플롯하세요.


# 계열의 라벨을 설정하세요.


plt.show()
```

힌트

'matplotlib.pyplot.legend("라벨명1", "라벨명2", ...)'로 그래프의 각 계열에 라벨을 설정할 수 있습니다.

해답

리스트 11-14 해답

In
```
(... 생략 ...)
# 데이터 x, y1을 그래프에 "y=sin(x)"라는 라벨을 붙여 검은색으로 플롯하세요.
plt.plot(x, y1, color="k", label="y=sin(x)")

# 데이터 x, y2를 그래프에 "y=cos(x)"라는 라벨을 붙여 파란색으로 플롯하세요.
plt.plot(x, y2, color="b", label="y=cos(x)")

# 계열의 라벨을 설정하세요.
plt.legend(["y=sin(x)", "y=cos(x)"])
(... 생략 ...)
```

Out

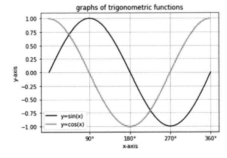

11.3 여러 데이터 시각화하기(2)

11.3.1 그림 크기 설정하기

이 절에서는 복수의 그래프를 작성하고 편집하는 방법을 배웁니다.

matplotlib은 그림 영역에 그래프를 그립니다. 이때 matplotlib.pyplot.figure()를 활용해서 그림이 표시되는 영역의 모든 것을 조작할 수 있습니다. 먼저 그림의 크기를 지정하는 방법을 살펴보겠습니다. 'matplotlib.pyplot.figure(figsize=(가로 크기, 세로 크기))'로 그림의 크기를 지정할 수 있습니다. 크기를 지정할 때의 단위는 인치(1인치=2.54cm)입니다.

문제

> 그림이 표시되는 영역이 4인치×4인치 크기가 되도록 설정하세요(리스트 11-15).

리스트 11-15 문제

```
In    # matplotlib.pyplot을 plt로 import합니다.
      import matplotlib.pyplot as plt
      import numpy as np

      %matplotlib inline

      x = np.linspace(0, 2*np.pi)
      y = np.sin(x)

      # 그림의 크기를 설정하세요.


      # 데이터 x, y를 그래프에 플롯합니다.
      plt.plot(x, y)
      plt.show()
```

힌트

'plt.figure(figsize=(가로 크기, 세로 크기))'로 그림의 크기를 설정할 수 있습니다. 여기서 사용하는 단위는 인치입니다.

리스트 11-16 해답

```
In    (... 생략 ...)
      # 그림의 크기를 설정하세요.
      plt.figure(figsize=(4, 4))
      (... 생략 ...)
```

Out

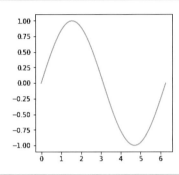

11.3.2 서브플롯 만들기

matplotlib은 그림보다 작은 서브플롯 단위로 그래프를 그리는 영역을 지정할 수 있습니다. 서브플롯을 지정할 때는 그림을 분할하는 레이아웃과 레이아웃에서 서브플롯의 위치를 지정합니다.

예를 들어 그림의 크기를 4인치×4인치로 하고, 그림을 2×3 레이아웃으로 분할했을 때 위에서 두 번째 행, 왼쪽에서 두 번째 열에 그래프를 삽입하고 싶은 경우 다음과 같이 지정합니다.

```
fig = matplotlib.pyplot.figure(4, 4)
fig.add_subplot(2, 3, 5)
```

문제

- 2×3 레이아웃을 가진 그림에서 위에서 두 번째 행, 왼쪽에서 두 번째 열에 그래프를 삽입하세요(리스트 11-17).
- 준비된 변수 fig를 이용해서 서브플롯을 만들어 변수 ax에 대입하세요.

리스트 11-17 문제

```
In   # matplotlib.pyplot을 plt로 import합니다.
     import matplotlib.pyplot as plt
     import numpy as np

     %matplotlib inline

     x = np.linspace(0, 2*np.pi)
     y = np.sin(x)

     # Figure 객체를 만듭니다.
     fig = plt.figure(figsize=(9, 6))

     # 2×3 레이아웃에서 위에서 두 번째 행, 왼쪽에서 두 번째 열에 서브플롯 객체를 만드세요.
     ax =

     # 데이터 x, y를 그래프에 플롯합니다.
     ax.plot(x, y)

     # 차트가 어디에 추가되는지 확인하기 위해 빈 공간을 서브플롯으로 채웁니다.
     axi = []
     for i in range(6):
         if i==4:
             continue
         fig.add_subplot(2, 3, i+1)
     plt.show()
```

힌트

- 그림을 '서브플롯의 세로 개수' × '서브플롯의 가로 개수'로 분할하고 좌측 상단을 기준으로 위치를 지정합니다.

- 위에서 두 번째 행, 왼쪽에서 두 번째 열은 좌측 상단부터 세면 다섯 번째에 위치합니다.

해답

리스트 11-18 해답

```
In   (... 생략 ...)
     # 2×3 레이아웃에서 위에서 두 번째 행, 왼쪽에서 두 번째 열에 서브플롯 객체를 만드세요.
     ax = fig.add_subplot(2, 3, 5)
     (... 생략 ...)
```

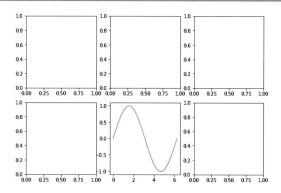

11.3.3 서브플롯 주변의 여백 조정하기

그림에 서브플롯을 나란히 배치한 경우 축 이름과 제목을 설정하면 서브플롯끼리 겹치는 경우가 생깁니다. 이때 다음과 같이 서브플롯 주변의 여백을 조정하여 서브플롯 간의 겹침을 방지할수 있습니다.

matplotlib.pyplot.subplots_adjust(wspace=가로 간격의 비율, hspace=세로 간격의 비율)

문제

2×3 레이아웃으로 배치된 서브플롯 간의 간격을 가로세로 모두 1의 비율로 설정하세요(리스트 11-19).

리스트 11-19 문제

In

```
# matplotlib.pyplot을 plt로 import합니다.
import matplotlib.pyplot as plt
import numpy as np

%matplotlib inline

x = np.linspace(0, 2*np.pi)
y = np.sin(x)
labels = ["90°", "180°", "270°", "360°"]
positions = [np.pi/2, np.pi, np.pi*3/2, np.pi*2]
```

```
# Figure 객체를 만듭니다.
fig = plt.figure(figsize=(9, 6))

# 2×3 레이아웃에서 위에서 두 번째 행, 왼쪽에서 두 번째 열에 서브플롯 객체 ax를 만듭니다.
ax = fig.add_subplot(2, 3, 5)

# 그림 내 서브플롯 간의 간격을 가로세로 모두 1로 설정하세요.


# 데이터 x, y를 그래프에 플롯합니다.
ax.plot(x, y)

# 빈 공간을 서브플롯으로 채웁니다.
axi = []
for i in range(6):
    if i==4:
        continue
    fig.add_subplot(2, 3, i+1)
plt.show()
```

'plt.subplots_adjust(wspace=가로 간격의 비율, hspace=세로 간격의 비율)'로 서브플롯 간의 간격을 설정할 수 있습니다.

리스트 11-20 해답

In
```
(... 생략 ...)
# 그림 내 서브플롯 간의 간격을 가로세로 모두 1로 설정하세요.
plt.subplots_adjust(wspace=1, hspace=1)
(... 생략 ...)
```

Out

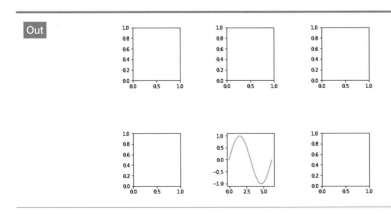

11.3.4 서브플롯의 그래프 표시 범위 설정하기

그림 내 그래프의 표시 범위를 x축, y축에 대해 각각 설정할 수 있습니다. 다음은 서브플롯 내 그래프의 표시 범위 설정 방법입니다. ax는 서브플롯 객체입니다.

- x축의 표시 범위 설정 : ax.set_xlim(범위)
- y축의 표시 범위 설정 : ax.set_ylim(범위)

예를 들어 x축의 표시 범위를 0부터 1까지로 하는 경우 다음과 같이 설정합니다.

```
ax.set_xlim([0, 1])
```

문제

- 서브플롯 ax가 준비되어 있습니다(리스트 11-21).
- ax 그래프의 y축 표시 범위를 [0,1]로 설정하세요.

리스트 11-21 문제

```
# matplotlib.pyplot을 plt로 import합니다.
import matplotlib.pyplot as plt
import numpy as np

%matplotlib inline

x = np.linspace(0, 2*np.pi)
y = np.sin(x)
labels = ["90°", "180°", "270°", "360°"]
positions = [np.pi/2, np.pi, np.pi*3/2, np.pi*2]

# Figure 객체를 만듭니다.
fig = plt.figure(figsize=(9, 6))

# 2×3 레이아웃에서 위에서 두 번째 행, 왼쪽에서 두 번째 열에 서브플롯 객체 ax를 만듭니다.
ax = fig.add_subplot(2, 3, 5)

# 그림 내 서브플롯의 간격을 가로세로 모두 1로 설정합니다.
plt.subplots_adjust(wspace=1, hspace=1)

# 서브플롯 ax 그래프의 y축 표시 범위를 [0,1]로 설정하세요.
```

```
# 데이터 x, y를 그래프에 플롯합니다.
ax.plot(x, y)

# 빈 공간을 서브플롯으로 채웁니다.
axi = []
for i in range(6):
    if i==4:
        continue
    fig.add_subplot(2, 3, i+1)
plt.show()
```

힌트

서브플롯 ax 그래프의 x축 표시 범위를 0부터 1까지로 할 때는 ax.set_xlim([0,1])을 사용합니다. y축도 마찬가지입니다.

해답

리스트 11-22 해답

In
```
( ... 생략 ... )
# 서브플롯 ax 그래프의 y축 표시 범위를 [0,1]로 설정하세요.
ax.set_ylim([0,1])
( ... 생략 ... )
```

Out
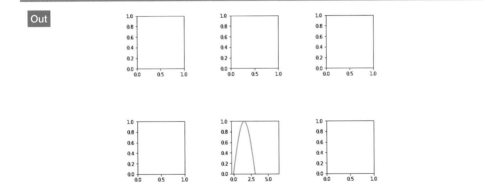

11.3.5 서브플롯의 그래프 요소에 이름 설정하기

그림에 표시한 여러 서브플롯에 대해 각 그래프의 **제목**이나 **이름** 등을 설정할 수 있습니다.

각 서브플롯에 대해 11.1.3절 '그래프 요소에 이름 설정하기'에서 했던 것처럼 그래프 요소에 이

름을 설정합니다. 하지만 각각의 서브플롯 요소에 이름을 설정할 때는 11.1.3절의 방법과 조금
다르므로 주의가 필요합니다.

다음은 서브플롯의 그래프 요소에 이름을 설정하는 방법입니다. ax는 서브플롯의 객체입니다.

- 그래프의 제목 설정 : ax.set_title("제목")
- x축 이름 설정 : ax.set_xlabel("x축 이름")
- y축 이름 설정 : ax.set_ylabel("y축 이름")

문제

- 서브플롯 ax가 준비되어 있습니다(리스트 11-23).
- ax 그래프의 제목을 'y=sin(x)'로 설정하세요.
- ax 그래프의 x축 이름을 'x-axis'로, y축 이름을 'y-axis'로 설정하세요.

리스트 11-23 문제

```
# matplotlib.pyplot을 plt로 import합니다.
import matplotlib.pyplot as plt
import numpy as np

%matplotlib inline

x = np.linspace(0, 2*np.pi)
y = np.sin(x)
labels = ["90°", "180°", "270°", "360°"]
positions = [np.pi/2, np.pi, np.pi*3/2, np.pi*2]

# Figure 객체를 만듭니다.
fig = plt.figure(figsize=(9, 6))

# 2×3 레이아웃에서 위에서 두 번째 행, 왼쪽에서 두 번째 열에 서브플롯 객체 ax를 만듭니다.
ax = fig.add_subplot(2, 3, 5)

# 그림 내 서브플롯의 간격을 가로세로 모두 1.0으로 설정합니다.
plt.subplots_adjust(wspace=1.0, hspace=1.0)

# 서브플롯 ax 그래프의 제목을 설정하세요.


# 서브플롯 ax 그래프의 x축과 y축 이름을 설정하세요.
```

```
    # 데이터 x, y를 그래프에 플롯합니다.
    ax.plot(x, y)

    # 빈 공간을 서브플롯으로 채웁니다.
    axi = []
    for i in range(6):
        if i==4:
            continue
        fig.add_subplot(2, 3, i+1)
    plt.show()
```

힌트

- 11.1.3절에서 설정한 방법과는 조금 다릅니다.
- 그래프의 제목 설정 : ax.set_title("제목")
- x축 이름 설정 : ax.set_xlabel("x축 이름")
- y축 이름 설정 : ax.set_ylabel("y축 이름")

해답

리스트 11-24 해답

In
```
(... 생략 ...)
# 서브플롯 ax 그래프의 제목을 설정하세요.
ax.set_title("y=sin(x)")

# 서브플롯 ax 그래프의 x축과 y축 이름을 설정하세요.
ax.set_xlabel("x-axis")
ax.set_ylabel("y-axis")
(... 생략 ...)
```

Out

11.3.6 서브플롯 그래프에 그리드 표시하기

11.1.4절 '그래프에 그리드 표시하기'에서 그래프에 그리드를 표시한 것처럼 서브플롯에도 그리드를 표시할 수 있습니다. 서브플롯 ax 그래프에 그리드를 표시하려면 ax.grid(True)를 설정합니다.

> **문제**
>
> • 서브플롯 ax가 준비되어 있습니다(리스트 11-25).
> • ax 그래프에 그리드를 표시하세요.

리스트 11-25 문제

```python
# matplotlib.pyplot을 plt로 import합니다.
import matplotlib.pyplot as plt
import numpy as np

%matplotlib inline

x = np.linspace(0, 2*np.pi)
y = np.sin(x)

# Figure 객체를 만듭니다.
fig = plt.figure(figsize=(9, 6))

# 2×3 레이아웃에서 위에서 두 번째 행, 왼쪽에서 두 번째 열에 서브플롯 객체 ax를 만듭니다.
ax = fig.add_subplot(2, 3, 5)

# 그림 내 서브플롯의 간격을 가로세로 모두 1로 설정합니다.
plt.subplots_adjust(wspace=1.0, hspace=1)

# 서브플롯 ax 그래프에 그리드를 표시하세요.


# 서브플롯 ax 그래프의 제목을 설정합니다.
ax.set_title("y=sin(x)")

# 서브플롯 ax 그래프의 x축과 y축 이름을 설정합니다.
ax.set_xlabel("x-axis")
ax.set_ylabel("y-axis")

# 데이터 x, y를 그래프에 플롯합니다.
```

```
ax.plot(x, y)

# 빈 공간을 서브플롯으로 채웁니다.
axi = []
for i in range(6):
    if i==4:
        continue
    fig.add_subplot(2, 3, i+1)
plt.show()
```

힌트

서브플롯 ax 그래프에 그리드를 표시하려면 ax.grid(True)로 설정합니다.

해답

리스트 11-26 해답

In

```
(... 생략 ...)
# 서브플롯 ax 그래프에 그리드를 표시하세요.
ax.grid(True)
(... 생략 ...)
```

Out

11.3.7 서브플롯 그래프 축에 눈금 설정하기

11.1.5절 '그래프 축에 눈금 설정하기'에서 했던 것처럼 서브플롯 그래프 축에도 눈금을 설정할
수 있습니다. 하지만 11.1.5절의 방법과 조금 다르므로 주의가 필요합니다.

서브플롯 ax의 x축에 삽입하는 눈금의 위치는 다음과 같이 설정할 수 있습니다.

```
ax.set_xticks("삽입 위치 리스트")
```

삽입하는 라벨은 다음과 같이 설정할 수 있습니다.

```
ax.set_xticklabels("눈금 리스트")
```

문제

- 서브플롯 ax가 준비되어 있습니다(리스트 11-27).
- ax의 x축에 눈금을 설정하세요. 눈금의 위치는 positions에, 눈금은 labels에 들어 있습니다.

리스트 11-27 문제

In

```python
# matplotlib.pyplot을 plt로 import합니다.
import matplotlib.pyplot as plt
import numpy as np

%matplotlib inline

x = np.linspace(0, 2*np.pi)
y = np.sin(x)
positions = [0, np.pi/2, np.pi, np.pi*3/2, np.pi*2]
labels = ["0°", "90°", "180°", "270°", "360°"]

# Figure 객체를 만듭니다.
fig = plt.figure(figsize=(9, 6))

# 2×3 레이아웃에서 위에서 두 번째 행, 왼쪽에서 두 번째 열에 서브플롯 객체 ax를 만듭니다.
ax = fig.add_subplot(2, 3, 5)

# 그림 내 서브플롯의 간격을 가로세로로 모두 1로 설정합니다.
plt.subplots_adjust(wspace=1, hspace=1)

# 서브플롯 ax 그래프에 그리드를 표시합니다.
ax.grid(True)

# 서브플롯 ax 그래프의 제목을 설정합니다.
ax.set_title("y=sin(x)")
```

```
# 서브플롯 ax 그래프의 x축과 y축 이름을 설정합니다.
ax.set_xlabel("x-axis")
ax.set_ylabel("y-axis")

# 서브플롯 ax 그래프의 x축에 눈금을 설정하세요.


# 데이터 x, y를 그래프에 플롯합니다.
ax.plot(x, y)

# 빈 공간을 서브플롯으로 채웁니다.
axi = []
for i in range(6):
    if i==4:
        continue
    fig.add_subplot(2, 3, i+1)
plt.show()
```

힌트

서브플롯 ax의 x축에 삽입하는 눈금의 위치는 'ax.set_xticks("삽입 위치 리스트")'로 설정할 수 있습니다.
삽입하는 눈금은 'ax.set_xticklabels("눈금 리스트")'로 설정할 수 있습니다.

해답

리스트 11-28 해답

 In
```
(... 생략 ...)
# 서브플롯 ax 그래프의 x축에 눈금을 설정하세요.
ax.set_xticks(positions)
ax.set_xticklabels(labels)
(... 생략 ...)
```

Out

||연습 문제||

서브플롯의 객체를 늘려서 여러 그래프를 동시에 표시할 수 있습니다. mathplotlib을 이용한 다중 그래프의 출력에 도전해봅시다.

문제

- 3×2의 그래프 레이아웃을 만들어 상단에는 왼쪽부터 순서대로 $y=x^1$, $y=x^2$, $y=x^3$의 그래프를, 하단에는 왼쪽부터 순서대로 $y=\sin(x)$, $y=\cos(x)$, $y=\tan(x)$의 그래프를 플롯하세요.
- 각각의 서브플롯에 적절한 제목을 붙이고, 그리드를 표시하세요.
- 상단에는 _upper가 붙은 변수를, 하단에는 _lower가 붙은 변수를 사용하세요.
- $y=\tan(x)$만 범위가 다르므로 _tan이 붙은 변수를 대신 사용하세요.

리스트 11-29 문제

In
```python
# matplotlib.pyplot을 plt로 import합니다.
import matplotlib.pyplot as plt
import numpy as np

%matplotlib inline

x_upper = np.linspace(0, 5)
x_lower = np.linspace(0, 2*np.pi)
x_tan = np.linspace(-np.pi/2, np.pi/2)
positions_upper = [i for i in range(5)]
positions_lower = [0, np.pi/2, np.pi, np.pi*3/2, np.pi*2]
positions_tan = [-np.pi/2, 0, np.pi/2]
labels_upper = [i for i in range(5)]
labels_lower = ["0°", "90°", "180°", "270°", "360°"]
labels_tan = ["-90°", "0°", "90°"]

# Figure 객체를 만듭니다.
fig = plt.figure(figsize=(9, 6))

# 3×2 레이아웃으로 여러 함수의 그래프를 플롯하세요.


plt.show()
```

- x^2, x^3은 파이썬 연산자를 사용하세요.

- $\sin(x), \cos(x), \tan(x)$는 모두 numpy 모듈에서 제공합니다.

- 그래프의 제목으로 x^2을 표시하려면 다음처럼 기술하세요.

```
ax.set_title("$x^2$")
```

해답

리스트 11-30 해답

In

```
(... 생략 ...)
# 3×2 레이아웃으로 여러 함수의 그래프를 플롯하세요.
# 서브플롯이 서로 겹치지 않도록 설정합니다.
plt.subplots_adjust(wspace=0.4, hspace=0.4)

# 상단의 서브플롯을 만듭니다.
for i in range(3):
    y_upper = x_upper ** (i + 1)
    ax = fig.add_subplot(2, 3, i + 1)

    # 서브플롯 ax 그래프에 그리드를 표시합니다.
    ax.grid(True)

    # 서브플롯 ax 그래프의 제목을 설정합니다.
    ax.set_title("$y=x^%i$" % (i + 1))

    # 서브플롯 ax 그래프의 x축과 y축 이름을 설정합니다.
    ax.set_xlabel("x-axis")
    ax.set_ylabel("y-axis")

    # 서브플롯 ax 그래프의 x축에 눈금을 설정합니다.
    ax.set_xticks(positions_upper)
    ax.set_xticklabels(labels_upper)

    # 데이터 x, y를 그래프에 플롯합니다.
    ax.plot(x_upper, y_upper)

# 하단의 서브플롯을 만듭니다.
# 사용할 함수와 제목을 리스트에 미리 넣은 뒤 for 문으로 처리합니다.
y_lower_list = [np.sin(x_lower), np.cos(x_lower)]
title_list = ["$y=sin(x)$", "$y=cos(x)$"]
for i in range(2):
    y_lower = y_lower_list[i]
    ax = fig.add_subplot(2, 3, i + 4)
```

```
# 서브플롯 ax 그래프에 그리드를 표시합니다.
ax.grid(True)

# 서브플롯 ax 그래프의 제목을 설정합니다.
ax.set_title(title_list[i])

# 서브플롯 ax 그래프의 x축과 y축 이름을 설정합니다.
ax.set_xlabel("x-axis")
ax.set_ylabel("y-axis")

# 서브플롯 ax 그래프의 x축에 눈금을 설정합니다.
ax.set_xticks(positions_lower)
ax.set_xticklabels(labels_lower)

# 데이터 x, y를 그래프에 플롯합니다.
ax.plot(x_lower, y_lower)

# y=tan(x) 그래프의 플롯
ax = fig.add_subplot(2, 3, 6)

# 서브플롯 ax 그래프에 그리드를 표시합니다.
ax.grid(True)

# 서브플롯 ax 그래프의 제목을 설정합니다.
ax.set_title("$y=tan(x)$")

# 서브플롯 ax 그래프의 x축과 y축 이름을 설정합니다.
ax.set_xlabel("x-axis")
ax.set_ylabel("y-axis")

# 서브플롯 ax 그래프의 x축에 눈금을 설정합니다.
ax.set_xticks(positions_tan)
ax.set_xticklabels(labels_tan)

# 서브플롯 ax 그래프의 y축 범위를 설정합니다.
ax.set_ylim(-1, 1)

# 데이터 x, y를 그래프에 플롯합니다.
ax.plot(x_tan, np.tan(x_tan))

plt.show()
```

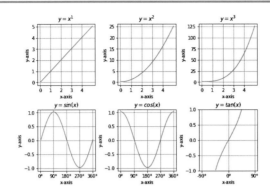

다양한 그래프 그리기

12.1 선 그래프

12.1.1 마커 종류와 색상 설정하기

matplotlib.pyplot.plot( )을 이용하여 꺾은선 그래프를 그릴 수 있습니다. 데이터와 함께 marker="마커 종류"를 지정하여 마커 종류를 설정할 수 있으며, markerfacecolor="마커 색상"을 지정하여 마커 색상을 설정할 수 있습니다.

다음은 지정 가능한 마커 종류와 색상입니다.

• 마커 종류

"o" : 원

"s" : 사각형

"p" : 오각형

"*" : 별

"+" : 플러스

"D" : 다이아몬드

• 마커 색상

"b" : 파란색

"g" : 초록색

"r" : 빨간색

"c" : 청록색

"m" : 진홍색

"y" : 노란색

"k" : 검은색

"w" : 흰색

검은색의 원형 마커를 적용한 꺾은선 그래프를 작성하세요(리스트 12-1). x축에 대응하는 데이터는 days에, y축에 해당하는 데이터는 weight에 들어 있습니다. 검은색은 "k"로 지정합니다.

리스트 12-1 문제

```
import numpy as np
import matplotlib.pyplot as plt

%matplotlib inline

days = np.arange(1, 11)
weight = np.array([10, 14, 18, 20, 18, 16, 17, 18, 20, 17])

# 그래프를 설정합니다.
plt.ylim([0, weight.max()+1])
plt.xlabel("days")
plt.ylabel("weight")

# 검은색의 원형 마커를 적용한 꺾은선 그래프를 작성하세요.
plt.plot(days, weight, marker= , markerfacecolor= )
plt.show()
```

marker="마커 종류", markerfacecolor="마커 색상"으로 마커 종류와 색상을 설정할 수 있습니다.

리스트 12-2 해답

```
(... 생략 ...)
# 검은색의 원형 마커를 적용한 꺾은선 그래프를 작성하세요.
plt.plot(days, weight, marker="o", markerfacecolor="k")
(... 생략 ...)
```

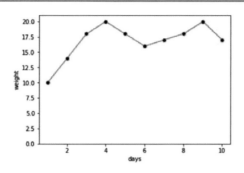

12.1.2 선 종류와 색상 설정하기

matplotlib.pyplot.plot( )에 데이터와 함께 linestyle="선 종류"를 지정하여 선 종류를 설정할 수 있습니다. 또한 color="색상"을 지정하여 선 색상을 설정할 수 있습니다.

다음은 지정 가능한 선 종류와 색상입니다.

- **선 종류**
  - "-" : 실선
  - "--" : 파선
  - "-." : 1점 쇄선
  - ":" : 점선

- **선 색상**
  - "b" : 파랑
  - "g" : 녹색
  - "r" : 빨간색
  - "c" : 청록색
  - "m" : 진홍색
  - "y" : 황
  - "k" : 검정
  - "w" : 흰색

문제

- 검은색의 원형 마커를 설정하고, 파란색 파선을 적용한 꺾은선 그래프를 작성하세요(리스트 12-3).
- x축에 해당하는 데이터는 변수 days에, y축에 해당하는 데이터는 변수 weight에 들어 있습니다.

리스트 12-3 문제

```
import numpy as np
import matplotlib.pyplot as plt

%matplotlib inline

days = np.arange(1, 11)
weight = np.array([10, 14, 18, 20, 18, 16, 17, 18, 20, 17])

# 그래프를 설정합니다.
plt.ylim([0, weight.max()+1])
plt.xlabel("days")
plt.ylabel("weight")

# 검은색의 원형 마커를 설정하고, 파란색 파선을 적용한 꺾은선 그래프를 작성하세요.
plt.plot(days, weight, linestyle= , color= , marker="o",
markerfacecolor="k")
plt.show()
```

힌트

linestyle="선 종류", color="색상"을 지정하여 선 종류와 색상을 설정할 수 있습니다.

해답

리스트 12-4 해답

```
(... 생략 ...)
# 검은색의 원형 마커를 설정하고, 파란색 파선을 적용한 꺾은선 그래프를 작성하세요.
plt.plot(days, weight, linestyle="--", color="b", marker="o",
markerfacecolor="k")
(... 생략 ...)
```

Out

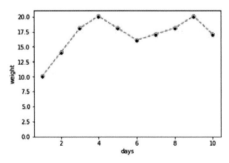

12.2 막대그래프

12.2.1 막대그래프 만들기

가로축 값과 그에 대응하는 세로축 데이터를 matplotlib.pyplot.bar( )에 전달하면 막대그래프를 만들 수 있습니다.

문제

> 가로축에 x, 세로축에 y의 데이터가 대응하는 막대그래프를 만드세요(리스트 12-5).

리스트 12-5 문제

```
import numpy as np
import matplotlib.pyplot as plt

%matplotlib inline

x = [1, 2, 3, 4, 5, 6]
y = [12, 41, 32, 36, 21, 17]

# 막대그래프를 만드세요.

plt.show()
```

힌트

가로축 값과 그에 대응하는 세로축 데이터를 plt.bar( )에 전달하여 막대그래프를 만들 수 있습니다.

해답

리스트 12-6 해답

```
(... 생략 ...)
# 막대그래프를 만드세요.
plt.bar(x, y)
(... 생략 ...)
```

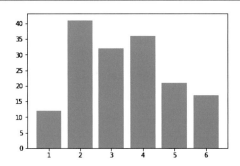

12.2.2 가로축에 라벨 설정하기

막대그래프의 가로축에 라벨을 붙이는 방법은 꺾은선 그래프 등에서 적용하는 방법과 다릅니다. 막대그래프에서는 `matplotlib.pyplot.bar()`에 `tick_label`로 라벨이 포함된 리스트를 전달하여 설정할 수 있습니다.

문제

가로축에 x, 세로축에 y의 데이터가 대응하는 막대그래프를 만들고, 가로축에 라벨을 설정하세요(리스트 12-7). 라벨의 리스트는 `labels`에 저장되어 있습니다.

리스트 12-7 문제

In

```
import numpy as np
import matplotlib.pyplot as plt

%matplotlib inline

x = [1, 2, 3, 4, 5, 6]
y = [12, 41, 32, 36, 21, 17]
labels = ["Apple", "Orange", "Banana", "Pineapple", "Kiwifruit",
"Strawberry"]

# 막대그래프를 만들고, 가로축에 라벨을 설정하세요.
plt.bar(x, y, tick_label= )
plt.show()
```

plt.bar( )에 'tick_label=라벨이 포함된 리스트'를 지정하여 라벨을 설정할 수 있습니다.

리스트 12-8 해답

```
In    (... 생략 ...)
      # 막대그래프를 만들고, 가로축에 라벨을 설정하세요.
      plt.bar(x, y, tick_label=labels)
      (... 생략 ...)
```

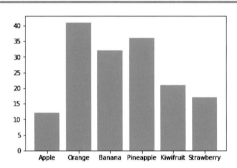

12.2.3 누적 막대그래프 만들기

두 계열 이상의 데이터를 동일한 항목에 대해 누적시킨 그래프를 누적 막대그래프라고 합니다.

matplotlib.pyplot.bar( )의 bottom에 데이터 열을 전달하면 해당 인덱스의 아래쪽 항목으로 설정할 수 있습니다. 즉, 두 번째 이후 플롯에서 지금까지의 합을 bottom에 전달하여 **누적 막대그래프**를 만들게 됩니다. 또한 plt.legend(("y1", "y2"))로 계열에 라벨을 지정할 수 있습니다.

가로축에 x, 세로축에 y1과 y2의 데이터가 대응하는 누적 막대그래프를 만들고, 가로축에 라벨을 설정하세요(리스트 12-9). 라벨은 labels에 저장되어 있습니다.

리스트 12-9 문제

```
In    import numpy as np
      import matplotlib.pyplot as plt

      %matplotlib inline

      x = [1, 2, 3, 4, 5, 6]
      y1 = [12, 41, 32, 36, 21, 17]
      y2 = [43, 1, 6, 17, 17, 9]
      labels = ["Apple", "Orange", "Banana", "Pineapple", "Kiwifruit",
      "Strawberry"]

      # 누적 막대그래프를 만들고, 가로축에 라벨을 설정하세요.
      plt.bar(x, y1, tick_label=labels)
      plt.bar(x, , bottom=y1)

      # 계열에 라벨을 지정합니다.
      plt.legend(("y1", "y2"))
      plt.show()
```

힌트

plt.bar ( )의 bottom에 데이터 열을 전달하여 해당 인덱스의 아래쪽 항목으로 설정할 수 있습니다.

해답

리스트 12-10 해답

```
In    (... 생략 ...)
      # 누적 막대그래프를 만들고, 가로축에 라벨을 설정하세요.
      plt.bar(x, y1, tick_label=labels)
      plt.bar(x, y2, bottom=y1)
      (... 생략 ...)
```

Out

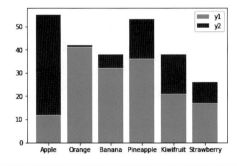

12.3 히스토그램

12.3.1 히스토그램 만들기

리스트형의 데이터 열을 matplotlib.pyplot.hist()에 전달하면 히스토그램을 만들 수 있습니다.

문제

> matplotlib을 사용하여 data에 포함된 데이터의 히스토그램을 만드세요(리스트 12-11).

리스트 12-11 문제

```
In    import numpy as np
      import matplotlib.pyplot as plt

      %matplotlib inline

      np.random.seed(0)
      data = np.random.randn(10000)

      # data를 이용해 히스토그램을 만드세요.

      plt.show()
```

힌트

plt.hist()에 리스트형의 데이터 열을 전달하여 히스토그램을 만들 수 있습니다.

해답

리스트 12-12 해답

```
In    (... 생략 ...)
      # data를 이용해 히스토그램을 만드세요.
      plt.hist(data)
      (... 생략 ...)
```

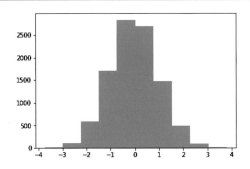

12.3.2 구간수 설정하기

히스토그램을 만들 때 데이터를 몇 개의 **구간**bin으로 나눌지 결정하는 것은 매우 중요합니다. matplotlib.pyplot.hist()로 히스토그램을 만들 때 bins에 구간수를 지정할 수 있습니다. bins="auto"로 하면 구간수가 자동으로 설정됩니다.

문제

matplotlib과 데이터 열 data를 이용해서 구간수가 100개인 히스토그램을 만드세요(리스트 12-13).

리스트 12-13 문제

In
```python
import numpy as np
import matplotlib.pyplot as plt

%matplotlib inline

np.random.seed(0)
data = np.random.randn(10000)

# 구간수가 100인 히스토그램을 만드세요.
plt.hist(data, bins= )
plt.show()
```

힌트

plt.hist()에 데이터 열과 bins를 지정하여 구간수를 설정할 수 있습니다.

리스트 12-14 해답

```
In     (... 생략 ...)
       # 구간수가 100인 히스토그램을 만드세요.
       plt.hist(data, bins=100)
       (... 생략 ...)
```

Out

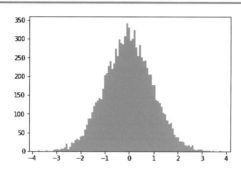

12.3.3 정규화하기

히스토그램의 분포를 정규분포라고 가정했을 때 합이 1이 되도록 히스토그램을 조작하는 것을
정규화라고 합니다. 히스토그램을 정규화하려면 matplotlib.pyplot.hist()로 데이터를 전
달할 때 normed=True를 지정합니다.

문제

matplotlib과 데이터 열 data를 이용해서 정규화된, 구간수가 100인 히스토그램을 만드세
요(리스트 12-15).

리스트 12-15 문제

```
In     import numpy as np
       import matplotlib.pyplot as plt

       %matplotlib inline

       np.random.seed(0)
       data = np.random.randn(10000)
```

```
# 정규화된, 구간수가 100인 히스토그램을 만드세요.

plt.show()
```

힌트

히스토그램을 정규화하려면 `matplotlib.pyplot.hist()`로 데이터를 전달할 때 `normed=True`를 지정합니다.

해답

리스트 12-16 해답

```
In    (... 생략 ...)
      # 정규화된, 구간수가 100인 히스토그램을 만드세요.
      plt.hist(data, bins=100, normed=True)
      (... 생략 ...)
```

Out

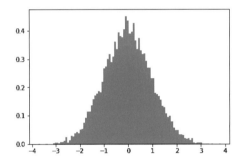

12.3.4 누적 히스토그램 만들기

히스토그램의 최저 계급에서 시작하여 계급이 올라갈 때마다 숫자를 누적시킨 히스토그램을 누적 히스토그램이라고 합니다. 누적 히스토그램은 `matplotlib.pyplot.hist()`로 데이터를 전달할 때 `cumulative=True`를 지정하여 만들 수 있습니다.

문제

matplotlib과 데이터 열 data를 이용해서 정규화된, 구간수가 100인 누적 히스토그램을 만드세요(리스트 12-17).

```
In    import numpy as np
      import matplotlib.pyplot as plt

      %matplotlib inline

      np.random.seed(0)
      data = np.random.randn(10000)

      # 정규화된, 구간수가 100인 누적 히스토그램을 만드세요.

      plt.show()
```

힌트

누적 히스토그램은 plt.hist( )로 데이터를 전달할 때 cumulative=True를 지정하여 만들 수 있습니다.

해답

리스트 12-18 해답

```
In    (... 생략 ...)
      # 정규화된, 구간수가 100인 누적 히스토그램을 만드세요.
      plt.hist(data, bins=100, normed=True, cumulative=True)
      (... 생략 ...)
```

Out

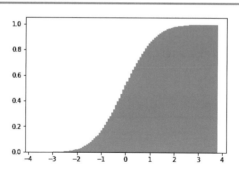

12.4 산포도

12.4.1 산포도 만들기

x축과 y축 데이터를 matplotlib.pyplot.scatter()에 전달하면 산포도를 만들 수 있습니다.

문제

리스트형 변수 x와 y의 데이터를 평면상의 x축과 y축에 대응시킨 산포도를 만드세요(리스트 12-19).

리스트 12-19 문제

```
import numpy as np
import matplotlib.pyplot as plt

%matplotlib inline

np.random.seed(0)
x = np.random.choice(np.arange(100), 100)
y = np.random.choice(np.arange(100), 100)

# 산포도를 만드세요.

plt.show()
```

힌트

x축과 y축에 해당하는 데이터를 plt.scatter()에 전달하면 산포도를 만들 수 있습니다.

해답

리스트 12-20 해답

```
(... 생략 ...)
# 산포도를 만드세요.
plt.scatter(x, y)
(... 생략 ...)
```

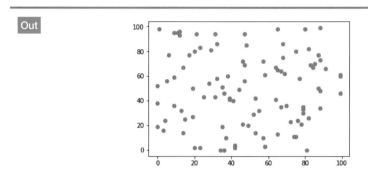

12.4.2 마커 종류와 색상 설정하기

데이터와 함께 marker="마커 종류"를 지정하여 마커 종류를 설정할 수 있습니다. 또한 color= "색상"을 지정하여 마커 색상을 설정할 수 있습니다.

다음은 지정 가능한 마커 종류와 색상입니다.

<table>
<tr><td>• 마커 종류</td><td>• 마커 색상</td></tr>
<tr><td>"o" : 원</td><td>"b" : 파란색</td></tr>
<tr><td>"s" : 사각형</td><td>"g" : 초록색</td></tr>
<tr><td>"p" : 오각형</td><td>"r" : 빨간색</td></tr>
<tr><td>"*" : 별</td><td>"c" : 청록색</td></tr>
<tr><td>"+" : 플러스</td><td>"m" : 진홍색</td></tr>
<tr><td>"D" : 다이아몬드</td><td>"y" : 노란색</td></tr>
<tr><td></td><td>"k" : 검은색</td></tr>
<tr><td></td><td>"w" : 흰색</td></tr>
</table>

문제

리스트형 변수 x와 y의 데이터를 평면상의 x축과 y축에 대응시킨 산포도를 만드세요(리스트 12-21). 마커 종류는 사각형, 색상은 검은색으로 설정하세요. 검은색은 "k"로 지정합니다.

리스트 12-21 문제

```
In

import numpy as np
import matplotlib.pyplot as plt

%matplotlib inline

np.random.seed(0)
x = np.random.choice(np.arange(100), 100)
y = np.random.choice(np.arange(100), 100)

# 마커 종류는 사각형, 색상은 검은색으로 설정하여 산포도를 만드세요.
plt.scatter(x, y, marker= , color= )
plt.show()
```

힌트

- marker="마커 종류"로 마커 종류를 설정할 수 있습니다.
- color="색상"으로 마커 색상을 설정할 수 있습니다.

해답

리스트 12-22 해답

```
In

(... 생략 ...)
# 마커 종류는 사각형, 색상은 검은색으로 설정하여 산포도를 만드세요.
plt.scatter(x, y, marker="s", color="k")
(... 생략 ...)
```

```
Out
```

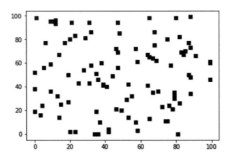

12.4.3 값에 따라 마커 크기 설정하기

matplotlib.pyplot.scatter( )를 이용하여 플롯할 때 마커 자체의 데이터를 부여할 수 있습니다. matplotlib.pyplot.scatter( )에 x축과 y축 데이터와 함께 리스트형의 데이터를 's=데이터'로 전달하면 데이터값에 따라 마커 크기가 결정됩니다. 이처럼 산포도에는 x축, y축, 마커의 세 가지 요소를 포함시킬 수 있습니다.

> **문제**
>
> 변수 x와 y의 값을 플롯하고, z값으로 마커 크기를 설정하세요(리스트 12-23).

리스트 12-23 문제

```
import numpy as np
import matplotlib.pyplot as plt

%matplotlib inline

np.random.seed(0)
x = np.random.choice(np.arange(100), 100)
y = np.random.choice(np.arange(100), 100)
z = np.random.choice(np.arange(100), 100)

# z값에 의해 마커 크기가 변하도록 플롯하세요.
plt.scatter(x, y, s= )
plt.show( )
```

힌트

plt.scatter( )에 's=데이터'를 전달하면 데이터값에 따라 마커 크기가 결정됩니다.

해답

리스트 12-24 해답

```
(... 생략 ...)
# z값에 의해 마커 크기가 변하도록 플롯하세요.
plt.scatter(x, y, s=z)
(... 생략 ...)
```

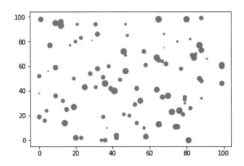

12.4.4 값에 따라 마커 농도 설정하기

값에 따라 마커 크기를 변경하면 보기 흉할 때가 있습니다. 그럴 때는 값에 따라 마커 색상의 농도를 바꿀 것을 추천합니다. matplotlib.pyplot.scatter( )에 x축, y축 데이터와 함께 'c=농도'로 데이터(리스트)를 전달하면 그 값에 따라 마커 농도가 설정됩니다. cmap="색상 계열"을 지정하여 농도의 색상 계열을 설정할 수 있습니다. 다음은 사용 가능한 색상 계열입니다.

- **색상 계열**
  "Reds" : 빨간색 계열
  "Blues" : 파란색 계열
  "Greens" : 초록색 계열
  "Purples" : 보라색 계열

문제

변수 x와 y의 값을 플롯하고, z값에 따라 마커 농도가 파란색 계열로 변하도록 설정하세요
(리스트 12-25).

리스트 12-25 문제

```
import numpy as np
import matplotlib.pyplot as plt

%matplotlib inline

np.random.seed(0)
```

```
x = np.random.choice(np.arange(100), 100)
y = np.random.choice(np.arange(100), 100)
z = np.random.choice(np.arange(100), 100)

# z값에 따라 마커 농도가 파란색 계열로 변하도록 설정하세요.
plt.scatter(x, y, c= , cmap="")

plt.show()
```

힌트

• plt.scatter( )에 x축, y축 데이터와 함께 'c=농도'로 데이터(리스트)를 전달하면 그 값에 따라 마커 농도가 설정됩니다. cmap="색상 계열"을 지정하여 농도의 색상 계열을 설정할 수 있습니다.

• 색상 계열을 파란색 계열로 하려면 "Blues"를 지정합니다.

해답

리스트 12-26 해답

In

```
(... 생략 ...)
# z값에 따라 마커 농도가 파란색 계열로 변하도록 설정하세요.
plt.scatter(x, y, c=z, cmap="Blues")
(... 생략 ...)
```

Out

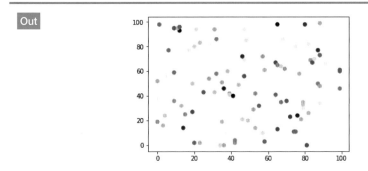

12.4.5 컬러바 표시하기

값의 크고 작음에 따라 마커를 칠하는 것만으로는 값의 기준을 알기 어렵습니다. 이럴 때 농도의 대략적인 값을 나타내는 컬러바(색상막대)를 표시하면 좋습니다. `matplotlib.pyplot.colorbar( )`로 컬러바를 표시할 수 있습니다.

변수 x, y의 값을 플롯하고, z값에 따라 마커 농도가 파란색 계열로 변하도록 설정하세요(리스트 12-27). 그리고 컬러바를 표시하세요.

리스트 12-27 문제

```
In   import numpy as np
     import matplotlib.pyplot as plt

     %matplotlib inline

     np.random.seed(0)
     x = np.random.choice(np.arange(100), 100)
     y = np.random.choice(np.arange(100), 100)
     z = np.random.choice(np.arange(100), 100)

     # z값에 따라 마커 농도가 파란색 계열로 변하도록 설정하세요.


     # 컬러바를 표시하세요.

     plt.show()
```

힌트

plt.colorbar( )로 컬러바를 표시할 수 있습니다.

해답

리스트 12-28 해답

```
In   (... 생략 ...)
     # z값에 따라 마커 농도가 파란색 계열로 변하도록 설정하세요.
     plt.scatter(x, y, c=z, cmap="Blues")

     # 컬러바를 표시하세요.
     plt.colorbar()
     (... 생략 ...)
```

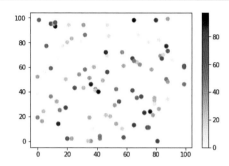

12.5 원그래프

12.5.1 원그래프 만들기

리스트형 데이터를 matplotlib.pyplot.pie()에 전달하여 원그래프를 만들 수 있습니다. 원형의 그래프로 하려면 matplotlib.pyplot.axis("equal")이 필요합니다. 이 코드가 없으면 타원이 되어버립니다.

문제

data를 이용해 원그래프를 만드세요(리스트 12-29).

리스트 12-29 문제

```
import matplotlib.pyplot as plt

%matplotlib inline

data = [60, 20, 10, 5, 3, 2]

# data를 이용해 원그래프를 만드세요.


# 타원에서 원으로 변경하세요.

plt.show()
```

리스트형의 데이터를 plt.pie( )에 전달하여 원그래프를 만들 수 있습니다. 그래프를 원형으로 하려면 plt. axis("equal")이 필요합니다.

리스트 12-30 해답

```
In      (... 생략 ...)
        # data를 이용해 원그래프를 만드세요.
        plt.pie(data)

        # 타원에서 원으로 변경하세요.
        plt.axis("equal")
        (... 생략 ...)
```

Out

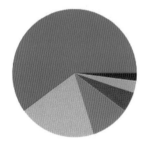

12.5.2 원그래프에 라벨 설정하기

matplotlib.pyplot.pie(전달된 데이터, labels=라벨 리스트)와 같이 pie( )의 매개변수 labels에 라벨의 리스트를 전달하여 원그래프에 라벨을 붙일 수 있습니다.

- data를 이용해서 원그래프를 만드세요(리스트 12-31).
- labels에 포함된 라벨을 설정하세요.

리스트 12-31 문제

In

```
import matplotlib.pyplot as plt

%matplotlib inline

data = [60, 20, 10, 5, 3, 2]
labels = ["Apple", "Orange", "Banana", "Pineapple", "Kiwifruit",
"Strawberry"]

# data에 labels의 라벨을 붙이고 원그래프를 만드세요.


plt.axis("equal")
plt.show()
```

힌트

plt.pie( )의 파라미터로 'labels=라벨 리스트'를 지정해서 원그래프에 라벨을 붙일 수 있습니다.

해답

리스트 12-32 해답

In

```
(... 생략 ...)
# data에 labels의 라벨을 붙이고 원그래프를 만드세요.
plt.pie(data, labels=labels)
(... 생략 ...)
```

Out

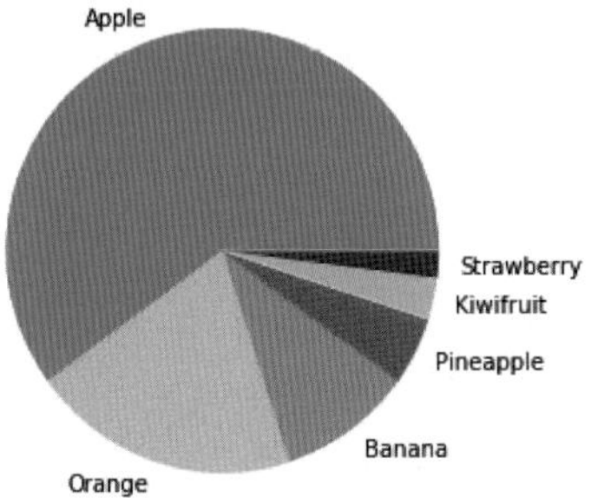

12.5.3 특정 요소 부각시키기

원그래프에서 특징적인 요소만 떼어내 부각시킬 수 있습니다. matplotlib.pyplot.pie( )에 explode로 부각 수준(0에서 1 사이의 값)을 저장한 리스트를 전달하여 원하는 요소를 부각시킬 수 있습니다.

문제

- data를 이용해서 원그래프를 만드세요(리스트 12-33).
- labels에 포함된 라벨을 설정하세요.
- explode에 들어 있는 부각 수준을 적용하세요.

리스트 12-33 문제

```
In    import matplotlib.pyplot as plt

      %matplotlib inline

      data = [60, 20, 10, 5, 3, 2]
      labels = ["Apple", "Orange", "Banana", "Pineapple", "Kiwifruit",
      "Strawberry"]
      explode = [0, 0, 0.1, 0, 0, 0]

      # data에 labels의 라벨을 붙이고, Banana를 돋보이게 하여 원그래프를 만드세요.

      plt.axis("equal")
      plt.show()
```

힌트

matplotlib.pyplot.pie( )에 explode로 부각 수준(0에서 1 사이의 값)을 저장한 리스트를 전달하여 원하는 요소를 부각시킬 수 있습니다.

해답

리스트 12-34 해답

```
In    (... 생략 ...)
      # data에 labels의 라벨을 붙이고, Banana를 돋보이게 하여 원그래프를 만드세요.
      plt.pie(data, labels=labels, explode=explode)
      (... 생략 ...)
```

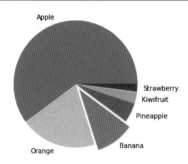

12.6 3D 그래프

12.6.1 3D Axes 만들기

이 절에서는 3D 그래프를 만드는 방법을 배웁니다. 3D 그래프를 만들려면 3D 렌더링 기능을 가진 서브플롯을 작성할 필요가 있습니다.

다음과 같이 projection="3d"로 3D 렌더링 기능을 가진 서브플롯을 작성할 수 있습니다.

```
matplotlib.figure().add_subplot(1,1,1,projection="3d")
```

문제

준비된 변수 fig로 3D 렌더링 기능을 가진 서브플롯 ax를 만드세요. 하지만 그림은 분할하지 마세요(리스트 12-35).

리스트 12-35 문제

```
import numpy as np
import matplotlib.pyplot as plt
# 3D 렌더링에 필요한 라이브러리입니다.
from mpl_toolkits.mplot3d import Axes3D

%matplotlib inline

t = np.linspace(-2*np.pi, 2*np.pi)
```

```
X, Y = np.meshgrid(t, t)
R = np.sqrt(X**2 + Y**2)
Z = np.sin(R)

# Figure 객체를 만듭니다.
fig = plt.figure(figsize=(6, 6))

# 서브플롯 ax를 만드세요.
ax =

# 플롯합니다.
ax.plot_surface(X, Y, Z)
plt.show()
```

힌트

3D 렌더링이 가능한 서브플롯은 add_subplot( )에 인수 projection="3d"를 지정해서 만들 수 있습니다.

해답

리스트 12-36 해답

In
```
( ... 생략 ... )
# 서브플롯 ax를 만드세요.
ax = fig.add_subplot(1, 1, 1, projection="3d")
( ... 생략 ... )
```

Out

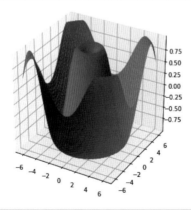

12.6.2 곡면 만들기

이산형 데이터를 시각화할 때 값을 보충하여 매끄러운 그래프를 작성하고 싶을 때가 있습니다.

서브플롯 ax가 준비된 경우 ax.plot_surface(X, Y, Z)와 같이 x축, y축, z축에 대응하는 데이터를 전달하여 **곡면**을 만들 수 있습니다.

matplotlib.pyplot.show( )로 화면에 출력할 수 있습니다.

> **문제**
>
> 변수 X, Y, Z의 데이터를 각각 x축, y축, z축에 대응시켜 곡면을 만드세요(리스트 12-37).

리스트 12-37 문제

```
import numpy as np
import matplotlib.pyplot as plt
# 3D 렌더링에 필요한 라이브러리입니다.
from mpl_toolkits.mplot3d import Axes3D

%matplotlib inline

x = y = np.linspace(-5, 5)
X, Y = np.meshgrid(x, y)
Z = np.exp(-(X**2 + Y**2)/2) / (2*np.pi)

# Figure 객체를 만듭니다.
fig = plt.figure(figsize=(6, 6))

# 서브플롯 ax를 만듭니다.
ax = fig.add_subplot(1, 1, 1, projection="3d")

# 곡면을 만드세요.

plt.show()
```

힌트

서브플롯 ax를 이용해서 ax.plot_surface( )에 데이터를 전달하면 곡면 렌더링이 가능합니다.

리스트 12-38 해답

```
In    (... 생략 ...)
      # 곡면을 만드세요.
      ax.plot_surface(X, Y, Z)
      (... 생략 ...)
```

Out

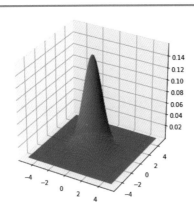

12.6.3 3D 히스토그램 만들기

데이터셋에서 두 요소의 관계를 찾으려면 각 요소를 각각 x축과 y축에 대응시킨 뒤 z축 방향으로 쌓아가는 시각화 방법이 유용할 수 있습니다. bar3d(xpos, ypos, zpos, dx, dy, dz)와 같이 x축, y축, z축의 위치 및 변화량 데이터를 전달하여 **3차원 히스토그램** 또는 **막대그래프**를 만들 수 있습니다.

문제

3D 히스토그램을 만드세요. x축, y축, z축에 대응하는 데이터는 각각 xpos, ypos, zpos에 들어 있으며 x, y, z의 증가량은 dx, dy, dz에 들어 있습니다(리스트 12-39).

리스트 12-39 문제

```
In   import matplotlib.pyplot as plt
     import numpy as np
     # 3D 렌더링에 필요한 라이브러리입니다.
     from mpl_toolkits.mplot3d import Axes3D

     %matplotlib inline

     # Figure 객체를 만듭니다.
     fig = plt.figure(figsize=(5, 5))

     # 서브플롯 ax1을 만듭니다.
     ax = fig.add_subplot(111, projection="3d")

     # x, y, z의 위치를 결정합니다.
     xpos = [i for i in range(10)]
     ypos = [i for i in range(10)]
     zpos = np.zeros(10)

     # x, y, z의 증가량을 결정합니다.
     dx = np.ones(10)
     dy = np.ones(10)
     dz = [i for i in range(10)]

     # 3D 히스토그램을 만드세요.

     plt.show()
```

힌트

서브플롯 ax를 이용하여 ax.bar3d( )에 축 정보와 데이터를 전달하여 3D 히스토그램을 만들 수 있습니다.

해답

리스트 12-40 해답

```
In   (... 생략 ...)
     # 3D 히스토그램을 만드세요.
     ax.bar3d(xpos, ypos, zpos, dx, dy, dz)
     (... 생략 ...)
```

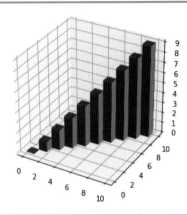

12.6.4 3D 산포도 만들기

서로 관계가 있는(또는 있다고 생각되는) 세 종류의 데이터가 있을 때 그들을 3차원 공간에 플롯하여 추세를 시각적으로 예상할 수 있습니다. scatter3D( )에 x축, y축, z축에 대응하는 데이터를 전달하여 **3차원 산포도**를 만들 수 있습니다. 단, 전달할 데이터는 1차원이어야 하므로 np.ravel( )을 이용하여 데이터를 변환해야 하는 경우가 있습니다.

문제

- X, Y, Z는 미리 np.ravel( )로 1차원 데이터로 변환되어 x, y, z에 들어 있습니다(리스트 12-41).
- 3D 산포도를 만드세요. x축, y축, z축에 대응하는 데이터는 각각 x, y, z입니다.

리스트 12-41 문제

```
import numpy as np
import matplotlib.pyplot as plt
# 3D 렌더링에 필요한 라이브러리입니다.
from mpl_toolkits.mplot3d import Axes3D

np.random.seed(0)

%matplotlib inline

X = np.random.randn(1000)
```

```
Y = np.random.randn(1000)
Z = np.random.randn(1000)

# Figure 객체를 만듭니다.
fig = plt.figure(figsize=(6, 6))

# 서브플롯 ax를 만듭니다.
ax = fig.add_subplot(1, 1, 1, projection="3d")

# X, Y, Z를 1차원으로 변환합니다.
x = np.ravel(X)
y = np.ravel(Y)
z = np.ravel(Z)

# 3D 산포도를 만드세요.

plt.show()
```

힌트

서브플롯 ax를 이용하여 ax.scatter3D( )에 데이터를 전달하면 3D 산포도를 만들 수 있습니다.

해답

리스트 12-42 해답

In
```
(... 생략 ...)
# 3D 산포도를 만드세요.
ax.scatter3D(x, y, z)
(... 생략 ...)
```

Out

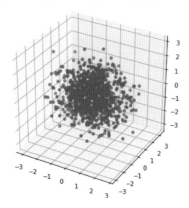

12.6.5 3D 그래프에 컬러맵 적용하기

단조로운 색상의 3D 그래프는 요철이 많은 부분이 잘 보이지 않습니다. matplotlib에는 그래프의 점이 찍히는 좌표에 따라 표시하는 색깔을 바꾸는 기능이 있습니다.

matplotlib에서 cm을 import하고 플롯할 때 데이터와 함께 cmap=cm.coolwarm을 인수로 전달하여 세 번째 인수에 대해 **컬러맵**을 적용할 수 있습니다.

> 문제
>
> Z값에 컬러맵을 적용하세요(리스트 12-43).

리스트 12-43 문제

```
import numpy as np
import matplotlib.pyplot as plt
# 컬러맵을 위한 라이브러리입니다.
from matplotlib import cm
# 3D 렌더링에 필요한 라이브러리입니다.
from mpl_toolkits.mplot3d import Axes3D

%matplotlib inline

t = np.linspace(-2*np.pi, 2*np.pi)
X, Y = np.meshgrid(t, t)

R = np.sqrt(X**2 + Y**2)
Z = np.sin(R)

# Figure 객체를 만듭니다.
fig = plt.figure(figsize=(6, 6))

# 서브플롯 ax를 만듭니다.
ax = fig.add_subplot(1,1,1, projection="3d")

# 다음을 변경하여 Z값에 컬러맵을 적용하세요.
ax.plot_surface(X, Y, Z, cmap= )
plt.show()
```

> 힌트
>
> 플롯할 때 cmap=cm.coolwarm을 인수로 전달하면 컬러맵이 적용됩니다.

리스트 12-44 해답

`In`

```
(... 생략 ...)
# 다음을 변경하여 Z값에 컬러맵을 적용하세요.
ax.plot_surface(X, Y, Z, cmap=cm.coolwarm)
(... 생략 ...)
```

`Out`

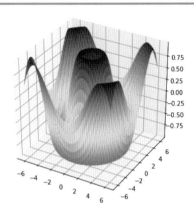

||연습 문제||

이 문제에서는 setosa, versicolor, virginica 세 종Species의 붓꽃iris에 대해 네 개의 측정값(꽃받침의 길이Sepal Length, 꽃받침의 폭Sepal Width, 꽃잎의 길이Petal Length, 꽃잎의 폭Petal Width을 사용합니다.

데이터를 검색하려면 다음 코드가 필요합니다.

```
import pandas as pd
# url 소스에서 iris 데이터 검색
df_iris = pd.read_csv("https://archive.ics.uci.edu/ml/machine-learning-databases/
iris/iris.data", header=None)
df_iris.columns = ["sepal length", "sepal width", "petal length", "petal width",
"class"]
```

df_iris는 150행 5열로 이루어진 데이터입니다. 0행부터 50행은 세토사setosa, 51행부터 100행은 버시컬러versicolor, 101행부터 150행은 버지니카virginica입니다.

iris 데이터를 읽고 변수 x와 y의 값을 각각 sepallength, sepalwidth로 플롯하세요(리스트 12-45). 이 작업을 setosa, versicolor, virginica 전체에 수행해야 합니다. setosa는 검은색, versicolor는 파란색, virginica는 초록색으로 플롯합니다. 각각 라벨을 붙이고, 그림의 모양도 주석의 지시대로 만드세요.

리스트 12-45 문제

In

```
import matplotlib.pyplot as plt
import pandas as pd

# iris 데이터를 가져옵니다.
df_iris = pd.read_csv("https://archive.ics.uci.edu/ml/machine-learning-
databases/iris/iris.data", header=None)
df_iris.columns = ["sepal length", "sepal width", "petal length", "petal
width", "class"]
fig = plt.figure(figsize=(10,10))

# setosa의 sepal length - sepal width의 관계도를 그리세요.
# 라벨은 setosa, 색상은 black을 지정하세요.


# versicolor의 sepal length - sepal width의 관계도를 그리세요.
# 라벨은 versicolor, 색상은 blue를 지정하세요.


# virginica의 sepal length - sepal width의 관계도를 그리세요.
# 라벨은 virginica, 색상은 green을 지정하세요.


# x축의 이름을 sepal length로 하세요.


# y축의 이름을 sepal width로 하세요.


# 그림을 표시합니다.
plt.legend(loc="best")
plt.grid(True)
plt.show()
```

힌트

예를 들어 setosa의 sepal length와 sepal width의 데이터를 추출할 때 각각 df_iris.iloc[:50,0],
df_iris.iloc[:50,1]과 같이 기술합니다.

해답

리스트 12-46 해답

In
```
(... 생략 ...)
# setosa의 sepal length - sepal width의 관계도를 그리세요.
# 라벨은 setosa, 색상은 black을 지정하세요.
plt.scatter(df_iris.iloc[:50,0], df_iris.iloc[:50,1], label="setosa",
color="k")

# versicolor의 sepal length - sepal width의 관계도를 그리세요.
# 라벨은 versicolor, 색상은 blue를 지정하세요.
plt.scatter(df_iris.iloc[50:100,0], df_iris.iloc[50:100,1],
label="versicolor", color="b")

# virginica의 sepal length - sepal width의 관계도를 그리세요.
# 라벨은 virginica, 색상은 green을 지정하세요.
plt.scatter(df_iris.iloc[100:150,0], df_iris.iloc[100:150,1],
label="virginica", color="g")

# x축의 이름을 sepal length로 하세요.
plt.xlabel("sepal length")

# y축의 이름을 sepal width로 하세요.
plt.ylabel("sepal width")
(... 생략 ...)
```

Out
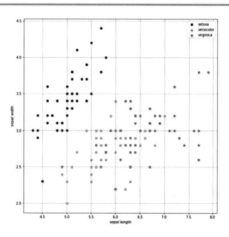

‖종합 문제‖

이 문제에서는 몬테카를로 방법$^{Monte\ Carlo\ method}$에 의한 원주율의 추정을 실시합니다.

먼저 몬테카를로 방법에 대해 설명하겠습니다. 몬테카를로 방법은 난수를 이용하여 값을 예측하는 방법입니다. 난수를 이용하기 때문에 해답을 제대로 출력할 수도 있지만 반대로 원하는 출력을 얻지 못하는 경우도 있습니다. 몬테카를로 방법을 이용한 대표적인 예로 원주율의 근삿값을 계산하는 알고리즘이 있습니다.

1×1 정사각형 내에 임의의 점을 찍습니다. 원점([그림 12-1]의 왼쪽 아래의 정점)에서 거리가 1 이하면 1포인트를 추가하고, 1보다 크면 0포인트를 추가합니다. 이 작업을 N번(몇 번 반복할지는 스스로 결정) 반복합니다. 총 획득 포인트를 X라고 할 때 $\dfrac{4X}{N}$가 원주율의 근삿값이 되므로 몬테카를로 방법으로 원주율을 추정할 수 있음을 알 수 있습니다.

그림 12-1 몬테카를로 방법에 의한 원주율의 추정

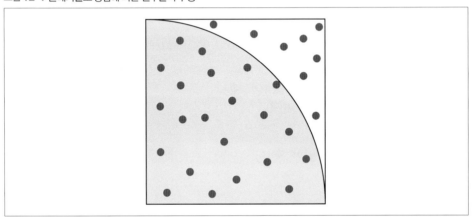

문제

- 몬테카를로 방법으로 원주율을 추정하기 위한 [리스트 12-47]의 코드를 완성하세요.
- [리스트 12-47]의 코드에서 N값을 적절하게 변화시켜 추정한 원주율이 어떻게 변하는지 살펴보세요.

In

```
import matplotlib.pyplot as plt
import numpy as np
import math
import time

%matplotlib inline

np.random.seed(100)

X = 0 # 원 안에 들어간 횟수입니다.

# 시도 횟수 N을 지정하세요.


# 사분면 경계의 방정식 [y=√(1-x^2)(0<=x<=1)]을 그립니다.
circle_x = np.arange(0, 1, 0.001)
circle_y = np.sqrt(1 - circle_x * circle_x)
plt.figure(figsize=(5,5))
plt.plot(circle_x, circle_y)

# N번 시도에 걸리는 시간을 측정합니다.
start_time = time.clock()

# N번 시도합니다.
for i in range(0, N) :

    # 0에서 1 사이의 균등 난수를 생성하여 변수 score_x에 저장하세요.


    # 0에서 1 사이의 균등 난수를 생성하여 변수 score_y에 저장하세요.


    # 점이 원 안에 들어간 경우와 들어가지 않은 경우를 조건 분기하세요.


        # 원 안에 들어가면 검은색으로, 들어가지 않으면 파란색으로 표시하세요.


        # 원 안에 들어갔다면 위에서 정의한 변수 X에 1포인트를 더하세요.


# pi의 근삿값을 계산하세요.
```

```
# 몬테카를로 방법의 실행 시간을 계산합니다.
end_time = time.clock()
time = end_time - start_time

# 원주율의 결과를 표시하세요.

print("실행 시간: %f" % (time))

# 결과를 표시합니다.
plt.grid(True)
plt.xlabel('X')
plt.ylabel('Y')
plt.show()
```

힌트

• 점의 좌표를 (score_x, score_y)로 정의하고 있기 때문에 피타고라스 정리로 $x^2 + y^2 < 1$이 성립되면 원 안에 들어가게 됩니다.

• π의 좌표는 $\dfrac{4X}{N}$로 산출할 수 있습니다.

해답

리스트 12-48 해답

In
```
(... 생략 ...)
# 시도 횟수 N을 지정하세요.
N = 1000

# 사분면 경계의 방정식 [y=√(1-x^2)(0<=x<=1)]을 그립니다.
(... 생략 ...)

    # 0에서 1 사이의 균등 난수를 생성하여 변수 score_x에 저장하세요.
    score_x = np.random.rand()

    # 0에서 1 사이의 균등 난수를 생성하여 변수 score_y에 저장하세요.
    score_y = np.random.rand()

    # 점이 원 안에 들어간 경우와 들어가지 않은 경우를 조건 분기하세요.
    if score_x * score_x + score_y * score_y < 1:

        # 원 안에 들어가면 검은색으로, 들어가지 않으면 파란색으로 표시하세요.
        plt.scatter(score_x, score_y, marker='o', color='k')

        # 원 안에 들어갔다면 위에서 정의한 변수 X에 1포인트를 더하세요.
        X = X + 1
```

```
        else:
            plt.scatter(score_x, score_y, marker='o', color='b')

# pi의 근삿값을 계산하세요.
pi = 4*float(X)/float(N)

# 몬테카를로 방법의 실행 시간을 계산합니다.
end_time = time.clock()
time = end_time - start_time

# 원주율의 결과를 표시하세요.
print("원주율: %.6f"% pi)
print("실행 시간: %f" % (time))
(... 생략 ...)
```

Out

원주율: 3.256000
실행 시간: 2.093454

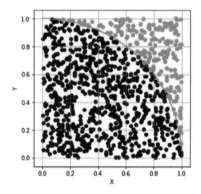

설명

이 문제는 난수 생성 방법, 데이터를 그래프에 플롯하는 방법, 몬테카를로 방법을 이해하고 있다면 차질 없이 구현할 수 있습니다. 이 장을 거슬러 올라가 난수 생성 및 그래프 플롯 방법에 관한 확실한 지식을 얻으시기 바랍니다.

람다와 맵: 편리한 파이썬 기법

13.1 람다식의 기초

13.1.1 익명 함수 만들기

파이썬에서 함수를 작성할 때는 기본적으로 [리스트 13-1]처럼 정의하지만

리스트 13-1 함수 정의의 예

```
# 예: x^2을 출력하는 함수 pow1(x)입니다.
def pow1(x):
    return x ** 2
```

[리스트 13-2]처럼 **익명 함수**^{anonymous function} (람다^{lambda} 식)를 사용하여 코드를 좀 더 간단하게 만들 수 있습니다.

리스트 13-2 익명 함수의 예(1)

```
# pow1(x)와 동일한 기능을 하는 익명 함수 pow2입니다.
pow2 = lambda x: x ** 2
```

위와 같이 람다식을 이용하여 pow2 변수에 계산식을 저장할 수 있습니다. pow2는 인수 x를 x**2로 반환하는 것을 의미합니다.

람다식의 구조는 다음과 같습니다.

---

lambda 인수: 반환값

람다식에 인수를 전달하여 [리스트 13-3]과 같이 활용하며, def로 작성한 함수처럼 사용할 수 있습니다.

리스트 13-3 익명 함수의 예(2)

 # pow2에 인수 *a*를 전달하여 계산 결과를 *b*에 저장합니다.
b = pow2(a)

문제

인수 a에 대한 다음 함수를 작성하고, a=4일 때의 반환값을 각각 출력하세요(리스트 13-4).

- def를 이용하여 $2a^2 - 3a + 1$을 출력하는 함수 func1
- lambda를 이용하여 $2a^2 - 3a + 1$을 출력하는 함수 func2

리스트 13-4 문제

```
# 대입할 인수 a입니다.
a = 4

# def를 이용하여 func1을 작성하세요.


# lambda를 이용하여 func2를 작성하세요.


# 반환값을 출력합니다.
print(func1(a))
print(func2(a))
```

힌트

```
def function(인수):
    return 반환값

function = lambda 인수: 반환값
```

리스트 13-5 해답

```
In    (... 생략 ...)
      # def를 이용하여 func1을 작성하세요.
      def func1(x):
          return 2 * x**2 - 3*x + 1

      # lambda를 이용하여 func2를 작성하세요.
      func2 = lambda x: 2 * x**2 - 3*x + 1
      (... 생략 ...)
```

```
Out   21
      21
```

13.1.2 람다에 의한 계산

람다식으로 다변수 함수(둘 이상의 독립변수를 갖는 함수)를 작성하고 싶을 때는 [리스트 13-6]처럼 기술합니다.

리스트 13-6 lambda 의한 계산 예(1)

```
In    # 예: 두 인수를 더하는 함수 add1입니다.
      add1 = lambda x, y: x + y
```

람다식은 일반적으로 13.1.1절 '익명 함수 만들기'에서처럼 변수에 저장하여 사용하지만 변수에 저장하지 않고도 사용할 수 있습니다. 예를 들어 [리스트 13-6]의 add1과 같은 람다식에 두 인수 3과 5를 대입한 결과가 필요하면 [리스트 13-7]처럼 기술하여 값을 얻을 수 있습니다.

리스트 13-7 lambda 의한 계산 예(2)

```
In    print((lambda x, y: x + y)(3, 5))
```

```
Out   8
```

하지만 이 방법은 람다식을 사용한 의미가 없으며, 오히려 작성하는 데 수고가 더 늘었습니다. 람다식을 사용하면 def 함수 정의보다 쉽고 간결하게 함수를 정의할 수 있습니다.

문제

인수(x, y, z)에 대한 함수를 작성하고(리스트 13-8), $(x, y, z) = (5, 6, 2)$일 때의 반환값을 각각 출력하세요.

- def를 이용하여 $xy + z$을 출력하는 함수 func3
- lambda를 이용하여 $xy + z$을 출력하는 함수 func4

리스트 13-8 문제

```
In    # 대입할 인수 x, y, z입니다.
      x = 5
      y = 6
      z = 2

      # def를 이용하여 func3을 작성하세요.


      # lambda를 이용하여 func4를 작성하세요.


      # 출력합니다.
      print(func3(x, y, z))
      print(func4(x, y, z))
```

힌트

lambda 인수1, 인수2, 인수3, ... : 반환값

해답

리스트 13-9 해답

```
In    (... 생략 ...)
      # def를 이용하여 func3을 작성하세요.
      def func3(x, y, z):
          return x*y + z

      # lambda를 이용하여 func4를 작성하세요.
      func4 = lambda x, y, z: x*y + z
      (... 생략 ...)
```

13.1.3 if를 이용한 람다

lambda는 def로 정의한 함수와 달리 반환값 부분에 식만 넣을 수 있습니다. 예를 들어 def로 만든 함수는 [리스트 13-10]과 같은 처리가 가능하지만, 이를 lambda로 표현할 수는 없습니다.

리스트 13-10 if를 이용한 lambda의 예(1)

```
# "hello"를 출력하는 함수입니다.
def say_hello():
    print("hello")
```

if 조건문에서는 삼항 연산자를 이용하여 lambda를 작성할 수 있습니다. 예를 들어 [리스트 13-11]의 함수를 lambda로 표현하면 [리스트 13-12]와 같습니다.

리스트 13-11 if를 이용한 lambda의 예(2)

```
# 인수가 3 미만이면 2를 곱하고, 3 이상이면 3으로 나누어 5를 더하는 함수입니다.
def lower_three1(x):
    if x < 3:
        return x * 2
    else:
        return x/3 + 5
```

리스트 13-12 if를 이용한 lambda의 예(3)

```
# lower_three1과 동일한 함수
lower_three2 = lambda x: x * 2 if x < 3 else x/3 + 5
```

삼항 연산자의 표기는 다음과 같습니다.

형식 조건을_만족할_경우의_처리 if 조건 else 조건을_만족하지_않을_경우의_처리

이처럼 람다식을 이용하면 다양한 상황에서 코드를 절약할 수 있습니다.

문제

lambda를 이용하여 함수를 작성하고(리스트 13-13), 인수 a에 대한 결과를 출력하세요(인수 a1, a2 준비).

- a가 10 이상 30 미만이면 $a^2 - 40a + 350$의 계산값을, 그 이외의 경우에는 50을 반환하는 함수 func5

리스트 13-13 문제

```
In   # 대입할 인수 a1, a2입니다.
     a1 = 13
     a2 = 32

     # lambda를 이용하여 func5를 작성하세요.


     # 반환값을 출력합니다.
     print(func5(a1))
     print(func5(a2))
```

힌트

다음 삼항 연산자를 사용합니다.

func = lambda 인수: 조건을_만족할_경우의_처리 if 조건 else 조건을_만족하지_않을_경우의_처리

해답

리스트 13-14 해답

```
In   (... 생략 ...)
     # lambda를 이용하여 func5를 작성하세요.
     func5 = lambda x: x**2 - 40*x + 350 if x >= 10 and x < 30 else 50
     (... 생략 ...)
```

```
Out  -1
     50
```

13.2 편리한 표기법

13.2.1 리스트 분할(하나의 기호로 분할)

문자열을 공백이나 슬래시 등으로 분할할 때는 split() 함수를 사용합니다. [리스트 13-15]처럼 공백으로 분할하여 단어의 리스트를 만들 수 있습니다.

리스트 13-15 split() 함수의 예

In
```
# 분할할 문자열입니다.
test_sentence = "this is a test sentence."

# split으로 리스트를 만듭니다.
test_sentence.split(" ")
```

Out
```
['this', 'is', 'a', 'test', 'sentence.']
```

split() 함수의 사용법은 아래와 같습니다. 분할할 횟수를 지정하여 선두부터 몇 번째까지 분할할지도 정할 수 있습니다.

형식
```
나눌_문자열.split("구분_기호", 분할할_횟수)
```

문제

"My name is OO" 구조의 문자열 self_data에서 "OO" 부분을 꺼내 출력하세요(리스트 13-16).

리스트 13-16 문제

In
```
# 자기소개 문자열 self_data입니다.
self_data = "My name is Yuri"

# self_data를 분할해서 리스트를 작성하세요.


# 이름 부분을 출력하세요.
```

• 공백으로 분할해야 하기 때문에 split( ) 함수를 사용합니다.

• split( ) 함수로 분할된 문자열은 리스트에 담겨 반환됩니다.

리스트 13-17 해답

In
```
(... 생략 ...)
# self_data를 분할해서 리스트를 작성하세요.
word_list = self_data.split(" ")

# 이름 부분을 출력하세요.
print(word_list[3])
```

Out
```
Yuri
```

13.2.2 리스트 분할(여러 기호로 분할)

표준 split( ) 함수에서는 한 번에 여러 기호로 문자열을 분할할 수 없습니다. 여러 기호로 문자열을 분할할 경우에는 re 모듈에 포함된 re.split( ) 함수를 사용합니다(리스트 13-18).

리스트 13-18 re.split( ) 함수의 예

In
```
# re 모듈을 import합니다.
import re

# 분할할 문자열입니다.
test_sentence = "this,is a.test,sentence"

# ","와 " "와 "."으로 분할해서 리스트를 만듭니다.
re.split("[, .]", test_sentence)
```

Out
```
['this', 'is', 'a', 'test', 'sentence']
```

re.split() 함수의 사용법은 아래와 같습니다. [구분_기호]에 여러 기호를 지정하여 한 번에 여러 기호로 분할할 수 있습니다.

형식	re.split("[구분_기호]", 분할할_문자열)

문제

"년/월/일_시:분" 구조를 갖는 문자열 time_data를 분할하여 "월"과 "시"를 꺼내 출력하세요(리스트 13-19).

리스트 13-19 문제

```
In     import re

       # 시간 데이터가 저장된 문자열 time_data입니다.
       time_data = "2020/1/5_22:15"

       # time_data를 분할하여 리스트를 작성하세요.

       # "월"과 "시"를 출력하세요.
```

힌트

- "/"와 "_"와 ":"로 분할할 필요가 있으므로 re.split() 함수를 사용합니다.
- re.split으로 분할된 문자열은 리스트에 담겨 반환됩니다.

해답

리스트 13-20 해답

```
In     (... 생략 ...)
       # time_data를 분할하여 리스트를 작성하세요.
       time_list = re.split("[/_:]",time_data)

       # "월"과 "시"를 출력하세요.
       print(time_list[1])
       print(time_list[3])
```

```
Out    1
       22
```

13.2.3 고차 함수(map)

파이썬에는 다른 함수를 인수로 취하는 함수가 있습니다. 이를 고차 함수higher-order function라고 합니다. 리스트의 각 요소에 함수를 적용하려면 map( ) 함수를 이용합니다. 예를 들어 a = [1, -2, 3, -4, 5] 배열에서 각 요소의 절댓값을 구하려면 [리스트 13-21]처럼 for 루프를 사용하지만 [리스트 13-22]처럼 map( ) 함수를 사용하여 간결하게 작성할 수 있습니다.

리스트 13-21 map( ) 함수의 예(1)

```
In    # for 루프로 함수를 적용합니다.
      a = [1, -2, 3, -4, 5]
      new = []
      for x in a:
          new.append(abs(x))
      print(new)
```

```
Out   [1, 2, 3, 4, 5]
```

리스트 13-22 map( ) 함수의 예(2)

```
In    # map으로 함수를 적용합니다.
      a = [1, -2, 3, -4, 5]
      list(map(abs, a))
```

```
Out   [1, 2, 3, 4, 5]
```

map( ) 함수의 사용법은 다음과 같습니다. 여기서 반복자iterator는 여러 요소를 순차적으로 추출하는 기능을 가진 클래스를 가리킵니다.

```
형식   # 반복자(계산 방법 저장)를 반환하며, 계산은 하지 않습니다.
       map(적용하려는_함수, 배열)

       # 리스트에 저장하는 방법
       list(map(함수, 배열))
```

for 루프를 사용하는 경우보다 수행 시간을 단축할 수 있으므로 방대한 요소를 가진 배열에 함수를 적용시키는 경우에는 map( ) 함수를 사용합니다.

"년/월/일_시:분" 구조의 문자열을 요소로 가지는 배열 time_list를 분할하여 "시"만 정수로 저장해서 출력하세요(리스트 13-23).

리스트 13-23 문제

```
In    import re

      # 배열 time_list
      time_list = [
          "2006/11/26_2:40",
          "2009/1/16_23:35",
          "2014/5/4_14:26",
          "2017/8/9_7:5",
          "2020/1/5_22:15"
      ]

      # 문자열에서 "시"를 추출하는 함수를 작성하세요.


      # 위에서 만든 함수를 이용하여 각 요소에서 "시"만 꺼내 배열로 만드세요.


      # 출력하세요.
```

- 문자열에서 "시"를 추출하는 함수는 13.2.2절 '리스트 분할(여러 기호로 분할)'을 참조하세요.
- list(map(함수, 배열))
- 분할한 데이터형은 문자열이므로 int( )를 사용하여 형을 변경합니다.

리스트 13-24 해답

```
In    (... 생략 ...)
      # 문자열에서 "시"를 추출하는 함수를 작성하세요.
      get_hour = lambda x: int(re.split("[/_:]",x)[3]) # int()로 string형을 int형
      으로 변경

      # 위에서 만든 함수를 이용하여 각 요소에서 "시"만 꺼내 배열로 만드세요.
      hour_list = list(map(get_hour, time_list))
```

```
# 출력하세요.
print(hour_list)
```

[2, 23, 14, 7, 22]

13.2.4 filter

리스트의 각 요소에서 조건에 맞는 요소만 꺼내고 싶을 때는 filter( ) 함수를 사용합니다. 예를 들어 a = [1, 2, 3, -4, 5] 배열에서 양수만 꺼낼 때는 [리스트 13-25]처럼 for 루프를 사용하지만 [리스트 13-26]처럼 filter( ) 함수를 사용하여 간결하게 작성할 수 있습니다.

리스트 13-25 filter( ) 함수의 예(1)

```
# for 루프로 필터링합니다.
a = [1, -2, 3, -4, 5]
new = []
for x in a:
    if x > 0:
        new.append(x)
```

리스트 13-26 filter( ) 함수의 예(2)

```
# filter 함수로 필터링합니다.
a = [1, -2, 3, -4, 5]
print(list(filter(lambda x: x>0, a)))
```

Out [1, 3, 5]

filter( ) 함수의 사용법은 다음과 같습니다.

형식
```
# 반복자
filter(조건이_되는_함수, 배열)

# 리스트에 저장
list(filter(함수, 배열))
```

여기서 '조건이 되는 함수'는 lambda x: x>0처럼 입력에 대해 True/False를 반환하는 함수를 말합니다.

문제

> time_list에서 "월"이 1 이상 6 이하인 요소를 추출하여 배열로 출력하세요(리스트 13-27).

리스트 13-27 문제

```
In      import re

        # time_list... "년/월/일_시:분"
        time_list = [
            "2006/11/26_2:40",
            "2009/1/16_23:35",
            "2014/5/4_14:26",
            "2017/8/9_7:5",
            "2020/1/5_22:15"
        ]
        # 문자열의 "월"이 조건을 만족할 때 True를 반환하는 함수를 작성하세요.


        # 위에서 만든 함수로 조건을 만족하는 요소를 찾아내 배열로 만드세요.


        # 출력하세요.
```

힌트

re.split( ) 함수로 "월"을 취득하세요.

해답

리스트 13-28 해답

```
In      (... 생략 ...)
        # 문자열의 "월"이 조건을 만족할 때 True를 반환하는 함수를 작성하세요.
        is_first_half = lambda x: int(re.split("[/_:]", x)[1]) - 7 < 0

        # 위에서 만든 함수로 조건을 만족하는 요소를 찾아내 배열로 만드세요.
        first_half_list = list(filter(is_first_half, time_list))
```

```
# 출력하세요.
print(first_half_list)
```

['2009/1/16_23:35', '2014/5/4_14:26', '2020/1/5_22:15']

13.2.5 sorted

리스트를 정렬하는 sort( ) 함수가 있지만 더 복잡한 기준으로 정렬하고 싶을 때는 sorted( ) 함수를 사용합니다. 예를 들어 요소가 두 개인 배열을 요소로 갖는 배열(중첩 배열)에서 두 번째 요소가 오름차순이 되도록 정렬할 수 있습니다(리스트 13-29).

리스트 13-29 sorted( ) 함수의 예

```
# 중첩된 배열입니다.
nest_list =[
    [0, 9],
    [1, 8],
    [2, 7],
    [3, 6],
    [4, 5]
]

# 두 번째 요소를 키로 하여 정렬합니다.
print(sorted(nest_list, key = lambda x: x [1]))
```

Out   [[4, 5], [3, 6], [2, 7], [1, 8], [0, 9]]

sorted( ) 함수의 사용법은 다음과 같습니다.

형식
```
# 키를 설정해서 정렬
sorted(정렬하려는_배열, key=키가_되는_함수, reverse=True 또는 False)
```

여기서 '키가_되는_함수'는 '무엇을 오름차순으로 정렬할 것인가'라는 의미로, lambda x: x[n] 으로 n번째 요소를 오름차순으로 정렬할 수 있습니다. reverse를 True로 하면 내림차순으로 정렬할 수 있습니다(기본값은 False입니다).

문제

"시"가 오름차순이 되도록 time_data를 정렬해서 출력하세요(리스트 13-30). time_data 는 time_list를 [년, 월, 일, 시, 분]으로 분할한 배열입니다.

리스트 13-30 문제

```
In        # time_data...[년, 월, 일, 시, 분]
          time_data = [
              [2006, 11, 26, 2, 40],
              [2009, 1, 16, 23, 35],
              [2014, 5, 4, 14, 26],
              [2017, 8, 9, 7, 5],
              [2020, 1, 5, 22, 15]
          ]

          # "시"를 키로 정렬하고 배열로 만드세요.


          # 출력하세요.
```

힌트

정렬에는 sorted( ) 함수를 사용합시다.

정렬된_배열 = sorted(정렬하려는_배열, key=lambda)

해답

리스트 13-31 해답

```
In        (... 생략 ...)
          # "시"를 키로 정렬하고 배열로 만드세요.
          sort_by_time = sorted(time_data, key=lambda x: x[3])

          # 출력하세요.
          print(sort_by_time)
```

```
Out       [[2006, 11, 26, 2, 40], [2017, 8, 9, 7, 5], [2014, 5, 4, 14, 26], [2020,
          1, 5, 22, 15], [2009, 1, 16, 23, 35]]
```

13.3 리스트 내포

13.3.1 리스트 생성

고차 함수에서는 map을 이용한 배열 생성 방법을 소개했는데, map은 본래 반복자 작성에 특화되어 있으며, list ( ) 함수로 배열을 생성할 때 계산 시간이 늘어납니다. 따라서 map과 같은 방법으로 단순히 배열을 생성하려면 for 루프의 **리스트 내포**list comprehension를 사용합니다. 예를 들어 a = [1, -2, 3, -4, 5] 배열에서 각 요소의 절댓값을 구하려면 [리스트 13-32]처럼 쓸 수 있습니다.

리스트 13-32 리스트 생성 예(1)

```
In   # 리스트 내포를 사용하여 각 요소의 절댓값을 취합니다.
     a = [1, -2, 3, -4, 5]
     print([abs(x) for x in a])
```

```
Out  [1, 2, 3, 4, 5]
```

리스트 내포를 사용하면 [리스트 13-33]보다 괄호 수가 적으며 간결합니다.

리스트 13-33 리스트 생성 예(2)

```
In   # map으로 리스트를 만듭니다.
     a = [1, -2, 3, -4, 5]
     print(list(map(abs, a)))
```

```
Out  [1, 2, 3, 4, 5]
```

리스트 내포로 배열을 만드는 방법은 다음과 같습니다.

```
형식   [적용하려는_함수(요소) for 요소 in 적용할_원본_배열]
```

반복자를 만들 때는 map을 사용하고, 배열을 만들 때는 리스트 내포를 사용하는 것이 좋습니다.

측정된 시간(분)을 저장한 배열 minute_data에서 해당 시간을 [시, 분]으로 변환한 배열을 만들어 출력하세요(리스트 13-34). 예를 들어 minute_data=[75, 120, 14]일 경우 [[1, 15], [2, 0], [0, 14]]라는 배열을 만듭니다.

리스트 13-34 문제

```python
# minute_data, 단위는 분입니다.
minute_data = [30, 155, 180, 74, 11, 60, 82]

# 분을 [시, 분]으로 변환하는 함수를 작성하세요.


# 리스트 내포를 사용하여 배열을 만드세요.


# 출력하세요.
```

- 변환 함수의 반환값은 배열로 하세요.

- 75분을 60으로 나누면 몫은 1, 나머지는 15입니다. 따라서 75분은 1시간 15분이 됩니다. 이를 lambda로 표현하세요.

리스트 13-35 해답

```python
(... 생략 ...)
# 분을 [시, 분]으로 변환하는 함수를 작성하세요.
h_m_split = lambda x: [x // 60, x % 60]

# 리스트 내포를 사용하여 배열을 만드세요.
h_m_data = [h_m_split(x) for x in minute_data]

# 출력하세요.
print(h_m_data)
```

```
Out    [[0, 30], [2, 35], [3, 0], [1, 14], [0, 11], [1, 0], [1, 22]]
```

13.3.2 if 문을 이용한 루프

리스트 내포에 조건 분기를 시키면 filter( ) 함수와 같은 조작을 할 수 있습니다. 예를 들어 a = [1, -2, 3, -4, 5] 배열에서 음수를 제거하려면 [리스트 13-36]처럼 작성합니다.

리스트 13-36 if 문을 이용한 루프의 예

In

```
# 리스트 내포 필터링(후위 if)
a = [1, -2, 3, -4, 5]
print([x for x in a if x > 0])
```

Out

```
[1, 3, 5]
```

후위 postfix notation[1] if의 사용법은 다음과 같습니다.

형식	[적용할_함수(요소) for 요소 in 필터링할_배열 if 조건]

단순히 조건에 맞는 요소를 꺼내려면 '적용할_함수(요소)' 부분을 단순히 '요소'로 기술합니다. 이 방법은 13.1.3절 'if를 이용한 람다'에서 소개한 삼항 연산자와는 별개이므로 주의하세요. 삼항 연산자를 사용하면 조건을 충족하지 않는 요소에 대해서도 특정 처리를 하지만, 후위 if를 사용하면 조건을 만족하지 않는 요소를 무시할 수 있습니다.

문제

minute_data를 [시, 분]으로 변환하여 [시, 0]인 요소만 추출하세요. 즉, 나머지(분)가 생기지 않는 요소만 뽑아내 배열로 만들어 출력하세요. 예를 들어 minute_data = [75, 120, 14]라는 데이터가 주어지면 [120]이라는 배열을 작성합니다(리스트 13-37).

리스트 13-37 문제

In

```
# minute_data, 단위는 분입니다.
minute_data = [30, 155, 180, 74, 11, 60, 82]

# 리스트 내포를 사용하여 배열을 만드세요.
```

---

1 옮긴이_ 연산자를 연산 대상 뒤에 쓰는 연산 표기법. 역폴란드 표기법(reverse polish notation, RPN)이라고도 합니다.

```
# 출력하세요.
```

60으로 나누어 나머지가 0인 숫자로 필터링합니다.

해답

리스트 13-38 해답

In
```
(... 생략 ...)
# 리스트 내포를 사용하여 배열을 만드세요.
just_hour_data = [x for x in minute_data if x % 60 == 0 ]

# 출력하세요.
print(just_hour_data)
```

Out
```
[180, 60]
```

13.3.3 여러 배열을 동시에 루프시키기

여러 배열을 동시에 루프시키고 싶을 때는 zip( ) 함수를 사용합니다. 예를 들어 a = [1, -2, 3, -4, 5], b = [9, 8, -7, -6, -5] 배열을 동시에 루프시키려면 [리스트 13-39]와 같이 기술합니다.

리스트 13-39 여러 배열을 동시에 루프하는 예(1)

In
```
# zip을 이용한 동시 루프입니다.
a = [1, -2, 3, -4, 5]
b = [9, 8, -7, -6, -5]
for x, y in zip(a, b):
    print(x, y)
```

Out
```
1 9
-2 8
3 -7
-4 -6
5 -5
```

리스트 내포에서도 마찬가지로 zip ( ) 함수를 사용하여 여러 배열을 동시에 처리할 수 있습니다 (리스트 13-40).

리스트 13-40 여러 배열을 동시에 루프하는 예(2)

```
# 리스트 내포를 이용한 동시 루프입니다.
a = [1, -2, 3, -4, 5]
b = [9, 8, -7, -6, -5]
print([x**2 + y**2 for x, y in zip(a, b)])
```

Out   [82, 68, 58, 52, 50]

문제

hour와 minute 배열을 분으로 변환하고, 배열로 만들어 출력하세요(리스트 13-41). 13.3.1절 '리스트 생성'에서 다뤘던 문제와 반대로 처리합니다.

리스트 13-41 문제

```
# 시간 데이터 hour, 분 데이터 minute
hour = [0, 2, 3, 1, 0, 1, 1]
minute = [30, 35, 0, 14, 11, 0, 22]

# 시와 분을 인수로 받아서 분으로 변환하는 함수를 작성하세요.

# 리스트 내포를 사용하여 배열을 만드세요.

# 출력하세요.
```

힌트

• 인수가 두 개인 함수는 다음처럼 기술합니다.

  lambda x, y : 반환값

• 분으로 변환하려면 '시간 x 60 + 분'으로 계산합니다.

리스트 13-42 해답

```
In      (... 생략 ...)
        # 시와 분을 인수로 받아서 분으로 변환하는 함수를 작성하세요.
        h_m_combine = lambda x, y: x*60 + y

        # 리스트 내포를 사용하여 배열을 만드세요.
        minute_data1 = [h_m_combine(x, y) for x, y in zip(hour, minute)]

        # 출력하세요.
        print(minute_data1)
```

```
Out     [30, 155, 180, 74, 11, 60, 82]
```

13.3.4 다중 루프

동시에 루프할 때는 zip( ) 함수를 사용했지만, 루프 속에 루프를 넣으려면 [리스트 13-43]처럼 다중 루프로 작성합니다.

리스트 13-43 다중 루프의 예(1)

```
In      a = [1, -2, 3]
        b = [9, 8]

        # 이중 루프입니다.
        for x in a:
            for y in b:
                print(x, y)
```

```
Out     1 9
        1 8
        -2 9
        -2 8
        3 9
        3 8
```

리스트 내포에서는 [리스트 13-44]처럼 기술합니다. for 문을 단순히 두 번 나란히 쓰면 이중 루프가 됩니다.

리스트 13-44 다중 루프의 예(2)

In

```
# 리스트 내포로 이중 루프를 만듭니다.
print([[x, y] for x in a for y in b])
```

Out

```
[[1, 9], [1, 8], [-2, 9], [-2, 8], [3, 9], [3, 8]]
```

문제

이진수의 셋째 자리를 나타내는 threes_place, 둘째 자리를 나타내는 twos_place, 첫째 자리를 나타내는 ones_place를 사용하여 십진수로 0에서 7까지의 숫자를 배열로 만들어 출력하세요(리스트 13-45). 예를 들어 threes_place = 1, twos_place = 0, ones_place = 1이면 이진수 101을 의미하며, 십진수 5가 됩니다.

리스트 13-45 문제

In

```
# 이진수의 자리입니다.
threes_place = [0, 1]
twos_place = [0, 1]
ones_place = [0, 1]

# 리스트 내포에서 다중 루프를 사용하여 0에서 7까지의 정수를 계산하여 배열로 만드세요.


# 출력하세요.
```

힌트

- 십진수라면 (셋째 자리 숫자) * 10**2 + (둘째 자리 숫자) * 10 + (첫째 자리 숫자)로 하고, 이진수라면 앞의 * 10**2를 * 2**2로, * 10을 * 2로 바꾸면 됩니다.
- threes_place, twos_place, ones_place의 삼중 루프를 만듭니다.

리스트 13-46 해답

```
In    (... 생략 ...)
      # 리스트 내포에서 다중 루프를 사용하여 0에서 7까지의 정수를 계산하여 배열로 만드세요.
      digit = [x*4 + y*2 + z for x in threes_place for y in twos_place for z in
      ones_place]

      # 출력하세요.
      print(digit)
```

```
Out   [0, 1, 2, 3, 4, 5, 6, 7]
```

13.4 딕셔너리 객체

13.4.1 defaultdict

파이썬의 딕셔너리형 객체는 새 key를 추가하려면 매번 key를 초기화해야 하므로 번거롭습니다. 리스트 1st의 요소를 key, 동일한 값을 가진 요소가 나온 횟수를 value로 하여 딕셔너리에 저장하려면 [리스트 13-47]처럼 조건 분기가 필요합니다.

리스트 13-47 defaultdict의 예(1)

```
In    # 딕셔너리의 요소가 출현한 횟수를 기록합니다.
      d = {}
      lst = ["foo", "bar", "pop", "pop", "foo", "popo"]
      for key in lst:
          # d에 key가 존재하느냐에 따라 분류합니다.
          if key in d:
              d[key] += 1
          else:
              d[key] = 1

      print(d)
```

```
Out   {'foo': 2, 'bar': 1, 'pop': 2, 'popo': 1}
```

collections 모듈의 defaultdict 클래스로 이 문제를 해결할 수 있습니다. defaultdict 클래스는 다음처럼 정의합니다. 'value형' 부분에는 int나 list를 넣습니다. 정의된 객체는 표준 딕셔너리형 객체와 동일하게 사용할 수 있습니다.

```
from collections import defaultdict

d = defaultdict(value형)
```

defaultdict를 사용하여 [리스트 13-47]과 동일한 처리를 작성하면 [리스트 13-48]과 같으며, 조건 분기 없이 요소가 열거된 것을 알 수 있습니다.

리스트 13-48 defaultdict의 예(2)

In
```
from collections import defaultdict

# 딕셔너리의 요소가 출현한 횟수를 기록합니다.
d = defaultdict(int)
lst = ["foo", "bar", "pop", "pop", "foo", "popo"]
for key in lst:
    d[key] += 1

print(d)
```

Out
```
defaultdict(<class 'int'>, {'foo': 2, 'bar': 1, 'pop': 2, 'popo': 1})
```

문제

- [리스트 13-49]의 문자열 description에 출현한 문자를 key로 하고, 그 출현 횟수를 value로 하는 딕셔너리를 작성하세요.
- 딕셔너리를 value의 내림차순으로 정렬하여 상위 10개 요소를 출력하세요.
- 딕셔너리는 defaultdict로 정의하세요.

리스트 13-49 문제

```
from collections import defaultdict

# 문자열 description
description = \
"Artificial intelligence (AI, also machine intelligence, MI) is " + \
"intelligence exhibited by machines, rather than " + \
"humans or other animals (natural intelligence, NI)."

# defaultdict를 정의하세요.


# 문자 출현 횟수를 기록하세요.


# 정렬하고 상위 10개 요소를 출력하세요.
```

힌트

- defaultdict의 value는 int형입니다.

- 문자열은 한 글자씩 반복시킵시다(공백 포함).

- 정렬하기 위해 '딕셔너리.items( )'로 (key, value)의 배열을 가져옵니다.

- 정렬은 sorted( ) 함수를 이용하면 편리합니다. 여기서는 내림차순으로 정렬하므로 reverse를 True로 합니다. 다음을 사용해서 출력하세요.

  sorted(딕셔너리.items( ), key=lambda 배열의 두 번째 요소를 지정, reverse=True)

해답

리스트 13-50 해답

```
(... 생략 ...)
# defaultdict를 정의하세요.
char_freq = defaultdict(int)

# 문자 출현 횟수를 기록하세요.
for i in description:
    char_freq[i] += 1

# 정렬하고 상위 10개 요소를 출력하세요.
print(sorted(char_freq.items(), key=lambda x: x[1], reverse=True)[:10])
```

```
[(' ', 20), ('e', 18), ('i', 17), ('n', 14), ('l', 12), ('a', 11), ('t',
10), ('c', 7), ('h', 7), ('r', 6)]
```

13.4.2 value 내 요소 추가

이번에는 리스트형의 value를 가진 딕셔너리를 정의해봅시다(리스트 13-51).

리스트 13-51 value 내 요소 추가의 예(1)

```
In     from collections import defaultdict
       defaultdict(list)
```

```
Out    defaultdict(list, {})
```

value가 리스트형이므로 '딕셔너리[key].append(요소)'로 value에 요소를 추가할 수 있습니다. 이것도 표준 딕셔너리형 객체에서는 [리스트 13-52]처럼 번거롭지만 defaultdict에서는 조건 분기가 필요하지 않습니다. 이 특징을 살리면 key에 의해 value를 구성할 수 있습니다.

리스트 13-52 value 내 요소 추가의 예(2)

```
In     # 딕셔너리에 value 요소를 추가합니다.
       d = {}
       price = [
           ("apple", 50),
           ("banana", 120),
           ("grape", 500),
           ("apple", 70),
           ("lemon", 150),
           ("grape", 1000)
       ]

       for key, value in price:
           # key의 존재 유무로 분기합니다.
           if key in d:
               d[key].append(value)
           else:
```

```
        d[key] = [value]
print(d)
```

`{'apple': [50, 70], 'banana': [120], 'grape': [500, 1000], 'lemon': [150]}`

문제

defaultdict를 이용하여 [리스트 13-52]와 동일하게 처리하고 딕셔너리로 만드세요(리스트 13-53). 또한 딕셔너리의 각 value에 대해 평균값을 구하고 배열로 만들어 출력하세요.

리스트 13-53 문제

In
```
from collections import defaultdict

# 요약할 데이터 price ...(이름, 값)입니다.
price = [
    ("apple", 50),
    ("banana", 120),
    ("grape", 500),
    ("apple", 70),
    ("lemon", 150),
    ("grape", 1000)
]

# defaultdict를 정의하세요.

# [리스트 13-52]처럼 value를 추가하세요.

# 각 value의 평균을 계산하고, 배열로 만들어 출력하세요.
```

힌트

- defaultdict의 value는 리스트형입니다.
- 기본적으로 표준 딕셔너리형처럼 추가하면 되지만, 여기서는 조건 분기가 필요하지 않습니다.
- value는 int가 저장된 리스트이므로 평균을 구하려면 아래와 같이 하면 됩니다.

    sum(value) / len(value)
- value의 평균값 계산은 리스트 내포를 사용하면 좋습니다. 그 경우 '적용할 배열'은 '딕셔너리.values( )'로 취득할 수 있습니다.

리스트 13-54 해답

```
In    (... 생략 ...)
      # defaultdict를 정의하세요.
      d = defaultdict(list)

      # [리스트 13-52]처럼 value를 추가하세요.
      for key, value in price:
          d[key].append(value)

      # 각 value의 평균을 계산하고, 배열로 만들어 출력하세요.
      print([sum(x) / len(x) for x in d.values()])
```

```
Out   [60.0, 120.0, 750.0, 150.0]
```

13.4.3 Counter

collections 모듈은 defaultdict 클래스 외에도 다양한 데이터 저장 클래스가 있습니다. 여기서 소개하는 Counter 클래스는 defaultdict와 마찬가지로 딕셔너리형 객체처럼 사용할 수 있지만 요소의 열거에 더욱 특화된 클래스입니다.

Counter 클래스를 사용하여 defaultdict에서 설명한 예제처럼 단어를 key로, 출현 횟수를 value로 한 딕셔너리를 만들어봅시다(리스트 13-55). for 루프를 사용하지 않기 때문에 defaultdict보다 실행 시간이 짧으며, 간결하게 열거할 수 있습니다.

리스트 13-55 Counter의 예(1)

```
In    # Counter를 import합니다.
      from collections import Counter

      # 딕셔너리 요소의 출현 횟수를 기록합니다.
      lst = ["foo", "bar", "pop", "pop", "foo", "popo"]
      d = Counter(lst)

      print(d)
```

> `Counter({'foo': 2, 'pop': 2, 'bar': 1, 'popo': 1})`

Counter 클래스는 다음처럼 정의합니다.

```
from collections import Counter

d = Counter(열거할_데이터)
```

'열거할_데이터'에는 단어를 분해한 배열이나 문자열, 딕셔너리 등을 넣을 수 있습니다.

Counter 클래스에는 열거를 돕는 여러 함수가 준비되어 있습니다. most_common( ) 함수는 요소를 출현 빈도의 내림차순으로 정렬한 배열을 반환합니다(리스트 13-56).

리스트 13-56 Counter의 예(2)

In
```
# Counter로 문자열을 저장하고, 문자의 출현 빈도를 열거합니다.
d = Counter("A Counter is a dict subclass for counting hashable objects.")

# 출현 빈도 상위 5개 요소를 나열합니다.
print(d.most_common(5))
```

Out
```
[(' ', 9), ('s', 6), ('o', 4), ('t', 4), ('a', 4)]
```

most_common( ) 함수의 사용법은 다음과 같습니다.

형식   `딕셔너리.most_common(취득할_요소_수)`

'취득할_요소_수'를 1로 하면 빈도가 가장 높은 요소를 반환하고, '취득할_요소_수'를 적지 않으면 모든 요소를 정렬하여 반환합니다.

문제

- 13.4.1절 'defaultdict'에서 했던 것과 마찬가지로 문자열 description에 나오는 문자를 key로 하고, 그 출현 횟수를 value로 하는 딕셔너리를 작성하세요.
- 딕셔너리를 value의 내림차순으로 정렬하고, 출현 빈도 상위 10개 요소를 출력하세요.
- 딕셔너리는 Counter로 정의하세요(리스트 13-57).

In

```
from collections import Counter

# 문자열 description입니다.
description = \
"Artificial intelligence (AI, also machine intelligence, MI) is " + \
"intelligence exhibited by machines, rather than " + \
"humans or other animals (natural intelligence, NI)."

# Counter를 정의하세요.

# 정렬하고 출현 빈도 상위 10개 요소를 출력하세요.
```

힌트

- 정렬에는 most_common( ) 함수를 사용하세요.

  딕셔너리.most_common(취득할_요소_수)

해답

리스트 13-58 해답

In

```
(... 생략 ...)
# Counter를 정의하세요.
char_freq = Counter(description)

# 정렬하고 출현 빈도 상위 10개 요소를 출력하세요.
print(char_freq.most_common(10))
```

Out

```
[(' 20),('e ', 18),('i ', 17),('n ', 14),('l ', 12),('a ', 11),(' t ' 0)
('c', 7),('h', 7),('r', 6)
```

║║연습 문제║║

람다식이나 고차 함수 map을 사용하면 파이썬 코드를 간단하게 표현할 수 있습니다. 이런 편리한 기능을 사용하여 연습 문제에 도전해보세요.

문제

- if와 lambda를 사용하여 계산하세요(인수 a가 8 미만이면 5를 곱하고, 8 이상이면 2로 나누기).
- time_list에서 "월"을 추출하세요.
- 리스트 내포를 사용하여 체적을 계산하세요.
- 각 value의 평균값을 계산하고 price 리스트 내의 과일 이름을 열거하세요.

리스트 13-59 문제

```
# if와 lambda를 사용하여 계산하세요(인수 a가 8 미만이면 5를 곱하고, 8 이상이면 2로 나
누기).
a = 8
basic =
print('계산 결과')
print(basic(a))

import re
# 배열 time_list
time_list = [
    "2018/1/23_19:40",
    "2016/5/7_5:25",
    "2018/8/21_10:50",
    "2017/8/9_7:5",
    "2015/4/1_22:15"
]

# 문자열에서 "월"을 꺼내는 함수를 작성하세요.
get_month =

# time_list에서 "월"을 꺼내 배열로 만드세요.
month_list =

# 출력합니다.
print()
print('월')
print(month_list)

# 리스트 내포를 사용하여 체적을 계산합니다.
length= [3, 1, 6, 2, 8, 2, 9]
side = [4, 1, 15, 18, 7, 2, 19]
height = [10, 15, 17, 13, 11, 19, 18]
```

```python
# 체적을 계산하세요.
volume =

# 출력합니다.
print()
print('체적')
print(volume)

# 각 value의 평균값을 계산하고 price 리스트 내의 과일 이름을 열거합니다.
from collections import defaultdict
from collections import Counter

# 요약할 데이터 price
price = [
    ("strawberry", 520),
    ("pear", 200),
    ("peach", 400),
    ("apple", 170),
    ("lemon", 150),
    ("grape", 1000),
    ("strawberry", 750),
    ("pear", 400),
    ("peach", 500),
    ("strawberry", 70),
    ("lemon", 300),
    ("strawberry", 700)
]

# defaultdict를 정의하세요.
d =

# value에 가격을, key에 과일 이름을 추가하세요.
price_key_count = []
for key, value in price:


# 각 value의 평균을 계산하고 배열로 만들어 출력하세요.
print()
print('value의 평균값')
print()

# 위 price 리스트 중에서 과일 이름을 열거하세요.
key_count =
print()
```

```
print('과일 이름')
print(key_count)
```

- 람다식을 복습합니다.
- 문자열에서 월을 추출하려면 'lambda x : int(re.split("정규식", x)[월의 열])'을 사용합니다.
- value를 꺼내려면 .value()를 사용합니다.
- 출현 횟수를 셀 때는 Counter()를 사용합니다.

해답

리스트 13-60 해답

In

```
# if와 lambda를 사용하여 계산하세요(인수 a가 8 미만이면 5를 곱하고, 8 이상이면 2로 나
누기).
a = 8
basic = lambda x: x * 5 if x < 8 else x / 2
print('계산 결과')
(... 생략 ...)

# 문자열에서 "월"을 꺼내는 함수를 작성하세요.
get_month = lambda x: int(re.split("[/_:]",x)[1])

# time_list에서 "월"을 꺼내 배열로 만드세요.
month_list = list(map(get_month, time_list))
(... 생략 ...)

# 체적을 계산하세요.
volume = [x * y * z for x, y,z in zip(length, side, height)]
(... 생략 ...)

# defaultdict를 정의하세요.
d = defaultdict(list)

# value에 가격을, key에 과일 이름을 추가하세요.
price_key_count = []
for key, value in price:
    d[key].append(value)
    price_key_count.append(key)

# 각 value의 평균을 계산하고 배열로 만들어 출력하세요.
print()
print('value의 평균값')
```

```
print([sum(x) / len(x) for x in d.values()])

# 위 price 리스트 중에서 과일 이름을 열거하세요.
key_count = Counter(price_key_count)
print()
print('과일 이름')
print(key_count)
```

```
계산 결과
4.0

월
[1, 5, 8, 8, 4]

체적
[120, 15, 1530, 468, 616, 76, 3078]

value의 평균값
[510.0, 300.0, 450.0, 170.0, 225.0, 1000.0]

과일 이름
Counter({'strawberry': 4, 'pear': 2, 'peach': 2, 'lemon': 2, 'apple': 1,
'grape': 1})
```

DataFrame을 이용한 데이터 클렌징

14.1 CSV

14.1.1 Pandas로 CSV 읽기

이 장에서는 CSV^{comma-separated values}라는 데이터 형식을 취급합니다. CSV는 데이터를 쉼표로 구분하여 저장한 데이터이며, 사용이 편리하므로 데이터 분석 등에 자주 사용됩니다.

Pandas를 사용하여 CSV 파일을 읽고, 이를 DataFrame으로 만들어봅시다(리스트 14-1). 여기서는 온라인에서 CSV 형식으로 취득한 와인의 데이터셋을 활용합니다. 데이터만 봐서는 수치가 의미하는 바를 알기 어려우므로 해당 정보를 나타내는 컬럼을 추가합니다.

리스트 14-1 Pandas로 CSV를 읽는 예

```
import pandas as pd

df = pd.read_csv("https://archive.ics.uci.edu/ml/machine-learning-
databases/wine/wine.data", header=None)
# 각 수치가 무엇을 나타내는지 컬럼 헤더를 추가합니다.
df.columns=["", "Alcohol", "Malic acid", "Ash", "Alcalinity of ash",
"Magnesium","Total phenols", "Flavanoids", "Nonflavanoid phenols",
"Proanthocyanins","Color intensity", "Hue", "OD280/OD315 of diluted wines",
"Proline"]

df
```

		Alcohol	Malic acid	Ash	Alcalinity of ash	Magnesium	Total phenols	Flavanoids	Nonflavanoid phenols	Proanthocyanins	Color intensity	Hue	OD280/OD315 of diluted wines	Proline
0	1	14.23	1.71	2.43	15.6	127	2.80	3.06	0.28	2.29	5.640000	1.04	3.92	1065
1	1	13.20	1.78	2.14	11.2	100	2.65	2.76	0.26	1.28	4.380000	1.05	3.40	1050
2	1	13.16	2.36	2.67	18.6	101	2.80	3.24	0.30	2.81	5.680000	1.03	3.17	1185
3	1	14.37	1.95	2.50	16.8	113	3.85	3.49	0.24	2.18	7.800000	0.86	3.45	1480
(…생략…)														
175	3	13.27	4.28	2.26	20.0	120	1.59	0.69	0.43	1.35	10.200000	0.59	1.56	835
176	3	13.17	2.59	2.37	20.0	120	1.65	0.68	0.53	1.46	9.300000	0.60	1.62	840
177	3	14.13	4.10	2.74	24.5	96	2.05	0.76	0.56	1.35	9.200000	0.61	1.60	560

178 rows × 14 columns

문제

다음 웹사이트에서 붓꽃 데이터를 CSV 형식으로 불러들이고, Pandas의 DataFrame형으로 출력하세요(리스트 14-2). 컬럼은 왼쪽부터 순서대로 "sepal length", "sepal width", "petal length", "petal width", "class"를 지정하세요.

- **붓꽃 데이터(CSV 형식)**

  URL https://archive.ics.uci.edu/ml/machine-learning-databases/iris/iris.data

리스트 14-2 문제

```
In    import pandas as pd

      # 여기에 해답을 기술하세요.
```

힌트

마지막 줄에는 DataFrame을 저장한 변수를 입력하세요.

해답

리스트 14-3 해답

```
In    (... 생략 ...)
      # 여기에 해답을 기술하세요.
      df = pd.read_csv("https://archive.ics.uci.edu/ml/machine-learning-
      databases/iris/iris.data", header=None)
```

```
df.columns = ["sepal length", "sepal width", "petal length", "petal width",
"class"]

df
```

Out

	sepal length	sepal width	petal length	petal width	class
0	5.1	3.5	1.4	0.2	Iris-setosa
1	4.9	3.0	1.4	0.2	Iris-setosa
2	4.7	3.2	1.3	0.2	Iris-setosa
3	4.6	3.1	1.5	0.2	Iris-setosa
(…생략…)					
147	6.5	3.0	5.2	2.0	Iris-virginica
148	6.2	3.4	5.4	2.3	Iris-virginica
149	5.9	3.0	5.1	1.8	Iris-virginica

150 rows × 5 columns

14.1.2 CSV 라이브러리로 CSV 만들기

파이썬 3에 기본 탑재된 CSV 라이브러리로 CSV 데이터를 만들어봅시다. 과거 10회의 올림픽
데이터를 표로 만들어보세요(리스트 14-4).

리스트 14-4 CSV 라이브러리로 CSV를 작성하는 예

In

```
import csv

# with 문을 사용해서 파일을 처리합니다.
with open("csv0.csv", "w") as csvfile:
    # writer() 메서드의 인수로 csvfile과 개행 코드(\n)를 지정합니다.
    writer = csv.writer(csvfile, lineterminator="\n")

    # writerow(리스트)로 행을 추가합니다.
    writer.writerow(["city", "year", "season"])
    writer.writerow(["Nagano", 1998, "winter"])
    writer.writerow(["Sydney", 2000, "summer"])
    writer.writerow(["Salt Lake City", 2002, "winter"])
    writer.writerow(["Athens", 2004, "summer"])
    writer.writerow(["Torino", 2006, "winter"])
```

```
writer.writerow(["Beijing", 2008, "summer"])
writer.writerow(["Vancouver", 2010, "winter"])
writer.writerow(["London", 2012, "summer"])
writer.writerow(["Sochi", 2014, "winter"])
writer.writerow(["Rio de Janeiro", 2016, "summer"])
```

[리스트 14-4]를 실행하면 csv0.csv라는 CSV 파일[1]이 같은 폴더에 생성된 것을 볼 수 있습니다(그림 14-1).

그림 14-1 csv0.csv

csv0.csv

문제

CSV 파일을 독자 스스로 만들어보세요(리스트 14-5).

리스트 14-5 문제

```
import csv

# 여기에 해답을 기술하세요.
```

---

1 옮긴이_ 생성된 CSV 파일의 내용은 다음과 같습니다.
city,year,season
Nagano,1998,winter
Sydney,2000,summer
Salt Lake City,2002,winter
Athens,2004,summer
Torino,2006,winter
Beijing,2008,summer
Vancouver,2010,winter
London,2012,summer
Sochi,2014,winter
Rio de Janeiro,2016,summer

힌트

행을 추가하려면 'writerow(리스트)'를 사용합니다.

해답

[리스트 14-4]를 참조하여 자유롭게 행을 추가하여 CSV 파일을 작성합니다.

14.1.3 Pandas로 CSV 만들기

굳이 CSV 라이브러리를 사용하지 않아도 Pandas로 CSV 데이터를 만들 수 있습니다. Pandas 의 DataFrame 자료형을 CSV 파일로 만들 때는 이 방법이 더 편리합니다. DataFrame 데이터 로 올림픽 개최 도시, 연도, 계절을 정리하여 CSV 파일을 만들어봅시다(리스트 14-6).

리스트 14-6 Pandas로 CSV 파일을 만드는 예

```
import pandas as pd

data = {"city": ["Nagano", "Sydney", "Salt Lake City", "Athens", "Torino",
"Beijing", "Vancouver", "London", "Sochi", "Rio de Janeiro"],
        "year": [1998, 2000, 2002, 2004, 2006, 2008, 2010, 2012, 2014,
2016],
        "season": ["winter", "summer", "winter", "summer", "winter",
"summer", "winter", "summer", "winter", "summer"]}

df = pd.DataFrame(data)

df.to_csv("csv1.csv")
```

[리스트 14-6]을 실행하면 csv1.csv라는 CSV 파일[2]이 같은 폴더에 만들어집니다(그림 14-2).

---

2 **옮긴이_** 생성된 CSV 파일의 내용은 다음과 같습니다.
 ,city,season,year
 0,Nagano,winter,1998
 1,Sydney,summer,2000
 2,Salt Lake City,winter,2002
 3,Athens,summer,2004
 4,Torino,winter,2006
 5,Beijing,summer,2008
 6,Vancouver,winter,2010
 7,London,summer,2012
 8,Sochi,winter,2014
 9,Rio de Janeiro,summer,2016

그림 14-2 csv1.csv

csv1.csv

[리스트 14-7]에서 작성한 Pandas의 DataFrame 데이터를 'OSlist.csv'라는 CSV 파일로 만드세요.

리스트 14-7 문제

```
In    import pandas as pd

      data = {"OS": ["Machintosh", "Windows", "Linux"],
              "release": [1984, 1985, 1991],
              "country": ["US", "US", ""]}

      # 여기에 해답을 기술하세요.
```

힌트

to_csv("파일명") 메서드를 사용합니다.

해답

리스트 14-8 해답[3]

```
In    ( ... 생략 ... )
      # 여기에 해답을 기술하세요.
      df = pd.DataFrame(data)
      df.to_csv("OSlist.csv")
```

---

3 옮긴이_ 생성된 CSV 파일의 내용은 다음과 같습니다.
 ,OS,country,release
 0,Machintosh,US,1984
 1,Windows,US,1985
 2,Linux,,1991

14.2 DataFrame 복습

DataFrame은 9.2절 'DataFrame 연결'에서 이미 설명했습니다. 여기서는 간단한 문제로 복습합니다.

문제

- attri_data_frame1에 attri_data_frame2 행을 추가해서 출력하세요. 단, 행을 추가할 때 ID의 오름차순으로 정렬하고, 행 번호도 오름차순으로 맞춰주세요(리스트 14-9).
- 출력은 print( ) 함수를 사용하지 않고 DataFrame을 그대로 기술해주세요.

리스트 14-9 문제

```
In    import pandas as pd
      from pandas import Series, DataFrame

      attri_data1 = {"ID": ["100", "101", "102", "103", "104", "106", "108",
                            "110", "111", "113"],
                     "city": ["서울", "부산", "대전", "광주", "서울", "서울", "부산",
                              "대전", "광주", "서울"],
                     "birth_year": [1990, 1989, 1992, 1997, 1982, 1991, 1988,
                                    1990, 1995, 1981],
                     "name": ["영이", "순돌", "짱구", "태양", "션", "유리", "현아",
                              "태식", "민수", "호식"]}
      attri_data_frame1 = DataFrame(attri_data1)

      attri_data2 = {"ID": ["107", "109"],
                     "city": ["봉화", "전주"],
                     "birth_year": [1994, 1988]}
      attri_data_frame2 = DataFrame(attri_data2)

      # 여기에 해답을 기술하세요.
```

힌트

- 행 추가는 'append(DataFrame 변수)'를 사용합니다.
- 데이터 정렬은 'sort_values(by="열 이름")'을 사용합니다.
- 행 번호를 다시 매기려면 'reset_index(drop=True)'를 사용합니다.

리스트 14-10 해답

In
```
(... 생략 ...)
attri_data_frame2 = DataFrame(attri_data2)

# 여기에 해답을 기술하세요.
attri_data_frame1.append(attri_data_frame2).sort_values(by="ID",
    ascending=True).reset_index(drop=True)
```

Out

	ID	birth_year	city	name
0	100	1990	서울	영이
1	101	1989	부산	순돌
2	102	1992	대전	짱구
3	103	1997	광주	태양
4	104	1982	서울	션
5	106	1991	서울	유리
6	107	1994	봉화	NaN
7	108	1988	부산	현아
8	109	1988	전주	NaN
9	110	1990	대전	태식
10	111	1995	광주	민수
11	113	1981	서울	호식

14.3 결측치

14.3.1 리스트와이즈 삭제와 페어와이즈 삭제

여기서는 결측치$^{missing\ value}$[4] 처리를 배웁니다. 이를 위해 무작위로 테이블을 작성한 뒤 테이블에서 일부 데이터를 누락시키겠습니다(리스트 14-11). 출력 결과와 같은 DataFrame이 생성됩니다.

---

4 옮긴이_ 누락된 값, 비어 있는 값, NULL 데이터를 의미

리스트 14-11 테이블의 일부를 누락시킨 예

```
import numpy as np
from numpy import nan as NA
import pandas as pd

sample_data_frame = pd.DataFrame(np.random.rand(10, 4))

# 일부 데이터를 누락시킵니다.
sample_data_frame.iloc[1,0] = NA
sample_data_frame.iloc[2,2] = NA
sample_data_frame.iloc[5:,3] = NA


sample_data_frame
```

Out

	0	1	2	3
0	0.917885	0.050981	0.329511	0.254695
1	NaN	0.279360	0.335873	0.318672
2	0.689523	0.501175	NaN	0.196496
3	0.393463	0.673085	0.693193	0.070588
4	0.135505	0.278042	0.712747	0.961646
5	0.983895	0.616582	0.699402	NaN
6	0.123490	0.608188	0.852908	NaN
7	0.461501	0.163794	0.798499	NaN
8	0.430429	0.067850	0.806232	NaN
9	0.688783	0.433320	0.569711	NaN

네이터가 누락된 행(NaN을 가진 행)을 통째로 시우는 것을 **리스트와이즈 삭제**[listwise deletion][5]라고 합니다.

[리스트 14-12]처럼 dropna( ) 메서드를 사용하면 NaN[6]이 있는 모든 행이 삭제됩니다.

리스트 14-12 리스트와이즈 삭제의 예

```
sample_data_frame.dropna()
```

---

5 옮긴이_ 모든 변수가 정확한 값으로 채워져 있는 관측치만을 대상으로 분석하는 방법
6 옮긴이_ NA는 not available을, NaN은 not a number를 뜻합니다.

	0	1	2	3
0	0.917885	0.050981	0.329511	0.254695
3	0.393463	0.673085	0.693193	0.070588
4	0.135505	0.278042	0.712747	0.961646

또한 사용 가능한 데이터만 활용하는 방법도 있습니다(리스트 14-13). 결손이 적은 열(예: 0
열, 1열)만 남기는 것을 **페어와이즈 삭제**pairwise deletion[7]라고 합니다.

리스트 14-13 페어와이즈 삭제의 예

In
```
sample_data_frame[[0,1,2]].dropna()
```

Out

	0	1	2
0	0.917885	0.050981	0.329511
3	0.393463	0.673085	0.693193
4	0.135505	0.278042	0.712747
5	0.983895	0.616582	0.699402
6	0.123490	0.608188	0.852908
7	0.461501	0.163794	0.798499
8	0.430429	0.067850	0.806232
9	0.688783	0.433320	0.569711

문제

DataFrame의 0열과 2열을 남기되 NaN을 포함하는 행은 삭제하고 출력하세요(리스트
14-14).

리스트 14-14 문제

In
```
import numpy as np
from numpy import nan as NA
import pandas as pd
```

---

7 옮긴이_ 특정 분석에서 사용되는 변수에 결측치가 있을 때 case를 지우고 분석하는 방법

```
np.random.seed(0)

sample_data_frame = pd.DataFrame(np.random.rand(10, 4))

sample_data_frame.iloc[1, 0] = NA
sample_data_frame.iloc[2, 2] = NA
sample_data_frame.iloc[5:, 3] = NA

# 여기에 해답을 기술하세요.
```

힌트

페어와이즈 삭제 방식을 사용합니다. 먼저 0열과 2열을 남겨두고, 그 후 NaN이 포함된 행을 삭제합니다.

해답

리스트 14-15 해답

In
```
(... 생략 ...)
sample_data_frame.iloc[5:, 3] = NA

# 여기에 해답을 기술하세요.
sample_data_frame[[0, 2]].dropna()
```

Out

	0	2
0	0.548814	0.602763
3	0.568045	0.071036
4	0.020218	0.778157
5	0.978618	0.461479
6	0.118274	0.143353
7	0.521848	0.264556
8	0.456150	0.018790
9	0.612096	0.943748

14.3.2 결측치 보완

지금까지는 결측치가 있는 열이나 행을 삭제했지만, 여기서는 NaN 부분에 대체할 데이터를 대입합니다(리스트 14-16).

리스트 14-16 결측치 보완의 예(1)

```
In    import numpy as np
      from numpy import nan as NA
      import pandas as pd

      sample_data_frame = pd.DataFrame(np.random.rand(10, 4))

      # 일부 데이터를 누락시킵니다.
      sample_data_frame.iloc[1,0] = NA
      sample_data_frame.iloc[2,2] = NA
      sample_data_frame.iloc[5:,3] = NA
```

fillna( ) 메서드를 이용하면 NaN 부분에 인자로 넘긴 수를 할당합니다. 여기서는 0으로 채워 봅시다(리스트 14-17).

리스트 14-17 결측치 보완의 예(2)

```
In    sample_data_frame.fillna(0)
```

Out		0	1	2	3
	0	0.359508	0.437032	0.697631	0.060225
	1	0.000000	0.670638	0.210383	0.128926
	2	0.315428	0.363711	0.000000	0.438602
	3	0.988374	0.102045	0.208877	0.161310
	4	0.653108	0.253292	0.466311	0.244426
	5	0.158970	0.110375	0.656330	0.000000
	6	0.196582	0.368725	0.820993	0.000000
	7	0.837945	0.096098	0.976459	0.000000
	8	0.976761	0.604846	0.739264	0.000000
	9	0.282807	0.120197	0.296140	0.000000

method를 ffill로 지정하면 NAN 부분을 앞에 있는 데이터로 채울 수 있습니다(리스트 14-18).

리스트 14-18 결측치 보완의 예(3)

```
sample_data_frame.fillna(method="ffill")
```

Out

	0	1	2	3
0	0.359508	0.437032	0.697631	0.060225
1	0.359508	0.670638	0.210383	0.128926
2	0.315428	0.363711	0.210383	0.438602
3	0.988374	0.102045	0.208877	0.161310
4	0.653108	0.253292	0.466311	0.244426
5	0.158970	0.110375	0.656330	0.244426
6	0.196582	0.368725	0.820993	0.244426
7	0.837945	0.096098	0.976459	0.244426
8	0.976761	0.604846	0.739264	0.244426
9	0.282807	0.120197	0.296140	0.244426

문제

DataFrame의 NaN 부분을 앞에 있는 데이터로 채워서 출력하세요 (리스트 14-19).

리스트 14-19 문제

```
import numpy as np
from numpy import nan as NA
import pandas as pd

np.random.seed(0)

sample_data_frame = pd.DataFrame(np.random.rand(10, 4))

sample_data_frame.iloc[1, 0] = NA
sample_data_frame.iloc[6:, 2] = NA

# 여기에 해답을 기술하세요.
```

힌트

fillna에서 method를 ffill로 지정하세요.

리스트 14-20 해답

In

```
(... 생략 ...)
sample_data_frame.iloc[6:, 2] = NA

# 여기에 해답을 기술하세요.
sample_data_frame.fillna(method="ffill")
```

Out

	0	1	2	3
0	0.548814	0.715189	0.602763	0.544883
1	0.548814	0.645894	0.437587	0.891773
2	0.963663	0.383442	0.791725	0.528895
3	0.568045	0.925597	0.071036	0.087129
4	0.020218	0.832620	0.778157	0.870012
5	0.978618	0.799159	0.461479	0.780529
6	0.118274	0.639921	0.461479	0.944669
7	0.521848	0.414662	0.461479	0.774234
8	0.456150	0.568434	0.461479	0.617635
9	0.612096	0.616934	0.461479	0.681820

14.3.3 결측치 보완(평균값 대입법)

결측치를 열(또는 행)의 평균값으로 보충하는 방법을 평균값 대입법이라고 합니다(리스트 14-21).

리스트 14-21 결측치 보완의 예

In

```
import numpy as np
from numpy import nan as NA
import pandas as pd

sample_data_frame = pd.DataFrame(np.random.rand(10, 4))

# 일부 데이터를 누락시킵니다.
sample_data_frame.iloc[1, 0] = NA
sample_data_frame.iloc[2, 2] = NA
```

```
sample_data_frame.iloc[5:, 3] = NA

# fillna로 NaN 부분에 열의 평균값을 대입합니다.
sample_data_frame.fillna(sample_data_frame.mean())
```

	0	1	2	3
0	0.359508	0.437032	0.697631	0.060225
1	0.529943	0.670638	0.210383	0.128926
2	0.315428	0.363711	0.563599	0.438602
3	0.988374	0.102045	0.208877	0.161310
4	0.653108	0.253292	0.466311	0.244426
5	0.158970	0.110375	0.656330	0.206698
6	0.196582	0.368725	0.820993	0.206698
7	0.837945	0.096098	0.976459	0.206698
8	0.976761	0.604846	0.739264	0.206698
9	0.282807	0.120197	0.296140	0.206698

문제

DataFrame의 NaN 부분을 열의 평균값으로 채워서 출력하세요(리스트 14-22).

리스트 14-22 문제

```
import numpy as np
from numpy import nan as NA
import pandas as pd

np.random.seed(0)

sample_data_frame = pd.DataFrame(np.random.rand(10, 4))

sample_data_frame.iloc[1, 0] = NA
sample_data_frame.iloc[6:, 2] = NA

# 여기에 해답을 기술하세요.
```

힌트

fillna( ) 메서드를 사용합니다.

리스트 14-23 해답

```
In    (... 생략 ...)
      sample_data_frame.iloc[6:, 2] = NA

      # 여기에 해답을 기술하세요.
      sample_data_frame.fillna(sample_data_frame.mean())
```

```
Out         0          1          2          3
    0    0.548814   0.715189   0.602763   0.544883
    1    0.531970   0.645894   0.437587   0.891773
    2    0.963663   0.383442   0.791725   0.528895
    3    0.568045   0.925597   0.071036   0.087129
    4    0.020218   0.832620   0.778157   0.870012
    5    0.978618   0.799159   0.461479   0.780529
    6    0.118274   0.639921   0.523791   0.944669
    7    0.521848   0.414662   0.523791   0.774234
    8    0.456150   0.568434   0.523791   0.617635
    9    0.612096   0.616934   0.523791   0.681820
```

14.4 데이터 요약

14.4.1 키별 통계량 산출

여기서는 키별 통계량을 산출하겠습니다. 14.1.1절 'Pandas로 CSV 읽기'에서 사용했던 와인의 데이터셋을 다시 사용하여 열의 평균값을 산출해봅시다(리스트 14-24).

리스트 14-24 키별 통계량 산출의 예

```
In    import pandas as pd

      df = pd.read_csv("https://archive.ics.uci.edu/ml/machine-learning-
      databases/wine/wine.data", header=None)
      df.columns=["", "Alcohol", "Malic acid", "Ash", "Alcalinity of ash",
      "Magnesium","Total phenols", "Flavanoids", "Nonflavanoid phenols",
```

```
          "Proanthocyanins","Color intensity", "Hue", "OD280/OD315 of diluted wines",
          "Proline"]

          print(df["Alcohol"].mean())
```

Out   13.000617977528083

문제

[리스트 14-24]의 와인 데이터셋에서 Magnesium의 평균값을 출력하세요(리스트 14-25).

리스트 14-25 문제

In
```
          import pandas as pd

          df = pd.read_csv("https://archive.ics.uci.edu/ml/machine-learning-
          databases/wine/wine.data", header=None)
          df.columns=["", "Alcohol", "Malic acid", "Ash", "Alcalinity of ash",
          "Magnesium","Total phenols", "Flavanoids", "Nonflavanoid phenols",
          "Proanthocyanins","Color intensity", "Hue", "OD280/OD315 of diluted wines",
          "Proline"]

          # 여기에 해답을 기술하세요.
```

힌트

Magnesium 열을 추출하여 mean( ) 메서드로 평균값을 구하세요.

해답

리스트 14-26 해답

In
```
          (... 생략 ...)
          # 여기에 해답을 기술하세요.
          print(df["Magnesium"].mean())
```

Out   99.74157303370787

14.4.2 중복 데이터

여기서는 중복 데이터를 삭제하는 방법을 배웁니다. 먼저 중복 데이터를 작성하겠습니다(리스트 14-27).

리스트 14-27 중복 데이터의 예(1)

```
In   import pandas as pd
     from pandas import DataFrame

     dupli_data = DataFrame({"col1":[1, 1, 2, 3, 4, 4, 6, 6],
                             "col2":["a", "b", "b", "b", "c", "c", "b", "b"]})

     dupli_data
```

```
Out        col1   col2
     0      1      a
     1      1      b
     2      2      b
     3      3      b
     4      4      c
     5      4      c
     6      6      b
     7      6      b
```

duplicated( ) 메서드를 사용하면 중복된 행을 True로 표시합니다. 출력 결과는 지금까지 다룬 DataFrame형과는 달리 Series형이며, 외형적인 모습도 다릅니다(리스트 14-28).

리스트 14-28 중복 데이터의 예(2)

```
In   dupli_data.duplicated()
```

```
Out  0     False
     1     False
     2     False
     3     False
     4     False
```

```
5    True
6    False
7    True
dtype: bool
```

dtype은 'Data Type'으로, 요소의 자료형을 나타냅니다. drop_duplicates() 메서드를 사용하면 중복 데이터가 삭제된 후의 데이터를 보여줍니다(리스트 14-29).

리스트 14-29 중복 데이터의 예(3)

```
In    dupli_data.drop_duplicates()
```

Out

	col1	col2
0	1	a
1	1	b
2	2	b
3	3	b
4	4	c
6	6	b

문제

[리스트 14-30]의 DataFrame에는 중복된 데이터가 들어 있습니다. 이를 삭제하고 새로운 DataFrame을 출력하세요.

리스트 14-30 문제

```
In    import pandas as pd
      from pandas import DataFrame

      dupli_data = DataFrame({"col1": [1, 1, 2, 3, 4, 4, 6, 6, 7, 7, 7, 8, 9, 9],
                              "col2": ["a", "b", "b", "b", "c", "c", "b", "b",
                                       "d", "d", "c", "b", "c", "c"]})

      # 여기에 해답을 기술하세요.
```

힌트

drop_duplicates( ) 메서드를 사용하세요.

해답

리스트 14-31 해답

In

```
(... 생략 ...)
# 여기에 해답을 기술하세요.
dupli_data.drop_duplicates()
```

Out

	col1	col2
0	1	a
1	1	b
2	2	b
3	3	b
4	4	c
6	6	b
8	7	d
10	7	c
11	8	b
12	9	c

14.4.3 매핑

매핑 mapping은 공통의 키 역할을 하는 데이터의 값을 가져오는 처리입니다. 설명만으로는 이해하기 어려우므로 실습을 통해 배우겠습니다. 먼저 다음과 같이 딕셔너리를 생성합니다(리스트 14-32).

리스트 14-32 매핑의 예(1)

In

```
import pandas as pd
from pandas import DataFrame

attri_data1 = {"ID": ["100", "101", "102", "103", "104", "106", "108",
                      "110", "111", "113"],
```

```
                "city": ["서울", "부산", "대전", "광주", "서울", "서울", "부산",
                        "대전", "광주", "서울"],
            "birth_year": [1990, 1989, 1992, 1997, 1982, 1991, 1988,
                          1990, 1995, 1981],
               "name": ["영이", "순돌", "짱구", "태양", "션", "유리", "현아",
                        "태식", "민수", "호식"]}
attri_data_frame1 = DataFrame(attri_data1)

attri_data_frame1
```

	ID	birth_year	city	name
0	100	1990	서울	영이
1	101	1989	부산	순돌
2	102	1992	대전	짱구
3	103	1997	광주	태양
4	104	1982	서울	션
5	106	1991	서울	유리
6	108	1988	부산	현아
7	110	1990	대전	태식
8	111	1995	광주	민수
9	113	1981	서울	호식

새 딕셔너리를 생성합니다(리스트 14-33).

리스트 14-33 매핑의 예(2)

In
```
city_map ={"서울": "서울",
          "광주": "전라도",
          "부산": "경상도",
          "대전": "충청도"}
city_map
```

Out
```
{'서울': '서울',
 '광주': '전라도',
 '부산': '경상도',
 '대전': '충청도'}
```

처음에 준비했던 attri_data_frame1의 city 컬럼을 기반으로 하여 대응하는 지역명을 새 컬럼으로 추가합니다. 이것이 **매핑 처리**입니다. 엑셀에 익숙한 분이라면 vlookup[8]과 같은 처리라고 생각하면 이해하기 쉬울 것입니다. [리스트 14-34]의 출력 결과를 보면 region 컬럼에 지역명이 추가된 것을 알 수 있습니다.

리스트 14-34 매핑의 예(3)

```
In    # 새로운 컬럼 region을 추가합니다. 해당 데이터가 없는 경우는 NaN입니다.
      attri_data_frame1["region"] = attri_data_frame1["city"].map(city_map)
      attri_data_frame1
```

Out		ID	birth_year	city	name	region
	0	100	1990	서울	영이	서울
	1	101	1989	부산	순돌	경상도
	2	102	1992	대전	짱구	충청도
	3	103	1997	광주	태양	전라도
	4	104	1982	서울	선	서울
	5	106	1991	서울	유리	서울
	6	108	1988	부산	현아	경상도
	7	110	1990	대전	태식	충청도
	8	111	1995	광주	민수	전라도
	9	113	1981	서울	호식	서울

문제

[리스트 14-35]의 DataFrame에서 city가 서울이나 대전이면 '중부', 광주나 부산이면 '남부'가 되도록 새 열(MS)을 추가하고, 결과를 출력하세요.

리스트 14-35 문제

```
In    import pandas as pd
      from pandas import DataFrame

      attri_data1 = {"ID": ["100", "101", "102", "103", "104", "106", "108",
                            "110", "111", "113"],
```

---

8 옮긴이_ 엑셀 표에서 항목을 찾을 때 사용합니다.

```
                       "city": ["서울", "부산", "대전", "광주", "서울", "서울", "부산",
                                "대전", "광주", "서울"],
                  "birth_year": [1990, 1989, 1992, 1997, 1982, 1991, 1988,
                                 1990, 1995, 1981],
                        "name": ["영이", "순돌", "짱구", "태양", "션", "유리", "현아",
                                 "태식", "민수", "호식"]}

            attri_data_frame1 = DataFrame(attri_data1)

            # 여기에 해답을 기술하세요.
```

힌트

[리스트 14-34]처럼 map을 활용하세요.

해답

리스트 14-36 해답

In

```
(... 생략 ...)
# 여기에 해답을 기술하세요.
MS_map = {"서울": "중부",
          "광주": "남부",
          "부산": "남부",
          "대전": "중부"}

attri_data_frame1["MS"] = attri_data_frame1["city"].map(MS_map)

attri_data_frame1
```

Out

	ID	birth_year	city	name	MS
0	100	1990	서울	영이	중부
1	101	1989	부산	순돌	남부
2	102	1992	대전	짱구	중부
3	103	1997	광주	태양	남부
4	104	1982	서울	션	중부
5	106	1991	서울	유리	중부
6	108	1988	부산	현아	남부
7	110	1990	대전	태식	중부
8	111	1995	광주	민수	남부
9	113	1981	서울	호식	중부

14.4.4 구간 분할

구간 분할은 이산 범위의 데이터를 분할하여 집계할 경우에 사용하는 편리한 기능입니다. 구간을 분할할 리스트를 준비하고, pandas의 cut( ) 함수로 처리합니다. 앞서 매핑에서 사용했던 DataFrame을 이용합시다(리스트 14-37).

리스트 14-37 구간 분할의 예(1)

```
import pandas as pd
from pandas import DataFrame

attri_data1 = {"ID": ["100", "101", "102", "103", "104", "106", "108",
                      "110", "111", "113"],
              "city": ["서울", "부산", "대전", "광주", "서울", "서울", "부산",
                       "대전", "광주", "서울"],
              "birth_year": [1990, 1989, 1992, 1997, 1982, 1991, 1988,
                             1990, 1995, 1981],
              "name": ["영이", "순돌", "짱구", "태양", "션", "유리", "현아",
                       "태식", "민수", "호식"]}

attri_data_frame1 = DataFrame(attri_data1)
```

분할 정보가 담긴 리스트로 구간을 분할합니다. birth_year에 주목하세요(리스트 14-37).

출력 결과는 [리스트 14-38]과 같습니다. ( )는 값을 포함하지 않고, [ ]는 값을 포함합니다. 예를 들어 (1985, 1990]은 1985년은 포함하지 않고, 1990년은 포함합니다.

리스트 14-38 구간 분할의 예(2)

```
# 분할 리스트를 만듭니다.
birth_year_bins = [1980, 1985, 1990, 1995, 2000]

# 구간 분할을 실시합니다.
birth_year_cut_data = pd.cut(attri_data_frame1.birth_year, birth_year_bins)
birth_year_cut_data
```

```
Out   0    (1985, 1990]
      1    (1985, 1990]
      2    (1990, 1995]
```

```
3    (1995, 2000]
4    (1980, 1985]
5    (1990, 1995]
6    (1985, 1990]
7    (1985, 1990]
8    (1990, 1995]
9    (1980, 1985]
Name: birth_year, dtype: category
Categories (4, interval[int64]): [(1980, 1985] < (1985, 1990] < (1990,
1995] < (1995, 2000]]
```

각 구간의 수를 집계할 때는 value_counts( ) 메서드를 사용합니다(리스트 14-39).

리스트 14-39 구간 분할의 예(3)

In
```
pd.value_counts(birth_year_cut_data)
```

Out
```
(1985, 1990]    4
(1990, 1995]    3
(1980, 1985]    2
(1995, 2000]    1
Name: birth_year, dtype: int64
```

각 구간에 이름을 붙일 수도 있습니다(리스트 14-40).

리스트 14-40 구간 분할의 예(4)

In
```
group_names = ["first1980", "second1980", "first1990", "second1990"]
birth_year_cut_data = pd.cut(attri_data_frame1.birth_year,birth_year_
bins,labels = group_names)
pd.value_counts(birth_year_cut_data)
```

Out
```
second1980    4
first1990     3
first1980     2
second1990    1
Name: birth_year, dtype: int64
```

미리 분할수를 지정하여 분할할 수 있습니다. 이를 이용하면 거의 비슷한 크기의 구간을 만들 수 있습니다. cut ( ) 함수의 두 번째 인수로 분할수를 전달합니다 (리스트 14-41).

리스트 14-41 구간 분할의 예(5)

```
In    pd.cut(attri_data_frame1.birth_year, 2)
```

```
Out   0     (1989.0, 1997.0]
      1     (1980.984, 1989.0]
      2     (1989.0, 1997.0]
      3     (1989.0, 1997.0]
      4     (1980.984, 1989.0]
      5     (1989.0, 1997.0]
      6     (1980.984, 1989.0]
      7     (1989.0, 1997.0]
      8     (1989.0, 1997.0]
      9     (1980.984, 1989.0]
      Name: birth_year, dtype: category
      Categories (2, interval[float64]): [(1980.984, 1989.0] < (1989.0, 1997.0]]
```

문제

[리스트 14-42]에서 DataFrame의 ID를 두 구간으로 분할해서 출력하세요.

리스트 14-42 문제

```
In    import pandas as pd
      from pandas import DataFrame

      attri_data1 = {"ID": [100,101,102,103,104,106,108,110,111,113],
                  "city": ["서울","부산","대전","광주","서울","서울","부산","대전",
                          "광주","서울"],
                  "birth_year": [1990,1989,1992,1997,1982,1991,1988,1990,1995,
                                 1981],
                  "name": ["영이","순돌","짱구","태양","션","유리","현아","태식",
                           "민수","호식"]}

      attri_data_frame1 = DataFrame(attri_data1)

      # 여기에 해답을 기술하세요.
```

힌트

cut ( ) 함수의 두 번째 인수로 분할수를 전달합니다.

해답

리스트 14-43 해답

 In
```
(... 생략 ...)
attri_data_frame1 = DataFrame(attri_data1)

# 여기에 해답을 기술하세요.
pd.cut(attri_data_frame1.ID, 2)
```

Out
```
0    (99.987, 106.5]
1    (99.987, 106.5]
2    (99.987, 106.5]
3    (99.987, 106.5]
4    (99.987, 106.5]
5    (99.987, 106.5]
6    (106.5, 113.0]
7    (106.5, 113.0]
8    (106.5, 113.0]
9    (106.5, 113.0]
Name: ID, dtype: category
Categories (2, interval[float64]): [(99.987, 106.5] < (106.5, 113.0]]
```

||연습 문제||

와인의 데이터셋을 사용해서 데이터 클렌징의 기본을 복습하세요.

문제

[리스트 14-44]에서 주석 부분의 코드를 작성하세요.

리스트 14-44 문제

 In
```
import pandas as pd
import numpy as np
from numpy import nan as NA
```

```
df = pd.read_csv("https://archive.ics.uci.edu/ml/machine-learning-
databases/wine/wine.data", header=None)

# 각각의 수치가 무엇을 나타내는지 컬럼에 추가합니다.
df.columns = ["", "Alcohol", "Malic acid", "Ash", "Alcalinity of ash",
"Magnesium",
                "Total phenols", "Flavanoids", "Nonflavanoid phenols",
"Proanthocyanins",
                "Color intensity", "Hue", "OD280/OD315 of diluted
wines","Proline"]

# 변수 df의 상위 10행을 변수 df_ten에 대입하여 표시하세요.
df_ten =
print(df_ten)

# 데이터의 일부를 누락시키세요.
df_ten.iloc[1,0] =
df_ten.iloc[2,3] =
df_ten.iloc[4,8] =
df_ten.iloc[7,3] =
print(df_ten)

# fillna() 메서드로 NaN 부분에 열의 평균값을 대입하세요.
df_ten.fillna()
print(df_ten)

# "Alcohol" 열의 평균을 출력하세요.
print(df_ten)

# 중복된 행을 제거하세요.
df_ten.append(df_ten.loc[3])
df_ten.append(df_ten.loc[6])
df_ten.append(df_ten.loc[9])
df_ten =
print(df_ten)

# Alcohol 열의 구간 리스트를 작성하세요.
alcohol_bins = [0,5,10,15,20,25]
alcoholr_cut_data =

# 구간수를 집계하여 출력하세요..
print()
```

힌트

이 장에서 배운 것을 떠올려보세요. 결측치 보완은 14.3.3절 '결측치 보완(평균값 대입법)'에서 언급한 평균값 대입법으로 처리하고, 중복 데이터는 14.4.2절 '중복 데이터'에서 살펴봤습니다. 구간 분할은 14.4.4절 '구간 분할'에서 확인하세요.

해답

리스트 14-45 해답

In

```
(... 생략 ...)
# 변수 df의 상위 10행을 변수 df_ten에 대입하여 표시하세요.
df_ten = df.head(10)
print(df_ten)

# 데이터의 일부를 누락시키세요.
df_ten.iloc[1,0] = NA
df_ten.iloc[2,3] = NA
df_ten.iloc[4,8] = NA
df_ten.iloc[7,3] = NA
print(df_ten)

# fillna() 메서드로 NaN 부분에 열의 평균값을 대입하세요.
df_ten.fillna(df_ten.mean())
print(df_ten)

# "Alcohol" 열의 평균을 출력하세요.
print(df_ten["Alcohol"].mean())

# 중복된 행을 제거하세요.
df_ten.append(df_ten.loc[3])
df_ten.append(df_ten.loc[6])
df_ten.append(df_ten.loc[9])
df_ten = df_ten.drop_duplicates()
print(df_ten)

# Alcohol 열의 구간 리스트를 작성하세요.
alcohol_bins = [0,5,10,15,20,25]
alcoholr_cut_data = pd.cut(df_ten["Alcohol"],alcohol_bins)

# 구간수를 집계하여 출력하세요.
print(pd.value_counts(alcoholr_cut_data))
```

		Alcohol	Malic acid	Ash	Alcalinity of ash	Magnesium	Total phenols \
0	1	14.23	1.71	2.43	15.6	127	2.80
1	1	13.20	1.78	2.14	11.2	100	2.65
2	1	13.16	2.36	2.67	18.6	101	2.80
3	1	14.37	1.95	2.50	16.8	113	3.85
4	1	13.24	2.59	2.87	21.0	118	2.80
5	1	14.20	1.76	2.45	15.2	112	3.27
6	1	14.39	1.87	2.45	14.6	96	2.50
7	1	14.06	2.15	2.61	17.6	121	2.60
8	1	14.83	1.64	2.17	14.0	97	2.80
9	1	13.86	1.35	2.27	16.0	98	2.98

	Flavanoids	Nonflavanoid phenols	Proanthocyanins	Color intensity	Hue \
0	3.06	0.28	2.29	5.64	1.04
1	2.76	0.26	1.28	4.38	1.05
2	3.24	0.30	2.81	5.68	1.03
3	3.49	0.24	2.18	7.80	0.86
4	2.69	0.39	1.82	4.32	1.04
5	3.39	0.34	1.97	6.75	1.05
6	2.52	0.30	1.98	5.25	1.02
7	2.51	0.31	1.25	5.05	1.06
8	2.98	0.29	1.98	5.20	1.08
9	3.15	0.22	1.85	7.22	1.01

	OD280/OD315 of diluted wines	Proline
0	3.92	1065
1	3.40	1050
2	3.17	1185
3	3.45	1480
4	2.93	735
5	2.85	1450
6	3.58	1290
7	3.58	1295
8	2.85	1045
9	3.55	1045

		Alcohol	Malic acid	Ash	Alcalinity of ash	Magnesium \
0	1.0	14.23	1.71	2.43	15.6	127
1	NaN	13.20	1.78	2.14	11.2	100
2	1.0	13.16	2.36	NaN	18.6	101
3	1.0	14.37	1.95	2.50	16.8	113
4	1.0	13.24	2.59	2.87	21.0	118
5	1.0	14.20	1.76	2.45	15.2	112
6	1.0	14.39	1.87	2.45	14.6	96

7	1.0	14.06	2.15	NaN	17.6	121
8	1.0	14.83	1.64	2.17	14.0	97
9	1.0	13.86	1.35	2.27	16.0	98

	Total phenols	Flavanoids	Nonflavanoid phenols	Proanthocyanins \
0	2.80	3.06	0.28	2.29
1	2.65	2.76	0.26	1.28
2	2.80	3.24	0.30	2.81
3	3.85	3.49	0.24	2.18
4	2.80	2.69	NaN	1.82
5	3.27	3.39	0.34	1.97
6	2.50	2.52	0.30	1.98
7	2.60	2.51	0.31	1.25
8	2.80	2.98	0.29	1.98
9	2.98	3.15	0.22	1.85

	Color intensity	Hue	OD280/OD315 of diluted wines	Proline
0	5.64	1.04	3.92	1065
1	4.38	1.05	3.40	1050
2	5.68	1.03	3.17	1185
3	7.80	0.86	3.45	1480
4	4.32	1.04	2.93	735
5	6.75	1.05	2.85	1450
6	5.25	1.02	3.58	1290
7	5.05	1.06	3.58	1295
8	5.20	1.08	2.85	1045
9	7.22	1.01	3.55	1045

		Alcohol	Malic acid	Ash	Alcalinity of ash	Magnesium \
0	1.0	14.23	1.71	2.43	15.6	127
1	NaN	13.20	1.78	2.14	11.2	100
2	1.0	13.16	2.36	NaN	18.6	101
3	1.0	14.37	1.95	2.50	16.8	113
4	1.0	13.24	2.59	2.87	21.0	118
5	1.0	14.20	1.76	2.45	15.2	112
6	1.0	14.39	1.87	2.45	14.6	96
7	1.0	14.06	2.15	NaN	17.6	121
8	1.0	14.83	1.64	2.17	14.0	97
9	1.0	13.86	1.35	2.27	16.0	98

	Total phenols	Flavanoids	Nonflavanoid phenols	Proanthocyanins \
0	2.80	3.06	0.28	2.29
1	2.65	2.76	0.26	1.28
2	2.80	3.24	0.30	2.81
3	3.85	3.49	0.24	2.18

	Total phenols	Flavanoids	Nonflavanoid phenols	Proanthocyanins
4	2.80	2.69	NaN	1.82
5	3.27	3.39	0.34	1.97
6	2.50	2.52	0.30	1.98
7	2.60	2.51	0.31	1.25
8	2.80	2.98	0.29	1.98
9	2.98	3.15	0.22	1.85

	Color intensity	Hue	OD280/OD315 of diluted wines	Proline
0	5.64	1.04	3.92	1065
1	4.38	1.05	3.40	1050
2	5.68	1.03	3.17	1185
3	7.80	0.86	3.45	1480
4	4.32	1.04	2.93	735
5	6.75	1.05	2.85	1450
6	5.25	1.02	3.58	1290
7	5.05	1.06	3.58	1295
8	5.20	1.08	2.85	1045
9	7.22	1.01	3.55	1045

13.953999999999999

		Alcohol	Malic acid	Ash	Alcalinity of ash	Magnesium \
0	1.0	14.23	1.71	2.43	15.6	127
1	NaN	13.20	1.78	2.14	11.2	100
2	1.0	13.16	2.36	NaN	18.6	101
3	1.0	14.37	1.95	2.50	16.8	113
4	1.0	13.24	2.59	2.87	21.0	118
5	1.0	14.20	1.76	2.45	15.2	112
6	1.0	14.39	1.87	2.45	14.6	96
7	1.0	14.06	2.15	NaN	17.6	121
8	1.0	14.83	1.64	2.17	14.0	97
9	1.0	13.86	1.35	2.27	16.0	98

	Total phenols	Flavanoids	Nonflavanoid phenols	Proanthocyanins \
0	2.80	3.06	0.28	2.29
1	2.65	2.76	0.26	1.28
2	2.80	3.24	0.30	2.81
3	3.85	3.49	0.24	2.18
4	2.80	2.69	NaN	1.82
5	3.27	3.39	0.34	1.97
6	2.50	2.52	0.30	1.98
7	2.60	2.51	0.31	1.25
8	2.80	2.98	0.29	1.98
9	2.98	3.15	0.22	1.85

```
       Color intensity   Hue   OD280/OD315 of diluted wines   Proline
0                  5.64  1.04                           3.92      1065
1                  4.38  1.05                           3.40      1050
2                  5.68  1.03                           3.17      1185
3                  7.80  0.86                           3.45      1480
4                  4.32  1.04                           2.93       735
5                  6.75  1.05                           2.85      1450
6                  5.25  1.02                           3.58      1290
7                  5.05  1.06                           3.58      1295
8                  5.20  1.08                           2.85      1045
9                  7.22  1.01                           3.55      1045
(10, 15]    10
(20, 25]     0
(15, 20]     0
(5, 10]      0
(0, 5]       0
Name: Alcohol, dtype: int64
```

CAUTION

[리스트 14-45]를 실행했을 때 아래와 같은 오류 메시지가 표시되는 경우 df.reset_index() 메서드로 데이터셋의 index를 재설정하면 에러를 회피할 수 있습니다.[9]

```
C:\Users\(사용자명)\AppData\Local\Continuum\anaconda3\envs\ten\lib\
sitepackages\pandas\core\indexing.py:537: SettingWithCopyWarning:A value is
trying to be set on a copy of a slice from aDataFrame.
Try using .loc[row_indexer,col_indexer] = value insteadSee the caveats in
the documentation: http://pandas.pydata.org/pandasdocs/stable/indexing.
html#indexing-view-versus-copy
  self.obj[item] = s
```

---

9 옮긴이_ 문제가 발생할 때만 참고하세요.

- 일본어 웹사이트

  "Try using .loc[row_indexer,col_indexer] = value instead" 에러의 해결책
  URL qiita.com/ringCurrent/items/05228a4859c435724928

- 영어 웹사이트

  SettingwithCopy when creating new column and when dropping NaN rows [duplicate]
  URL stackoverflow.com/a/49902319

OpenCV 이용 및 이미지 데이터 전처리

CAUTION

15장의 예제를 실행하기 전에 [리스트 15-1]의 코드를 실행하세요.

리스트 15-1 15장의 사전 실행 코드

In
```
import matplotlib.pyplot as plt
import cv2
import numpy as np
import time

%matplotlib inline¹

def aidemy_imshow(name, img):
    b,g,r = cv2.split(img)
    img = cv2.merge([r,g,b])
    plt.imshow(img)
    plt.show()

cv2.imshow = aidemy_imshow
```

---

1 %matplotlib inline은 매직 명령어로, 주피터 노트북에 그래프를 그릴 때 필요한 스크립트입니다. 주피터 노트북을 사용하지 않는 경우에는 실행할 필요 없습니다.

15.1 이미지 데이터 기초

15.1.1 RGB 데이터

이미지(화상) 데이터는 컴퓨터에서 숫자로 관리됩니다. 여기서는 이러한 관리 방법을 알아보겠습니다.

이미지는 픽셀pixel이라는 작은 입자의 집합으로 표현됩니다. 화면을 구성하는 가장 기본이 되는 단위로, 모습은 대부분 사각형입니다. 이러한 픽셀에 색을 입혀 이미지를 표현하고 있습니다.

컬러 이미지는 Red, Green, Blue(머릿글자를 따서 RGB로 표현합니다)의 3색으로 표현됩니다. 그리고 이 3색의 밝기(농도)를 0~255(8비트)의 수치로 나타냅니다. 수치가 클수록 밝아집니다. 예를 들어 단순한 빨간색은 (255, 0, 0)으로 나타냅니다. 진홍색magenta은 (255, 0, 255), 검은색은 (0, 0, 0), 흰색은 (255, 255, 255)입니다.

특수한 경우지만 흑백사진의 경우 단순히 픽셀의 밝기(0~255) 정보만 주어집니다. 컬러 이미지에 비해 데이터양이 3분의 1로 줄어듭니다.

이후에 다룰 OpenCV에서는 하나의 픽셀을 나타내기 위한 요소 수를 채널수라고 합니다. 예를 들어 RGB 이미지는 채널수가 3이며, 흑백 이미지는 채널수가 1입니다.

문제

RGB 데이터는 색상의 밝기 정보가 제공됩니다. 어떤 색상의 정보가 포함되어 있습니까?

1. 빨강
2. 초록
3. 파랑
4. 위 보기 전체

힌트

RGB가 무엇을 의미하는지 생각해보세요.

해답

4. 위 보기 전체

15.1.2 이미지 데이터 형식

이미지 데이터는 여러 종류가 있습니다. [표 15-1]에 대표적인 것을 소개했습니다.

표 15-1 이미지 데이터와 특징

	PNG	JPG	PDF	GIF
특징	무손실 압축이 가능하다. 여러 색상을 재현할 수 있다.	여러 색상을 재현할 수 있다. 작은 용량으로 압축할 수 있다(하지만 질이 떨어짐).	화질이 좋고, 확대해도 거칠어 보이지 않는다. 용량이 크다.	표현할 수 있는 색상은 적지만 그만큼 용량은 작아진다. 애니메이션을 표현할 수 있다.

무손실 압축이란 압축된 이미지를 원래대로 완전히 복원할 수 있는 것을 말합니다. 손실 압축의 경우에는 완전히 복원할 수 없습니다.

문제

애니메이션 표현에 적합한 이미지 포맷을 선택하세요.

1. PNG

2. JPG

3. PDF

4. GIF

힌트

표현할 수 있는 색상이 적습니다.

해답

4. GIF

15.1.3 투명 데이터

이미지의 배경을 투명하게 하려면 소프트웨어를 사용해서 수정하거나 이미지 작성 단계에서 투명 효과를 적용하는 등 여러 가지 방법이 있습니다. 15.2절 'OpenCV 기초'에서 소개하는 OpenCV로도 가능하지만 여기에서는 다루지 않습니다. 투명 처리는 프로그램이 색상을 취급하는 방법에 따라 달라집니다. 예를 들어 BMP 이미지는 투명 효과를 지원하지 않지만 BMP로 만든 아이콘 이미지가 투명하게 보일 경우가 있습니다. 이것은 아이콘을 표시하는 프로그램이 특정 위치의 색을 투명한 색으로 다루었기 때문입니다. 이미지 자체로 투명 효과를 지원하는 것은 GIF와 PNG입니다.

문제

투명 효과가 적용되지 않는 이미지 포맷을 선택하세요.

1. JPG

2. PDF

3. GIF

4. 위 보기 전체

힌트

비교적 작은 용량으로 압축할 수 있습니다.

해답

1. JPG

15.2 OpenCV 기초

15.2.1 이미지를 읽어 출력하기

OpenCV는 이미지를 다루는 데 유용한 라이브러리입니다. 먼저 이미지를 읽어 출력하겠습니다(리스트 15-2).

리스트 15-2 이미지를 읽어 출력한 예

```
# 미리 'cleansing_data' 폴더를 실행 파일과 같은 폴더(주피터 노트북 소스 코드가 저장된
폴더)에 만들고 15장의 샘플 파일인 'sample.jpg'를 넣어주세요.

# import합니다.
import numpy as np
import cv2

# 이미지를 읽습니다.
# cleansing_data 폴더에 sample.jpg가 존재할 때의 코드입니다.
img = cv2.imread("cleansing_data/sample.jpg")
```

```
# sample은 창 이름입니다.
cv2.imshow("sample", img)
```

Out

문제

- cleansing_data 폴더의 이미지 sample.jpg를 출력하세요(리스트 15-3).
- 창 이름은 sample로 하세요.

리스트 15-3 문제

```
import numpy as np
import cv2

# 여기에 해답을 기술하세요.
```

힌트

- 'cv2.imread("파일명")'으로 이미지를 읽을 수 있습니다.
- 'cv2.imshow("창 이름", 이미지 데이터)'로 이미지를 출력할 수 있습니다.

해답

리스트 15-4 해답

```
(... 생략 ...)
# 여기에 해답을 기술하세요.
# OpenCV를 사용하여 이미지를 읽습니다.
img = cv2.imread("cleansing_data/sample.jpg")

# 이미지를 출력합니다.
cv2.imshow("sample", img)
```

Out

15.2.2 이미지를 만들어 저장하기

여기서는 이미지를 직접 만들어 저장하겠습니다(리스트 15-5). 이미지는 [B, G, R] 값을 지정하여 만듭니다. cv2에서는 이미지를 RGB 순서가 아니라 BGR 순서로 처리하므로 주의할 필요가 있습니다.

for _ in range의 '_'는 for 반복문 내에서 '_'에 해당하는 변수를 사용하지 않을 때 지정합니다. 첫 번째 for 문은 가로로 512, 두 번째 for 문은 세로로 512 크기의 이미지를 생성하는 다중 루프입니다.

리스트 15-5 이미지 만들어 저장하는 예

```python
import numpy as np
import cv2

# 이미지의 크기를 결정합니다.
img_size = (512, 512)

# 이미지 정보를 가지는 행렬을 만듭니다.
# 빨간색 이미지이므로 각 요소가 [0, 0, 255]인 512 x 512의 행렬을 만듭니다.

# 행렬이 전치되는 점에 주의합니다.
# 이미지 데이터의 각 요소는 0~255 값만 지정 가능합니다.
# 이를 명시하기 위해 dtype 옵션으로 데이터형을 지정합니다.
my_img = np.array([[[0, 0, 255] for _ in range(img_size[1])] for _ in
range(img_size[0])], dtype="uint8")

# 표시합니다.
cv2.imshow("sample", my_img)
```

```
# 저장합니다.
# 파일명 my_img.jpg
cv2.imwrite("my_red_img.jpg", my_img)
```

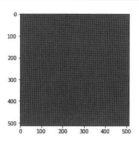

- 512 × 512 크기의 녹색 이미지를 만들어 표시하세요(리스트 15-6).
- 이미지 출력은 cv2.imshow ( ) 함수를 사용하세요.

리스트 15-6 문제

In
```
import numpy as np
import cv2

# 이미지의 크기를 결정합니다.
img_size = (512, 512)

# 512 x 512 크기의 녹색 이미지를 만드세요.
```

힌트

각 요소가 [0, 255, 0]이고, 512 x 512 크기인 np.array를 만드세요.

해답

리스트 15-7 해답

In
```
(... 생략 ...)
# 512 x 512 크기의 녹색 이미지를 만드세요.
img = np.array([[[0, 255, 0] for _ in range(img_size[1])] for _ in
range(img_size[0])], dtype="uint8")

cv2.imshow("sample", img)
```

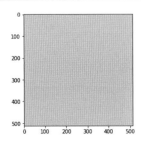

15.2.3 트리밍과 리사이즈

이미지 트리밍^{trimming}과 리사이즈^{resize}를 살펴보겠습니다(리스트 15-8).

> **NOTE**
> 트리밍은 이미지의 일부를 잘라내는 작업이고, 리사이즈는 이미지의 크기를 변경(확대, 축소)하는 작업입니다.

리스트 15-8 트리밍과 리사이즈의 예

```
import numpy as np
import cv2

img = cv2.imread("cleansing_data/sample.jpg")
size = img.shape

# 이미지를 나타내는 행렬의 일부를 꺼내면 그것이 트리밍이 됩니다.
# n등분하려면 가로와 세로 크기를 나눕니다.
my_img = img[: size[0] // 2, : size[1] // 3]

# 여기에서는 원래의 배율을 유지하면서 폭과 높이를 각각 2배로 합니다. 크기를 지정할 때는
# (폭, 높이) 순서라는 점을 유의하세요.
my_img = cv2.resize(my_img, (my_img.shape[1] * 2, my_img.shape[0] * 2))

cv2.imshow("sample", my_img)
```

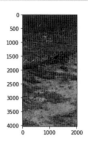

리사이즈로 이미지를 축소하여 화소수를 낮춘 뒤 원래 크기로 복원하면 모자이크 처리를 할 수 있습니다.

문제

sample.jpg의 폭과 높이를 각각 1/3로 리사이즈하세요(리스트 15-9).

리스트 15-9 문제

```
In    import numpy as np
      import cv2

      img = cv2.imread("cleansing_data/sample.jpg")

      # 여기에 해답을 기술하세요.

      cv2.imshow("sample", my_img)
```

힌트

cv2.resize( ) 함수를 사용합니다.

해답

리스트 15-10 해답[2]

```
In    (... 생략 ...)
      # 여기에 해답을 기술하세요.
      my_img = cv2.resize(img, (img.shape[1] // 3, img.shape[0] // 3))
      (... 생략 ...)
```

---

2 옮긴이_ 가로 축과 세로 축의 숫자를 보면 1/3로 축소된 것을 알 수 있습니다.

15.2.4 회전 및 반전

이미지를 회전할 때는 cv2.warpAffine() 함수를 사용합니다. 이 함수는 **아핀** 변환을 합니다. 이때 필요한 행렬은 cv2.getRotationMatrix2D로 얻을 수 있습니다(리스트 15-11). 또한 반전에는 'cv2.flip(이미지, 대상 축)' 함수를 사용합니다.

리스트 15-11 회전 및 반전의 예

```
import numpy as np
import cv2

img = cv2.imread("cleansing_data/sample.jpg")

# warpAffine() 함수 사용에 필요한 행렬을 만듭니다.
# 첫 번째 인수는 회전의 중심입니다(여기서는 이미지의 중심을 설정).
# 두 번째 인수는 회전 각도입니다(여기서는 180도를 설정).
# 세 번째 인수는 배율입니다(여기서는 2배 확대로 설정).
mat = cv2.getRotationMatrix2D(tuple(np.array(img.shape[:2]) / 2), 180,
2.0)

# 아핀 변환을 합니다.
# 첫 번째 인수는 변환하려는 이미지입니다.
# 두 번째 인수는 위에서 생성한 행렬(mat)입니다.
# 세 번째 인수는 사이즈입니다.
my_img = cv2.warpAffine(img, mat, img.shape[:2])

cv2.imshow("sample", my_img)
```

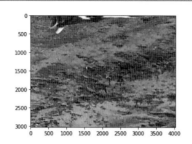

cv2.flip( ) 함수를 사용하여 이미지를 x축을 중심으로 반전시키세요(리스트 15-12).

리스트 15-12 문제

```
import numpy as np
import cv2

img = cv2.imread("cleansing_data/sample.jpg")

# 여기에 해답을 기술하세요.


cv2.imshow("sample", my_img)
```

cv2.flip( ) 함수는 인수가 0일 때는 x축을 중심으로, 양수일 때는 y축을 중심으로, 음수일 때는 두 축을 중심으로 반전합니다.

리스트 15-13 해답

```
(... 생략 ...)
# 여기에 해답을 기술하세요.
my_img = cv2.flip(img, 0)
(... 생략 ...)
```

Out

15.2.5 색조 변환 및 색상 반전

앞서 이미지는 RGB로 구성된다고 설명했습니다. 이러한 RGB를 다른 색 공간으로 변환할 수 있습니다. 여기에서는 Lab 색 공간으로 변환합니다(리스트 15-14). Lab 색 공간은 인간의 시각에 근접하게 설계되어 있다는 장점이 있습니다.

리스트 15-14 색조 변환 및 색상 반전의 예

In

```python
import numpy as np
import cv2

img = cv2.imread("cleansing_data/sample.jpg")

# 색 공간을 변환합니다.
my_img = cv2.cvtColor(img, cv2.COLOR_RGB2LAB)

cv2.imshow("sample", my_img)
```

Out

cv2.cvtColor( ) 함수의 두 번째 인수를 COLOR_RGB2GRAY로 하면 흑백 이미지로 변환할 수 있습니다.

또한 이미지의 색상을 반전시키는 것을 네거티브 반전이라고 합니다. OpenCV에서 네거티브 반전을 하려면 다음처럼 기술합니다.

```
img = cv2.bitwise_not(img)
```

cv2.bitwise( ) 함수는 8bit로 표현된 각 화소의 비트를 조작할 수 있습니다. not은 각 비트를 반전시킵니다.

문제

> sample.jpg의 색상을 반전시키세요(리스트 15-15). bitwise_not의 구조를 이해하기 위해 for 문을 사용하여 bitwise_not과 동일한 처리를 구현해보세요.

리스트 15-15 문제

In
```
import numpy as np
import cv2

img = cv2.imread("cleansing_data/sample.jpg")

# 여기에 해답을 기술하세요.


cv2.imshow("sample", img)
```

힌트

- RGB 값은 0~255로 구성되어 있으므로 임의의 값 x를 255−x로 대체해서 변환할 수 있습니다.
- OpenCV에서 가져온 이미지 데이터는 3차원 numpy 배열로 되어 있으며, 다음과 같이 하여 (i, j) 좌표의 k로 지정한 RGB 값 하나를 x로 바꿀 수 있습니다.

  img[i][j][k]=x
- for 문과 len(img[i])처럼 길이를 취득하는 len( ) 함수를 사용하여 각 화소에 차례대로 접근하여 값을 지정하면 됩니다.

리스트 15-16 해답[3]

In
```
(... 생략 ...)
# 여기에 해답을 기술하세요.
for i in range(len(img)):
    for j in range(len(img[i])):
        for k in range(len(img[i][j])):
            img[i][j][k] = 255 - img[i][j][k]

cv2.imshow("sample", img)
```

Out

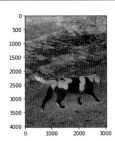

15.3 OpenCV 이용

15.3.1 임곗값 처리(이진화)

이미지의 용량을 줄이기 위해 일정 이상으로 밝은 것 혹은 일정 이상으로 어두운 것을 모두 같은 값으로 만들어버리는 것을 임곗값 처리라고 합니다. cv2.threshold( ) 함수를 사용해서 구현하며, 인수를 설정하여 다양한 임곗값 처리를 할 수 있습니다(리스트 15-17).

리스트 15-17 임곗값 처리의 예

In
```
import numpy as np
import cv2
```

---

3 **옮긴이_** PC 환경에 따라 다르지만 실행하는 데 시간이 걸릴 수 있습니다. 역자의 경우 3분 정도 필요했습니다.

```
img = cv2.imread("cleansing_data/sample.jpg")

# 첫 번째 인수는 처리하는 이미지입니다.
# 두 번째 인수는 임곗값입니다.
# 세 번째 인수는 최댓값(maxvalue)입니다.
# 네 번째 인수는 THRESH_BINARY, THRESH_BINARY_INV, THRESH_TOZERO, THRESH_
TRUNC, THRESH_TOZERO_INV 중 하나입니다. 다음은 네 번째 인수에 대한 설명입니다.

#THRESH_BINARY     : 픽셀값이 임곗값을 초과하는 경우 해당 픽셀을 maxValue로 하고, 그
외의 경우에는 0(검은색)으로 합니다.
#THRESH_BINARY_INV: 픽셀값이 임곗값을 초과하는 경우 0으로 설정하고, 그 외의 경우에는
maxValue로 합니다.
#THRESH_TRUNC      : 픽셀값이 임곗값을 초과하는 경우 임곗값으로 설정하고, 그 외의 경우
에는 변경하지 않습니다.
#THRESH_TOZERO     : 픽셀값이 임곗값을 초과하는 경우 변경하지 않고, 그 외의 경우에는 0
으로 설정합니다.
#THRESH_TOZERO_INV: 픽셀값이 임곗값을 초과하는 경우 0으로 설정하고, 그 외의 경우에는
변경하지 않습니다.

# 임곗값을 75로, 최댓값을 255로 하여 THRESH_TOZERO를 적용합니다.
# 임곗값도 반환되므로 retval로 돌려받습니다.
retval, my_img = cv2.threshold(img, 75, 255, cv2.THRESH_TOZERO)

cv2.imshow("sample", my_img)
```

Out

문제

임곗값을 100으로 하고, 그 이하는 0으로, 그 이상은 255가 되도록 설정하세요(리스트 15-18).

리스트 15-18 문제

```
import numpy as np
import cv2

img = cv2.imread("cleansing_data/sample.jpg")

# 여기에 해답을 기술하세요.
```

힌트

- THRESH_BINARY를 사용합니다.

- THRESH_BINARY를 사용하면 임곗값보다 큰 값은 maxvalue가 되고, 그렇지 않은 값은 0이 됩니다.

해답

리스트 15-19 해답

```
(... 생략 ...)
# 여기에 해답을 기술하세요.
retval, my_img = cv2.threshold(img, 100, 255, cv2.THRESH_BINARY)

cv2.imshow("sample", my_img)
```

Out

15.3.2 마스킹

여기서는 이미지의 일부를 추출해봅니다. 채널수가 1인 흑백 이미지를 준비합니다. 이를 마스크용 이미지라고 부르겠습니다. 이미지 중에서 마스크용 이미지의 흰 부분만 추출할 수 있습니다 (리스트 15-20).

 # 미리 *cleansing_data* 폴더에 15장의 샘플 *mask.png* 파일을 넣어두세요.
```
import numpy as np
import cv2

img = cv2.imread("cleansing_data/sample.jpg")

# 두 번째 인수로 0을 지정하면 채널수가 1인 이미지로 변환해서 읽습니다.
mask = cv2.imread("cleansing_data/mask.png", 0)

# 원래 이미지와 같은 크기로 리사이즈합니다.
mask = cv2.resize(mask, (img.shape[1], img.shape[0]))

# 세 번째 인수로 마스크용 이미지를 선택합니다.
my_img = cv2.bitwise_and(img, img, mask = mask)

cv2.imshow("sample", my_img)
```

Out

여기에서 사용하는 마스크용 이미지는 [그림 15-1]과 같습니다.

그림 15-1 마스크용 이미지

sample.jpg의 이미지에서 mask.png의 검은 부분만 꺼내세요(리스트 15-21).

리스트 15-21 문제

```
In    import numpy as np
      import cv2

      img = cv2.imread("cleansing_data/sample.jpg")
      mask = cv2.imread("cleansing_data/mask.png", 0)
      mask = cv2.resize(mask, (img.shape[1], img.shape[0]))

      # 여기에 해답을 기술하세요.
      retval, mask =

      my_img =

      cv2.imshow("sample", my_img)
```

- cv2.threshold( ) 함수로 이미지를 반전시키세요.
- cv2.bitwise_and( ) 함수로 마스크 처리를 하세요.

리스트 15-22 해답

```
In    (... 생략 ...)
      # 여기에 해답을 기술하세요.
      retval, mask = cv2.threshold(mask, 0, 255, cv2.THRESH_BINARY_INV)

      my_img = cv2.bitwise_and(img, img, mask=mask)

      cv2.imshow("sample", my_img)
```

Out

15.3.3 흐림

이미지를 흐리게 하려면 픽셀 주위의 n×n개(마스크 크기) 픽셀과의 평균을 취합니다. 흐림 (블러^{blur}) 효과는 GaussianBlur( ) 함수를 사용합니다(리스트 15-23).

리스트 15-23 흐림 효과 적용 예

```
import numpy as np
import cv2

img = cv2.imread("cleansing_data/sample.jpg")

# 첫 번째 인수는 원본 이미지입니다.
# 두 번째 인수는 nxn(마스크 크기)의 n값입니다(n은 홀수).
# 세 번째 인수는 x축 방향의 편차(일반적으로 0으로 지정)입니다.
my_img = cv2.GaussianBlur(img, (5, 5), 0)

cv2.imshow("sample", my_img)
```

Out

문제

이미지에 흐림 효과를 적용하세요(리스트 15-24).

리스트 15-24 문제

```
import numpy as np
import cv2

img = cv2.imread("cleansing_data/sample.jpg")
```

```
                # 여기에 해답을 기술하세요.


        cv2.imshow("sample", my_img)
```

GaussianBlur( ) 함수를 사용하세요.

리스트 15-25 해답

```
In    (... 생략 ...)
      # 여기에 해답을 기술하세요.
      my_img = cv2.GaussianBlur(img, (21, 21), 0)

      cv2.imshow("sample", my_img)
```

Out

15.3.4 노이즈 제거

노이즈를 제거할 때는 cv2.fastNlMeansDenoisingColored( ) 함수를 사용합니다(리스트 15-26).

리스트 15-26 노이즈 제거의 예

```
In    import numpy as np
      import cv2

      img = cv2.imread("cleansing_data/sample.jpg")
```

```
my_img = cv2.fastNlMeansDenoisingColored(img)

cv2.imshow("sample", my_img)
```

Out

15.3.5 팽창 및 침식

팽창dilation과 침식erosion은 주로 이진 이미지로 처리됩니다. 어떤 한 픽셀을 중심으로 두고, 필터 내의 최댓값을 중심값으로 하는 것을 팽창, 반대로 최솟값을 중심값으로 하는 것을 침식이라고 합니다. 필터는 중심 픽셀의 상하좌우 4개 픽셀을 사용하는 방법과 자신을 둘러싼 8개 픽셀을 사용하는 방법의 두 가지가 주를 이룹니다. 팽창에는 cv2.dilate() 함수를, 침식에는 cv2.erode() 함수를 사용합니다. np.uint8은 데이터형을 나타냅니다. uint8은 8비트로 표현된 부호 없는 정수unsigned int를 나타냅니다(리스트 15-27).

```
In      import numpy as np
        import cv2
        import matplotlib.pyplot as plt

        img = cv2.imread("cleansing_data/sample.jpg")

        # 필터 정의
        filt = np.array([[0, 1, 0],
                         [1, 0, 1],
                         [0, 1, 0]], np.uint8)

        # 팽창 처리
        my_img = cv2.dilate(img, filt)

        cv2.imshow("sample", my_img)
```

Out

문제

[리스트 15-27]과 동일한 필터로 침식을 적용하세요(리스트 15-28).

리스트 15-28 문제

```
In      import numpy as np
        import cv2

        img = cv2.imread("cleansing_data/sample.jpg")

        # 여기에 해답을 기술하세요.


        cv2.imshow("sample", my_img)
```

```
# 비교하기 위해 원본 사진을 표시합니다.
cv2.imshow("original", img)
plt.show()
```

힌트

침식은 cv2.erode( ) 함수를 사용합니다.

해답

리스트 15-29 해답

In
```
(... 생략 ...)
# 여기에 해답을 기술하세요.
# 필터 정의
filt = np.array([[0, 1, 0],
                 [1, 0, 1],
                 [0, 1, 0]], np.uint8)

# 침식 처리
my_img = cv2.erode(img, filt)
(... 생략 ...)
```

Out

‖연습 문제‖

OpenCV를 사용해서 이미지 처리 문제를 풀어봅시다.

문제

[리스트 15-30]에서 주석 부분의 처리를 기술하세요.

리스트 15-30 문제

```
In      import cv2
        import numpy as np

        img = cv2.imread("cleansing_data/sample.jpg")

        # 원본 이미지를 지정합니다.
        cv2.imshow('Original', img)

        # 흐림 처리를 구현하세요(두 번째 인수에는 77,77을 지정하세요).
        blur_img =
        cv2.imshow('Blur', blur_img)

        # 이미지의 색상을 반전시키세요.
        bit_img =
        cv2.imshow('Bit', bit_img)

        # 임곗값 처리를 하세요(임곗값을 90으로 하고, 그 이하면 변경하지 않고, 그 이상이면 0으로
        하세요).
        retval, thre_img =
        cv2.imshow('THRESH', thre_img)
```

힌트

이 장에서 배운 내용을 복습합니다.

해답

리스트 15-31 해답

```
In      (... 생략 ...)
        # 흐림 처리를 구현하세요(두 번째 인수에는 77,77을 지정하세요).
        blur_img = cv2.GaussianBlur(img, (77,77), 0)
        cv2.imshow('Blur', blur_img)
```

```
# 이미지의 색상을 반전시키세요.
bit_img = cv2.bitwise_not(img)
cv2.imshow('Bit', bit_img)

# 임곗값 처리를 하세요(임곗값을 90으로 하고, 그 이하면 변경하지 않고, 그 이상이면 0으로
하세요).
retval, thre_img = cv2.threshold(img, 90, 255, cv2.THRESH_TOZERO)
cv2.imshow('THRESH', thre_img)
```

Out

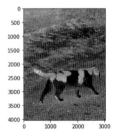

‖종합 문제‖

머신러닝의 이미지 인식은 이미지 데이터 및 그에 대응하는 라벨의 조합이 대량으로 필요합니다. 그러나 머신러닝에 입력할 충분한 수의 이미지와 라벨의 조합을 준비하는 것은 다양한 비용적 측면에서 어려울 수 있습니다.

따라서 데이터 수를 충분한 양으로 늘리기 위해 **데이터 부풀리기**를 활용합니다. 데이터 부풀리기가 단순히 복사하여 양을 늘리는 것이라면 큰 의미가 없습니다. 이미지를 뒤집거나 좌우로 조금씩 이동시켜 새로운 데이터를 만들어내는 것이 중요합니다.

이 장에서 배운 다양한 함수를 이용해서 이미지 데이터를 부풀리는 함수를 작성해보겠습니다.

문제

> 이미지를 입력받아 다섯 가지 방법으로 가공한 이미지 데이터를 만들고, 이를 배열로 반환하는 scratch_image( ) 함수를 작성하세요(리스트 15-32).

이미지 가공 방법은 다음과 같습니다.

옵션
```
def scratch_image(img, flip=True, thr=True, filt=True, resize=True,
    erode=True):
```

- flip은 이미지의 좌우 반전
- thr은 임곗값 처리
- filt는 흐림 효과
- resize는 모자이크 처리
- erode은 침식 여부 지정
- img의 형식은 OpenCV의 cv2.read( )로 읽은 이미지 데이터의 형태입니다. 부풀려진 이미지 데이터를 한꺼번에 배열로 반환합니다.

다섯 가지 이미지 가공 방법은 중첩해서 적용합니다. 예를 들어 flip=True, thr=True, filt=False, resize=False, erode=False면 이미지의 반전 및 임곗값 처리를 실시하며, 다음 4매의 이미지 데이터를 배열로 반환합니다.

1 원본 이미지
2 좌우 반전된 이미지

3 임곗값 처리된 이미지

4 좌우 반전되고 임곗값 처리된 이미지

모두 True면 $2^5 = 32$매의 이미지 데이터가 반환됩니다. 작성한 scratch_image ( ) 함수를 사용하여 cleansing_data 폴더의 이미지 cat_sample.png를 부풀리기한 결과를 scratch_images 폴더에 저장하세요. 다음과 같은 효과를 적용해서 이미지를 부풀리세요.

1 반전 : 좌우 반전

2 임곗값 처리 : 임곗값은 100으로 하고, 임곗값보다 큰 값은 그대로, 작은 값은 0을 적용

3 흐림 효과 : 자신 주위 5×5개 픽셀을 사용

4 모자이크 : 해상도를 1/5로 함

5 침식 : 자신 주위 8픽셀을 사용

리스트 15-32 문제

```
import os
import numpy as np
import matplotlib.pyplot as plt
import cv2

def scratch_image(img, flip=True, thr=True, filt=True, resize=True,
erode=True):
    # --------------------- 여기에 기술하세요. ---------------------


    return
    # --------------------- 여기까지 기술하세요. ---------------------

# 이미지를 읽습니다.
cat_img = cv2.imread("cleansing_data/cat_sample.jpg")

# 이미지 데이터를 부풀립니다.
scratch_cat_images = scratch_image(cat_img)

# 이미지를 저장할 폴더를 만듭니다.
if not os.path.exists("scratch_images"):
    os.mkdir("scratch_images")

for num, im in enumerate(scratch_cat_images):
    # 대상 폴더 "scratch_images/"를 지정하고 번호를 붙여 저장합니다.
    cv2.imwrite("scratch_images/" + str(num) + ".jpg", im)
```

- 우선 이 장을 참조해서 cv2의 메서드를 기술합니다. 이때 필요한 데이터(이미지의 크기 등)도 준비합니다.

- 리스트 내포로 코드를 단순화할 수 있습니다. 또한 긴 처리는 lambda로 정리합니다.

- 부풀리기에 사용하는 함수는 lambda로 기술하고 np.array에 저장하면 좋습니다. 예를 들어 상하 반전 함수는 다음과 같이 작성할 수 있습니다.

```
lambda x : cv2.flip(x, 0)
```

이를 배열 arr에 넣으면 다음 코드로 index를 지정하여 arr 내 함수를 사용할 수 있습니다.

```
arr[0](image)
```

- 소스 코드를 점점 발전시켜 함수를 저장한 배열과 flip, thr, filt, resize, erode를 활용해서 이미지 가공에 사용할 함수를 취득합니다.

리스트 15-33 해답[4]

In
```
( ... 생략 ... )
    # --------------------- 여기에 기술하세요. ---------------------
    # 부풀리기에 사용할 방법을 배열에 정리합니다.
    methods = [flip, thr, filt, resize, erode]

    # 이미지 크기를 취득해서 흐림 효과에 사용되는 필터를 만듭니다.
    img_size = img.shape
    filter1 = np.ones((3, 3))

    # 원본 이미지 데이터를 배열에 저장합니다.
    images = [img]

    # 부풀리기에 이용하는 함수입니다.
    scratch = np.array([
        lambda x: cv2.flip(x, 1),
        lambda x: cv2.threshold(x, 100, 255, cv2.THRESH_TOZERO)[1],
        lambda x: cv2.GaussianBlur(x, (5, 5), 0),
        lambda x: cv2.resize(cv2.resize(
            x, (img_size[1] // 5, img_size[0] // 5)
            ),(img_size[1], img_size[0])),
        lambda x: cv2.erode(x, filter1)
    ])
```

---

4 옮긴이_ 실행해도 주피터 노트북 화면에는 결과가 나타나지 않습니다. 파이썬 소스 코드 폴더에서 scratch_images 폴더를 열고 그림 파일을 확인하세요.

```
# 함수와 이미지를 인수로 받아서 가공된 이미지를 부풀리는 함수입니다.
doubling_images = lambda f, imag: np.r_[imag, [f(i) for i in imag]]

# methods가 True인 함수로 부풀리기를 실시합니다.
for func in scratch[methods]:
    images = doubling_images(func, images)


return images
# --------------------- 여기까지 기술하세요. -------------------
(... 생략 ...)
```

그림 15-2 scratch_images 폴더에 저장된 이미지

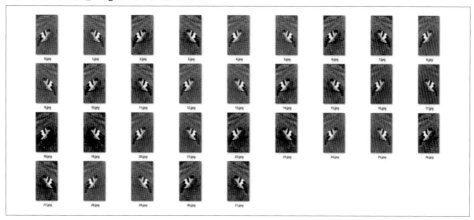

설명

힌트대로 가공 방법을 scratch에 정리합니다.

doubling_images( ) 함수는 가공 전의 이미지 데이터를 저장한 배열 imag와 메서드 f( )를 사용하여 imag를 가공한 [f(i) for i in imag]를 연결하고 있습니다. 가공한 이미지는 imag의 이미지 수와 동일한 수가 되므로 이를 연결하면 이미지 데이터가 2배가 됩니다. 또한 이 함수를 루프해서 사용하므로 원본 이미지 데이터를 이 함수에 적용할 수 있도록 images=[img]로 배열에 저장하고 있습니다.

scratch[methods]로 함으로써 np.array의 부울 인덱스 참조를 통해 True인 요소를 추출하여 doubling_images( ) 함수에 인수로 넣을 수 있도록 하고 있습니다. 또한 실제 딥러닝에서 이미지를 부풀리는 경우 Keras에 ImageDataGenerator( ) 함수가 미리 준비되어 있으므

로 파라미터를 지정하는 것만으로 쉽게 데이터 부풀리기가 가능합니다. 여기서는 연습을 위해 OpenCV에서 구현했지만 실제 이미지 부풀리기를 하는 경우에는 Keras에서 제공하는 함수를 사용하는 것이 효율적입니다(22.1.1절 'ImageDataGenerator' 참조).

리스트 내포 사용

가독성이 매우 나빠지기 때문에 추천하지는 않지만 리스트 내포를 사용하면 부풀리기 구현을 한 줄로 정리할 수 있습니다(리스트 15-34).

리스트 15-34 리스트 내포의 예

```
# 함수를 저장합니다.
sc_flip = [
    lambda x: x,
    lambda x: cv2.flip(x, 1)
]
sc_thr = [
    lambda x: x,
    lambda x: cv2.threshold(x, 100, 255, cv2.THRESH_TOZERO)[1]
]
sc_filter = [
    lambda x: x,
    lambda x: cv2.GaussianBlur(x, (5,5), 0)
]
sc_mosaic = [
    lambda x: x,
    lambda x: cv2.resize(cv2.resize(
        x, (img_size[1] // 5, img_size[0] // 5)
        ), (img_size[1], img_size[0]))
]
sc_erode = [
    lambda x: x,
    lambda x: cv2.erode(x, filter1)
]
# 부풀리기 구현을 한 줄로 정리할 수 있습니다.
[e(d(c(b(a(img))))) for a in sc_flip for b in sc_thr for c in sc_filter
for d in sc_mosaic for e in sc_erode]
```

그 외에는 scratch_images의 세 번째 인수 exp=True/False를 추가하여 다음과 같은 함수를 만들면 더욱 실용적입니다.

- True면 처리가 변하지 않는다.
- False면 가공을 중첩하지 않는다(즉, 반전한 후 임곗값 처리를 하지 않는다. method가 True인 부분은 가공을 한다. 최대 6매 부풀리기).

참고로 [리스트 15-34]를 실행하기 전에 [리스트 15-33]을 실행한 경우 이미 저장된 scratch_images 폴더의 이름을 scratch_images_backup과 같이 변경하는 것이 좋습니다(중복 방지).

[리스트 15-33]과 다른 방법으로 작성한 해답도 보겠습니다.

해답 2

리스트 15-35 해답

```
In    import sys
      import os
      (... 생략 ...)
          # ---------------------- 여기에 기술하세요. ----------------------
          # 부풀리기에 사용할 방법을 배열에 정리합니다.
          methods = [flip, thr, filt, resize, erode]

          # 이미지 크기를 취득해서 흐림 효과에 사용되는 필터를 만듭니다.
          img_size = img.shape
          filter1 = np.ones((3, 3))

          # 부풀리기에 이용하는 함수입니다
          scratch = np.array([
              lambda x: cv2.flip(x, 1),
              lambda x: cv2.threshold(x, 100, 255, cv2.THRESH_TOZERO)[1],
              lambda x: cv2.GaussianBlur(x, (5, 5), 0),
              lambda x: cv2.resize(cv2.resize(
                  x, (img_size[1] // 5, img_size[0] // 5)
                  ), (img_size[1], img_size[0])),
              lambda x: cv2.erode(x, filter1)
          ])
          act_scratch = scratch[methods]

          # 메서드를 준비합니다.
          act_num = np.sum([methods])
```

```
form = "0" + str(act_num) + "b"
cf = np.array([list(format(i, form)) for i in range(2**act_num)])

# 이미지 변환 작업을 수행합니다.
images = []
for i in range(2**act_num):
    im = img
    for func in act_scratch[cf[i]=="1"]: # bool 인덱스를 참조합니다.
        im = func(im)
    images.append(im)
return images
# ---------------------- 여기까지 기술하세요. --------------------
(... 생략 ...)
```

그림 15-3 scratch_images 폴더에 저장된 이미지

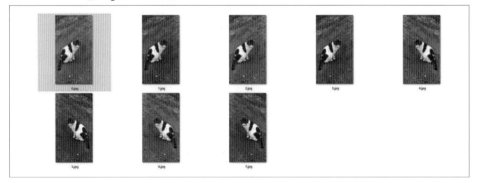

지도학습(분류) 기초

16.1 지도학습(분류) 알아보기

16.1.1 분류란

1.2절 '머신러닝 학습 방식'에서 언급한 것처럼 머신러닝은 주로 세 가지 분야로 나누어집니다.

- **지도학습**
  축적된 데이터를 바탕으로 새로운 데이터나 미래의 데이터를 예측하거나 분류를 수행하는 것을 의미합니다. 주가 예측이나 이미지 식별 등이 해당됩니다.

- **비지도학습**
  축적된 데이터의 구조나 관계성을 찾아내는 것을 말합니다. 소매점 고객의 소비 성향 분석 등에 이용됩니다.

- **강화학습**
  보수나 환경 등을 설정하여 수익을 최대화하는 행동을 학습하는 방법입니다(학습 형태는 비지도학습에 가깝습니다). 바둑 등 대전 게임의 AI에 사용되는 경우가 많습니다.

여기서는 지도학습을 살펴봅니다. 지도학습은 회귀와 분류 두 가지 방법으로 나눠집니다. 회귀는 기존 데이터에서 관계를 읽고, 그 관계성을 바탕으로 데이터 예측을 실시합니다. 주가나 금, 은 등의 시가와 같은 연속적인 값을 예측합니다. 분류도 데이터 예측을 실시하는 것이 주목적이지만 예측되는 값은 데이터의 카테고리이며, 이산값입니다.

다음 중 머신러닝의 '분류'에 해당하는 것은 어떤 것일까요?

1. 주가 예측
2. 상품 구매 고객 조사
3. 대전 게임의 AI
4. 위 보기 전체

• 지도학습 데이터와 라벨의 관계성을 통해 데이터 라벨을 예측합니다.

• 회귀는 주로 수치를 예측하며, 분류는 데이터가 어디에 속하는지 예측합니다.

• 비지도학습은 데이터의 구조나 관련성을 조사합니다.

• 강화학습은 학습시 자신이 달성할 목표를 정하고, 필요한 행동을 최적화해 나갑니다.

2. 상품 구매 고객 조사

16.1.2 이항 분류와 다항 분류

분류 문제는 **이항 분류**와 **다항 분류**로 나눠집니다.

이항 분류(두 값 분류, 2 클래스 분류)

분류할 클래스(카테고리)가 두 개인 분류 문제입니다. 어느 한 그룹에 '속하는지/속하지 않는지'만으로 식별할 수 있습니다. 또한 직선으로 클래스 사이를 구별할 수 있는 경우에는 **선형 분류**라고 하며, 그렇지 않은 경우에는 **비선형 분류**라고 합니다.

다항 분류(다중 클래스 분류)

분류할 클래스가 세 개 이상인 분류 문제입니다. 어느 한 그룹에 '속하는지/속하지 않는지'만으로는 식별이 불가능하며, 단순히 직선으로 구별할 수 없는 경우가 많습니다.

[그림 16-1]의 산포도에서 파란색과 회색의 데이터를 지도 데이터로 학습하고, 어느 쪽에 속하는지 구분하는 문제는 무엇일까요?

1. 이항 분류(선형)

2. 이항 분류(비선형)

3. 다항 분류

그림 16-1 산포도

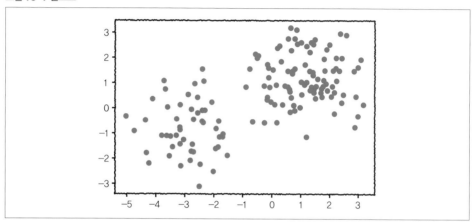

클래스 수를 확인하고, 직선으로 구별할 수 있는지 주목합니다.

2. 이항 분류(선형)

16.1.3 분류의 흐름

머신러닝은 아래와 같은 일련의 흐름이 있습니다.

1 데이터 전처리

- 데이터 가공, 수정

2 모델 선택

- 분류기(학습 모델) 선택

3 모델 학습

- 튜닝하는 하이퍼파라미터 선택
- 파라미터 튜닝

4 모델에 의한 예측(추정)

- 미지의 데이터를 사용하여 모델의 정확성 검증
- 웹 서비스 등에 포함시켜 AI 모델을 실제로 운용

여기에서는 지도학습(분류) 모델에서 다양한 분류 모델을 체험해봅니다.

문제

머신러닝의 흐름에 따라 다음 보기를 정렬했을 때 순서에 맞게 나열한 것을 고르세요.

a. 모델에 의한 예측

b. 모델 선택

c. 데이터 전처리

d. 모델 학습

1. a → d → b → c
2. a → b → c → d
3. c → b → d → a
4. b → c → d → a

힌트

- 모델을 학습시킨 후에 예측을 실시합니다.
- 데이터 전처리는 모델 선택보다 앞서 실시합니다.

해답

3. c → b → d → a

16.1.4 데이터 준비하기

다양한 분류 방법을 코드로 구현하려면 분류 가능한 데이터를 준비해야 합니다. 실무에서는 실제로 측정된 값을 입수하는 것부터 시작하지만 여기에서는 그 부분은 생략하고 가상의 분류용 데이터를 스스로 작성해봅니다. 분류에 적합한 데이터를 작성하려면 scikit-learn.datasets 모둘의 make_classification( ) 함수를 사용합니다(리스트 16-1). [리스트 16-1]에서 인수 xx는 임시로 지정한 것입니다.

리스트 16-1 분류용 데이터 작성의 예

```
# 모듈을 import합니다.
from sklearn.datasets import make_classification

# 데이터 X와 라벨 y를 생성합니다.
X, y = make_classification(n_samples=xx, n_classes=xx, n_features=xx,
n_redundant=xx, random_state=xx)
```

위 함수의 인수는 다음과 같습니다.

- n_samples
  준비할 데이터 수
- n_classes
  클래스 수. 지정하지 않으면 2로 지정됩니다.
- n_features
  데이터의 특징량 수
- n_redundant
  분류에 불필요한 특징량(여분의 특징량) 수
- random_state
  난수 시드(난수 패턴을 결정하는 요소)

이 외에도 여러 인수가 있습니다. 이 장에서는 위 인수들을 정의한 분류용 데이터를 작성해봅니다. 또한 데이터가 어떤 클래스에 속하는지 나타내는 라벨(y)을 준비합니다(정숫값으로 준비. 이항 분류라면 각 데이터의 라벨은 0 또는 1이 됩니다).

문제

- 특징량이 2이고, 불필요한 특징량이 없는 이항 분류용 데이터 X와 라벨 y를 50개 작성하세요(리스트 16-2).
- 난수 시드는 0으로 하세요.
- y=0인 X좌표는 파란색으로, y=1인 X좌표는 빨간색으로 플롯합니다.

리스트 16-2 문제

```
In    # 모듈을 import합니다.
      from sklearn.datasets import make_classification
      # 플롯용 모듈입니다.
      import matplotlib.pyplot as plt
      import matplotlib

      %matplotlib inline

      # 데이터 X, 라벨 y를 생성합니다.
      # 여기에 해답을 기술하세요.



      # 데이터 채색, 플롯 처리입니다.
      plt.scatter(X[:, 0], X[:, 1], c=y, marker=".",
                  cmap=matplotlib.cm.get_cmap(name="bwr"), alpha=0.7)
      plt.grid(True)
      plt.show()
```

힌트

• make_classification( ) 함수는 X와 y를 동시에 반환합니다.

• 이항 분류를 위한 클래스 수는 2입니다.

해답

리스트 16-3 해답

```
In    (... 생략 ...)
      # 데이터 X, 라벨 y를 생성합니다.
      # 여기에 해답을 기술하세요.
      X, y = make_classification(n_samples=50, n_features=2, n_redundant=0,
      random_state=0)
      (... 생략 ...)
```

Out

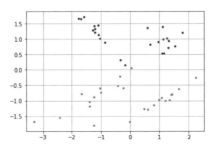

16.1.5 학습과 예측

머신러닝의 학습 방법은 다양합니다. 여기서는 학습 방법을 모델^{model}이라고 부르겠습니다(엄밀하게는 학습 방법이 아니라 지도 데이터로 학습을 실시해서 라벨을 예측하기까지의 일련의 흐름을 가리킵니다). 또한 머신러닝으로 데이터를 분류하는 프로그램을 **분류기**^{classifier}라고 부르겠습니다.

머신러닝 모델을 직접 구현하는 것은 쉽지 않습니다. 하지만 파이썬에는 머신러닝에 특화된 라이브러리가 많이 존재합니다. 그중 scikit-learn은 유명한 머신러닝 라이브러리로, 다양한 머신러닝 모델이 준비되어 있습니다.

우선 가상 모델 Classifier를 통해 scikit-learn 라이브러리의 사용법을 살펴봅시다(리스트 16-4). 실제 머신러닝 코드를 작성할 때는 Classifier 부분을 실제 모델로 교체해야 합니다.

리스트 16-4 가상 모델 Classifier의 사용법[1]

```
# 모듈을 import합니다.
# 모델별로 다른 모듈을 참조하고 있습니다.
from sklearn.linear_model import LogisticRegression
from sklearn.svm import LinearSVC, SVC
from sklearn.tree import DecisionTreeClassifier
from sklearn.ensemble import RandomForestClassifier
from sklearn.neighbors import KNeighborsClassifier

# 모델을 구축합니다.
model = Classifier() # 임시로 지정했습니다.

# 모델을 학습시킵니다.
model.fit(train_X, train_y)

# 모델로 데이터를 예측합니다.
model.predict(test_X)

# 모델의 정확도
# 정확도는 (모델이 예측한 분류와 실제 분류가 일치한 데이터의 수) ÷ (데이터의 총 수)로 산출됩니다.
model.score(test_X, test_y)
```

---

1 옮긴이_ model에 임시로 Classifier ( )를 적용했기 때문에 정상적으로 실행되지 않습니다. 다음 문제를 풀면서 프로그램을 구현해 봅니다.

scikit-learn은 간단하게 머신러닝을 구현할 수 있는 매력을 갖고 있습니다.

- 데이터 train_X, train_y로 모델을 학습시켜봅시다(리스트 16-5).
- 데이터 예측도 해봅니다.
- 데이터 test_X에 대한 예측 결과를 출력하세요.

리스트 16-5 문제

```
In    from sklearn.linear_model import LogisticRegression
      from sklearn.model_selection import train_test_split
      from sklearn.datasets import make_classification

      # 데이터를 생성합니다.
      X, y = make_classification(n_samples=100, n_features=2, n_redundant=0,
      random_state=42)

      # 데이터를 학습용과 평가용으로 나눕니다.
      train_X, test_X, train_y, test_y = train_test_split(X, y, random_state=42)

      # 모델을 구축합니다.
      model = LogisticRegression(random_state=42)

      # train_X와 train_y를 사용해서 모델을 학습시킵니다.
      # 여기에 코드를 작성하세요.


      # test_X에 대한 모델의 분류 예측 결과입니다.
      # 여기에 코드를 작성하세요.
```

힌트

- fit()와 predict() 메서드를 사용합니다.
- 예측 결과는 직접 출력해도 되고, 변수에 대입해서 출력해도 됩니다.

해답

리스트 16-6 해답

```
In    (... 생략 ...)
      # train_X와 train_y를 사용해서 모델을 학습시킵니다.
```

```
# 여기에 코드를 작성하세요.
model.fit(train_X, train_y)

# test_X에 대한 모델의 분류 예측 결과입니다.
# 여기에 코드를 작성하세요.
pred_y = model.predict(test_X)
print(pred_y)
```

Out   [0 1 1 0 1 0 0 0 1 1 1 0 1 0 0 1 1 1 0 0 0 0 1 0 1]

16.2 주요 기법 소개

16.2.1 로지스틱 회귀

특징

먼저 [그림 16-2]를 살펴보세요.

그림 **16-2** 선형 분리 가능한 데이터

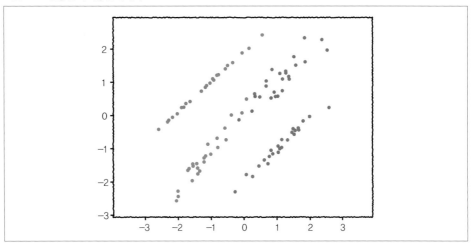

[그림 16-2]에는 그래프에 회색과 파란색 점이 나타나 있습니다. 자세히 보면 그래프의 중앙에
회색과 파란색이 나누어져 있습니다. 그러므로 중앙 부근에 회색과 파란색을 구별하는 직선을
그릴 수 있습니다. 이처럼 직선으로 데이터의 카테고리를 그룹으로 나눌 수 있는 데이터를 선형

분리 가능한 데이터라고 합니다. 로지스틱 회귀^{logistic regression}는 선형 분리 가능한 데이터의 경계선을 학습을 통해 찾고 데이터를 분류하는 방법입니다.

로지스틱 회귀는 경계선이 직선이라는 특징을 갖고 있어 이항 분류에 사용됩니다. 또한 데이터가 클래스로 분류될 확률을 계산하는 것이 가능합니다. 이러한 특징 때문에 주로 '일기예보의 강수 확률' 등을 알고 싶을 때 사용됩니다.

단점은 지도 데이터가 선형 분리되지 않으면 분류할 수 없다는 것입니다. 지도 데이터로 학습한 경계선은 클래스의 끝에 있는 데이터의 옆을 통과하므로 일반화된 경계선이 되기 어려운 것(일반화 능력이 낮은 것)도 단점입니다.

구현

로지스틱 회귀 모델은 scikit-learn의 linear_model 서브모듈에 LogisticRegression() 메서드로 정의되어 있습니다. 로지스틱 회귀 모델로 학습하는 경우 [리스트 16-7]처럼 코드를 작성하여 모델을 호출합니다.

리스트 16-7 모델 호출의 예[2]

```
# 패키지에서 모델을 호출합니다.
from sklearn.linear_model import LogisticRegression

# 모델을 구축합니다.
model = LogisticRegression()

# 모델을 학습시킵니다.
# train_data_detail은 데이터의 카테고리 예측에 사용되는 정보를 정리한 것입니다.
# train_data_label은 데이터가 속하는 클래스의 라벨입니다.
model.fit(train_data_detail, train_data_label)

# 모델로 예측합니다.
model.predict(data_detail)

# 모델 예측 결과의 정확도입니다.
model.score(data_detail, data_true_label)
```

---

2 **옮긴이_** train_data_detail과 train_data_label을 정의하지 않았으므로 그대로 실행하면 오류가 표시됩니다. 해당 소스 코드는 로지스틱 회귀 모델로 학습하는 소스 코드의 예제이므로 참고하여 구현해보세요([리스트 16-9]에서 활용하게 됩니다).

여기서는 좌표에 의해 데이터가 속한 클래스를 식별하고 있기 때문에 모델이 어떤 경계선을 학습했는지 그래프로 볼 수 있습니다. 경계선은 직선이므로 $y = ax + b$ 형태로 표현됩니다. 다음의 Xi, Y는 경계선을 구하는 과정입니다. 그래프 시각화는 matplotlib 라이브러리를 사용하세요 (리스트 16-8).

리스트 16-8 로지스틱 회귀의 예[3]

```
In    # 패키지를 import합니다.
      import numpy as np
      import matplotlib
      import matplotlib.pyplot as plt

      # 페이지에서 직접 그래프를 볼 수 있게 합니다.
      %matplotlib inline

      # 생성된 데이터를 플롯합니다.
      plt.scatter(X[:, 0], X[:, 1], c=y, marker=".",
          cmap = matplotlib.cm.get_cmap(name="bwr"), alpha=0.7)

      # 학습해서 도출한 식별 경계선을 플롯합니다.
      # model.coef_는 데이터의 각 요소의 가중치(기울기)를 나타냅니다.
      # model.intercept_는 데이터 요소 전부에 대한 보정(절편)을 나타냅니다.
      Xi = np.linspace(-10, 10)
      Y = -model.coef_[0][0] / model.coef_[0][1] * \
          Xi - model.intercept_ / model.coef_[0][1]
      plt.plot(Xi, Y)

      # 그래프의 스케일을 조정합니다.
      plt.xlim(min(X[:, 0]) - 0.5, max(X[:, 0]) + 0.5)
      plt.ylim(min(X[:, 1]) - 0.5, max(X[:, 1]) + 0.5)
      plt.axes().set_aspect("equal", "datalim")

      # 그래프에 제목을 설정합니다.
      plt.title("classification data using LogisticRegression")

      # x축과 y축 각각에 이름을 설정합니다.
      plt.xlabel("x-axis")
      plt.ylabel("y-axis")
      plt.show()
```

---

3 옮긴이_ 코드를 실행하면 아래와 같은 오류가 표시됩니다. 실행에는 문제가 없으니 무시해도 좋습니다.
```
AttributeError: 'LogisticRegression' object has no attribute 'coef_'
```

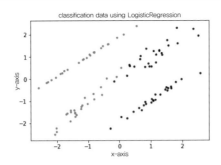

로지스틱 회귀를 사용하여 데이터의 분류를 예측하고, 변수 pred_y에 할당하세요(리스트 16-9).

리스트 16-9 문제

In

```
# 패키지를 import합니다.
import numpy as np
import matplotlib
import matplotlib.pyplot as plt
from sklearn.linear_model import LogisticRegression
from sklearn.model_selection import train_test_split
from sklearn.datasets import make_classification

# 페이지에서 직접 그래프를 볼 수 있게 합니다.
%matplotlib inline

# 데이터를 생성합니다.
X, y = make_classification(n_samples=100, n_features=2, n_redundant=0,
                           random_state=42)
train_X, test_X, train_y, test_y = train_test_split(X, y, random_state=42)

# 다음 코드를 작성하세요.
# 모델을 구축하세요.


# train_X와 train_y를 사용해서 모델을 학습시키세요.


# test_X에 대한 모델의 분류 예측 결과를 도출하세요.
```

```
# 코드 편집은 여기까지입니다.
# 생성된 데이터를 플롯합니다.
plt.scatter(X[:, 0], X[:, 1], c=y, marker=".",
            cmap=matplotlib.cm.get_cmap(name="bwr"), alpha=0.7)

# 학습해서 도출한 식별 경계선을 플롯합니다.
Xi = np.linspace(-10, 10)
Y = -model.coef_[0][0] / model.coef_[0][1] * \
    Xi - model.intercept_ / model.coef_[0][1]
plt.plot(Xi, Y)

# 그래프의 스케일을 조정합니다.
plt.xlim(min(X[:, 0]) - 0.5, max(X[:, 0]) + 0.5)
plt.ylim(min(X[:, 1]) - 0.5, max(X[:, 1]) + 0.5)
plt.axes().set_aspect("equal", "datalim")

# 그래프에 제목을 설정합니다.
plt.title("classification data using LogisticRegression")

# x축과 y축에 각각 이름을 설정합니다.
plt.xlabel("x-axis")
plt.ylabel("y-axis")
plt.show()
```

힌트

- 모델의 구축과 학습이 끝난 후 그래프를 생성합니다.

- 경계선의 코드는 본문의 설명을 참조하세요.

해답

리스트 16-10 해답[4]

```
(... 생략 ...)
# 다음 코드를 작성하세요.
# 모델을 구축하세요.
model = LogisticRegression()

# train_X와 train_y를 사용해서 모델을 학습시키세요.
model.fit(train_X, train_y)
```

---

4 옮긴이_ 코드를 실행하면 아래와 같은 경고가 표시됩니다. 실행에는 문제가 없으니 무시해도 좋습니다.
MatplotlibDeprecationWarning: Adding an axes using the same arguments as a previous axes currently reuses the earlier instance.

```
# test_X에 대한 모델의 분류 예측 결과를 도출하세요.
pred_y = model.predict(test_X)
# 코드 편집은 여기까지입니다.
(... 생략 ...)
```

Out

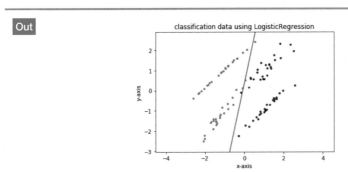

16.2.2 선형 SVM

특징

SVM $^{\text{support vector machine}}$은 로지스틱 회귀처럼 데이터의 경계선을 찾아내 데이터를 분류하는 방법입니다. 가장 큰 특징은 **서포트 벡터**가 있다는 점입니다. 서포트 벡터는 각 클래스의 경계선에 가장 가까이 있는 데이터 및 경계선의 거리를 가리킵니다(엄밀하게는 거리를 나타내는 벡터를 말합니다). 이 서포트 벡터의 거리 합을 최대화함으로써 경계선을 결정하는 방법이 SVM입니다(그림 16-3).

그림 16-3 SVM

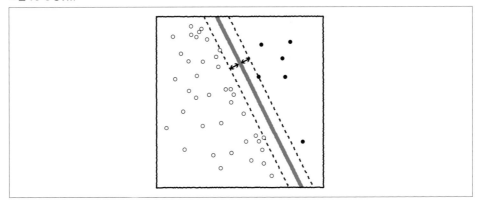

SVM은 분류할 경계선이 두 클래스 중에서 가장 먼 곳에 그려지기 때문에 로지스틱 회귀에 비해 일반화하기 쉽고, 데이터의 분류 예측이 향상되는 경향을 보입니다. 또한 경계선의 결정에는 서포트 벡터만 고려하면 되므로 설계하기 쉽습니다.

단점으로는 데이터양이 늘어나면 계산량도 증가하기 때문에 다른 방법에 비해 학습과 예측이 늦어지는 경향이 있다는 것입니다. 또한 로지스틱 회귀와 마찬가지로 입력 데이터가 선형 분리 가능한(즉, 직선의 경계선을 그릴 수 있는) 것이 아니라면 제대로 분류할 수 없습니다.

구현

scikit-learn의 svm 서브모듈에 있는 LinearSVC ( )를 사용합니다(리스트 16-11).

리스트 16-11 선형 SVM의 예(1)

In
```
from sklearn.svm import LinearSVC
from sklearn.datasets import make_classification
from sklearn.model_selection import train_test_split

# 데이터를 생성합니다.
X, y = make_classification(n_samples=100, n_features=2, n_redundant=0,
                           random_state=42)

# 데이터를 지도 데이터 및 예측 데이터로 나눕니다.
train_X, test_X, train_y, test_y = train_test_split(X, y, random_state=42)

# 모델을 구축합니다.
model = LinearSVC()

# 모델을 학습시킵니다.
model.fit(train_X, train_y)

# 정확도를 출력합니다.
print(model.score(test_X, test_y))
```

Out
```
1.0
```

SVM도 로지스틱 회귀처럼 경계선을 출력할 수 있습니다(리스트 6-12).

```
import matplotlib
import matplotlib.pyplot as plt
import numpy as np

%matplotlib inline

# 생성된 데이터를 플롯합니다.
plt.scatter(X[:, 0], X[:, 1], c=y, marker=".",
            cmap=matplotlib.cm.get_cmap(name="bwr"), alpha=0.7)

# 학습해서 도출한 식별 경계선을 플롯합니다.
Xi = np.linspace(-10, 10)
Y = -model.coef_[0][0] / model.coef_[0][1] * \
    Xi - model.intercept_ / model.coef_[0][1]

# 그래프로 그립니다.
plt.plot(Xi, Y)

# 그래프의 스케일을 조정합니다.
plt.xlim(min(X[:, 0]) - 0.5, max(X[:, 0]) + 0.5)
plt.ylim(min(X[:, 1]) - 0.5, max(X[:, 1]) + 0.5)
plt.axes().set_aspect("equal", "datalim")

# 그래프에 제목을 설정합니다.
plt.title("classification data using LinearSVC")

# x축과 y축 이름을 설정합니다.
plt.xlabel("x-axis")
plt.ylabel("y-axis")
plt.show()
```

Out

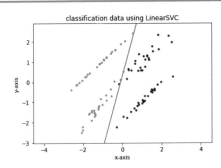

선형 SVM으로 데이터의 분류를 학습하고, test_X와 test_y를 사용하여 모델의 정확도를 출력하세요(리스트 16-13).

리스트 16-13 문제

```
In
# 패키지를 import합니다.
import numpy as np
import matplotlib
import matplotlib.pyplot as plt
from sklearn.svm import LinearSVC
from sklearn.model_selection import train_test_split
from sklearn.datasets import make_classification
%matplotlib inline

# 데이터를 생성합니다.
X, y = make_classification(n_samples=100, n_features=2, n_redundant=0,
                            random_state=42)
train_X, test_X, train_y, test_y = train_test_split(X, y, random_state=42)

# 다음 코드를 작성하세요.
# 모델을 구축하세요.


# train_X와 train_y를 사용해서 모델을 학습시키세요.


# test_X와 test_y를 이용한 모델의 정확도를 출력하세요.


# 코드 편집은 여기까지입니다.
# 생성된 데이터를 플롯합니다.
plt.scatter(X[:, 0], X[:, 1], c=y, marker=".",
            cmap=matplotlib.cm.get_cmap(name="bwr"), alpha=0.7)

# 학습해서 도출한 식별 경계선을 플롯합니다.
Xi = np.linspace(-10, 10)
Y = -model.coef_[0][0] / model.coef_[0][1] * Xi - model.intercept_ /
    model.coef_[0][1]
plt.plot(Xi, Y)

# 그래프의 스케일을 조정합니다.
plt.xlim(min(X[:, 0]) - 0.5, max(X[:, 0]) + 0.5)
```

```
plt.ylim(min(X[:, 1]) - 0.5, max(X[:, 1]) + 0.5)
plt.axes().set_aspect("equal", "datalim")

# 그래프에 제목을 설정합니다.
plt.title("classification data using LinearSVC")

# x축과 y축 이름을 설정합니다.
plt.xlabel("x-axis")
plt.ylabel("y-axis")
plt.show()
```

힌트

- 정확도를 확인하려면 score( ) 메서드를 사용합니다.
- 정확도는 test_X와 test_y에 대한 것입니다. train_X와 train_y에 대한 정확도를 계산하지 않으므로 출력되는 정확도가 100%이더라도 그래프에서는 잘못 분류될 가능성이 있습니다.

해답

리스트 16-14 해답

In

```
(... 생략 ...)
# 모델을 구축하세요.
model = LinearSVC()

# train_X와 train_y를 사용해서 모델을 학습시키세요.
model.fit(train_X, train_y)

# test_X와 test_y를 이용한 모델의 정확도를 출력하세요.
print(model.score(test_X, test_y))
(... 생략 ...)
```

Out

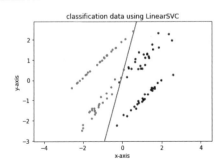

16.2.3 비선형 SVM

특징

앞서 설명한 선형 SVM은 방향성을 세우기 쉽고 일반화하기도 좋은 우수한 모델이지만 입력 데이터가 선형 분리되지 않으면 사용할 수 없다는 단점을 가지고 있습니다. 비선형 SVM은 이러한 선형 SVM의 결점을 없애기 위해 개발한 모델입니다(그림 16-4).

그림 16-4 비선형 SVM

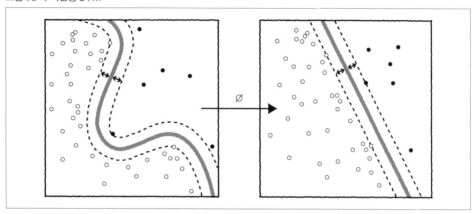

[그림 16-4]와 같이 커널 함수^{kernel function}라 불리는 변환 공식에 따라 수학적으로 처리하여 데이터를 조작하면 입력 데이터가 선형 분리 가능한 상태가 되는 경우가 있습니다. 이러한 처리를 실시해 SVM을 이용하는 모델이 비선형 SVM입니다.

커널 함수에 의한 조작은 복잡하지만 그러한 조작의 계산을 하지 않아도 데이터 조작 후의 내적을 구할 수 있다면 분류가 가능하기 때문에 커널 트릭^{kernel trick}이라고도 합니다.

구현

scikit-learn의 svm 서브모듈에 있는 SVC ( ) 메서드를 사용합니다(리스트 16-15).

리스트 16-15 비선형 SVM의 예

```
import matplotlib
from sklearn.svm import SVC
```

```
from sklearn.datasets import make_gaussian_quantiles
import matplotlib.pyplot as plt
%matplotlib inline

# 데이터를 생성합니다.
# 이 데이터는 선형 분리가 가능하지 않기 때문에 다른 데이터를 준비합니다.
data, label = make_gaussian_quantiles(n_samples=1000, n_classes=2,
n_features=2, random_state=42)

# 모델을 구축합니다.
# 선형 분리 가능하지 않은 데이터의 분류에는 LinearSVC 대신 SVC를 사용합니다.
model = SVC()

# 모델을 학습시킵니다.
model.fit(data, label)

# 정확도를 산출합니다.
print(model.score(data, label))
```

Out   0.991

문제

비선형 SVM을 이용하여 데이터의 분류를 학습하고, test_X와 test_y를 사용하여 모델의
정확도를 출력하세요(리스트 16-16). 또한 선형 SVM으로도 정확도를 출력해서 두 값을 비
교하세요.

리스트 16-16 문제

In
```
from sklearn.svm import LinearSVC
from sklearn.svm import SVC
from sklearn.model_selection import train_test_split
from sklearn.datasets import make_gaussian_quantiles

# 데이터를 생성합니다.
X, y = make_gaussian_quantiles(
    n_samples=1000, n_classes=2, n_features=2, random_state=42)
train_X, test_X, train_y, test_y = train_test_split(X, y, random_state=42)

# 다음 코드를 작성하세요.
```

```
# 모델을 구축하세요.


# train_X와 train_y를 사용해서 모델을 학습시키세요.


# 코드 편집은 여기까지입니다.
# 정확도를 산출합니다.
print("비선형 SVM: {}".format(model1.score(test_X, test_y)))
print("선형 SVM: {}".format(model2.score(test_X, test_y)))
```

힌트

• 선형 SVM과 비선형 SVM은 같은 모듈을 사용하지만 모델의 이름이 다릅니다. 혼동하지 않도록 주의하세요.

• 두 값을 비교할 때는 정확도만 나열하면 됩니다. 비교 결과까지 산출할 필요는 없습니다.

해답

리스트 16-17 해답

In
```
(... 생략 ...)
# 다음 코드를 작성하세요.
# 모델을 구축하세요.
model1 = SVC()
model2 = LinearSVC()

# train_X와 train_y를 사용해서 모델을 학습시키세요.
model1.fit(train_X, train_y)
model2.fit(train_X, train_y)
# 코드 편집은 여기까지입니다.
(... 생략 ...)
```

Out
```
비선형 SVM: 0.976
선형 SVM: 0.528
```

16.2.4 결정 트리

특징

결정 트리decision tree는 지금까지 소개한 로지스틱 회귀나 SVM과는 달리 데이터 요소(독립변수) 각각을 주목합니다. 요소 내의 값을 경계로 데이터를 분할하여 데이터가 속하는 클래스를 결정하는 방법입니다.

결정 트리에서는 각 독립변수가 종속변수[5]에 얼마나 영향을 미치는지 볼 수 있습니다. 분할을 반복함으로써 갈라져 나가지만 먼저 분할된 변수가 영향력이 크다고 볼 수 있습니다.

단점은 선형 분리 가능한 데이터를 받아들이기 힘든 점, 학습이 지도 데이터에 치우치는 점(일반화되지 않음) 등이 있습니다.

구현

scikit-learn의 tree 서브모듈에 있는 DecisionTreeClassifier( )를 사용합니다(리스트 16-18).

리스트 16-18 결정 트리의 예

In
```python
from sklearn.datasets import make_classification
from sklearn.model_selection import train_test_split

X, y = make_classification(n_samples=100, n_features=2, n_redundant=0,
random_state=42)

# 학습 데이터와 테스트 데이터로 나눕니다.
train_X, test_X, train_y, test_y = train_test_split(X, y, random_state=42)

# 모델을 읽어 들입니다.
from sklearn.tree import DecisionTreeClassifier

# 모델을 구축합니다.
model = DecisionTreeClassifier()

# 모델을 학습시킵니다.
model.fit(train_X, train_y)

# 정확도를 산출합니다.
print(model.score(test_X, test_y))
```

---

5 옮긴이_ 독립변수(independent variable)는 입력값이나 원인을 나타내며, 설명변수(explanatory variable)라고도 합니다. 종속변수(independent variable)는 결과물이나 효과를 나타내며, 목적변수(object variable)라고도 합니다.

Out	0.96

문제

결정 트리를 이용하여 데이터 분류를 학습하고, test_X와 test_y를 사용하여 모델의 정확도를 출력하세요(리스트 16-19).

리스트 16-19 문제

```
In    # 버섯 데이터를 가져옵니다.
      # 필요한 패키지를 import합니다.
      import requests
      import zipfile
      from io import StringIO
      import io
      import pandas as pd

      # 데이터의 전처리에 필요한 패키지를 import합니다.
      from sklearn.model_selection import train_test_split
      from sklearn import preprocessing

      # url을 지정합니다.
      mush_data_url = https://archive.ics.uci.edu/ml/machine-learning-databases/
          mushroom/agaricus-lepiota.data
      s = requests.get(mush_data_url).content

      # 데이터 형식을 변환합니다.
      mush_data = pd.read_csv(io.StringIO(s.decode("utf-8")), header=None)

      # 데이터에 이름을 붙입니다(데이터를 쉽게 취급하기 위해).
      mush_data.columns = ["classes", "cap_shape", "cap_surface",
                           "cap_color", "odor", "bruises",
                           "gill_attachment", "gill_spacing",
                           "gill_size", "gill_color", "stalk_shape",
                           "stalk_root", "stalk_surface_above_ring",
                           "stalk_surface_below_ring",
                           "stalk_color_above_ring",
                           "stalk_color_below_ring",
                           "veil_type", "veil_color","ring_number",
                           "ring_type", "spore_print_color",
                           "population", "habitat"]
```

```
# 카테고리 변수(색상의 종류 등 숫자의 크고 작음을 결정할 수 없는 것)를 더미 특징량(yes
또는 no)으로 변환합니다.
mush_data_dummy = pd.get_dummies(
    mush_data[["gill_color", "gill_attachment", "odor", "cap_color"]])

# 종속변수: flg(플래그)를 세웁니다.
mush_data_dummy["flg"] = mush_data["classes"].map(
    lambda x: 1 if x == "p" else 0)

# 독립변수와 종속변수를 지정합니다.
X = mush_data_dummy.drop("flg", axis=1)
Y = mush_data_dummy["flg"]

# 학습 데이터와 테스트 데이터로 나눕니다.
train_X, test_X, train_y, test_y = train_test_split(X,Y, random_state=42)

# 다음 코드를 작성하세요.
# 모델을 읽어 들이세요.


# 모델을 구축하세요.


# 모델을 학습시키세요.


# 코드 편집은 여기까지입니다.

# 정확도를 산출합니다.
print(model.score(test_X, test_y))
```

힌트

데이터가 복잡해지더라도 모델의 구축과 학습의 흐름은 바뀌지 않습니다.

해답

리스트 16-20 해답

In
```
(... 생략 ...)
# 다음 코드를 작성하세요.
# 모델을 읽어 들이세요.
from sklearn.tree import DecisionTreeClassifier

# 모델을 구축하세요.
model = DecisionTreeClassifier()
```

```
# 모델을 학습시키세요.
model.fit(train_X, train_y)
(... 생략 ...)
```

0.9094042343673068

16.2.5 랜덤 포레스트

특징

랜덤 포레스트^{random forest}는 앞에서 살펴본 결정 트리의 단순 버전을 여러 개 만들어 분류 결과를 다수결로 결정하는 방법입니다. 다수의 간이 분류기를 하나의 분류기에 몰아서 학습시키는 **앙상 블 학습**의 일종입니다.

결정 트리에서는 독립변수를 모두 사용하는 반면, 랜덤 포레스트의 각 결정 트리는 랜덤으로 정해진 소수의 독립변수만 사용하여 데이터가 속하는 클래스를 결정합니다. 그 후 다수의 간이 결정 트리에서 출력된 클래스 중 가장 많았던 클래스를 결과로 출력합니다.

랜덤 포레스트의 특징은 결정 트리와 마찬가지로 선형 분리가 불가능한(복잡한 식별 범위를 가진) 데이터셋의 분류가 가능한 점 외에도 다수의 분류기를 통해 다수결로 결과를 출력하기 때문에 빗나간 값에 의해 예측 결과가 좌우되기 힘든 점을 들 수 있습니다.

단점은 결정 트리와 같이 독립변수의 수에 대한 데이터 수가 적으면 결정 트리가 분할되지 않아 예측의 정확도가 떨어지는 것입니다.

구현

scikit-learn의 ensemble 서브모듈에 있는 RandomForestClassifier( )를 사용합니다(리스트 16-21).

리스트 16-21 랜덤 포레스트의 예

 In

```
from sklearn.datasets import make_classification
from sklearn.model_selection import train_test_split

X, y = make_classification(n_samples=100, n_features=2, n_redundant=0,
random_state=42)
```

```
# 학습 데이터와 테스트 데이터로 나눕니다.
train_X, test_X, train_y, test_y = train_test_split(X, y, random_state=42)

# 모델을 읽어 들입니다.
from sklearn.ensemble import RandomForestClassifier

# 모델을 구축합니다.
model = RandomForestClassifier()

# 모델을 학습시킵니다.
model.fit(train_X, train_y)

# 정확도를 산출합니다.
print(model.score(test_X, test_y))
```

Out   `0.96`

문제

랜덤 포레스트로 데이터의 분류를 학습하고 test_X와 test_y를 사용하여 모델의 정확도를 출력하세요(리스트 16-22). 또한 결정 트리에서도 정확도를 출력하여 두 값을 비교하세요.

리스트 16-22 문제

In

```
# 버섯 데이터를 가져옵니다.
# 필요한 패키지를 import합니다.
import requests
import zipfile
from io import StringIO
import io
import pandas as pd

# 데이터의 전처리에 필요한 패키지를 import합니다.
from sklearn.model_selection import train_test_split
from sklearn import preprocessing

# url을 지정합니다.
mush_data_url = "https://archive.ics.uci.edu/ml/machine-learning-
    databases/mushroom/agaricus-lepiota.data"
s = requests.get(mush_data_url).content
```

```python
# 데이터 형식을 변환합니다.
mush_data = pd.read_csv(io.StringIO(s.decode("utf-8")), header=None)

# 데이터에 이름을 붙입니다(데이터를 쉽게 취급하기 위해).
mush_data.columns = ["classes", "cap_shape", "cap_surface",
                     "cap_color", "odor", "bruises",
                     "gill_attachment", "gill_spacing",
                     "gill_size", "gill_color", "stalk_shape",
                     "stalk_root", "stalk_surface_above_ring",
                     "stalk_surface_below_ring",
                     "stalk_color_above_ring",
                     "stalk_color_below_ring",
                     "veil_type", "veil_color", "ring_number",
                     "ring_type", "spore_print_color",
                     "population", "habitat"]

# 카테고리 변수(색상의 종류 등 숫자의 크고 작음을 결정할 수 없는 것)를 더미 특징량(yes
또는 no)으로 변환합니다.
mush_data_dummy = pd.get_dummies(
    mush_data[["gill_color", "gill_attachment", "odor", "cap_color"]])

# 종속변수: flg(플래그)를 세웁니다.
mush_data_dummy["flg"] = mush_data["classes"].map(
    lambda x: 1 if x == "p" else 0)

# 독립변수와 종속변수를 지정합니다.
X = mush_data_dummy.drop("flg", axis=1)
Y = mush_data_dummy["flg"]

# 학습 데이터와 테스트 데이터로 나눕니다.
train_X, test_X, train_y, test_y = train_test_split(X,Y, random_state=42)

# 다음 코드를 작성하세요.
# 모델을 읽어 들이세요.


# 모델을 구축하세요.


# 모델을 학습시키세요.


# 정확도를 산출하세요.
```

sklearn.ensemble의 RandomForestClassifier( )를 사용합니다.

리스트 16-23 해답

```
(... 생략 ...)
# 다음 코드를 작성하세요.
# 모델을 읽어 들이세요.
from sklearn.ensemble import RandomForestClassifier
from sklearn.tree import DecisionTreeClassifier

# 모델을 구축하세요.
model1 = RandomForestClassifier()
model2 = DecisionTreeClassifier()

# 모델을 학습시키세요.
model1.fit(train_X, train_y)
model2.fit(train_X, train_y)

# 정확도를 산출하세요.
print(model1.score(test_X, test_y))
print(model2.score(test_X, test_y))
```

Out
```
0.9108813392417529
0.9094042343673068
```

16.2.6 k-NN

특징

k-NN[k-nearest neighbors algorithm]은 k-최근접 이웃 알고리즘으로 불립니다. 예측할 데이터와 유사한 데이터 몇 개를 찾아내 다수결로 분류 결과를 결정하는 방법입니다. **게으른 학습**[lazy learning]이라고 불리는 학습 방법의 하나이며, 학습 비용(학습에 소요되는 계산량)이 0인 것이 특징입니다. 지금까지 소개해온 방식과 달리 k-NN은 지도 데이터로 학습하는 것이 아니라 지도 데이터를 직접 참조하여 라벨을 예측합니다.

결과 예측 방법은 다음과 같습니다.

1 지도 데이터를 예측에 사용될 데이터와의 유사도로 재정렬한다.

2 분류기에 설정된 k개의 데이터를 유사도가 높은 순으로 참조한다.

3 참조된 지도 데이터가 속한 클래스 중 가장 많았던 것을 예측 결과로 출력한다.

앞서 설명한 바와 같이 k-NN은 학습 비용이 0이며, 알고리즘이 비교적 단순한 특징을 갖고 있습니다. 그 외에도 높은 예측 정확도가 잘 나오는 점, 복잡한 모양의 경계선도 표현하기 쉬운 점을 장점으로 들 수 있습니다.

단점으로는 분류기로 지정한 자연수 k의 수를 많이 늘리면 식별 범위의 평균화가 진행되어 예측 정확도가 저하되어 버리는 점이 있습니다. 또한 지도 데이터 및 예측 데이터가 많아지면 계산량 또한 증가해 느린 알고리즘이 되고 맙니다.

[그림 16-5]는 k의 수 차이에 의한 분류 과정의 차이를 나타냅니다. 회색 점은 $k=3$일 때 주위에 하늘색 점이 많기 때문에 하늘색 점으로 예측되지만, $k=7$일 때는 남색 점이 많으므로 남색 점으로 예측 결과가 바뀝니다.

그림 16-5 k의 수 차이에 의한 분류 과정의 차이

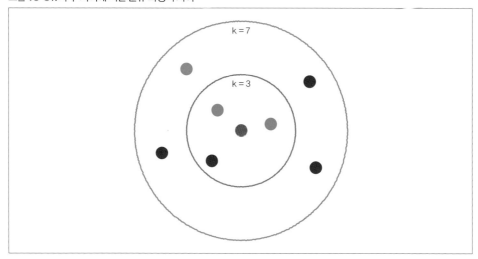

구현

scikit-learn의 neighbors 서브모듈에 있는 KNeighborsClassifier( )를 사용합니다(리스트 16-24).

리스트 16-24 k-NN의 예

```
In    from sklearn.datasets import make_classification
      from sklearn.model_selection import train_test_split

      X, y = make_classification(n_samples=100, n_features=2, n_redundant=0,
      random_state=42)

      # 학습 데이터와 테스트 데이터로 나눕니다.
      train_X, test_X, train_y, test_y = train_test_split(X, y, random_state=42)

      # 모델을 읽어 들입니다.
      from sklearn.neighbors import KNeighborsClassifier

      # 모델을 구축합니다.
      model = KNeighborsClassifier()

      # 모델을 학습시킵니다.
      model.fit(train_X, train_y)

      # 정확도를 산출합니다.
      print(model.score(test_X, test_y))
```

```
Out    1.0
```

문제

k-NN으로 데이터의 분류를 학습하고, test_X와 test_y를 사용하여 모델의 정확도를 출력하세요(리스트 16-25).

리스트 16-25 문제

```
In    # 버섯 데이터를 가져옵니다.
      # 필요한 패키지를 import합니다.
      import requests
```

```
import zipfile
from io import StringIO
import io
import pandas as pd
from sklearn.model_selection import train_test_split
from sklearn import preprocessing

# url을 지정합니다.
mush_data_url = "https://archive.ics.uci.edu/ml/machine-learning-
    databases/mushroom/agaricus-lepiota.data"
s = requests.get(mush_data_url).content

# 데이터 형식을 변환합니다.
mush_data = pd.read_csv(io.StringIO(s.decode("utf-8")), header=None)

# 데이터에 이름을 붙입니다(데이터를 쉽게 취급하기 위해).
mush_data.columns = ["classes", "cap_shape", "cap_surface",
                     "cap_color", "odor", "bruises",
                     "gill_attachment", "gill_spacing",
                     "gill_size", "gill_color", "stalk_shape",
                     "stalk_root", "stalk_surface_above_ring",
                     "stalk_surface_below_ring",
                     "stalk_color_above_ring",
                     "stalk_color_below_ring",
                     "veil_type", "veil_color","ring_number",
                     "ring_type", "spore_print_color",
                     "population", "habitat"]

# 카테고리 변수(색상의 종류 등 숫자의 크고 작음을 결정할 수 없는 것)를 더미 특징량(yes
또는 no)으로 변환합니다.
mush_data_dummy = pd.get_dummies(
    mush_data[["gill_color", "gill_attachment", "odor", "cap_color"]])

# 종속변수: flag(플래그)를 세웁니다.
mush_data_dummy["flg"] = mush_data["classes"].map(
    lambda x: 1 if x == "p" else 0)

# 독립변수와 종속변수를 지정합니다.
X = mush_data_dummy.drop("flg", axis=1)
Y = mush_data_dummy["flg"]

# 학습 데이터와 테스트 데이터로 나눕니다.
train_X, test_X, train_y, test_y = train_test_split(X,Y, random_state=42)
```

```
# 다음 코드를 작성하세요.
# 모델을 읽어 들이세요.


# 모델을 구축하세요.


# 모델을 학습시키세요.


# 정확도를 표시하세요.
```

힌트

sklearn.neighbors의 KNeighborsClassifier( )를 사용합니다.

해답

리스트 16-26 해답

In

```
(... 생략 ...)
# 다음 코드를 작성하세요.
# 모델을 읽어 들이세요.
from sklearn.neighbors import KNeighborsClassifier

# 모델을 구축하세요.
model = KNeighborsClassifier()

# 모델을 학습시키세요.
model.fit(train_X, train_y)

# 정확도를 표시하세요.
print(model.score(test_X, test_y))
```

Out

```
0.9039881831610044
```

||연습 문제||

지금까지 scikit-learn을 이용한 머신러닝의 구현 방법을 다뤘습니다. 지금부터는 데이터셋을
무작위로 만들어 각 방식의 정확도를 살펴봅시다.

[리스트 16-27]의 주석에 따라 코드를 구현하세요.

리스트 16-27 문제

```
In     from sklearn.datasets import make_classification
       from sklearn.model_selection import train_test_split
       from sklearn.linear_model import LogisticRegression
       from sklearn.svm import LinearSVC
       from sklearn.svm import SVC
       from sklearn.tree import DecisionTreeClassifier
       from sklearn.ensemble import RandomForestClassifier

       # 데이터 X, 라벨 y를 생성하세요(samples=1000, features=2,random_state=42).
       X, y = make_classification()

       # 학습 데이터와 테스트 데이터로 나누세요(테스트 크기=0.2,random_state=42).
       train_X, test_X, train_y, test_y = train_test_split()

       # 모델을 구축하세요.
       model_list = {'로지스틱 회귀':,
                     '선형 SVM':,
                     '비선형 SVM':,
                     '결정 트리':,
                     '랜덤 포레스트':}

       # for 문으로 모델을 학습시키고, 정확도를 출력하세요.
       for model_name, model in model_list.items():
           # 모델을 학습시킵니다.
           model.fit(train_X, train_y)
           print(model_name)
           # 정확도를 출력하세요.
           print('정확도:' + str())
           print()
```

해답

리스트 16-28 해답

```
In     (... 생략 ...)
       # 데이터 X, 라벨 y를 생성하세요(samples=1000, features=2,random_state=42).
       X, y = make_classification(n_samples=1000, n_features=2,
                                   n_redundant=0, random_state=0)
```

```python
# 학습 데이터와 테스트 데이터로 나누세요(테스트 크기=0.2, random_state=42).
train_X, test_X, train_y, test_y = train_test_split(
    X, y, test_size=0.2, random_state=42)

# 모델을 구축하세요.
model_list = {'로지스틱 회귀':LogisticRegression(),
              '선형 SVM':LinearSVC(),
              '비선형 SVM':SVC(),
              '결정 트리':DecisionTreeClassifier(),
              '랜덤 포레스트':RandomForestClassifier()}

# for 문으로 모델을 학습시키고, 정확도를 출력하세요.
for model_name, model in model_list.items():
    # 모델을 학습시킵니다.
    model.fit(train_X, train_y)
    print(model_name)
    # 정확도를 출력하세요.
    print('정확도: ' + str(model.score(test_X,test_y)))
    print()
```

Out

```
로지스틱 회귀
정확도: 0.96

선형 SVM
정확도: 0.955

비선형 SVM
정확도: 0.97

결정 트리
정확도: 0.95

랜덤 포레스트
정확도: 0.97
```

하이퍼파라미터와 튜닝(1)

17.1 하이퍼파라미터와 튜닝

하이퍼파라미터

머신러닝의 학습 과정 전체를 자동화하는 것은 어렵습니다. 즉, 사람의 손으로 모델을 조정하지 않으면 안 되는 경우가 존재합니다. 하이퍼파라미터^{hyperparameter}는 머신러닝 모델을 학습시킬 때 사람이 직접 조정해야 하는 파라미터입니다.

하이퍼파라미터는 선택한 머신러닝 방식에 따라 다르므로 모델별로 설명하겠습니다.

> 문제
>
> 하이퍼파라미터를 바르게 설명한 것을 고르세요.
>
> 1. 튜닝하여 머신러닝의 정확도를 높이는 단 하나의 파라미터
> 2. 모델의 학습에 의해 얻어지는 파라미터
> 3. 사람의 손으로 조정해야 하는 파라미터
> 4. 조정하지 않아도 되는 파라미터

> 힌트
>
> 하이퍼파라미터는 사람의 손으로 조정해야 합니다.

3. 사람의 손으로 조정해야 하는 파라미터

튜닝

하이퍼파라미터를 조정하는 것을 튜닝tuning이라고 합니다. 조정 방법은 모델에 직접 값을 입력하는 것 외에도 하이퍼파라미터값의 범위를 지정함으로써 최적의 값을 찾아내는 방법도 있습니다.

scikit-learn은 모델 구축시 파라미터에 값을 입력하여 튜닝할 수 있습니다. 파라미터를 입력하지 않은 경우 모델별로 정해져 있는 파라미터 초깃값이 그대로 지정됩니다. 코드로 보면 [리스트 17-1]과 같습니다.

리스트 17-1 튜닝의 예

```
# 가상의 모델 Classifier를 예로 든 튜닝 방법입니다.
model = Classifier(param1=1.0, param2=True, param3="linear")
```

문제

모델 Classifier의 파라미터 param1, param2, param3에 각각 10, False, "set" 값을 입력합니다. 이 조건을 만족하는 코드는 다음 중 어느 것일까요?

1. model = Classifier(param1=set, param2=False, param3=10)

2. model = Classifier(param1=10, param2=False, param3="set")

3. model = Classifier(param1=10, param2=False, param3=set)

4. model = Classifier(param1=False, param2="set", param3=10)

힌트
- param1=10을 선택합시다.
- "set"은 문자열입니다.

해답
2. model = Classifier(param1=10, param2=False, param3="set")

17.2 로지스틱 회귀의 하이퍼파라미터

17.2.1 파라미터 C

로지스틱 회귀에는 C라는 파라미터가 존재합니다. C는 모델이 학습하는 식별 경계선을 지도 데이터의 분류 오류에 대해 얼마나 엄격하게 규제할지 나타내는 지표입니다. C값이 클수록 모델은 지도 데이터를 완전히 분류할 수 있는 식별 경계선을 학습하게 됩니다. 그러나 지도 데이터를 과학습하여 훈련 데이터 이외의 데이터까지 예측을 수행하여 정확도가 떨어지는 경우가 많습니다.

C값을 작게 설정하면 지도 데이터의 분류 오류에 관대해집니다. 분류 실수를 허용함으로써 빗나간 데이터에 경계선이 좌우되지 않으며, 보다 일반화된 경계선을 얻기 쉽습니다. 그러나 빗나간 값이 적은 데이터에서는 경계선을 잘 식별하지 못하는 경우도 있습니다. 또한 너무 작게 설정해도 경계선을 잘 식별하지 못합니다.

scikit-learn의 로지스틱 회귀 모델에서 C의 초깃값은 1.0입니다.

> **문제**
>
> - C값의 변화로 모델의 정확도가 얼마나 달라지는지 그래프로 확인합시다(리스트 17-2). 단, random_state=42로 설정하세요.
> - C값의 후보가 포함된 리스트 C_list를 이용하여 지도 데이터 및 테스트 데이터의 정확도를 나타낸 그래프를 matplotlib으로 그리세요.

리스트 17-2 문제

```
import matplotlib.pyplot as plt
from sklearn.linear_model import LogisticRegression
from sklearn.datasets import make_classification
from sklearn import preprocessing
from sklearn.model_selection import train_test_split
%matplotlib inline

# 데이터를 생성합니다.
X, y = make_classification(
    n_samples=1250, n_features=4, n_informative=2, n_redundant=2,
    random_state=42)
train_X, test_X, train_y, test_y = train_test_split(X, y, random_state=42)
```

```
# C값의 범위를 설정합니다(여기에서는 1e-5, 1e-4, 1e-3, 0.01, 0.1, 1, 10, 100, 1000, 10000
으로 설정).
C_list = [10 ** i for i in range(-5, 5)]

# 그래프 작성용 빈 리스트를 준비합니다.
train_accuracy = []
test_accuracy = []

# 다음 코드를 작성하세요.
for C in C_list:



# 코드 편집은 여기까지입니다.
# 그래프를 플롯합니다.
# semilogx()는 x의 스케일을 10의 x승의 스케일로 변경합니다.
plt.semilogx(C_list, train_accuracy, label="accuracy of train_data")
plt.semilogx(C_list, test_accuracy, label="accuracy of test_data")
plt.title("accuracy by changing C")
plt.xlabel("C")
plt.ylabel("accuracy")
plt.legend()
plt.show()
```

힌트

- for 문으로 C_list에 담겨 있는 C값을 꺼내 모델을 학습시키세요(리스트 17-3).
- 로지스틱 회귀 모델의 C값을 조정하려면 모델을 만들 때 다음처럼 인수에 C값을 전달합니다.

  ```
  model = LogisticRegression(C=1.0)
  ```
- 훈련 데이터와 테스트 데이터의 정확도를 각각 train_accuracy, test_accuracy 리스트에 넣으세요.

해답

리스트 17-3 해답

In
```
(... 생략 ...)
# 다음 코드를 작성하세요.
for C in C_list:
    model = LogisticRegression(C=C, random_state=42)
    model.fit(train_X, train_y)

    train_accuracy.append(model.score(train_X, train_y))
    test_accuracy.append(model.score(test_X, test_y))
# 코드 편집은 여기까지입니다.
(... 생략 ...)
```

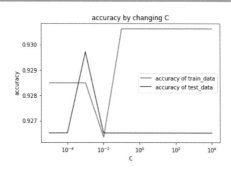

17.2.2 파라미터 penalty

앞서 설명한 C가 분류 오류의 허용도를 나타낸 반면 penalty는 모델의 복잡성에 대한 페널티를 나타냅니다.

penalty에 입력할 수 있는 값은 L1과 L2의 2개입니다. 기본적으로 L2를 선택하면 되지만 L1을 선택했을 때 원하는 데이터를 얻을 수 있는 경우도 있습니다.

- **L1**
  데이터의 특징량을 줄임으로써 식별 경계선의 일반화를 도모하는 페널티입니다.

- **L2**
  데이터 전체의 가중치를 줄임으로써 식별 경계선의 일반화를 도모하는 페널티입니다.

문제

다음 중 페널티에 대한 올바른 설명을 고르세요.

1. L1은 데이터 전체를 살펴보고 모델의 페널티를 결정하는 방법이다.
2. L2는 데이터 일부를 살펴보고 모델의 페널티를 결정하는 방법이다.
3. L1과 L2는 차이가 없다.
4. 모델이 너무 복잡해져서 일반화된 문제를 해결하지 못하는 일을 방지하기 위해 페널티를 부여한다.

- L1은 데이터의 여분의 특징량을 줄이고, 주요 특징만으로 모델에 설명하는 패널티의 방법입니다.
- L2는 데이터 전체의 가중치를 줄임으로써 데이터 간의 관계를 약화시켜 모델을 단순화하는 패널티의 방법입니다.

4. 모델이 너무 복잡해져서 일반화된 문제를 해결하지 못하는 일을 방지하기 위해 페널티를 부여한다.

17.2.3 파라미터 multi_class

multi_class는 다항 분류(다중 클래스 분류[multiclass classification])에서 모델의 동작을 결정하는 파라미터입니다.

로지스틱 회귀에는 ovr과 multinomial의 두 값이 포함되어 있습니다.

- **ovr**
  클래스에 대해 '속하는/속하지 않는'의 두 값으로 답하는 문제에 적합합니다.

- **multinomial**
  각 클래스로 분류될 확률도 고려되어 '속하는/속하지 않는' 뿐만 아니라 '속할 가능성은 얼마인가?'를 다루는 문제에 적합합니다.

다음 중 multi_class에 대한 올바른 설명을 고르세요.

1. ovr은 각 라벨 간의 시합으로 라벨을 결정한다.
2. multi_class는 다항 분류에서 모델의 동작을 나타내는 파라미터다.
3. multinomial은 라벨에 관계없이 데이터가 잘못 분류될 확률을 고려한다.
4. multi_class를 적절하게 설정하면 선형 분리 불가능한 데이터도 분류 가능하다.

multi_class는 다항 분류의 동작을 나타냅니다.

2. multi_class는 다항 분류에서 모델의 동작을 나타내는 파라미터다.

17.2.4 파라미터 random_state

모델은 학습시 데이터를 임의 순서로 처리해나갑니다. random_state는 그 순서를 제어하는 파라미터입니다. 로지스틱 회귀 모델의 경우 처리 순서 때문에 경계선이 크게 변경되는 경우가 있습니다.

또한 random_state의 값을 고정하여 동일한 학습 결과를 보존할 수 있습니다. 이 책에서도 결과가 변하지 않도록 random_state는 기본적으로 고정된 값으로 되어 있습니다. 이 책에서 사용한 데이터는 random_state를 바꾸어도 결과가 별로 변하지 않지만 실제로 구현하는 경우에는 데이터의 재현성을 생각하여 random_state의 값을 고정하는 것이 좋습니다.

문제

다음 중 random_state를 고정하는 이유를 고르세요.

1. 학습 결과가 달라지지 않게 하기 위해
2. 데이터 예측시 값이 임의로 변하게 하기 위해
3. 데이터 선택 방법을 나누기 위해
4. 학습 결과를 임의로 교체할 데이터의 난독화를 위해

힌트

random_state가 정해지면 알고리즘 내에서 사용되는 난수의 값이 결정됩니다.

해답

1. 학습 결과가 달라지지 않게 하기 위해

17.3 선형 SVM의 하이퍼파라미터

17.3.1 파라미터 C

SVM$^{\text{support vector machine}}$도 로지스틱 회귀처럼 분류 오류의 허용 오차를 나타내는 C가 파라미터로 정의되어 있습니다. 사용법도 로지스틱 회귀와 비슷합니다. SVM은 로지스틱 회귀에 비해 C에 의한 데이터 라벨의 예측치 변동이 심합니다.

SVM의 알고리즘은 로지스틱 회귀보다 더 일반화된 경계선을 얻기 위해 오류의 허용도에 따라 서포트 벡터가 변화하고 정확도가 오르내립니다.

선형 SVM 모델에서는 C의 초깃값이 1.0입니다. LinearSVC 모듈을 이용합니다.

문제

- 선형 SVM과 로지스틱 회귀에서 C값의 변화로 모델의 정확도가 얼마나 달라지는지 그래프로 만들어보세요(리스트 17-4).
- C값의 후보인 C_list가 전달되므로 선형 SVM과 로지스틱 회귀 모델을 각각 구축하고, 서브플롯으로 지도 데이터에 대한 정확도와 테스트 데이터에 대한 정확도를 나타내는 두 그래프가 출력되도록 하세요.

리스트 17-4 문제

In
```python
import matplotlib.pyplot as plt
from sklearn.linear_model import LogisticRegression
from sklearn.svm import LinearSVC
from sklearn.datasets import make_classification
from sklearn import preprocessing
from sklearn.model_selection import train_test_split

# 데이터를 생성합니다.
X, y = make_classification(
    n_samples=1250, n_features=4, n_informative=2, n_redundant=2, random_
state=42)
train_X, test_X, train_y, test_y = train_test_split(X, y, random_state=42)

# C값의 범위를 설정합니다(여기서는 1e-5, 1e-4, 1e-3, 0.01, 0.1, 1, 10, 100, 1000, 10000으
로 설정).
C_list = [10 ** i for i in range(-5, 5)]

# 그래프 작성용 빈 리스트를 준비합니다.
svm_train_accuracy = []
svm_test_accuracy = []
log_train_accuracy = []
log_test_accuracy = []

# 다음 코드를 작성하세요.
for C in C_list:



# 코드 편집은 여기까지입니다.

# 그래프를 플롯합니다.
# semilogx()는 x의 스케일을 10의 x승의 스케일로 변경합니다.
```

```
fig = plt.figure()
plt.subplots_adjust(wspace=0.4, hspace=0.4)
ax = fig.add_subplot(1, 1, 1)
ax.grid(True)
ax.set_title("SVM")
ax.set_xlabel("C")
ax.set_ylabel("accuracy")
ax.semilogx(C_list, svm_train_accuracy, label="accuracy of train_data")
ax.semilogx(C_list, svm_test_accuracy, label="accuracy of test_data")
ax.legend()
ax.plot()
plt.show()
fig2 =plt.figure()
ax2 = fig2.add_subplot(1, 1, 1)
ax2.grid(True)
ax2.set_title("LogisticRegression")
ax2.set_xlabel("C")
ax2.set_ylabel("accuracy")
ax2.semilogx(C_list, log_train_accuracy, label="accuracy of train_data")
ax2.semilogx(C_list, log_test_accuracy, label="accuracy of test_data")
ax2.legend()
ax2.plot()
plt.show()
```

힌트

• for 문으로 C_list의 내용을 꺼내봅시다.

• C값의 튜닝 방법은 다음과 같습니다.

```
model = LinearSVC(C=1.0)
```

해답

리스트 17-5 해답

In
```
(... 생략 ...)
# 다음 코드를 작성하세요.
for C in C_list:
    model1 = LinearSVC(C=C, random_state=42)
    model1.fit(train_X, train_y)
    svm_train_accuracy.append(model1.score(train_X, train_y))
    svm_test_accuracy.append(model1.score(test_X, test_y))

    model2 = LogisticRegression(C=C, random_state=42)
    model2.fit(train_X, train_y)
```

```
log_train_accuracy.append(model2.score(train_X, train_y))
log_test_accuracy.append(model2.score(test_X, test_y))
```
 # 코드 편집은 여기까지입니다.

(... 생략 ...)

Out

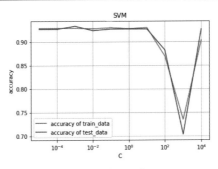

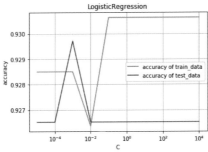

17.3.2 파라미터 penalty

로지스틱 회귀와 마찬가지로 선형 SVM에도 penalty 파라미터가 있습니다. 설정할 수 있는 값
도 L1과 L2로 동일합니다.

문제

데이터 요소가 A, B, C, D 4종류고, 라벨이 D일 때 페널티에 관한 설명 중 옳은 것을 선택하
세요.

1. A, B, C 사이에 상관성이 없을 때는 L1 페널티를 선택해야 한다.

2. L2 페널티는 데이터 간의 의존성을 높인다.

3. B=2A, C=A의 관계가 있을 때 L1 패널티는 B와 C의 가중치를 줄이고 A만으로 모델에 설명하도록 작동한다.

4. L2 페널티는 A, B, C 중 하나가 D와 관련성이 높은 경우 그 관련성을 손실시키는 방향으로 작동한다.

힌트

• L1 페널티는 주성분을 추출하는 기능이 있습니다.

• L2 페널티는 특정 상관성을 보지 않고 데이터 전체의 관계를 이용하여 모델에 설명하려고 합니다.

해답

3. B=2A, C=A의 관계가 있을 때 L1 패널티는 B와 C의 가중치를 줄이고 A만으로 모델에 설명하도록 작동한다.

17.3.3 파라미터 multi_class

multi_class는 다항 분류에서 모델의 동작을 결정하는 파라미터입니다. 선형 SVM에서는 ovr과 crammer_singer의 두 값이 포함되어 있습니다. 기본적으로 ovr 쪽이 동작이 가볍고 결과가 좋습니다.

문제

다음 중 multi_class의 설명으로 옳은 것을 고르세요.

1. 다항 분류에 이 값이 설정되어 있으면 정확도가 향상된다.

2. ovr과 crammer_singer 중 crammer_singer 쪽이 정확도가 높다.

3. Yes나 No의 이항 분류에서 이 값은 무시된다.

4. LinearSVC에서는 의미 없는 변수다.

힌트

• 선형 SVM에서 multi_class의 초깃값은 ovr입니다.

• 이항 분류의 경우 이 파라미터를 설정할 필요가 없습니다.

해답

3. Yes나 No의 이항 분류에서 이 값은 무시된다.

17.3.4 파라미터 random_state

random_state는 결과를 고정할 때 사용되며, SVM에서는 서포트 벡터의 결정에도 영향을 미칩니다. 최종적으로 학습하는 경계선은 거의 동일하지만 약간 차이가 나는 점에 유의하세요.

> **문제**
>
> 다음 중 random_state의 설명으로 옳은 것을 고르세요.
>
> 1. 결과를 고정하는 데 사용하는 숫자값은 무엇이든 좋다.
> 2. 모델 학습시 random_state는 특정값으로 설정해야 한다.
> 3. random_state의 값은 그대로 난숫값으로 사용된다.
> 4. random_state는 조정할 필요가 없다.

힌트

- random_state는 값이 다르면 차이가 날 수 있습니다. 특히 데이터가 흩어져 있는 경우 서포트 벡터의 선택이 달라지기 때문에 경계선에 큰 영향을 줍니다.
- random_state의 값이 동일하면 같은 조작을 한 모델은 동일한 예측 결과를 반환합니다.

해답

1. 결과를 고정하는 데 사용하는 숫자값은 무엇이든 좋다.

17.4 비선형 SVM의 하이퍼파라미터

17.4.1 파라미터 C

선형 분리가 가능하지 않은 데이터를 취급하는 경우 SVM의 SVC [Support Vector Classifier]라는 모듈을 사용합니다. SVC에서도 로지스틱 회귀와 파라미터 C가 존재합니다. 파라미터 C는 학습시 분류 오류를 얼마나 허용할지 지정합니다. 비선형 SVM에서는 C를 소프트 마진 페널티라고 합니다.

> **문제**
>
> - C값의 변화로 모델의 정확도가 얼마나 달라지는지 그래프로 확인합시다(리스트 17-6).
> - C값의 후보가 포함된 리스트 C_list를 이용하여 지도 데이터 및 테스트 데이터의 정확도를 나타낸 그래프를 matplotlib으로 그리세요.

리스트 17-6 문제

```
import matplotlib.pyplot as plt
from sklearn.svm import SVC
from sklearn.datasets import make_gaussian_quantiles
from sklearn import preprocessing
from sklearn.model_selection import train_test_split
%matplotlib inline

# 데이터를 생성합니다.
X, y = make_gaussian_quantiles(n_samples=1250, n_features=2, random_
state=42)
train_X, test_X, train_y, test_y = train_test_split(X, y, random_state=42)

# C값의 범위를 설정합니다(여기에서는 1e-5,1e-4,1e-3,0.01,0.1,1,10,100,1000,10000
으로 설정).
C_list = [10 ** i for i in range(-5, 5)]

# 그래프 작성용 빈 리스트를 준비합니다.
train_accuracy = []
test_accuracy = []

# 다음 코드를 작성하세요.
for C in C_list:



# 코드 편집은 여기까지입니다.
# 그래프를 플롯합니다.
# semilogx()는 x의 스케일을 10의 x승의 스케일로 변경합니다.
plt.semilogx(C_list, train_accuracy, label="accuracy of train_data")
plt.semilogx(C_list, test_accuracy, label="accuracy of test_data")
plt.title("accuracy with changing C")
plt.xlabel("C")
plt.ylabel("accuracy")
plt.legend()
plt.show()
```

힌트

- for 문으로 C_list에 담겨 있는 C값을 꺼내 모델을 학습시키세요(리스트 17-7).

- 비선형 SVM의 C값을 조정하려면 모델을 만들 때 다음처럼 인수에 C값을 전달합니다.

  model = SVC(C=1.0, random_state=42)

- 지도 데이터와 테스트 데이터의 정확도를 각각 train_accuracy, test_accuracy 리스트에 넣으세요.

리스트 17-7 해답

```
(... 생략 ...)
# 다음 코드를 작성하세요.
for C in C_list:
    model = SVC(C=C)
    model.fit(train_X, train_y)

    train_accuracy.append(model.score(train_X, train_y))
    test_accuracy.append(model.score(test_X, test_y))
# 코드 편집은 여기까지입니다.
(... 생략 ...)
```

Out

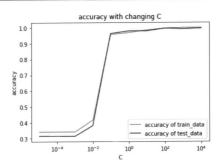

17.4.2 파라미터 kernel

파라미터 kernel은 비선형 SVM에서 특히 중요한 파라미터로, 받아들인 데이터를 조작해서 분류하기 쉬운 형태로 만들어주는 함수를 정의하는 파라미터입니다. linear, rbf, poly, sigmoid, precomputed의 다섯 값을 취할 수 있으며, 기본값은 rbf입니다.

linear는 선형 SVM이며, LinearSVC와 거의 동일합니다. 특별한 이유가 없다면 LinearSVC를 사용하세요. rbf와 poly는 입체 투영과 같습니다. 다른 것에 비해 상대적으로 높은 정확도가 나오는 경우가 많기 때문에 일반적으로 기본값인 rbf를 사용합니다. precomputed는 데이터 전처리로 미리 가공된 경우에 사용합니다. sigmoid은 로지스틱 회귀 모델과 동일한 작업을 수행합니다.

다음 중 kernel 값에 대한 올바른 설명을 고르세요.

1. linear는 선형 커널이며, LinearSVC보다 튜닝이 잘되어 있다.

2. rbf는 비교적 높은 정확도를 가진다.

3. precomputed는 어떤 데이터에 대해서도 사용할 수 있다.

4. sigmoid는 로지스틱 회귀 모델 그 자체를 말한다.

LinearSVC와 SVC(kernel="linear") 중에서는 LinearSVC 쪽이 우수합니다.

2. rbf는 비교적 높은 정확도를 가진다.

17.4.3 파라미터 decision_function_shape

decision_function_shape는 SVC의 multi_class 파라미터와 같습니다. ovo와 ovr의 두 값이 준비되어 있습니다.

ovo는 클래스끼리의 페어를 만들고, 그 페어에서 이항 분류를 실시해 다수결로 속하는 클래스를 결정합니다. ovr은 하나의 클래스와 그 외로 분류하여 다수결에 속하는 클래스를 결정합니다. ovo는 계산량이 많으며 데이터가 증가함에 따라 동작이 무거워집니다.

다음 중 decision_function_shape에 대한 올바른 설명을 고르세요.

1. ovr은 다른 클래스와의 1대1 분류기를 만들고, 클래스 간의 시합으로 클래스를 결정하는 방법이다.

2. ovo는 계산량이 적고 실행 속도도 빨라지는 경향이 있다.

3. ovr은 선형 분리 가능한 데이터에 강하다.

4. ovr보다 ovo 쪽이 데이터가 증가했을 때의 실행 시간의 증가량이 크다.

- ovo는 one vs one의 약자로, 각 클래스 간의 시합으로 분류기를 작성하여 예측합니다.

- ovr은 one vs rest의 약자로, 클래스 자신과 그 이외를 분류하는 분류기를 작성하여 예측합니다.

4. ovr보다 ovo 쪽이 데이터가 증가했을 때의 실행 시간의 증가량이 크다.

17.4.4 파라미터 random_state

데이터의 처리 순서에 관계하는 파라미터입니다. 예측 결과를 재현하기 위해 학습 단계에서는 고정할 것을 권장합니다. 실제로 머신러닝을 구축할 때는 난수 생성기를 지정하기도 합니다. 생성기를 지정하는 경우의 코드는 [리스트 17-8]과 같습니다.

리스트 17-8 생성기를 지정하는 예

```
In    import numpy as np
      from sklearn.svm import SVC

      # 난수 생성기를 구축합니다.
      random_state = np.random.RandomState()

      # 비선형 SVM 모델을 구축합니다(난수 생성기를 random_state로 지정).
      model = SVC(random_state = random_state)
```

- 비선형 SVM 모델의 파라미터 random_state에 난수 생성기를 전달하여 모델을 학습시키세요(리스트 17-9).
- 테스트 데이터에 대한 정확도를 출력하세요.

리스트 17-9 문제

```
In    import numpy as np
      from sklearn.svm import SVC
      from sklearn.datasets import make_classification
      from sklearn import preprocessing
      from sklearn.model_selection import train_test_split
      %matplotlib inline

      # 데이터를 생성합니다.
      X, y = make_classification(
```

```
                n_samples=1250, n_features=4, n_informative=2, n_redundant=2, random_
        state=42)
        train_X, test_X, train_y, test_y = train_test_split(X, y, random_state=42)

        # 다음 코드를 작성하세요.
        # 난수 생성기를 구축하세요.


        # 모델을 구축하세요.


        # 모델을 학습시키세요.


        # 테스트 데이터에 대한 정확도를 출력하세요.
```

힌트

난수 생성기를 구축하는 함수에는 반드시 np.random을 사용합시다.

해답

리스트 17-10 해답

In
```
(... 생략 ...)
# 다음 코드를 작성하세요.
# 난수 생성기를 구축하세요.
random_state = np.random.RandomState()

# 모델을 구축하세요.
model = SVC(random_state=random_state)

# 모델을 학습시키세요.
model.fit(train_X, train_y)

# 테스트 데이터에 대한 정확도를 출력하세요.
print(model.score(test_X, test_y))
```

Out
```
0.9488817891373802
```

‖연습 문제‖

지금까지 하이퍼파라미터 조작 방법을 다뤘습니다. 실제로 머신러닝에서 모델을 만들 때는 다양한 파라미터를 시험하여 정확도가 높은 것을 채택할 때가 많습니다. 여기에서는 여러 Kernel을 사용하여 머신러닝을 구현해봅시다.

문제

[리스트 17-11]의 주석에 따라 코드를 구현하세요.

리스트 17-11 문제

```
from sklearn.datasets import make_classification
from sklearn.model_selection import train_test_split
from sklearn.svm import SVC

# 데이터를 생성합니다.
X, y = make_classification(
    n_samples=1250, n_features=4, n_informative=2, n_redundant=2, random_
state=42)
train_X, test_X, train_y, test_y = train_test_split(X, y, random_state=42)

kernel_list = ['linear','rbf','poly','sigmoid']

# 다음 코드를 작성하세요.
# 모델을 구축하세요.
for i in kernel_list:
    model =
    # 모델을 학습시키세요.


    # 테스트 데이터에 대한 정확도를 출력하세요.
    print(i)
    print()
    print()
```

힌트

SVM의 하이퍼파라미터 C는 17.4.1절 '파라미터 C'의 문제(리스트 17-6)를 확인하세요. SVC의 인수도 함께 확인하세요.

리스트 17-12 해답

In
```
(... 생략 ...)
# 다음 코드를 작성하세요.
# 모델을 구축하세요.
for i in kernel_list:
    model = SVC(kernel= i ,random_state=42)
    # 모델을 학습시키세요.
    model.fit(train_X, train_y)

    # 테스트 데이터에 대한 정확도를 출력하세요.
    print(i)
    print(model.score(test_X, test_y))
    print()
```

Out
```
linear
0.9329073482428115

rbf
0.9488817891373802

poly
0.9361022364217252

sigmoid
0.9169329073482428
```

하이퍼파라미터와 튜닝(2)

18.1 결정 트리의 하이퍼파라미터

18.1.1 파라미터 max_depth

max_depth는 모델을 학습시키는 트리의 최대 깊이를 나타내는 파라미터입니다. max_depth 값이 설정되어 있지 않으면 지도 데이터를 모두 분할해버리게 되므로 필요 이상으로 데이터의 특징을 학습해버립니다. max_depth을 설정하여 트리의 높이를 제한하는 것을 결정 트리의 **가지치기**pruning라고 합니다.

> **문제**
>
> - 결정 트리에서 max_depth의 차이에 의한 분류의 정확도를 그래프로 나타내봅시다 (리스트 18-1).
> - depth_list라는 리스트가 전달되므로 max_depth에 depth_list의 값을 순차적으로 대입하여 테스트 데이터의 정확도를 산출하고, max_depth와의 관계를 나타낸 그래프를 출력하세요.

리스트 18-1 문제

```
# 모듈을 import합니다.
import matplotlib.pyplot as plt
from sklearn.datasets import make_classification
```

```
from sklearn.tree import DecisionTreeClassifier
from sklearn.model_selection import train_test_split
%matplotlib inline

# 데이터를 생성합니다.
X, y = make_classification(
    n_samples=1000, n_features=4, n_informative=3, n_redundant=0, random_
state=42)
train_X, test_X, train_y, test_y = train_test_split(X, y, random_state=42)

# max_depth 값의 범위를 지정합니다(1~10).
depth_list = [i for i in range(1, 11)]

# 정확도를 저장하는 빈 리스트를 만듭니다.
accuracy = []

# 다음 코드를 작성하세요.
# max_depth를 바꾸면서 모델을 학습시킵니다.



# 코드 편집은 여기까지입니다.
# 그래프를 플롯합니다.
plt.plot(depth_list, accuracy)
plt.xlabel("max_depth")
plt.ylabel("accuracy")
plt.title("accuracy by changing max_depth")
plt.show()
```

힌트

- for 문으로 depth_list 요소를 꺼냅니다.

- max_depth의 튜닝은 모델 구축시에 실시합니다. 다음 코드도 참조하세요.

  ```
  model = DecisionTreeClassifier(max_depth=1, random_state=42)
  ```

해답

리스트 18-2 해답

In   (... 생략 ...)
```
# 다음 코드를 작성하세요.
# max_depth를 바꾸면서 모델을 학습시킵니다.
for max_depth in depth_list:
    model = DecisionTreeClassifier(max_depth=max_depth, random_state=42)
    model.fit(train_X, train_y)
```

```
accuracy.append(model.score(test_X, test_y))
# 코드 편집은 여기까지입니다.
( ... 생략 ... )
```

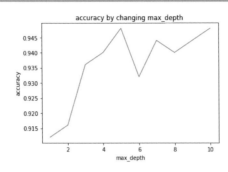

18.1.2 파라미터 random_state

random_state는 학습 결과의 유지뿐만 아니라 결정 트리의 학습 과정에 직접 관여하는 파라미터입니다. 결정 트리의 분할 시점에 데이터의 분류를 잘 설명할 수 있는 요소의 값을 찾아서 데이터를 분할합니다. 후보값이 많이 존재하므로 random_state로 난수를 생성하여 후보를 결정하고 있습니다.

문제

random_state는 결정 트리에서 어떤 파라미터입니까? 올바른 것을 고르세요.

1. 결정 트리를 분할하는 값을 결정한다.
2. 학습 결과를 유지한다.
3. 학습에 사용할 난수를 생성하기 위한 값을 설정한다.
4. 위 보기 전체

힌트

결정 트리에서는 학습 결과의 보유 외에도 난수를 생성하기 위해 값을 결정합니다.

해답

4. 위 보기 전체

18.2 랜덤 포레스트의 하이퍼파라미터

18.2.1 파라미터 n_estimators

랜덤 포레스트의 특징으로 복수의 간이 결정 트리가 다수결로 결과를 결정한다는 것을 들 수 있습니다. n_estimators 파라미터는 간이 결정 트리 수를 결정합니다.

문제

- RandomForest의 n_estimators의 차이에 의한 분류의 정확도를 그래프로 나타내봅시다(리스트 18-3).
- n_estimators에 n_estimators_list의 값을 순서대로 대입하여 테스트 데이터의 정확도를 산출하고 n_estimators와의 관계를 그래프로 출력하세요.

리스트 18-3 문제

```
In    # 모듈을 import합니다.
      import matplotlib.pyplot as plt
      from sklearn.datasets import make_classification
      from sklearn.ensemble import RandomForestClassifier
      from sklearn.model_selection import train_test_split
      %matplotlib inline

      # 데이터를 생성합니다.
      X, y = make_classification(
          n_samples=1000, n_features=4, n_informative=3, n_redundant=0, random_
      state=42)
      train_X, test_X, train_y, test_y = train_test_split(X, y, random_state=42)

      # n_estimators 값의 범위를 지정합니다(1~20).
      n_estimators_list = [i for i in range(1, 21)]

      # 정확도를 저장하는 빈 리스트를 만듭니다.
      accuracy = []

      # 다음 코드를 작성하세요.
      # n_estimators를 바꾸면서 모델을 학습시킵니다.
      for n_estimators in n_estimators_list:


      # 코드 편집은 여기까지입니다.
```

```
# 그래프를 플롯합니다.
plt.plot(n_estimators_list, accuracy)
plt.title("accuracy by n_estimators increasement")
plt.xlabel("n_estimators")
plt.ylabel("accuracy")
plt.show()
```

• for 문으로 n_estimators_list 요소를 꺼냅니다.

• n_estimators의 튜닝은 모델 구축시에 실시합니다. 다음 코드도 참조하세요.

  model = RandomForestClassifier(n_estimators=1, random_state=42)

해답

리스트 18-4 해답[1]

In
```
(... 생략 ...)
# 다음 코드를 작성하세요.
# n_estimators를 바꾸면서 모델을 학습시킵니다.
for n_estimators in n_estimators_list:
    model = RandomForestClassifier(n_estimators=n_estimators,
random_state=42)
    model.fit(train_X, train_y)
    accuracy.append(model.score(test_X, test_y))
# 코드 편집은 여기까지입니다.
(... 생략 ...)
```

Out

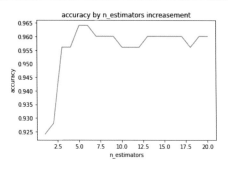

1 옮긴이_ 코드를 실행하면 아래와 같은 경고가 표시됩니다. 실행에는 문제가 없으니 무시해도 됩니다.
DeprecationWarning: numpy.core.umath_tests is an internal NumPy module and should not be imported.

18.2.2 파라미터 max_depth

랜덤 포레스트는 간이 결정 트리를 여러 개 만들기 때문에 결정 트리에 대한 파라미터를 설정할 수 있습니다. max_depth는 결정 트리에 대한 파라미터지만 랜덤 포레스트에서는 일반적인 결정 트리보다 작은 값을 입력합니다.

랜덤 포레스트는 간이 결정 트리 분류의 다수결 알고리즘이기 때문에 각각의 결정 트리에 엄격한 분류를 하지 않고, 주목하는 요소를 집중적으로 분석하여 학습 효율과 정밀도를 높게 유지할 수 있습니다.

문제

랜덤 포레스트에서는 결정 트리보다 max_depth을 작게 설정하는 이유를 선택하세요.

1. 랜덤 포레스트가 결정 트리만큼 엄격한 모델이 아니기 때문에
2. max_depth에 의해 예측 결과가 달라지지 않기 때문에
3. 지도 데이터에 대한 과학습을 방지하기 위해
4. max_depth는 다수결에 기여하는 파라미터이기 때문에

힌트

- max_depth는 결정 트리의 과학습을 막기 위한 파라미터입니다.
- 랜덤 포레스트는 예측 정확도 향상을 위해 복수의 결정 트리를 생성하고, 그 결정 트리의 다수결로 결정하는 모델입니다.

해답

3. 지도 데이터에 대한 과학습을 방지하기 위해

18.2.3 파라미터 random_state

random_state는 랜덤 포레스트에서 중요한 파라미터입니다. 랜덤 포레스트는 결과의 고정뿐만 아니라 결정 트리의 데이터 분할이나 이용 요소 결정 등 많은 곳에서 난수가 기여합니다. 그러므로 random_state 파라미터에 의해 분석 결과가 크게 달라집니다.

- 랜덤 포레스트의 random_state에 따른 분류의 정확도 차이를 그래프로 나타내봅시다(리스트 18-5).
- random_state에 r_seeds의 값을 순차적으로 대입하여 테스트 데이터의 정확도를 산출하고, random_state와의 관계를 나타낸 그래프를 출력하세요.

리스트 18-5 문제

```python
# 모듈을 import합니다.
import matplotlib.pyplot as plt
from sklearn.datasets import make_classification
from sklearn.ensemble import RandomForestClassifier
from sklearn.model_selection import train_test_split

%matplotlib inline

# 데이터를 생성합니다.
X, y = make_classification(
    n_samples=1000, n_features=4, n_informative=3, n_redundant=0, random_
state=42)
train_X, test_X, train_y, test_y = train_test_split(X, y, random_state=42)

# r_seeds 값의 범위를 지정합니다(0~99).
r_seeds = [i for i in range(100)]

# 정확도를 저장하는 빈 리스트를 만듭니다.
accuracy = []

# 다음 코드를 작성하세요.
# random_state을 바꾸면서 모델을 학습시킵니다.


# 코드 편집은 여기까지입니다.
# 그래프를 플롯합니다.
plt.plot(r_seeds, accuracy)
plt.xlabel("seed")
plt.ylabel("accuracy")
plt.title("accuracy by changing seed")
plt.show()
```

- for 문으로 r_seeds 요소를 꺼냅니다.
- random_state의 튜닝은 모델 구축시에 실시합니다. 다음 코드도 참조하세요.

  model = RandomForestClassifier(random_state=42)

리스트 18-6 해답

```
In    (... 생략 ...)
      # 다음 코드를 작성하세요.
      # random_state를 바꾸면서 모델을 학습시킵니다.
      for seed in r_seeds:
          model = RandomForestClassifier(random_state=seed)
          model.fit(train_X, train_y)
          accuracy.append(model.score(test_X, test_y))
      # 코드 편집은 여기까지입니다.
      (... 생략 ...)
```

Out

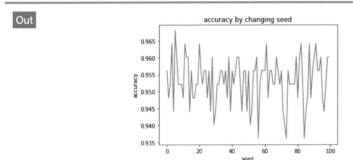

18.3 k-NN의 하이퍼파라미터

18.3.1 파라미터 n_neighbors

n_neighbors는 k-NN의 k값을 말합니다. 즉, 결과 예측시에 사용되는 유사 데이터의 개수를 결정하는 파라미터입니다. n_neighbors의 수가 너무 많으면 유사 데이터로 선정되는 데이터의 유사도가 커지기 때문에 분류 범위가 좁은 카테고리가 잘 분류되지 않는 일이 생깁니다.

- k-NN의 n_neighbors의 차이에 의한 분류의 정확도를 그래프로 나타내봅시다(리스트 18-7).
- n_neighbors에 k_list의 값을 순차적으로 대입하여 테스트 데이터의 정확도를 산출하고, n_neighbors와의 관계를 나타낸 그래프를 출력하세요.

리스트 18-7 문제

In

```python
# 모듈을 import합니다.
import matplotlib.pyplot as plt
from sklearn.datasets import make_classification
from sklearn.neighbors import KNeighborsClassifier
from sklearn.model_selection import train_test_split

%matplotlib inline

# 데이터를 생성합니다.
X, y = make_classification(
    n_samples=1000, n_features=4, n_informative=3, n_redundant=0, random_
state=42)
train_X, test_X, train_y, test_y = train_test_split(X, y, random_state=42)

# n_neighbors 값의 범위를 지정합니다(1~10).
k_list = [i for i in range(1, 11)]

# 정확도를 저장하는 빈 리스트를 만듭니다.
accuracy = []

# 다음 코드를 작성하세요.
# n_neighbors를 바꾸면서 모델을 학습시킵니다.
for k in k_list:


# 코드 편집은 여기까지입니다.
# 그래프를 플롯합니다.
plt.plot(k_list, accuracy)
plt.xlabel("n_neighbor")
plt.ylabel("accuracy")
plt.title("accuracy by changing n_neighbor")
plt.show()
```

- for 문으로 k_list 요소를 꺼냅니다.
- n_neighbors의 튜닝은 모델 구축시에 실시합니다. 다음 코드도 참조하세요.

  model = KNeighborsClassifier(n_neighbors=1)

해답

리스트 18-8 해답

```
In       (... 생략 ...)
         # 다음 코드를 작성하세요.
         # n_neighbors를 바꾸면서 모델을 학습시킵니다.
         for k in k_list:
             model = KNeighborsClassifier(n_neighbors=k)
             model.fit(train_X, train_y)
             accuracy.append(model.score(test_X, test_y))
         # 코드 편집은 여기까지입니다.
         (... 생략 ...)
```

Out

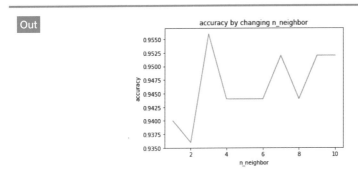

18.4 튜닝 자동화

지금까지 머신러닝에서 자주 사용되는 파라미터를 소개했습니다. 그러나 모든 파라미터를 그때마다 바꿔가며 결과를 확인하는 것은 많은 시간과 노력이 필요합니다. 그래서 파라미터의 범위를 지정하여 가장 결과가 좋은 파라미터셋을 컴퓨터가 찾게 하는 방법이 있습니다. 주요한 방법은 두 가지로, 그리드 검색과 랜덤 검색입니다.

18.4.1 그리드 검색

그리드 검색^{grid search}은 조정하려는 하이퍼파라미터값의 후보를 명시적으로 복수 지정하여 파라미터셋을 만들고, 모델의 평가를 반복하여 최적의 파라미터셋을 만드는 데 사용하는 방법입니다. 값의 후보를 명시적으로 지정하므로 파라미터값에 문자열이나 정수, True나 False와 같은 수학적으로 연속적이지 않은 값을 취하는 파라미터의 탐색에 적합합니다. 그러나 파라미터의 후보를 모두 포함하도록 파라미터셋이 작성되므로 여러 파라미터를 동시에 튜닝하기에는 적합하지 않습니다. 코드는 [리스트 18-9]와 같습니다. 프로그램의 실행에 시간이 많이 걸리므로 주의하세요.

리스트 18-9 그리드 검색의 예

```python
import scipy.stats
from sklearn.datasets import load_digits
from sklearn.svm import SVC
from sklearn.model_selection import GridSearchCV
from sklearn.model_selection import train_test_split
from sklearn.metrics import f1_score

data = load_digits()
train_X, test_X, train_y, test_y = train_test_split(data.data, data.target,
random_state=42)

# 파라미터값의 후보를 설정합니다.
model_param_set_grid = {SVC(): {
    "kernel": ["linear", "poly", "rbf", "sigmoid"],
    "C": [10 ** i for i in range(-5, 5)],
    "decision_function_shape": ["ovr", "ovo"],
    "random_state": [42]}}

max_score = 0
best_param = None

# 그리드 검색으로 파라미터를 검색합니다.
for model, param in model_param_set_grid.items():
    clf = GridSearchCV(model, param)
    clf.fit(train_X, train_y)
    pred_y = clf.predict(test_X)
    score = f1_score(test_y, pred_y, average="micro")
    if max_score < score:
        max_score = score
```

```
                best_model = model.__class__.__name__
                best_param = clf.best_params_

        print("파라미터: {}".format(best_param))
        print("최고 점수: ", max_score)
        svm = SVC()
        svm.fit(train_X, train_y)
        print()
        print("조정 없음")
        print(svm.score(test_X, test_y))
```

Out   파라미터: {'C': 0.0001, 'decision_function_shape': 'ovr', 'kernel': 'poly',
       'random_state': 42}
       최고 점수: 0.9888888888888889

       조정 없음
       0.5222222222222223

문제

다음 중 그리드 검색의 특징으로 잘못된 것을 선택하세요.

1. 후보값을 열거하고, 파라미터를 검색하는 방법의 하나다.

2. 후보값을 모든 파라미터로 시험하여 학습 정밀도가 가장 좋은 모델을 반환한다.

3. 실행에 많은 시간이 걸린다.

4. 유일한 파라미터 검색 방법이다.

힌트

• 값의 후보를 순차적으로 전부 탐색하기 때문에 실행 시간이 많이 걸립니다.

• 파라미터 검색의 목적은 모델의 예측 정확도가 높아지는 파라미터를 찾는 것입니다.

해답

4. 유일한 파라미터 검색 방법이다.

18.4.2 랜덤 검색

랜덤 검색은 파라미터가 취할 수 있는 값의 범위를 지정하고, 확률로 결정된 파라미터셋을 사용하여 모델 평가를 반복함으로써 최적의 파라미터셋을 찾는 방법입니다(그리드 검색에서는 값의 후보를 지정한 뒤 파라미터를 조정했습니다). 값의 범위를 지정하는 것은 파라미터의 확률 함수를 지정하는 것이 됩니다. 파라미터의 확률 함수로 scipy.stats 모듈의 확률 함수가 자주 사용됩니다. 사용 방법은 [리스트 18-10]과 같습니다.

리스트 18-10 랜덤 검색의 예

```
import scipy.stats
from sklearn.datasets import load_digits
from sklearn.svm import SVC
from sklearn.model_selection import RandomizedSearchCV
from sklearn.model_selection import train_test_split
from sklearn.metrics import f1_score

data = load_digits()
train_X, test_X, train_y, test_y = train_test_split(data.data, data.target,
random_state=42)

# 파라미터값의 후보를 설정합니다.
model_param_set_random = {SVC(): {
    "kernel": ["linear", "poly", "rbf", "sigmoid"],
    "C": scipy.stats.uniform(0.00001, 1000),
    "decision_function_shape": ["ovr", "ovo"],
    "random_state": scipy.stats.randint(0, 100)
    }}

max_score = 0
best_param = None

# 랜덤 검색으로 파라미터를 검색합니다.
for model, param in model_param_set_random.items():
    clf = RandomizedSearchCV(model, param)
    clf.fit(train_X, train_y)
    pred_y = clf.predict(test_X)
    score = f1_score(test_y, pred_y, average="micro")
    if max_score < score:
        max_score = score
        best_param = clf.best_params_

print("파라미터: {}".format(best_param))
print("최고 점수: ", max_score)
svm = SVC()
```

```
svm.fit(train_X, train_y)
print()
print("조정 없음")
print(svm.score(test_X, test_y))
```

Out   파라미터: {'C': 560.8733768308299, 'decision_function_shape': 'ovr',
       'kernel': 'poly', 'random_state': 26}
       최고 점수: 0.9888888888888889

       조정 없음
       0.5222222222222223

문제

다음 중 랜덤 검색을 바르게 설명한 것을 고르세요.

1. 데이터를 랜덤으로 학습하여 모델의 정확도를 높이는 방법
2. 파라미터의 범위를 설정하고 그 범위 내에서 랜덤으로 값을 선택하여 모델의 예측 정확도 를 향상시키는 방법
3. 사용하는 하이퍼파라미터를 랜덤으로 결정하여 모델의 예측 정확도를 향상시키는 방법
4. 모델의 예측 결과를 임의로 변경하여 예측 정확도를 높이는 방법

힌트

파라미터 검색의 목적은 모델의 예측 정확도를 향상시키는 하이퍼파라미터의 값을 결정하는 것입니다.

해답

2. 파라미터의 범위를 설정하고 그 범위 내에서 랜덤으로 값을 선택하여 모델의 예측 정확도를 향상시키는 방법

‖ 연습 문제 ‖

그리드 검색과 랜덤 검색은 시간이 많이 걸리지만 적절한 파라미터를 발견하면 정확도를 크게 향상시킵니다. 파라미터 검색에 도전해봅시다.

문제

- 다음 값을 사용하여 그리드 검색으로 파라미터 검색을 수행하세요.

  – 튜닝 방법은 SVM, 결정 트리, 랜덤 포레스트입니다.

  – SVM은 SVC( )를 사용하여 kernel을 linear, rbf, poly, sigmoid 중에서 선택하고, C 를 0.01, 0.1, 1.0, 10, 100 중에서 선택한 뒤 파라미터를 튜닝하세요. random_state는 고정해도 좋습니다.

  – 결정 트리는 max_depth를 1에서 10 사이의 정수, random_state를 0에서 100 사이의 정수로 파라미터를 조정하세요.

  – 랜덤 포레스트는 n_estimators를 10에서 100 사이의 정수, max_depth를 1에서 10 사 이의 정수, random_state를 0에서 100 사이의 정수로 파라미터를 조정하세요.

- 각 모델의 이름과 그때의 test_X, test_y에 대한 예측 정확도를 출력하세요. 출력 순서는 아래와 같습니다.

  모델명

  예측 정확도

리스트 18-11 문제

In
```python
# 필요한 모듈을 import합니다.
import requests
import io
import pandas as pd
from sklearn.svm import SVC
from sklearn.tree import DecisionTreeClassifier
from sklearn.ensemble import RandomForestClassifier
from sklearn.model_selection import GridSearchCV
from sklearn import preprocessing
from sklearn.model_selection import train_test_split
from sklearn.model_selection import RandomizedSearchCV

# 필요한 데이터를 전처리합니다.
vote_data_url = "https://archive.ics.uci.edu/ml/machine-learning-
databases/voting-records/house-votes-84.data"
s = requests.get(vote_data_url).content
vote_data = pd.read_csv(io.StringIO(s.decode('utf-8')),header=None)
vote_data.columns = ['Class Name',
                     'handicapped-infants',
                     'water-project-cost-sharing',
```

```
                        'adoption-of-the-budget-resolution',
                        'physician-fee-freeze',
                        'el-salvador-aid',
                        'religious-groups-in-schools',
                        'anti-satellite-test-ban',
                        'aid-to-nicaraguan-contras',
                        'mx-missile',
                        'immigration',
                        'synfuels-corporation-cutback',
                        'education-spending',
                        'superfund-right-to-sue',
                        'crime',
                        'duty-free-exports',
                        'export-administration-act-south-africa']
label_encode = preprocessing.LabelEncoder()
vote_data_encode = vote_data.apply(lambda x: label_encode.fit_transform(x))
X = vote_data_encode.drop('Class Name', axis=1)
Y = vote_data_encode['Class Name']
train_X, test_X, train_y, test_y = train_test_split(X,Y,random_state=50)

# 다음 코드를 작성하세요.
# for 문으로 처리하므로 모델명, 모델의 객체, 파라미터 리스트를 모두 리스트에 넣습니다.
```

힌트

파라미터 리스트 params는 키를 파라미터로, 값 후보가 들어간 리스트를 값으로 하는 파이썬 표준 딕셔너리 데이
터로, 이를 RandomizedSearchCV에 전달합니다.

해답

리스트 18-12 해답

In

```
(... 생략 ...)
# 다음 코드를 작성하세요.
# for 문으로 처리하므로 모델명, 모델의 객체, 파라미터 리스트를 모두 리스트에 넣습니다.
models_name = ["SVM", "결정 트리", "랜덤 포레스트"]
models = [SVC(), DecisionTreeClassifier(), RandomForestClassifier()]
params = [{"C": [0.01, 0.1, 1.0, 10, 100],
          "kernel": ["linear", "rbf", "poly", "sigmoid"],
          "random_state": [42]},
         {"max_depth": [i for i in range(1, 10)],
          "random_state": [i for i in range(100)]},
         {"n_estimators": [i for i in range(10, 20)],
          "max_depth": [i for i in range(1, 10)],
          "random_state": [i for i in range(100)]}]
```

```
for name, model, param in zip(models_name, models, params):
    clf = RandomizedSearchCV(model, param)
    clf.fit(train_X, train_y)
    print(name)
    print(clf.score(test_X, test_y))
    print()
```

Out   SVM
       0.9541284403669725

       결정 트리
       0.944954128440367

       랜덤 포레스트
       0.9357798165137615

‖종합 문제‖

지도학습(분류)의 종합 문제를 통해 지금까지 살펴본 하이퍼파라미터 및 튜닝 기술의 특성과 중요성, 그리고 하이퍼파라미터 검색 방법을 이해하고 있는지 알아봅니다.

사용하는 데이터셋은 필기체 숫자 이미지이며, 판별하기 어려운 숫자도 있으므로 파라미터나 모델 선택이 더욱 중요합니다.

문제

- 필기체 숫자를 인식하고 분류하는 학습기를 높은 정밀도로 작성하고 싶습니다. 모델을 선택하고 하이퍼파라미터를 조정하여 높은 학습 능력을 가진 학습기를 만드세요(리스트 18-13).
- 가장 높은 평가를 받은 학습 모델 기법의 이름과 조정된 파라미터명, 값을 출력하세요.
- 문제의 조건을 충족하고 있는 상태에서 다음 사항을 고려하여 종합적으로 평가하세요.
  - 높은 평가치
  - 파라미터 조정 방법
  - 프로그램 실행 시간

リスト 18-13 문제

```
In    # 필요한 모듈이 있으면 추가하세요.
      from sklearn.datasets import load_digits
      from sklearn.model_selection import train_test_split

      data = load_digits()
      train_X, test_X, train_y, test_y = train_test_split(data.data, data.target,
      random_state=42)

      # 아래에 코드를 작성하세요.


      print("학습 모델: {},\n파라미터: {}".format(best_model, best_param))
      # 가장 성적이 좋은 점수를 출력하세요.
```

힌트

- 프로그램의 실행 시간을 측정하려면 프로그램의 선두에 %%time을 기술하세요. 이것은 주피터 노트북에서만 수행할 수 있는 매직 명령어입니다. 다른 실행 환경에서는 사용할 수 없으니 주의하세요.
- 모델 기법의 이름을 취득하려면 model_name = model.__class__.__name__으로 합니다.
- 그리드 검색, 랜덤 검색의 결과로 파라미터셋을 취득하려면 best_params = clf.best_params_로 합니다.
- 최고 평가를 받은 모델이 여러 개인 경우 그중 하나만 출력합니다.
- 채점할 때 모델의 평가에는 F값을 사용합니다.
  - F값은 적합률과 재현율이라는 두 가지 평가값의 조화 평균입니다.

  $$F값 = 2 \times \frac{적합률 \times 재현율}{적합률 + 재현율}$$

  - 프로그램을 작성할 때 model.score(test_X, test_y)로 구현해도 되지만 평가 결과를 확인하려면 모델에 지도 데이터를 학습시킨 후 다음처럼 구현합니다.

    ```
    from sklearn.metrics import f1_score
    # 모델에 데이터를 예측시킵니다.
    pred_y = clf.predict(test_X)
    # 모델의 F값을 계산합니다.
    score = f1_score(test_y, pred_y, average = "micro")
    ```

- 여기서 사용한 데이터셋에 대한 정보는 UCI Machine Learning Repository(영문 사이트)를 참고하세요.

  URL archive.ics.uci.edu/ml/datasets/optical+recognition+of+handwritten+digits

- 이 장에서 설명한 파라미터 외에도 조정 가능한 파라미터가 많이 있습니다. scikit-learn 문서(영문 사이트)를 참고하세요.

  URL scikit-learn.org/stable/modules/classes.html

해답

리스트 18-14 해답[2]

In
```python
# 필요한 모듈이 있으면 추가하세요.
import scipy.stats
from sklearn.datasets import load_digits
from sklearn.linear_model import LogisticRegression
from sklearn.svm import LinearSVC
from sklearn.svm import SVC
from sklearn.tree import DecisionTreeClassifier
from sklearn.ensemble import RandomForestClassifier
from sklearn.neighbors import KNeighborsClassifier
from sklearn.model_selection import GridSearchCV
from sklearn.model_selection import RandomizedSearchCV
from sklearn.model_selection import train_test_split
from sklearn.metrics import f1_score

data = load_digits()
train_X, test_X, train_y, test_y = train_test_split(data.data, data.target,
random_state=42)

# 아래에 코드를 작성하세요.
# 그리드 검색을 위해 모델과 파라미터셋을 정리한 딕셔너리를 준비합니다.
# 딕셔너리의 key에는 객체의 인스턴스를 지정할 수 있습니다.
model_param_set_grid = {
    LogisticRegression(): {
        "C": [10 ** i for i in range(-5, 5)],
        "random_state": [42]
    },
    LinearSVC(): {
        "C": [10 ** i for i in range(-5, 5)],
        "multi_class": ["ovr", "crammer_singer"],
        "random_state": [42]
    },
    SVC(): {
        "kernel": ["linear", "poly", "rbf", "sigmoid"],
        "C": [10 ** i for i in range(-5, 5)],
```

---

2 **옮긴이_** 실행에 시간이 많이 걸립니다. 주의하세요.

```python
            "decision_function_shape": ["ovr", "ovo"],
            "random_state": [42]
        },
    DecisionTreeClassifier(): {
            "max_depth": [i for i in range(1, 20)],
        },
    RandomForestClassifier(): {
            "n_estimators": [i for i in range(10, 20)],
            "max_depth": [i for i in range(1, 10)],
        },
    KNeighborsClassifier(): {
            "n_neighbors": [i for i in range(1, 10)]
        }
}


# 랜덤 검색을 위해 모델과 파라미터셋을 정리한 딕셔너리를 준비합니다.
model_param_set_random = {
    LogisticRegression(): {
            "C": scipy.stats.uniform(0.00001, 1000),
            "random_state": scipy.stats.randint(0, 100)
        },
    LinearSVC(): {
            "C": scipy.stats.uniform(0.00001, 1000),
            "multi_class": ["ovr", "crammer_singer"],
            "random_state": scipy.stats.randint(0, 100)
        },
    SVC(): {
            "kernel": ["linear", "poly", "rbf", "sigmoid"],
            "C": scipy.stats.uniform(0.00001, 1000),
            "decision_function_shape": ["ovr", "ovo"],
            "random_state": scipy.stats.randint(0, 100)
        },
    DecisionTreeClassifier(): {
            "max_depth": scipy.stats.randint(1, 20),
        },
    RandomForestClassifier(): {
            "n_estimators": scipy.stats.randint(10, 100),
            "max_depth": scipy.stats.randint(1, 20),
        },
    KNeighborsClassifier(): {
            "n_neighbors": scipy.stats.randint(1, 20)
        }
}
```

```python
# 점수 비교용 변수를 준비합니다.
max_score = 0
best_model = None
best_param = None

# 그리드 검색으로 파라미터 검색을 수행합니다.
for model, param in model_param_set_grid.items():
    clf = GridSearchCV(model, param)
    clf.fit(train_X, train_y)
    pred_y = clf.predict(test_X)
    score = f1_score(test_y, pred_y, average="micro")

    # 최고 평가 갱신시 모델과 파라미터를 업데이트합니다.
    if max_score < score:
        max_score = score
        best_model = model.__class__.__name__
        best_param = clf.best_params_

# 랜덤 검색으로 파라미터 검색을 수행합니다.
for model, param in model_param_set_random.items():
    clf = RandomizedSearchCV(model, param)
    clf.fit(train_X, train_y)
    pred_y = clf.predict(test_X)
    score = f1_score(test_y, pred_y, average="micro")

    # 최고 평가 갱신시 모델과 파라미터를 업데이트합니다.
    if max_score < score:
        max_score = score
        best_model = model.__class__.__name__
        best_param = clf.best_params_

print("학습 모델: {},\n파라미터: {}".format(best_model, best_param))
# 가장 성적이 좋은 점수를 출력하세요.
print("최고 점수: ", max_score)
```

Out

```
학습 모델: SVC,
파라미터: {'C': 0.0001, 'decision_function_shape': 'ovr', 'kernel': 'poly',
'random_state': 42}
최고 점수: 0.9888888888888889
```

딥러닝 구현

19.1 딥러닝 개요

19.1.1 딥러닝 체험

이 장을 끝까지 읽으면 필기체 숫자 이미지 데이터의 숫자를 판별하는 코드를 작성할 수 있게 됩니다. 여기서는 딥러닝(심층학습) 중에서도 가장 기본적인 알고리즘인 **심층 신경망**Deep Neural Network, DNN을 설명합니다.

또한 라이브러리로는 Keras(케라스)와 TensorFlow를 이용합니다. TensorFlow는 Google의 인기 있는 딥러닝 라이브러리 중 하나입니다. Keras는 TensorFlow를 쉽게 다루기 위한 라이브러리로, 래퍼wrapper로 불립니다.

우선 딥러닝 코드를 실행해봅시다. 코드 내용은 이후에 자세히 설명합니다.

> **문제**
>
> [리스트 19-1]의 코드를 실행하여 epoch 수가 높아짐에 따라 훈련 데이터의 정확도 acc와 테스트 데이터의 정확도 val_acc가 올라가는 모습을 확인합시다.

In

```python
import numpy as np
import matplotlib.pyplot as plt
from keras.datasets import mnist
from keras.layers import Activation, Dense, Dropout
from keras.models import Sequential, load_model
from keras import optimizers
from keras.utils.np_utils import to_categorical
%matplotlib inline

(X_train, y_train), (X_test, y_test) = mnist.load_data()

X_train = X_train.reshape(X_train.shape[0], 784)[:6000]
X_test = X_test.reshape(X_test.shape[0], 784)[:1000]
y_train = to_categorical(y_train)[:6000]
y_test = to_categorical(y_test)[:1000]

model = Sequential()
model.add(Dense(256, input_dim=784))
model.add(Activation("sigmoid"))
model.add(Dense(128))
model.add(Activation("sigmoid"))
model.add(Dropout(rate=0.5))
model.add(Dense(10))
model.add(Activation("softmax"))

sgd = optimizers.SGD(lr=0.1)
model.compile(optimizer=sgd, loss="categorical_crossentropy",
              metrics=["accuracy"])

# epochs 수를 5로 합니다.
history = model.fit(X_train, y_train, batch_size=500, epochs=5,
                    verbose=1, validation_data=(X_test, y_test))

# acc와 val_acc 플롯
plt.plot(history.history["acc"], label="acc", ls="-", marker="o")
plt.plot(history.history["val_acc"], label="val_acc", ls="-",
         marker="x")
plt.ylabel("accuracy")
plt.xlabel("epoch")
plt.legend(loc="best")
plt.show()
```

epoch 수는 학습 데이터를 몇 번 반복 학습할지 나타냅니다.

리스트 19-2 해답

```
Out    Train on 6000 samples, validate on 1000 samples
       Epoch 1/5
       6000/6000 [==============================] - 0s 65us/step - loss: 2.4139 -
       acc: 0.1415 - val_loss: 2.0535 - val_acc: 0.4770
       Epoch 2/5
       6000/6000 [==============================] - 0s 29us/step - loss: 2.0825 -
       acc: 0.2635 - val_loss: 1.8517 - val_acc: 0.5880
       Epoch 3/5
       6000/6000 [==============================] - 0s 28us/step - loss: 1.8781 -
       acc: 0.3840 - val_loss: 1.6649 - val_acc: 0.6730
       Epoch 4/5
       6000/6000 [==============================] - 0s 28us/step - loss: 1.6901 -
       acc: 0.4680 - val_loss: 1.5078 - val_acc: 0.7040
       Epoch 5/5
       6000/6000 [==============================] - 0s 28us/step - loss: 1.5335 -
       acc: 0.5425 - val_loss: 1.3632 - val_acc: 0.7190
```

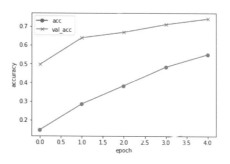

19.1.2 딥러닝이란(1)

딥러닝은 동물의 신경망을 참고로 한 심층 신경망 모델을 사용하여 데이터의 분류나 회귀를 실시합니다. 실제의 신경망(그림 19-1)에서 착상한 심층 신경망이지만 뇌의 신경망 재현을 목표로 하지 않고 순수하게 정밀도를 높이는 연구가 활발히 이루어지고 있습니다. 딥러닝은 머신러닝의 한 방법이라는 점을 잊지 마세요.

그림 19-1 신경망

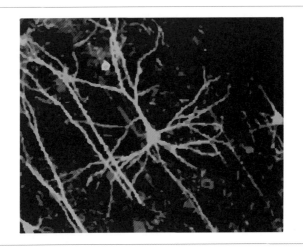

출처 Wei-Chung Allen Lee
URL commons.wikimedia.org/wiki/File:GFPneuron.png

딥러닝이 주목받는 이유는 일손이 많이 가는 작업이 자동화되며 정확도가 높기 때문입니다. 예를 들어 자동차 감지 작업을 생각해봅시다. 기존의 기술을 사용할 때는 인간이 자동차의 검출에 중요한 특징feature (타이어와 앞유리 등)을 미리 정하고 이를 중점적으로 파악할 수 있는 모델을 고려합니다. 그에 반해 딥러닝은 그러한 특징을 **자동**으로 찾아냅니다(그림 19-2).

그림 19-2 특징을 자동으로 찾아낸다

19.1.3 딥러닝이란(2)

최근 화제를 불러일으키고 있는 신경망이지만 발상 자체는 1950년대부터 존재했습니다. [그림 19-3]은 신경망의 기본이 되는 뉴런^{neuron}입니다.

x_1, x_2가 입력, w_1, w_2가 **가중치 파라미터**입니다. $w_1 x_1 + w_2 x_2$의 값이 임곗값 θ보다 높으면 뉴런이 발화$^{spiking, firing}$하여 1을 출력하고, 그렇지 않으면 0을 출력하는 모델입니다.

그림 19-3 뉴런

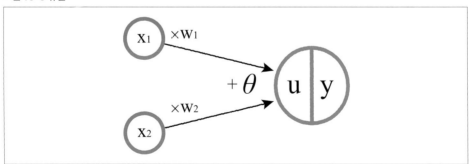

이 뉴런만으로는 복잡한 문제를 해결할 수 없습니다. 그러나 [그림 19-4]처럼 여러 층을 구축하여 복잡한 문제를 다룰 수 있게 되었습니다. 이것이 **심층 신경망**입니다. 심층이라고 하는 이유는 층이 깊게 쌓인 구조를 갖기 때문입니다.

최근에 급격히 심층 신경망이 주목받은 이유는 층이 깊더라도 학습을 원활하게 할 수 있는 방법이 고안되었으며, 강력한 계산 환경까지 갖추어졌기 때문입니다.

신경망은 입력 X(벡터나 행렬 등)를 받으면 연쇄적으로 반응을 일으켜 결국 값 y(스칼라나 벡터 등)를 출력하게 됩니다. 예를 들어 이미지 인식에서는 이미지의 픽셀 데이터를 입력하면 특정 카테고리(고양이, 개, 사자...)에 속할 확률을 얻을 수 있습니다.

그림 19-4 뉴런

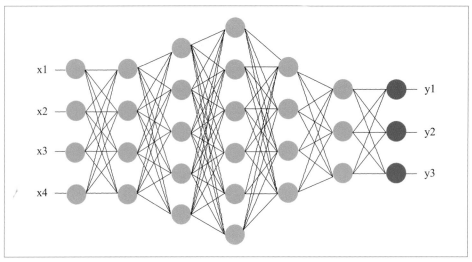

출처 neuraldesigner
URL www.neuraldesigner.com/

딥러닝에서는 각 뉴런의 가중치 파라미터를 기계적으로 조정하여 분류 모델이나 회귀 모델을 만듭니다.

문제

다음 중 신경망, 딥러닝에 대한 올바른 설명을 고르세요.

1. 딥러닝이 급격히 성장한 것은 고성능 계산기의 등장이 하나의 이유로 꼽힌다.

2. 심층 신경망은 뉴런이 층층이 쌓아져 만들어졌다.

3. 딥러닝에서는 가중치 파라미터가 학습된다.

4. 위 보기 전체

힌트
딥러닝이 주목받는 이유는 계산 환경이 잘 갖추어져 뉴런이 층층이 쌓여도 가중치 파라미터를 잘 학습할 수 있게 되었기 때문입니다.

해답
4. 위 보기 전체

19.1.4 딥러닝을 이용한 분류의 흐름

여기서는 딥러닝을 이용한 분류의 흐름을 알아봅니다.

1. 네트워크 모델 작성하기

여러 뉴런을 묶은 층을 거듭해서 심층 네트워크를 구축합니다(그림 19-5). 그러면 처음에는 각 뉴런이 입력에 대해 무작위로 반응하여 엉터리 값을 출력하게 됩니다.

그림 19-5 네트워크 모델 작성

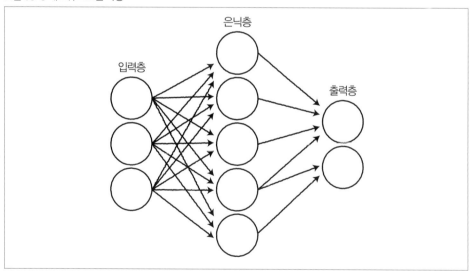

2. 모델에 훈련용 데이터를 부여하고 학습시키기

모델은 X를 입력받아 y를 출력합니다. 이때 출력 Y와 정답 데이터(지도 라벨) T 사이의 차이

ΔE를 작게 하기 위해 **오차역전파법**backpropagation[1]을 사용해 자동으로 각 뉴런의 가중치를 조정합니다.

데이터 X(다량의 이미지 등)와 정답 데이터 T를 제공하여 반복적으로 가중치가 조정되면 점차적으로 구하려는 출력값을 얻을 수 있게 됩니다(그림 19-6). 학습이 잘 진행되면 적절한 예측값을 반환하는 모델이 됩니다.

그림 19-6 모델에 훈련 데이터를 부여해 학습시킴

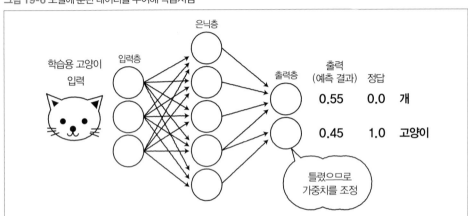

출처 OpenCV.jp
URL opencv.jp/

3. 분류할 데이터를 모델에 전달하기

딥러닝 모델의 학습이 완료되어 학습이 끝난 모델이 완성되었습니다. 이제는 학습된 모델을 사용하는 추론inference 단계를 고려합니다.

추론 단계에서는 실제로 학습이 끝난 모델을 사용하여 예측할 데이터를 모델에 전달하고 추론합니다. 예를 들어 [그림 19-7]과 같은 이미지를 입력했을 때 고양이일 확률이 95%로 나왔습니다. 그러면 이미지가 고양이라고 판단할 수 있습니다.

---

1 옮긴이_ 가중치 매개변수의 기울기를 효과적으로 계산하는 방법

그림 19-7 모델에 데이터 전달

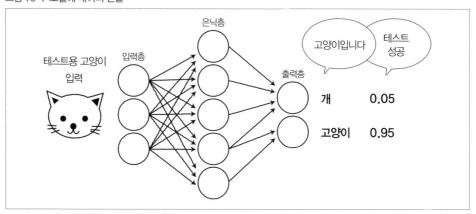

대량의 데이터를 입력해서 정답일 확률을 측정하여 모델의 정확도를 계산합니다. 이와 같은 흐름으로 딥러닝에 의해 분류가 이루어집니다. 회귀 문제도 마찬가지로 출력층의 뉴런 수를 하나로 하여 해당 뉴런의 출력값이 그대로 그 모델의 출력이 됩니다.

문제

다음 중 신경망 모델을 이용한 분류를 맞게 설명한 것을 고르세요.

1. 신경망 모델은 분류 모델만 만들 수 있다.
2. 신경망 모델을 구축하는 즉시 입력에 대해 기대하는 반응을 나타낸다.
3. 신경망 모델의 각 가중치를 자동으로 갱신하는 방법은 없다.
4. 신경망 모델을 사용하여 다양한 분류, 회귀 모델을 구축할 수 있다.

힌트

신경망 모델에서는 대량의 데이터 입력에 의해 반복적으로 가중치가 조정되어 점차적으로 구하려는 출력을 얻을 수 있게 됩니다.

해답

4. 신경망 모델을 사용하여 다양한 분류, 회귀 모델을 구축할 수 있다.

19.2 필기체 숫자의 분류

19.2.1 분류의 흐름

여기서는 Keras라는 파이썬 라이브러리를 사용하여 신경망 모델을 실제로 구현해봅니다. 딥러닝 입문으로 자주 등장하는 필기체 숫자 분류입니다. 작업의 흐름은 다음과 같습니다.

> 1 데이터 준비
>
> 2 신경망 모델 구축
>
> 3 모델에 데이터를 전달해서 학습시킴
>
> 4 모델의 분류 정확도 평가

마지막으로 실제 필기체 숫자의 이미지를 전달하여 예측된 값을 확인합니다(그림 19-8).

그림 19-8 필기체 숫자값 예측

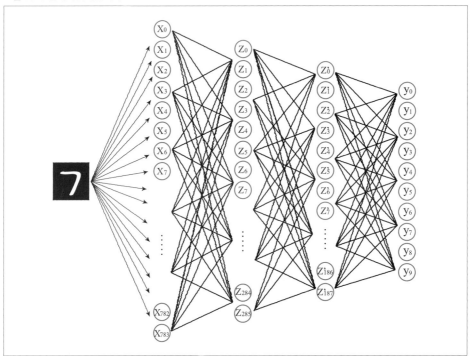

다음 중 필기체 숫자의 분류에서 필요 없는 작업을 고르세요.

1. 데이터를 준비한다.

2. 데이터 분류에 주목해야 할 부분을 추출하는 방법을 고려하여 구현한다.

3. 네트워크 모델에 데이터를 전달해서 학습을 실시한다.

4. 위 보기 전체

힌트

신경망 모델을 사용합니다. 바로 앞의 내용을 참조하세요.

해답

2. 데이터 분류에 주목해야 할 부분을 추출하는 방법을 고려하여 구현한다.

19.2.2 심층 신경망

여기에서 만들 신경망은 모든 뉴런이 이전 층의 뉴런에 결합하는 **전결합층**이 2개뿐인 단순한 네트워크 구조로 되어 있습니다. 이렇게 어느 정도 깊이 있는 신경망을 **심층 신경망**이라고 합니다.

입력을 맡은 층을 **입력층**, 출력하는 층을 **출력층**, 입력층과 출력층 사이의 층을 **은닉층**이라고 합니다. 여기서 소개할 모델은 입력에 28×28의 흑백 이미지를 일차원 배열로 평탄화^{flattening}한 784차원 벡터를 전달합니다.

출력은 10차원의 벡터입니다. 세로로 늘어선 벡터 하나하나의 요소를 **노드**라고 하며, 그 차원 수를 **노드** 수라고 합니다.

필기체 숫자를 0~9의 연속된 값으로 분류하는 것이 아니라 0~9의 10개 클래스로 분류하는 것이 자연스럽기 때문에 출력 유닛의 수는 1이 아니라 10이 됩니다.

정답이 7인 이미지 데이터에 대한 지도 데이터 t는 클래스 라벨이 7인 곳만 값이 1이고, 그 외에는 0이 됩니다(그림 19-9). 이러한 데이터를 **원-핫 벡터**$^{one-hot\ encoding/vector}$[2]라고 합니다.

---

2 옮긴이_ 단 하나의 값만 True고 나머지는 모두 False인 인코딩. 즉, 1개만 Hot(True)이고 나머지는 Cold(False)입니다.

그림 19-9 정답이 7인 이미지 데이터에 대한 지도 데이터 t

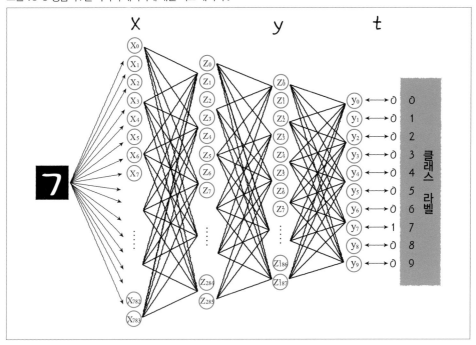

다음 중 필기체 숫자 분류 모델 설명으로 잘못된 것을 고르세요.

1. 입력층의 노드 수 : 784

2. 출력층의 노드 수 : 1

3. 은닉층의 수 : 1

필기체 숫자를 0~9의 연속값으로 분류하는 것이 아니라 0~9의 10개 클래스로 분류한다고 생각하는 것이 자연스럽습니다.

2. 출력층의 노드 수 : 1

19.2.3 Keras 도입

이 절에서는 Keras라는 파이썬 라이브러리를 사용합니다. Keras는 TensorFlow의 래퍼 라이브러리로, TensorFlow를 그대로 사용하는 것보다 직관적이며 보다 간결하게 코드를 작성할 수 있게 합니다. TensorFlow는 Google에서 개발한 머신러닝을 위한 오픈소스 소프트웨어 라이브러리입니다. 래퍼는 다른 시스템에 해당 시스템을 내포하여 보다 사용하기 쉽게 만드는 것을 말합니다.

문제

다음 중 Keras에 대한 올바른 설명을 고르세요.

1. Keras는 TensorFlow의 래퍼 라이브러리다.
2. TensorFlow의 코어 부분은 C++로 구현되어 있기 때문에 Keras는 파이썬에서 사용할 수 없다.
3. Keras는 고수준 라이브러리이기 때문에 매달 사용료를 내야 한다.
4. Keras는 오픈소스 라이브러리이므로 저작권을 신경 쓰지 않고 누구나 자유롭게 사용할 수 있다.

힌트

오픈소스 라이브러리도 저작권은 존재합니다.

해답

1. Keras는 TensorFlow의 래퍼 라이브러리다.

19.2.4 데이터 준비

필기체 숫자 데이터셋으로는 MNIST 데이터셋을 사용합니다. MNIST에는 방대한 수의 필기체 숫자 이미지와 각각의 이미지에 대한 0~9로 표시된 정답 라벨이 포함되어 있습니다. MNIST은 Yann LeCun의 웹사이트[3]에 공개되어 있으며, Keras 코드를 실행하여 쉽게 다운로드할 수 있습니다(리스트 19-3).

리스트 19-3 Keras에서 MNIST import

```
In    from keras.datasets import mnist
      (X_train, y_train), (X_test, y_test) = mnist.load_data()
```

---

3 yann.lecun.com/exdb/mnist/

Chapter 19 딥러닝 구현 **571**

[리스트 19-3]을 처음 실행하면 인터넷에서 데이터를 다운로드합니다. 두 번째 이후부터는 PC에 미리 저장(캐싱)된 데이터를 읽어 수행합니다.

X는 대량의 이미지 데이터, y는 대량의 지도 라벨 데이터를 의미합니다. train은 모델 학습용 데이터, test는 모델 성능 평가 시 사용하는 데이터입니다. train과 test는 모두 일반적인 데이터로서 본질적인 차이는 없습니다.

문제

- X_train, y_train, X_test, y_test는 모두 numpy.ndarray형입니다.
- X_train, y_train, X_test, y_test가 각각의 크기를 출력하도록 [리스트 19-4]를 변경하세요.

리스트 19-4 문제

```
In    from keras.datasets import mnist

      (X_train, y_train), (X_test, y_test) = mnist.load_data()

      # --------------------------
      # 다음 행을 변경하세요.
      print(X_train, y_train, X_test, y_test)
      # --------------------------
```

힌트

numpy.ndarray형은 아래와 같이 크기를 취득할 수 있습니다.

```
import numpy as np
A=np.array([[1,2], [3,4], [5,6]])
A.shape
# 출력 결과
#(3, 2)
```

해답

리스트 19-5 해답

```
In    (... 생략 ...)
      # --------------------------
      # 다음 행을 변경하세요.
      print(X_train.shape, y_train.shape, X_test.shape, y_test.shape)
      # --------------------------
```

`(60000, 28, 28) (60000,) (10000, 28, 28) (10000,)`

19.2.5 모델 생성

먼저 Keras로 모델을 관리하는 인스턴스를 만들고, add() 메서드로 한 층씩 정의합니다(그림 19-10).

그림 19-10 네트워크 모델 작성([그림 19-5]와 동일)

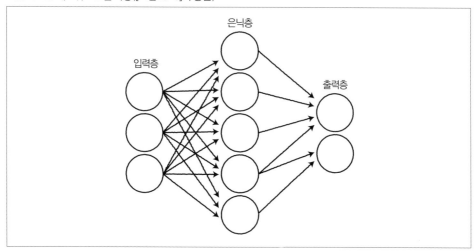

먼저 인스턴스를 만듭니다.

```
model = Sequential()
```

다음처럼 add() 메서드를 사용하여 모델을 한 층씩 정의합니다. 유닛 수가 128인 전결합층을 정의합니다.

```
model.add(Dense(128))
```

각 전결합층의 출력은 다음처럼 **활성화 함수**를 적용합니다. 이는 본래 동물의 신경 발화에 해당하는 구조입니다. 시그모이드 함수 sigmoid나 ReLU 함수 relu 등을 설정할 수 있습니다. 20장에서 자세히 다룹니다.

```
model.add(Activation("sigmoid"))
```

마지막으로 컴파일 메서드 compile( )을 이용하여 어떠한 학습을 실시할지 설정하면 모델 생성이 종료됩니다. 이 외에도 다양한 파라미터가 있지만 자세한 내용은 20장에서 다룹니다.

```
model.compile(optimizer=sgd, loss="categorical_crossentropy"metrics="accuracy"])
```

다음 문제를 통해 네트워크 모델 구축의 흐름을 살펴보세요.

[리스트 19-6]은 하나의 은닉층을 가진 네트워크 모델을 생성하고 있습니다. 공란을 채워 [그림 19-11]과 같이 은닉층을 2개 가진 모델이 생성되도록 만드세요. 활성화 함수는 ReLU 함수 relu을 사용하세요.

그림 19-11 은닉층을 2개 가진 모델

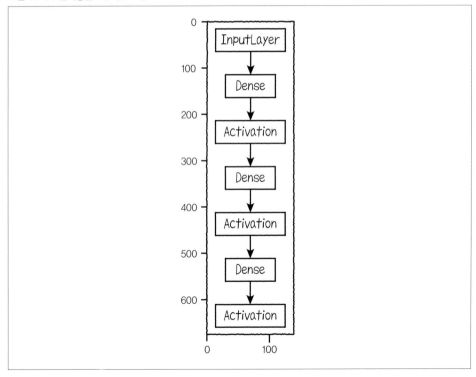

In

```
from keras.datasets import mnist
from keras.models import Sequential
from keras.layers import Dense, Activation
from keras.utils.vis_utils import plot_model
from keras.utils.np_utils import to_categorical
import matplotlib.pyplot as plt
%matplotlib inline

(X_train, y_train), (X_test, y_test) = mnist.load_data()

X_train = X_train.reshape(X_train.shape[0], 784)[:6000]
X_test = X_test.reshape(X_test.shape[0], 784)[:1000]
y_train = to_categorical(y_train)[:6000]
y_test = to_categorical(y_test)[:1000]

model = Sequential()

# 입력 유닛 수는 784개며, 첫 번째 전결합층의 출력 유닛 수는 256입니다.
model.add(Dense(256, input_dim=784))
model.add(Activation("sigmoid"))

# 두 번째 전결합층의 출력 유닛 수는 10입니다.
# --------------------------
# 여기에 코드를 작성하세요.


# --------------------------

# 세 번째 전결합층(출력층)의 출력 유닛 수는 10개입니다.
model.add(Dense(10))
model.add(Activation("softmax"))

model.compile(optimizer="sgd", loss="categorical_crossentropy",
metrics=["accuracy"])

# 모델 구조를 출력합니다.
plot_model(model, "model125.png", show_layer_names=False)
# 모델 구조를 시각화합니다.
image = plt.imread("model125.png")
plt.figure(dpi=150)
plt.imshow(image)
plt.show()
```

- 다음처럼 하여 모델의 구조를 png 이미지로 출력할 수 있습니다.

  plot_model(model, "model125.png", show_layer_names=False)

- 출력 이미지가 [그림 19-11]과 일치하도록 모델을 정의하세요.

해답

리스트 19-7 해답

In

```python
from keras.datasets import mnist
(... 중략 ...)
model.add(Activation("sigmoid"))

# 두 번째 전결합층의 출력 유닛 수는 10입니다.
# --------------------------
# 여기에 코드를 작성하세요.
model.add(Dense(128))
model.add(Activation("relu"))
# --------------------------
(... 생략 ...)
```

Out

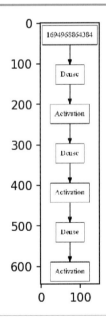

19.2.6 모델 학습

모델에 훈련 데이터를 전달하여 학습을 실시합니다. 다음처럼 fit( ) 메서드를 사용합니다.

```
model.fit(X_train, y_train, verbose=1, epochs=3)
```

X_train, y_train은 각각 학습용 입력 데이터와 지도 데이터입니다. verbose에 지정한 숫자로 학습의 진척 상황 표시를 조정할 수 있습니다. verbose=1로 지정하면 학습 등의 진척을 출력하고, verbose=0으로 지정하면 진척을 출력하지 않습니다. epochs에는 동일한 데이터셋으로 몇 번 반복 학습할지 지정합니다. 자세한 내용은 20.9절 '반복 학습'에서 살펴봅니다.

fit( ) 메서드는 학습용 데이터(트레이닝 데이터)를 순서대로 모델에 입력하고, 출력 및 지도 데이터 간의 차이가 작아지도록 각 뉴런의 가중치를 조금씩 갱신합니다. 이에 따라 오차가 감소하고, 모델의 예측 정확도가 향상됩니다.

문제

공란을 채워 학습을 진행하세요. 또한 정확도 acc가 점차적으로 오르는지 확인하세요.

리스트 19-8 문제

```
from keras.datasets import mnist
from keras.layers import Activation, Dense
from keras.models import Sequential
from keras import optimizers
from keras.utils.np_utils import to_categorical
import matplotlib.pyplot as plt

(X_train, y_train), (X_test, y_test) = mnist.load_data()

X_train = X_train.reshape(X_train.shape[0], 784)[:6000]
X_test = X_test.reshape(X_test.shape[0], 784)[:1000]
y_train = to_categorical(y_train)[:6000]
y_test = to_categorical(y_test)[:1000]

model = Sequential()
model.add(Dense(256, input_dim=784))
model.add(Activation("sigmoid"))
model.add(Dense(128))
model.add(Activation("sigmoid"))
```

```
model.add(Dense(10))
model.add(Activation("softmax"))

model.compile(optimizer="sgd", loss="categorical_crossentropy",
metrics=["accuracy"])
# --------------------------
# 여기에 코드를 작성하세요.


# --------------------------
# acc와 val_acc 플롯
plt.plot(history.history["acc"], label="acc", ls="-", marker="o")
plt.ylabel("accuracy")
plt.xlabel("epoch")
plt.legend(loc="best")
plt.show()
```

힌트

model.fit(...)의 출력인 acc 뒤에 정확도가 표시됩니다.

해답

리스트 19-9 해답

In
```
(... 생략 ...)
model.compile(optimizer="sgd", loss="categorical_crossentropy",
metrics=["accuracy"])
# --------------------------
# 여기에 코드를 작성하세요.
history = model.fit(X_train, y_train, verbose=1, epochs=3)
# --------------------------
# acc와 val_acc 플롯
(... 생략 ...)
```

Out
```
Epoch 1/3
6000/6000 [==============================] - 1s 163us/step - loss: 2.0914 -
acc: 0.4130 ─ 정확도 상승
Epoch 2/3
6000/6000 [==============================] - 1s 113us/step - loss: 1.6768 -
acc: 0.6848 ─ 정확도 상승
Epoch 3/3
6000/6000 [==============================] - 1s 94us/step - loss: 1.3594 -
acc: 0.7612 ─ 정확도 상승
```

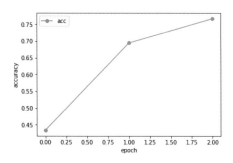

19.2.7 모델 평가

훈련 데이터로 학습을 수행하여 모델의 튜닝이 성공적으로 진행되었습니다. 그러나 모델이 훈련 데이터에만 통용되도록 학습해버린 가능성(과학습이라고 합니다)도 존재하므로 이것만으로는 모델의 성능을 제대로 평가할 수 없습니다. 그래서 여기서는 학습에 이용하지 않았던 테스트 데이터를 사용해서 모델로 분류하고, 모델의 평가를 실시합니다.

모델에 테스트 데이터를 전달했을 때의 분류 정확도를 일반화 정확도라고 합니다. 일반화 정확도의 계산은 evaluate( ) 메서드를 사용합니다.

```
score=model.evaluate(X_test, y_test, verbose=1)
```

X_test, y_test는 평가용 입력 데이터와 지도 데이터입니다. evaluate( ) 메서드는 손실 함수의 값과 정확도를 얻을 수 있으며, 위 예제의 경우 모두 score에 저장됩니다.

테스트 데이터는 일반화 정확도의 계산용이며, 테스트 데이터로 학습하는 것은 바람직하지 않습니다.

문제

[리스트 19-10]의 공란을 채우고 일반화 정확도를 계산하세요. 훈련 데이터를 사용했을 때와 테스트 데이터를 사용했을 때의 정확도가 다른 것을 확인하세요. model.evaluate( )를 이용하여 일반화 정확도를 평가할 수 있습니다.

```
import numpy as np
import matplotlib.pyplot as plt
from keras.datasets import mnist
from keras.layers import Activation, Dense, Dropout
from keras.models import Sequential, load_model
from keras import optimizers
from keras.utils.np_utils import to_categorical

(X_train, y_train), (X_test, y_test) = mnist.load_data()

X_train = X_train.reshape(X_train.shape[0], 784)[:6000]
X_test = X_test.reshape(X_test.shape[0], 784)[:1000]
y_train = to_categorical(y_train)[:6000]
y_test = to_categorical(y_test)[:1000]

model = Sequential()
model.add(Dense(256, input_dim=784))
model.add(Activation("sigmoid"))
model.add(Dense(128))
model.add(Activation("sigmoid"))
model.add(Dense(10))
model.add(Activation("softmax"))

model.compile(optimizer="sgd", loss="categorical_crossentropy",
metrics=["accuracy"])

model.fit(X_train, y_train)

# --------------------------
# 여기에 코드를 작성하세요.

# --------------------------
print("evaluate loss: {0[0]}\nevaluate acc: {0[1]}".format(score))
```

해답

리스트 19-11 해답

```
(... 생략 ...)
model.fit(X_train, y_train)

# --------------------------
```

```
# 여기에 코드를 작성하세요.
score = model.evaluate(X_test, y_test, verbose=1)
# --------------------------
print("evaluate loss: {0[0]}\nevaluate acc: {0[1]}".format(score))
```

```
Epoch 1/1
6000/6000 [==============================] - 1s 153us/step - loss: 2.1086 -
acc: 0.4150
1000/1000 [==============================] - 0s 74us/step
evaluate loss: 1.9165027122497558
evaluate acc: 0.591
```

19.2.8 모델에 의한 분류

model의 predict( ) 메서드로 예측치를 얻을 수 있습니다. 예를 들어 X_test의 첫 사진 1장의 숫자를 예측하려면 다음과 같이 기술합니다. predict는 여러 장의 이미지를 인수로 받아들이는 것을 가정하고 있으므로 사진 1장을 예측하는 경우에는 차원에 주의해야 합니다.

```
pred=np.argmax(model.predict(X_test [0]))
print("예측치 :"+ str(pred))
```

predict( ) 메서드의 출력은 10차원이므로 argmax( ) 함수로 가장 큰 값을 반환하는 뉴런의 위치를 취득하고 있습니다.

문제

학습을 실시한 다음 test[0:10]의 예측치를 출력하세요(리스트 19-12).

리스트 19-12 문제

In
```
import numpy as np
import matplotlib.pyplot as plt
from keras.datasets import mnist
from keras.layers import Activation, Dense
from keras.models import Sequential, load_model
from keras.utils.np_utils import to_categorical
```

```
(X_train, y_train), (X_test, y_test) = mnist.load_data()

X_train = X_train.reshape(X_train.shape[0], 784)[:6000]
X_test = X_test.reshape(X_test.shape[0], 784)[:1000]
y_train = to_categorical(y_train)[:6000]
y_test = to_categorical(y_test)[:1000]

model = Sequential()
model.add(Dense(256, input_dim=784))
model.add(Activation("sigmoid"))
model.add(Dense(128))
model.add(Activation("sigmoid"))
model.add(Dense(10))
model.add(Activation("softmax"))

model.compile(optimizer="sgd", loss="categorical_crossentropy",
metrics=["accuracy"])

model.fit(X_train, y_train, verbose=1)

score = model.evaluate(X_test, y_test, verbose=0)
print("evaluate loss: {0[0]}\nevaluate acc: {0[1]}".format(score))

# 테스트 데이터의 첫 10장을 표시합니다.
for i in range(10):
    plt.subplot(1, 10, i+1)
    plt.imshow(X_test[i].reshape((28,28)), "gray")
plt.show()

# X_test의 첫 10장의 예측된 라벨을 표시합시다.
# --------------------------
# 여기에 코드를 작성하세요.


# --------------------------
```

힌트

model.predict( )를 이용하여 예측할 수 있습니다. argmax( ) 함수에서 행렬의 축을 지정하는 것 잊지 마세요.

해답

리스트 19-13 해답

In

```
(... 생략 ...)
# X_test의 첫 10장의 예측된 라벨을 표시합시다.
# --------------------------
```

```
# 여기에 코드를 작성하세요.
pred = np.argmax(model.predict(X_test[0:10]), axis=1)
print(pred)
# -------------------------
```

Out
```
Epoch 1/1
6000/6000 [==============================] - 1s 159us/step - loss: 2.1255 -
acc: 0.3943
evaluate loss: 1.9181406126022338
evaluate acc: 0.616
```

```
[7 2 1 0 4 1 4 4 2 7]
```

||연습 문제||

지금까지 간단한 딥러닝을 사용해봤습니다. 이제 필기체 문자 인식에 도전합시다.

문제

[리스트 19-14]는 MNIST 분류 코드입니다. 코드를 읽고 모델의 생성, 학습, 분류가 어느 행
에서 이루어지는지 주석을 달아보세요.

리스트 19-14 문제

In
```
import numpy as np
import matplotlib.pyplot as plt
from keras.datasets import mnist
from keras.layers import Activation, Dense
from keras.models import Sequential, load_model
from keras.utils.np_utils import to_categorical
%matplotlib inline

(X_train, y_train), (X_test, y_test) = mnist.load_data()

X_train = X_train.reshape(X_train.shape[0], 784)[:10000]
X_test = X_test.reshape(X_test.shape[0], 784)[:1000]
```

```
y_train = to_categorical(y_train)[:10000]
y_test = to_categorical(y_test)[:1000]

model = Sequential()
model.add(Dense(256, input_dim=784))
model.add(Activation("sigmoid"))
model.add(Dense(128))
model.add(Activation("sigmoid"))
model.add(Dense(10))
model.add(Activation("softmax"))

model.compile(optimizer="sgd", loss="categorical_crossentropy",
metrics=["accuracy"])

model.fit(X_train, y_train, verbose=1)

score = model.evaluate(X_test, y_test, verbose=0)
print("evaluate loss: {0[0]}\nevaluate acc: {0[1]}".format(score))

for i in range(10):
    plt.subplot(1, 10, i+1)
    plt.imshow(X_test[i].reshape((28,28)), "gray")
plt.show()

pred = np.argmax(model.predict(X_test[0:10]), axis=1)
print(pred)
```

해답

리스트 19-15 해답

In
```
import numpy as np
import matplotlib.pyplot as plt
from keras.datasets import mnist
from keras.layers import Activation, Dense
from keras.models import Sequential, load_model
from keras.utils.np_utils import to_categorical
%matplotlib inline

# 데이터셋을 가져옵니다.
(X_train, y_train), (X_test, y_test) = mnist.load_data()

X_train = X_train.reshape(X_train.shape[0], 784)[:10000]
X_test = X_test.reshape(X_test.shape[0], 784)[:1000]
y_train = to_categorical(y_train)[:10000]
y_test = to_categorical(y_test)[:1000]
```

```
# 1. 모델을 생성합니다.
model = Sequential()
model.add(Dense(256 input_dim=784))
model.add(Activation("sigmoid"))
model.add(Dense(128))
model.add(Activation("sigmoid"))
model.add(Dense(10))
model.add(Activation("softmax"))

model.compile(optimizer="sgd", loss="categorical_crossentropy",
metrics="accuracy"])

# 2. 모델을 학습시킵니다.
model.fit(X_train, y_train, verbose=1)

score = model.evaluate(X_test, y_test, verbose=0)
print("evaluate loss: {0[0]}\nevaluate acc: {0[1]}".format(score))

for i in range(10):
    plt.subplot(1, 10, i + 1)
    plt.imshow(X_test[i].reshape((28,28)), "gray")
plt.show()

# 3. 모델로 분류합니다.
pred = np.argmax(model.predict(X_test[0:10]), axis=1)
print(pred)
```

Out
```
Epoch 1/1
10000/10000 [==============================] - 1s 132us/step - loss: 1.9553
- acc: 0.5247
evaluate loss: 1.6588781566619872
evaluate acc: 0.651
```

```
[7 6 1 0 4 1 4 9 4 7]
```

설명

모델을 생성하려면 먼저 모델을 관리하는 인스턴스를 만들고, add( ) 메서드로 한 층씩 층을 추가하고, 'model.fit(학습 데이터, 지도 데이터)'로 학습시킵니다. 그리고 model.predict를 이용해서 예측치를 얻을 수 있습니다.

또한 argmax()는 배열의 최대 요소의 인덱스를 반환하는 함수입니다. predict() 메서드로 0~9까지의 숫자 배열이 출력되며, argmax() 함수로 출력된 배열의 최대 요소를 돌려줌으로써 예측된 숫자가 어디에 가장 가까운지 보기 쉽게 할 수 있습니다.

딥러닝 튜닝

20.1 하이퍼파라미터

딥러닝을 사용하면 분류 또는 회귀 알고리즘을 간단한 코드로 구현할 수 있으므로 매우 편리합니다. 또한 신경망 모델은 여러 경우에 적용할 수 있어 범용적입니다. 그러나 네트워크를 구성할 때 사람이 조정해야 하는 파라미터가 존재합니다. 이를 하이퍼파라미터라고 합니다.

[리스트 20-1]은 19장의 MNIST 분류 코드를 약간 변경하고, 몇 가지 파라미터를 명시한 전형적인 딥러닝 코드입니다. 코드에서 하이퍼파라미터에 해당하는 곳이 어디인지 살펴봅시다.

리스트 20-1 하이퍼파라미터의 예

```
import numpy as np
import matplotlib.pyplot as plt
from keras.datasets import mnist
from keras.layers import Activation, Dense, Dropout
from keras.models import Sequential, load_model
from keras import optimizers
from keras.utils.np_utils import to_categorical

(X_train, y_train), (X_test, y_test) = mnist.load_data()

X_train = X_train.reshape(X_train.shape[0], 784)[:6000]
X_test = X_test.reshape(X_test.shape[0], 784)[:1000]
```

```python
y_train = to_categorical(y_train)[:6000]
y_test = to_categorical(y_test)[:1000]

model = Sequential()
model.add(Dense(256, input_dim=784))
# 하이퍼파라미터: 활성화 함수
model.add(Activation("sigmoid"))
# 하이퍼파라미터: 은닉층 수, 은닉층의 채널 수
model.add(Dense(128))
model.add(Activation("sigmoid"))
# 하이퍼파라미터: 드롭아웃 비율(rate)
model.add(Dropout(rate=0.5))
model.add(Dense(10))
model.add(Activation("softmax"))

# 하이퍼파라미터: 학습률(Ir)
sgd = optimizers.SGD(lr=0.01)

# 하이퍼파라미터: 최적화 함수(optimizer)
# 하이퍼파라미터: 오차 함수(loss)
model.compile(optimizer=sgd, loss="categorical_crossentropy",
metrics=["accuracy"])

# 하이퍼파라미터: 배치 처리 크기(batch_size)
# 하이퍼파라미터: epoch 수(epochs)
model.fit(X_train, y_train, batch_size=32, epochs=10, verbose=1)

score = model.evaluate(X_test, y_test, verbose=0)
print("evaluate loss: {0[0]}\nevaluate acc: {0[1]}".format(score))
```

> **NOTE**
> metrics는 평가 함수이므로 학습 자체와는 관계가 없습니다. 평가 함수는 1장 '머신러닝 개요'를 참조하세요.

[리스트 20-1]과 같이 다양한 하이퍼파라미터가 있습니다. 하이퍼파라미터는 자동으로 최적화되지 않으며, 적절하게 설정하지 않으면 올바르게 학습할 수 없습니다. 새 모델을 만들 때는 최적의 하이퍼파라미터를 고려해야 합니다.

이 장에서는 하이퍼파라미터의 의미를 이해하고, 독자 스스로 네트워크를 구성하고 조정해볼 겁니다.

다음 중 하이퍼파라미터에 대한 올바른 설명을 고르세요.

1. 하이퍼파라미터는 학습시 모델이 자동으로 조정한다.

2. 하이퍼파라미터는 직접 조정할 필요가 있다.

3. 하이퍼파라미터는 적절하게 설정하는 것이 좋지만, 적절하지 않더라도 대부분 문제없이 학습을 진행한다.

사람이 조정하는 파라미터를 하이퍼파라미터라고 합니다.

2. 하이퍼파라미터는 직접 조정할 필요가 있다.

20.2 네트워크 구조

네트워크 구조(은닉층 수, 은닉층의 유닛 수)는 자유롭게 설정할 수 있습니다. 일반적으로 은닉층 수 및 은닉층의 유닛 수를 많게 하면 다양한 함수를 표현할 수 있게 됩니다. 그러나 은닉층이 많아지면 입력층에 가까운 가중치를 적절하게 갱신하기 어렵고 학습이 좀처럼 진행되지 않습니다. 은닉층의 유닛 수가 많아지면 중요성이 낮은 특징량을 추출해버려 과학습(일반화 성능이 낮아진 상태)하기 쉬워질 수도 있습니다. 그래서 적절한 네트워크 구조를 설정할 필요가 있습니다. 네트워크 구조는 이론을 구축해서 정하기 어려우며, 실제로는 이미 구현된 유사한 예를 참고하는 등 경험에 근거해 결정하는 경향이 있습니다.

다음 세 가지 중에서 가장 높은 정밀도가 나올 모델을 예상하여 [리스트 20-2]의 코드 일부분을 변경하세요(코드에서 두 줄만 주석 처리하고 나머지는 변경하지 마세요). 그리고 네트워크 구조, 특히 은닉층 구조가 모델의 학습에 미치는 영향을 확인하세요.

- A : 유닛 수 256개의 전결합 은닉층 하나, 유닛 수 128개의 전결합 은닉층 하나를 가진 모델(20.1절 '하이퍼파라미터'와 동일한 모델)
- B : 유닛 수 256개의 전결합 은닉층 하나, 유닛 수 128개의 전결합 은닉층 3개를 가진 모델
- C : 유닛 수 256개의 전결합 은닉층 하나, 유닛 수 1568개의 전결합 은닉층 하나를 가진 모델

```
In    import numpy as np
      import matplotlib.pyplot as plt
      from keras.datasets import mnist
      from keras.layers import Activation, Dense, Dropout
      from keras.models import Sequential, load_model
      from keras import optimizers
      from keras.utils.np_utils import to_categorical

      (X_train, y_train), (X_test, y_test) = mnist.load_data()

      X_train = X_train.reshape(X_train.shape[0], 784)[:6000]
      X_test = X_test.reshape(X_test.shape[0], 784)[:1000]
      y_train = to_categorical(y_train)[:6000]
      y_test = to_categorical(y_test)[:1000]

      model = Sequential()
      model.add(Dense(256, input_dim=784))
      model.add(Activation("sigmoid"))

      def funcA():
          model.add(Dense(128))
          model.add(Activation("sigmoid"))

      def funcB():
          model.add(Dense(128))
          model.add(Activation("sigmoid"))
          model.add(Dense(128))
          model.add(Activation("sigmoid"))
          model.add(Dense(128))
          model.add(Activation("sigmoid"))

      def funcC():
          model.add(Dense(1568))
          model.add(Activation("sigmoid"))

      # 다음 중 두 줄을 주석 처리하세요.
      # --------------------------
      funcA()
      funcB()
      funcC()
      # --------------------------

      model.add(Dropout(rate=0.5))
```

```
model.add(Dense(10))
model.add(Activation("softmax"))

sgd = optimizers.SGD(lr=0.1)

model.compile(optimizer=sgd, loss="categorical_crossentropy",
metrics=["accuracy"])

model.fit(X_train, y_train, batch_size=32, epochs=3, verbose=1)

score = model.evaluate(X_test, y_test, verbose=0)
print("evaluate loss: {0[0]}\nevaluate acc: {0[1]}".format(score))
```

힌트

모든 패턴을 시도해보세요.

해답

리스트 20-3 해답

In

```
(... 생략 ...)
    model.add(Activation("sigmoid"))

# 다음 중 두 줄을 주석 처리하세요.
# --------------------------
funcA()
# funcB()
# funcC()
# --------------------------

model.add(Dropout(rate=0.5))
(... 생략 ...)
```

Out

```
Epoch 1/3
6000/6000 [==============================] - 1s 97us/step - loss: 1.7664
- acc: 0.4078
Epoch 2/3
6000/6000 [==============================] - 1s 85us/step - loss: 1.0451
- acc: 0.6665
Epoch 3/3
6000/6000 [==============================] - 0s 82us/step - loss: 0.8813
- acc: 0.7207
evaluate loss: 0.7435055255889893
evaluate acc: 0.787
```

20.3 드롭아웃

드롭아웃^{dropout}은 과학습을 방지하여 모델의 정확도를 높이는 방법 중 하나입니다. 드롭아웃을 사용하면 유닛의 일부가 학습할 때마다 무작위로 제거됩니다(좀 더 정확하게 설명하면 0으로 덮어쓰기 됩니다). 따라서 신경망은 특정 뉴런의 존재에 의존할 수 없게 되어 보다 범용적인(학습 데이터 외에도 통용되기 쉬운) 특징을 학습합니다. 결과적으로 학습 데이터에 대한 과학습을 방지할 수 있습니다.

드롭아웃은 다음과 같이 사용합니다.

```
model.add(Dropout(rate=0.5))
```

여기서 rate는 제거할 유닛의 비율입니다. 드롭아웃을 사용하는 위치, 인수 rate는 모두 하이퍼파라미터입니다.

문제

드롭아웃을 구현하여 훈련 데이터와 테스트 데이터의 정확도가 가까워짐을 확인하세요(리스트 20-4).

리스트 20-4 문제

```
In    import numpy as np
      import matplotlib.pyplot as plt
      from keras.datasets import mnist
      from keras.layers import Activation, Dense, Dropout
      from keras.models import Sequential, load_model
      from keras import optimizers
      from keras.utils.np_utils import to_categorical

      (X_train, y_train), (X_test, y_test) = mnist.load_data()

      X_train = X_train.reshape(X_train.shape[0], 784)[:6000]
      X_test = X_test.reshape(X_test.shape[0], 784)[:1000]
      y_train = to_categorical(y_train)[:6000]
      y_test = to_categorical(y_test)[:1000]

      model = Sequential()
      model.add(Dense(256, input_dim=784))
      model.add(Activation("sigmoid"))
```

```
model.add(Dense(128))
model.add(Activation("sigmoid"))

# --------------------------
# 여기에 코드를 작성하세요.

# --------------------------

model.add(Dense(10))
model.add(Activation("softmax"))

sgd = optimizers.SGD(lr=0.1)

model.compile(optimizer=sgd, loss="categorical_crossentropy",
metrics=["accuracy"])

history = model.fit(X_train, y_train, batch_size=32, epochs=5, verbose=1,
validation_data=(X_test, y_test))

#acc와 val_acc 플롯
plt.plot(history.history["acc"], label="acc", ls="-", marker="o")
plt.plot(history.history["val_acc"], label="val_acc", ls="-", marker="x")
plt.ylabel("accuracy")
plt.xlabel("epoch")
plt.legend(loc="best")
plt.show()
```

힌트

드롭아웃 구현에는 Dropout ( )을 사용합니다.

해답

리스트 20-5 해답

In
```
(... 생략 ...)
model.add(Activation("sigmoid"))

# --------------------------
# 여기에 코드를 작성하세요.
model.add(Dropout(rate=0.5))
# --------------------------

model.add(Dense(10))
(... 생략 ...)
```

```
Train on 6000 samples, validate on 1000 samples
Epoch 1/5
6000/6000 [==============================] - 1s 199us/step - loss: 1.7265 -
acc: 0.4252 - val_loss: 1.1365 - val_acc: 0.7400
Epoch 2/5
6000/6000 [==============================] - 1s 148us/step - loss: 1.0253 -
acc: 0.6835 - val_loss: 0.8017 - val_acc: 0.7730
Epoch 3/5
6000/6000 [==============================] - 1s 122us/step - loss: 0.8827 -
acc: 0.7150 - val_loss: 0.7920 - val_acc: 0.7690
Epoch 4/5
6000/6000 [==============================] - 1s 114us/step - loss: 0.8130 -
acc: 0.7405 - val_loss: 0.6900 - val_acc: 0.8090
Epoch 5/5
6000/6000 [==============================] - 1s 114us/step - loss: 0.7620 -
acc: 0.7618 - val_loss: 0.6348 - val_acc: 0.8140
```

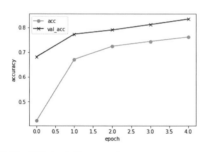

20.4 활성화 함수

활성화 함수는 주로 전결합층 뒤에 적용하는 함수로, 뉴런의 발화에 해당합니다. 전결합층에서는
입력을 선형 변환한 것을 출력하지만, 활성화 함수를 이용함으로써 비선형성을 갖게 합니다. 활
성화 함수를 사용하지 않을 경우 [그림 20-1]과 같이 단일 직선으로 분리할 수 없는(선형 분리
가 불가능한) 데이터는 분류할 수 없음이 수학적으로 밝혀져 있습니다.

그림 20-1 선형 분리 불가능한 데이터의 예

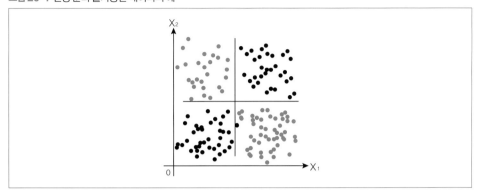

비선형성을 갖게 하여 적절한 학습이 진행되면 선형 분리 불가능한 모델도 분류할 수 있습니다. 일반적으로 사용되는 활성화 함수에는 여러 가지가 있어서 적절하게 선택할 필요가 있습니다.

문제

다음 중 활성화 함수를 사용하는 이유로 올바른 것을 선택하세요.

1. 모델에 선형성을 갖게 하여 선형 분리 가능한 데이터에 대응하기 위해

2. 모델에 선형성을 갖게 하여 선형 분리 불가능한 데이터에 대응하기 위해

3. 모델에 비선형성을 갖게 하여 선형 분리 가능한 데이터에 대응하기 위해

4. 모델에 비선형성을 갖게 하여 선형 분리 불가능한 데이터에 대응하기 위해

힌트

모델이 선형성인 경우 선형 분리 불가능한 데이터는 분류할 수 없습니다.

해답

4. 모델에 비선형성을 갖게 하여 선형 분리 불가능한 데이터에 대응하기 위해

20.4.1 시그모이드 함수

활성화 함수로 사용되는 함수 중 하나로 시그모이드 함수 sigmoid function가 있습니다.

$$\mathrm{sigmoid}(x) = \frac{1}{1 + e^{-x}}$$

파란색 그래프는 시그모이드 함수고, 검은 그래프는 시그모이드 함수의 도함수(미분했을 때의
함수)입니다.

그림 20-2 시그모이드 함수의 예

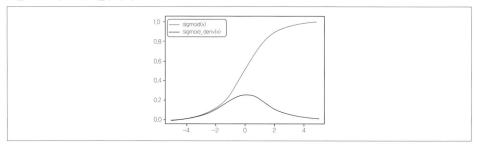

힌트

세로축 값에 주목하세요.

해답

1. 출력은 반드시 구간 $(0, 1)$ 안에 들어가기 때문에 극단적인 출력값이 적다.

20.4.2 ReLU 함수

활성화 함수로 자주 사용되는 ReLU 함수(랠루 또는 램프 함수로 불림)에 대해 설명합니다.
ReLU는 Rectified Linear Unit의 약자며, 다음과 같은 함수입니다(그림 20-3).

$$ReLu(x) = \begin{cases} 0\,(x < 0) \\ x\,(x \geq 0) \end{cases}$$

파란색 그래프가 ReLU 함수고, 검은 그래프가 ReLU 함수의 도함수입니다.

그림 20-3 ReLU 함수의 예

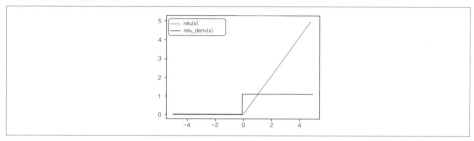

문제

[그림 20-3]의 ReLU 함수에 대한 설명으로 옳은 것을 고르세요.

1. 출력은 반드시 구간 $(0,1)$ 안에 들어가기 때문에 극단적인 출력값이 적다.

2. 출력은 어떤 구간에도 수렴되지 않고, 극단적인 출력값이 생성될 가능성이 있다.

3. 출력이 큰 값을 취하므로 학습 속도가 느려진다.

4. 출력 범위가 한정되어 있으므로 학습 속도가 느려진다.

힌트

일반적으로 출력이 큰 값이면 학습 속도가 빨라집니다.

해답

2. 출력은 어떤 구간에도 수렴되지 않고, 극단적인 출력값이 생성될 가능성이 있다.

20.5 손실 함수

학습시 모델의 출력과 지도 데이터의 차이(잘못된 상태)를 평가하는 함수를 **손실 함수(오차 함수)**라고 합니다. 손실 함수에는 **제곱오차**^{squared error}와 **교차 엔트로피 오차**^{cross-entropy error} 등이 사용됩니다. 이 손실 함수를 최소화하도록 오차역전파법^{backpropagation}으로 각 층의 가중치가 갱신됩니다.

다음 중 손실 함수의 성질을 나타낸 것으로 적절한 것을 고르세요.

1. 일반적으로 손실 함수를 최대화하도록 각 층의 가중치를 갱신한다.

2. 손실 함수는 가중치를 갱신할 때 중요한 역할을 하므로 적절한 것을 선택할 필요가 있다.

3. 손실 함수는 정확도를 구하는 식을 그대로 사용하는 것이 좋다.

4. 손실 함수는 한 종류만 있으므로 하이퍼파라미터가 아니다.

손실 함수에는 다양한 종류가 존재하며, 값을 최소화하도록 가중치를 갱신합니다.

2. 손실 함수는 가중치를 갱신할 때 중요한 역할을 하므로 적절한 것을 선택할 필요가 있다.

20.5.1 제곱오차

제곱오차는 최소제곱법으로 통계학 등 다양한 분야에서 사용되는 오차 함수입니다.

$$E = \sum_{i=1}^{N} (t_i - y_i)^2$$

연속값 평가가 뛰어나므로 주로 회귀 모델의 오차 함수로 사용됩니다. 위 식에서 y_i와 t_i는 각각 예측 라벨과 정답 라벨을 나타냅니다.

다음 중 제곱오차에 대한 설명으로 옳은 것을 고르세요.

1. 회귀에 적합하며, 최소치 부근에서 천천히 갱신되므로 학습이 수렴하기 쉽다.

2. 회귀에 적합하며, 최소치 부근에서 천천히 갱신되므로 학습이 수렴하기 어렵다.

3. 분류에 적합하며, 최소치 부근에서 천천히 갱신되므로 학습이 수렴하기 쉽다.

4. 분류에 적합하며, 최소치 부근에서 천천히 갱신되므로 학습이 수렴하기 어렵다.

아래로 볼록한 포물선을 상상하세요.

1. 회귀에 적합하며, 최소치 부근에서 천천히 갱신되므로 학습이 수렴하기 쉽다.

20.5.2 교차 엔트로피 오차

교차 엔트로피 오차^{cross entropy error, CEE}는 이항 분류의 평가에 특화되어 있으므로 주로 분류 모델의 오차 함수로 사용됩니다.

$$E = \sum_{i=1}^{N} \left(-t_i \log y_i - (1-t_i) \log(1-y_i) \right)$$

그러면 이 함수가 어떤 특성을 갖는지 살펴봅시다.

(ⅰ) $t_i \ll y_i$ 일 때

　　$-t_i \log y_i$ 는 거의 0이고, $-(1-t_i)\log(1-y_i)$ 는 양의 무한대입니다.

(ⅱ) $t_i \gg y_i$ 일 때

　　$-t_i \log y_i$ 는 양의 무한대이고, $-(1-t_i)\log(1-y_i)$ 는 거의 0입니다.

(ⅲ) $t_i \fallingdotseq y_i$ 일 때

　　$-t_i \log y_i - (1-t_i)\log(1-y_i)$ 는 0.69... ~ 0의 값을 취하며, 간단한 계산으로 구할 수 있습니다.

따라서 $-t_i \log y_i - (1-t_i)\log(1-y_i)$ 는 $|t_i - y_i|$ 가 클 때 매우 큰 값을 반환하고, $|t_i - y_i|$ 가 작을 때 0에 가까운 값을 취한다는 것을 알 수 있습니다.

분류 학습에서 예측 라벨 y_i 와 정답 라벨 t_i 의 값은 가까울수록 좋으므로 이 함수는 유용합니다. 이러한 점에서 교차 엔트로피 오차는 0 ~ 1 사이에 있는 두 숫자의 차이를 평가하는 합리적인 함수라고 할 수 있습니다.

문제

다음 중 교차 엔트로피 오차에 대한 바른 설명을 고르세요.

1. 정답 라벨과 예측 라벨의 값이 가까울수록 작은 값이 된다.

2. 멀티 클래스 분류에 특화된 오차 함수다.

3. 회귀 문제에 자주 사용되는 오차 함수다.

힌트

교차 엔트로피는 이항 분류 평가에 특화되어 있으며, 주로 분류 모델의 오차 함수로 사용됩니다.

1. 정답 라벨과 예측 라벨의 값이 가까울수록 작은 값이 된다.

20.6 최적화 함수

가중치 갱신은 오차 함수를 각 가중치로 미분한 값을 바탕으로 갱신해야 할 방향과 어느 정도로 갱신할지 결정합니다.

최적화 함수는 미분에 의해 구한 값을 학습 속도, epoch 수, 과거의 가중치 갱신량 등을 근거로 어떻게 가중치 갱신에 반영할지 정하는 것입니다.

최적화 함수는 하이퍼파라미터입니다. [그림 20-4]와 같이 최적화 함수는 여러 종류가 있으며, 올바르게 선택하지 않으면 학습에 많은 시간이 걸릴 수 있습니다.

그림 20-4 최적화 함수의 예

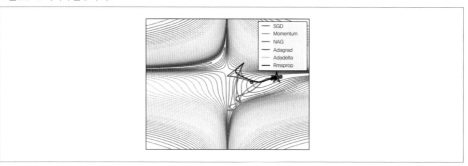

출처 CS231n Convolutional Neural Networks for Visual Recognition
URL cs231n.github.io/neural-networks-3/#add

문제

다음 중 최적화 함수의 성질을 나타낸 것으로 적절한 것을 고르세요.

1. 일반적으로 최적화 함수를 최대화하도록 각 층의 가중치를 갱신한다.

2. 최적화 함수는 어떤 것을 선택해도 최적화되므로 선택할 필요 없다.

3. 최적화 함수는 손실 함수, epoch 수 등 여러 정보를 바탕으로 가중치를 갱신한다.

4. 최적화 함수는 한 종류만 있으므로 하이퍼파라미터가 아니다.

최적화 함수는 다양한 요소를 감안하여 가중치 갱신을 수행합니다. 각각의 최적화 함수에 따라 가중치 갱신 방법이 달라 하이퍼파라미터의 일종으로 되어 있습니다.

3. 최적화 함수는 손실 함수, epoch 수 등 여러 정보를 바탕으로 가중치를 갱신한다.

20.7 학습률

학습률^{learning rate}은 각 층의 가중치를 한 번에 어느 정도 변경할지 결정하는 하이퍼파라미터입니다. [그림 20-5]는 최소화하려는 모델과 학습률이 미치는 영향을 표시한 것입니다. 우측 상단의 점이 기본값입니다.

그림 20-5 학습률의 예

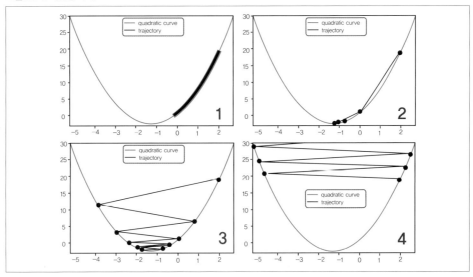

1 학습률이 너무 낮아서 거의 갱신되지 않았습니다.

2 적절한 학습률이므로 적은 횟수로 값이 수렴하고 있습니다.

3 수렴하지만 값이 크므로 갱신 방법에 낭비가 있습니다.

4 학습률이 너무 커서 값이 퍼져버렸습니다(상단에서 갱신되었고, 값이 점점 커지고 있습니다).

그러므로 손실 함수에 대해 적합한 학습 속도를 설정할 필요가 있습니다.

다음 세 가지 중에서 가장 높은 정밀도가 나오는 학습 속도를 예상하여 [리스트 20-6]의 코드 일부를 변경하세요(코드에서 두 줄만 주석 처리하고 나머지는 변경하지 마세요). 그리고 학습 속도가 모델의 학습에 미치는 영향을 확인하세요.

- funcA( ) lr: 0.01
- funcB( ) lr: 0.1
- funcC( ) lr: 1.0

리스트 20-6 문제

```
import numpy as np
import matplotlib.pyplot as plt
from keras.datasets import mnist
from keras.layers import Activation, Dense, Dropout
from keras.models import Sequential, load_model
from keras import optimizers
from keras.utils.np_utils import to_categorical

(X_train, y_train), (X_test, y_test) = mnist.load_data()

X_train = X_train.reshape(X_train.shape[0], 784)[:6000]
X_test = X_test.reshape(X_test.shape[0], 784)[:1000]
y_train = to_categorical(y_train)[:6000]
y_test = to_categorical(y_test)[:1000]

model = Sequential()
model.add(Dense(256, input_dim=784))
model.add(Activation("sigmoid"))
model.add(Dense(128))
model.add(Activation("sigmoid"))
model.add(Dropout(rate=0.5))
model.add(Dense(10))
model.add(Activation("softmax"))


def funcA():
    global lr
    lr = 0.01

def funcB():
```

```
        global lr
        lr = 0.1

def funcC():
    global lr
    lr = 1.0

# 두 줄을 주석 처리하여 학습 속도를 결정하세요.
# --------------------------
funcA()
funcB()
funcC()
# --------------------------

sgd = optimizers.SGD(lr=lr)

model.compile(optimizer=sgd, loss="categorical_crossentropy",
metrics=["accuracy"])

model.fit(X_train, y_train, batch_size=32, epochs=3, verbose=1)

score = model.evaluate(X_test, y_test, verbose=0)
print("evaluate loss: {0[0]}\nevaluate acc: {0[1]}".format(score))
```

힌트

모든 패턴을 시도해보세요.

해답

리스트 20-7 해답

In
```
(... 생략 ...)
# 두 줄을 주석 처리하여 학습 속도를 결정하세요.
# --------------------------
# funcA()
funcB()
# funcC()
# --------------------------

sgd = optimizers.SGD(lr=lr)
(... 생략 ...)
```

20.8 미니배치 학습

모델의 학습을 실시할 때 한 번에 모델에 전달하는 입력 데이터 수를 바꿀 수 있습니다. 한 번에 전달하는 데이터 수를 **배치 크기**$^{batch\ size}$라고 하며, 이 또한 하이퍼파라미터입니다. 한 번에 여러 데이터를 전달했을 때 모델은 각 데이터의 손실과 손실 함수의 기울기(가중치를 어떻게 갱신할 것인가)를 구하지만 가중치 갱신은 구해진 기울기의 평균으로 한 번만 실시됩니다.

복수의 데이터를 이용하여 가중치를 갱신하면 극단적으로 바뀐 데이터의 영향을 덜 받게 되고, 병렬 계산이 가능하기 때문에 계산 시간이 단축됩니다. 하지만 극단적인 가중치의 갱신이 발생하지 않게 되어 손실 함수의 국소해$^{local\ minima}$에서 벗어나지 못할 수 있습니다.

편향된 데이터가 많을 때는 배치 크기를 크게 하고, 유사한 데이터가 많을 때는 배치 크기를 작게 하는 등 배치 크기를 잘 조정해야 합니다. 배치 크기를 1로 하는 방식을 **온라인 학습(확률적 경사하강법)**, 배치 크기를 전체 데이터 수로 지정하는 방식을 **배치 학습(경사하강법)**, 이들의 중간이 되는 방식을 **미니배치 학습**이라고 합니다.

> **문제**
>
> 다음 세 가지 중에서 가장 높은 정밀도가 나오는 배치 크기를 예상하여 [리스트 20-8]의 코드 일부를 변경하세요(코드에서 두 줄만 주석 처리하고 나머지는 변경하지 마세요). 그리고 배치 크기가 모델의 학습에 미치는 영향을 확인하세요.

리스트 20-8 문제

In
```python
import numpy as np
import matplotlib.pyplot as plt
from keras.datasets import mnist
from keras.layers import Activation, Dense, Dropout
from keras.models import Sequential, load_model
from keras import optimizers
from keras.utils.np_utils import to_categorical

(X_train, y_train), (X_test, y_test) = mnist.load_data()

X_train = X_train.reshape(X_train.shape[0], 784)[:6000]
X_test = X_test.reshape(X_test.shape[0], 784)[:1000]
y_train = to_categorical(y_train)[:6000]
y_test = to_categorical(y_test)[:1000]

model = Sequential()
model.add(Dense(256, input_dim=784))
model.add(Activation("sigmoid"))
model.add(Dense(128))
model.add(Activation("sigmoid"))
model.add(Dropout(rate=0.5))
model.add(Dense(10))
model.add(Activation("softmax"))

sgd = optimizers.SGD(lr=0.1)

model.compile(optimizer=sgd, loss="categorical_crossentropy",
metrics=["accuracy"])

def funcA():
    global batch_size
    batch_size = 16

def funcB():
    global batch_size
    batch_size = 32
```

```
def funcC():
    global batch_size
    batch_size = 64

# 두 줄을 주석 처리하여 batch_size를 결정하세요.
# -------------------------
# batch_size: 16
funcA()
# batch_size: 32
funcB()
# batch_size: 64
funcC()
# -------------------------

model.fit(X_train, y_train, batch_size=batch_size, epochs=3, verbose=1)

score = model.evaluate(X_test, y_test, verbose=0)
print("evaluate loss: {0[0]}\nevaluate acc: {0[1]}".format(score))
```

힌트

모든 패턴을 시도해보세요.

해답

리스트 20-9 해답

In
```
(... 생략 ...)
# 두 줄을 주석 처리하여 batch_size를 결정하세요.
# -------------------------
# batch_size: 16
# funcA()
# batch_size: 32
# funcB()
# batch_size: 64
funcC()
# -------------------------

model.fit(X_train, y_train, batch_size=batch_size, epochs=3, verbose=1)
(... 생략 ...)
```

Out
```
Epoch 1/3
6000/6000 [==============================] - 1s 133us/step - loss: 1.9262 -
acc: 0.3490
```

```
Epoch 2/3
6000/6000 [==============================] - 0s 76us/step - loss: 1.1737 -
acc: 0.6477
Epoch 3/3
6000/6000 [==============================] - 0s 68us/step - loss: 0.8653 -
acc: 0.7403
evaluate loss: 0.709595763206482
evaluate acc: 0.812
```

20.9 반복 학습

일반적으로 모델의 정확도를 높이기 위해서는 동일한 훈련 데이터를 사용하여 여러 번 학습시킵니다. 이것을 반복 학습이라고 합니다. 학습할 횟수는 epoch 수고, 이것도 하이퍼파라미터입니다.

epoch 수를 높인다고 해서 모델의 정확도가 계속 오르는 것은 아닙니다. 정확도는 중간부터 높아지지 않을 뿐만 아니라 반복 학습으로 손실 함수를 최소화시키려 하면 과학습이 일어납니다. 적절한 시기에 학습을 중단할 필요가 있습니다.

문제

다음 세 가지 중에서 가장 높은 정밀도가 나오는 epoch 수를 예상하여 [리스트 20-10]의 코드 일부를 변경하세요(코드에서 두 줄만 주석 처리하고 나머지는 변경하지 마세요). 그리고 epoch 수가 모델 학습에 미치는 영향을 확인하세요.

- funcA( ) epochs: 5
- funcB( ) epochs: 10
- funcC( ) epochs: 60

리스트 20-10 문제

```
import numpy as np
import matplotlib.pyplot as plt
from keras.datasets import mnist
from keras.layers import Activation, Dense, Dropout
```

```python
from keras.models import Sequential, load_model
from keras import optimizers
from keras.utils.np_utils import to_categorical

(X_train, y_train), (X_test, y_test) = mnist.load_data()

X_train = X_train.reshape(X_train.shape[0], 784)[:1500]
X_test = X_test.reshape(X_test.shape[0], 784)[:6000]
y_train = to_categorical(y_train)[:1500]
y_test = to_categorical(y_test)[:6000]

model = Sequential()
model.add(Dense(256, input_dim=784))
model.add(Activation("sigmoid"))
model.add(Dense(128))
model.add(Activation("sigmoid"))
# 여기서는 Dropout을 사용하지 않습니다.
#model.add(Dropout(rate=0.5))
model.add(Dense(10))
model.add(Activation("softmax"))

sgd = optimizers.SGD(lr=0.1)

model.compile(optimizer=sgd, loss="categorical_crossentropy",
metrics=["accuracy"])

def funcA():
    global epochs
    epochs = 5

def funcB():
    global epochs
    epochs = 10

def funcC():
    global epochs
    epochs = 60

# 두 줄을 주석 처리하여 epoch 수를 결정하세요.
# --------------------------
# epochs: 5
funcA()
# epochs: 10
funcB()
```

```
# epochs: 60
funcC()
# -------------------------

history = model.fit(X_train, y_train, batch_size=32, epochs=epochs,
verbose=1, validation_data=(X_test, y_test))

#acc와 val_acc 플롯
plt.plot(history.history["acc"], label="acc", ls="-", marker="o")
plt.plot(history.history["val_acc"], label="val_acc", ls="-", marker="x")
plt.ylabel("accuracy")
plt.xlabel("epoch")
plt.legend(loc="best")
plt.show()

score = model.evaluate(X_test, y_test, verbose=0)
print("evaluate loss: {0[0]}\nevaluate acc: {0[1]}".format(score))
```

힌트

모든 패턴을 시도해보세요.

해답

리스트 20-11 해답

In
```
(... 생략 ...)
# 두 줄을 주석 처리하여 epoch 수를 결정하세요.
# -------------------------
# epochs: 5
# funcA()
# epochs: 10
funcB()
# epochs: 60
# funcC()
# -------------------------

history = model.fit(X_train, y_train, batch_size=32, epochs=epochs,
verbose=1, validation_data=(X_test, y_test))
(... 생략 ...)
```

Out
```
Train on 1500 samples, validate on 6000 samples
Epoch 1/10
1500/1500 [==============================] - 1s 497us/step - loss: 2.0076 -
```

```
acc: 0.3667 - val_loss: 1.7191 - val_acc: 0.5618
Epoch 2/10
(... 생략 ...)
1500/1500 [==============================] - 0s 253us/step - loss: 0.5826 -
acc: 0.8547 - val_loss: 0.7152 - val_acc: 0.7855
Epoch 10/10
1500/1500 [==============================] - 0s 251us/step - loss: 0.5659 -
acc: 0.8613 - val_loss: 0.7297 - val_acc: 0.7812
```

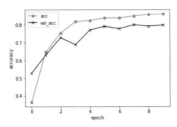

```
evaluate loss: 0.729700302918752
evaluate acc: 0.7811666666666667
```

||연습 문제||

이 장에서는 하이퍼파라미터를 학습하고, 심층 신경망을 구성하고 조정해봤습니다. 여기서는 하이퍼파라미터의 튜닝만으로 MNIST 분류의 정확도 향상을 실시하여 하이퍼파라미터를 더 깊이 이해해봅시다.

문제

MNIST 분류 모델을 심층 신경망으로 구현하세요. 조건은 다음과 같습니다.

- 테스트 데이터의 정확도는 80% 이상으로 하세요.
- epoch 수를 5로 고정합니다.
- X_train, y_train, X_test, y_test의 정의문은 변경하지 마세요.

리스트 20-12 문제

In
```
import numpy as np
import matplotlib.pyplot as plt
from keras.datasets import mnist
```

```
from keras.layers import Activation, Dense, Dropout
from keras.models import Sequential, load_model
from keras import optimizers
from keras.utils.np_utils import to_categorical

(X_train, y_train), (X_test, y_test) = mnist.load_data()

X_train = X_train.reshape(X_train.shape[0], 784)[:6000]
X_test = X_test.reshape(X_test.shape[0], 784)[:1000]
y_train = to_categorical(y_train)[:6000]
y_test = to_categorical(y_test)[:1000]

#--------------------------
model = Sequential()
model.add(Dense(256, input_dim=784))
model.add(Activation("sigmoid"))
model.add(Dense(128))
model.add(Activation("sigmoid"))
model.add(Dropout(rate=0.5))
model.add(Dense(10))
model.add(Activation("softmax"))

sgd = optimizers.SGD(lr=0.1)
model.compile(optimizer=sgd, loss="categorical_crossentropy",
metrics=["accuracy"])

model.fit(X_train, y_train, batch_size=10, epochs=5, verbose=1)
score = model.evaluate(X_test, y_test, verbose=0)
print("evaluate loss: {0[0]}\nevaluate acc: {0[1]}".format(score))
#--------------------------
```

힌트

20.1절 '하이퍼파라미터'의 코드를 참조해도 좋습니다. 하이퍼파라미터를 하나만 변경해도 정확도 85%를 확보할 수 있습니다.

해답

리스트 20-13 해답

In
```
(... 생략 ...)
#--------------------------
model = Sequential()
model.add(Dense(256, input_dim=784))
model.add(Activation("sigmoid"))
```

```
model.add(Dense(128))
model.add(Activation("sigmoid"))
model.add(Dropout(rate=0.5))
model.add(Dense(10))
model.add(Activation("softmax"))

sgd = optimizers.SGD(lr=0.1)
model.compile(optimizer=sgd, loss="categorical_crossentropy",
metrics=["accuracy"])

model.fit(X_train, y_train, batch_size=96, epochs=5, verbose=1)
score = model.evaluate(X_test, y_test, verbose=0)
print("evaluate loss: {0[0]}\nevaluate acc: {0[1]}".format(score))
#--------------------------
```

Out

```
Epoch 1/5
6000/6000 [==============================] - 1s 129us/step - loss: 1.9896 -
acc: 0.3223
Epoch 2/5
6000/6000 [==============================] - 0s 69us/step - loss: 1.3112 -
acc: 0.6043
Epoch 3/5
6000/6000 [==============================] - 0s 64us/step - loss: 0.9699 -
acc: 0.7195
Epoch 4/5
6000/6000 [==============================] - 0s 54us/step - loss: 0.7886 -
acc: 0.7790
Epoch 5/5
6000/6000 [==============================] - 0s 54us/step - loss: 0.7072 -
acc: 0.7988
evaluate loss: 0.5877818665504455
evaluate acc: 0.86
```

설명

여기서 하이퍼파라미터는 활성화 함수, 드롭아웃 비율, 학습률(lr), 최적화 함수(optimizer), 오차 함수(loss), 배치 크기(batch_size), epoch 수(epoch) 등입니다. 여기서는 그중에서 도 배치 크기(한 번에 전달할 데이터 수)를 늘려 정밀도를 향상시켰습니다.

CNN을 이용한 이미지 인식 기초

21.1 딥러닝 이미지 인식

이미지 인식이란 이미지나 영상에 비치는 문자와 얼굴 등의 물체나 특징을 감지하는 기술입니다. 구체적으로는 이미지 분류, 물체 위치 감지(그림 21-1), 이미지 내용 확인(그림 21-2) 등 다양한 인식 기술이 있습니다.

그림 21-1 이미지 분류와 물체 위치 감지

출처 Google AI Blog

이미지 제공 Michael Miley, original image

URL research.googleblog.com/2017/06/supercharge-your-computervision-models.html

출처 NVIDIA : News

URL blogs.nvidia.com/blog/2016/01/05/eyes-on-the-road-howautonomous-cars-
understand-what-theyre-seeing/

2012년 토론토 대학의 연구팀이 딥러닝을 이용한 고정밀 이미지 인식에 관한 연구를 발표하여 딥러닝에 대한 관심이 더욱 높아졌습니다. 현재는 문자 인식, 안면 인식, 자율주행, 가정용 로봇 등 다양한 분야에서 실용화가 진행되고 있습니다.

이 장에서는 CNN Convolutional Neural Network (합성곱 신경망)이라고 불리는 이미지 인식에 널리 사용되는 심층 신경망을 이용한 딥러닝 방법을 배우게 됩니다.

문제

다음 중 이미지 인식에 대한 가장 적절한 설명을 고르세요.

1. 이미지 인식이란 이미지를 분류하는 기술만을 가리킨다.

2. 최근 단일 회귀 분석을 이용한 이미지 인식 기술이 활발히 개발되고 있다.

3. 이미지 인식은 이미 완성된 기술이며, 찾기 원하는 크기의 모든 물체를 인식할 수 있다.

4. 이미지 인식 기술은 자율주행, 농업, 공업 등 다양한 분야에 사용될 것으로 기대되고 있다.

힌트

이미지 인식 분야는 현재도 기술 개발이 활발히 이루어지고 있으며, 점점 정밀도가 높아지고 있습니다.

해답

4. 이미지 인식 기술은 자율주행, 농업, 공업 등 다양한 분야에 사용될 것으로 기대되고 있다.

21.2 CNN

21.2.1 CNN의 개요

CNN(합성곱 신경망)은 인간 뇌의 시각 피질과 유사한 구조를 가진 합성곱층을 사용하여 특징을 추출하는 신경망입니다. 19장 '딥러닝 구현'에서 학습한 전결합층만 있는 신경망에 비해 이미지 인식 등의 분야에서 진가를 발휘합니다.

CNN은 대부분의 경우 합성곱층과 함께 풀링층이 사용됩니다. 합성곱층에서 얻은 정보를 축약하여 풀링층에서 최종적으로 이미지의 분류 등을 실시하게 됩니다(그림 21-3).

그림 21-3 CNN의 구조

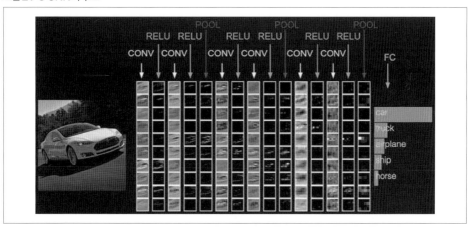

출처 Stanford University: CS231n: Convolutional Neural Networks for Visual Recognition
URL cs231n.stanford.edu/

합성곱층은 전결합층처럼 특징을 추출하는 계층이지만 전결합층과 달리 2차원 그대로의 이미지 데이터를 처리하여 특징을 추출할 수 있기 때문에 선이나 모서리와 같은 2차원적인 특징을 추출하는 데 뛰어납니다. 다음 절에서는 각 층에 대해 배우고 [그림 21-4]와 같은 CNN 모델을 구축하여 실제로 이미지를 분류해봅니다.

그림 21-4 CNN의 전체 모델

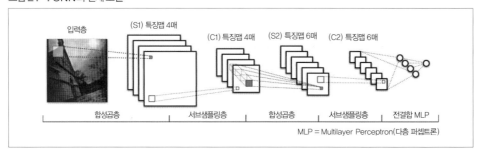

출처 theano: Convolutional Neural Networks의 The Full Model: LeNet
URL deeplearning.net/tutorial/lenet.html#the-full-model-lenet

문제

다음 중 CNN에 대한 적절하지 않은 설명을 고르세요.

1. 합성곱층은 전결합층과 비교했을 때 화소끼리의 위치 관계도 고려하여 특징을 추출할 수 있다는 점에서 뛰어나다.
2. 합성곱층에서 추출하는 특징량은 학습에 의해 자동으로 찾아낸다.
3. 모든 층이 합성곱층으로 되어 있는 신경망 모델을 CNN이라고 한다.
4. CNN은 이미지 분류와 물체 감지 등에서 자주 사용되는 신경망이다.

힌트

CNN은 [그림 21-5]와 같이 합성곱층뿐만 아니라 풀링층과 전결합층도 함께 사용되는 경우가 많습니다.

해답

3. 모든 층이 합성곱층으로 되어 있는 신경망 모델을 CNN이라고 한다.

21.2.2 합성곱층

합성곱층은 [그림 21-5]와 같이 입력 데이터의 일부분에 주목하여 그 부분에 대한 이미지의 특징을 조사하는 층입니다.

그림 21-5 합성곱층과 풀링층

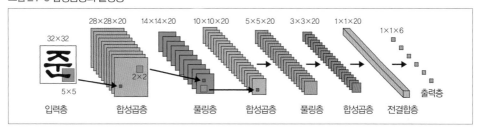

출처 DeepAge
URL deepage.net/deep_learning/2016/11/07/convolutional_neural_network.html

어떤 특징에 주목하면 좋을지에 대해서는 학습용 데이터와 손실 함수 등을 적절하게 결정하여 **자동**으로 학습합니다. 예를 들어 얼굴 인식 CNN의 경우 적절한 학습이 진행되면 입력층에 가까운 합성곱층에서는 선과 점 등 저차원적인 개념의 특징에 주목하고, 출력층에 가까운 합성곱층에서는 눈이나 코 등 고차원적인 개념의 특징에 주목하게 됩니다(그림 21-6, 21-7). 실제로 눈이나 코 같은 고차원의 개념은 원래의 입력 이미지에서 직접 검출되는 것이 아니라 입력층과 가까운 층에서 검색된 저차원 개념의 위치적인 조합을 바탕으로 검출됩니다.

주목할 만한 특징은 프로그램 내부에서는 **필터**(커널^{kernel})로 불리는 **가중치 행렬**로 처리되며, 각 특징마다 하나의 필터를 사용합니다.

그림 21-6 입력층과 가장 가까운 합성곱층의 학습이 완료된 필터의 예

출처 Convolutional Deep Belief Networks for Scalable Unsupervised Learning of Hierarchical Representations의 Figure 2
URL ai.stanford.edu/~ang/papers/icml09-ConvolutionalDeepBeliefNetworks.pdf

그림 21-7 출력층에 가까운 합성곱층의 학습이 완료된 필터의 예(이해하기 쉽게 가시화되어 있습니다)

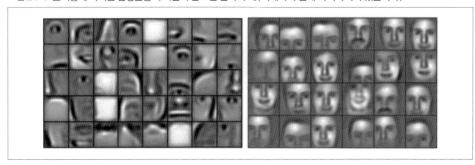

출처 Convolutional Deep Belief Networks for Scalable Unsupervised Learning of Hierarchical Representations의 Figure3

URL ai.stanford.edu/~ang/papers/icml09-ConvolutionalDeepBeliefNetworks.pdf

[그림 21-8]은 $9 \times 9 \times 3$(가로×세로×채널 수)의 이미지에 대해 $3 \times 3 \times 3$(가로×세로×채널 수)의 필터로 합성곱하는 모습입니다. 하나의 $3 \times 3 \times 3$의 필터를 사용하여 새로운 $4 \times 4 \times 1$의 특징 맵$^{feature\ map}$(흑백사진 같은 것)을 만들고 있습니다. 또한 각각 다른 필터를 사용하여 총 N장의 $4 \times 4 \times 1$의 맵을 만듭니다. 전체적으로 이 합성곱층에서는 $9 \times 9 \times 3$ 이미지가 $4 \times 4 \times N$의 특징 맵으로 변환됩니다.

이 절의 문제를 포함하여 합성곱층을 설명할 때 2차원 필터를 예로 사용하는 경우가 많지만 실제로는 [그림 21-8]처럼 3차원 필터가 사용되는 경우가 더 많습니다.

그림 21-8 합성곱의 모습

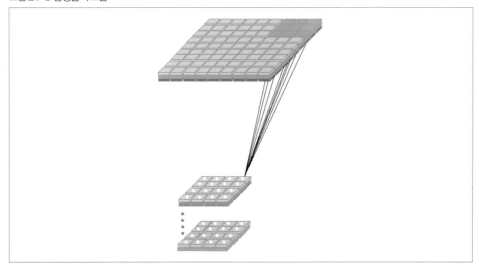

출처 Python API for CNTK
URL cntk.ai/pythondocs/CNTK_103D_MNIST_ConvolutionalNeuralNetwork.html

여기에서는 합성곱층이나 풀링층에서 구체적으로 어떤 처리가 이루어지는지 살펴보기 위해 NumPy에서 구현된 코드를 사용합니다. 그리고 알고리즘의 내용을 이해하기 위해 Keras나 TensorFlow 등의 라이브러리를 사용하지 않고 구현합니다. Keras와 TensorFlow에 의한 구현 사례는 나중에 설명하겠습니다.

그림 21-9 원 이미지

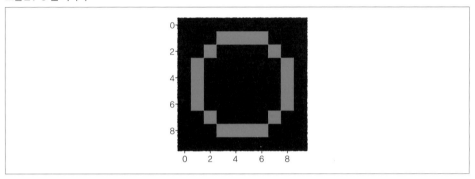

여기서는 [그림 21-9]의 원 이미지(10×10 크기의 흑백 이미지)에 대해 [그림 21-10]과 같은 필터를 사용하여 합성곱을 실시하고, 가로, 세로, 대각선을 검출합니다.

그림 21-10 가로, 세로, 대각선 검출

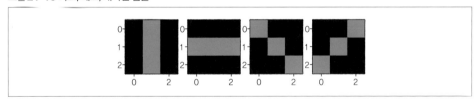

문제

코드에서 필터 W2~W4을 살펴본 뒤 W1을 적절하게 설정하고 수직선을 검출하세요(리스트 21-1).

In

```python
import numpy as np
import matplotlib.pyplot as plt
import urllib.request
%matplotlib inline

# 아주 간단한 합성곱층을 정의합니다.
class Conv:
    # 간단한 예이기 때문에 W는 3×3으로 고정하고 이후 절에서 다룰 strides나 padding
    은 고려하지 않았습니다.
    def __init__(self, W):
        self.W = W
    def f_prop(self, X):
        out = np.zeros((X.shape[0]-2, X.shape[1]-2))
        for i in range(out.shape[0]):
            for j in range(out.shape[1]):
                x = X[i:i+3, j:j+3]
                # 각 요소별 곱의 합계를 취하고 있습니다.
                out[i,j] = np.dot(self.W.flatten(), x.flatten())
        return out

local_filename, headers = urllib.request.urlretrieve('https://
aidemystorageprd.blob.core.windows.net/data/5100_cnn_data/circle.npy')
X = np.load(local_filename)

plt.imshow(X)
plt.title("The original image", fontsize=12)
plt.show()

# 커널을 적절하게 설정하세요.
W1 =


W2 = np.array([[0,0,0],
               [1,1,1],
               [0,0,0]])
W3 = np.array([[1,0,0],
               [0,1,0],
               [0,0,1]])
W4 = np.array([[0,0,1],
               [0,1,0],
               [1,0,0]])

plt.subplot(1,4,1); plt.imshow(W1)
plt.subplot(1,4,2); plt.imshow(W2)
```

```
plt.subplot(1,4,3); plt.imshow(W3)
plt.subplot(1,4,4); plt.imshow(W4)
plt.suptitle("kernel", fontsize=12)
plt.show()

# 합성곱
conv1 = Conv(W1); C1 = conv1.f_prop(X)
conv2 = Conv(W2); C2 = conv2.f_prop(X)
conv3 = Conv(W3); C3 = conv3.f_prop(X)
conv4 = Conv(W4); C4 = conv4.f_prop(X)

plt.subplot(1,4,1); plt.imshow(C1)
plt.subplot(1,4,2); plt.imshow(C2)
plt.subplot(1,4,3); plt.imshow(C3)
plt.subplot(1,4,4); plt.imshow(C4)
plt.suptitle("Convolution result", fontsize=12)
plt.show()
```

힌트

- 합성곱 결과 이미지를 보면 특징이 발견된 장소가 밝아진 것을 알 수 있습니다.

- f_prop은 Forward Propagation(순전파)의 약자입니다. 순전파는 정보가 입력측에서 출력측에 전파되는 (값이 전달되는) 것을 말합니다. 여기서는 합성곱 계산을 하고 있다고 인식하면 문제가 없습니다.

해답

리스트 21-2 해답

In
```
(... 생략 ...)
# 커널을 적절하게 설정하세요.
W1 = np.array([[0,1,0],
               [0,1,0],
               [0,1,0]])
W2 = np.array([[0,0,0],
(... 생략 ...)
```

Out

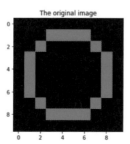

The original image

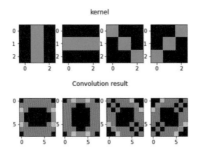

21.2.3 풀링층

풀링층은 [그림 21-11]과 같이 합성곱층의 출력을 축약하고 데이터양을 줄이는 층입니다.

그림 21-11 합성곱층과 풀링층

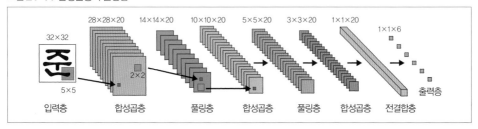

출처 DeepAge
URL deepage.net/deep_learning/2016/11/07/convolutional_neural_network.html

[그림 21-12]와 같이 특징 맵의 부분 구간의 최댓값을 취하거나(Max 풀링) 또는 평균을 취하여(Average 풀링) 데이터의 압축을 실시합니다.

그림 21-12 Max 풀링

출처 Python API for CNTK
URL cntk.ai/pythondocs/CNTK_103D_MNIST_ConvolutionalNeuralNetwork.html

> **NOTE**
> Max 풀링 처리에서는 n×n 픽셀로 이미지의 전체 크기에서 최댓값을 출력합니다. 필터 적용 위치가 하나가 아니라 지정한 간격으로 순회하면서 계산하는 경우가 있습니다. 필터를 순회하는 간격을 스트라이드 (stride)라고 합니다.

21.2.2절 '합성곱층'에서 다룬 합성곱은 이미지 내의 특징량의 분포를 확인할 수 있습니다. 하지만 같은 특징이 유사한 위치에 뭉쳐 분포하는 경우가 많고, 특징이 없는 장소가 넓게 분포하는 경우도 있어서 합성곱층에서 출력되는 특징 맵은 데이터 낭비가 많습니다. 풀링은 그러한 데이터 낭비를 줄이고, 정보 손실을 최소화하면서 데이터를 압축할 수 있습니다.

풀링에 의해 미세한 위치 정보는 삭제되어 버리지만 반대로 풀링층에 의해 추출된 특징이 원래 이미지의 평행이동 등에서 영향을 받지 않는 역할을 합니다. 예를 들어 사진에 비친 필기체 숫자를 분류할 경우 숫자의 위치는 중요하지 않지만 풀링을 통해 그다지 중요하지 않은 정보를 삭제하여 입력 이미지의 위치 변화에 강한 모델을 구축할 수 있습니다. [그림 21-13]과 [그림 21-14]는 5×5(가로×세로)의 특징 맵을 3×3마다 풀링하는 모습입니다.

그림 21-13 5×5(가로×세로)의 특징 맵을 3×3(가로×세로)마다 풀링하는 모습(1)

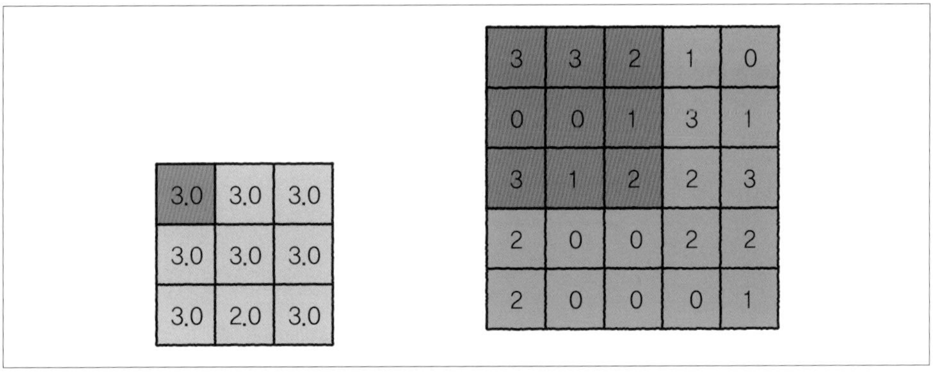

출처 Python API for CNTK
URL cntk.ai/pythondocs/CNTK_103D_MNIST_ConvolutionalNeuralNetwork.html

그림 21-14 5×5(가로×세로)의 특징 맵을 3×3(가로×세로)마다 풀링하는 모습(2)

	1.7	1.7	1.7	
	1.0	1.2	1.8	
	1.1	0.8	1.3	

3	3	2	1	0
0	0	1	3	1
3	1	2	2	3
2	0	0	2	2
2	0	0	0	1

출처 Python API for CNTK
URL cntk.ai/pythondocs/CNTK_103D_MNIST_ConvolutionalNeuralNetwork.html

여기서도 Keras와 TensorFlow를 이용하지 않고 풀링층을 정의하고 구현하여 이해해 나갑시다. [그림 21-15]의 이미지는 21.2.2절 '합성곱층'에서 합성곱을 실시한 결과 이미지(8×8 크기의 특징 맵)입니다. 이 특징 맵에 대해 Max 풀링을 실시합니다.

그림 21-15 이 이미지에 Max 풀링을 실시합니다

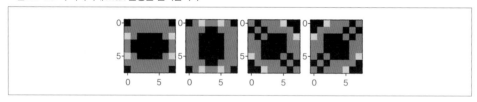

Max 풀링이 제대로 이루어지면 [그림 21-16]과 같은 특징 맵으로 변환됩니다(이후에 다룰 여러 풀링 파라미터를 코드에 적당히 적용했습니다).

그림 21-16 특징 맵으로 변환

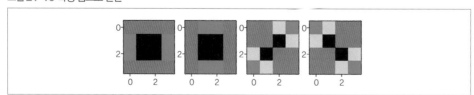

힌트를 참조하여 [리스트 21-3]의 코드 중 Pool 클래스의 공란을 적절히 채워 Max 풀링을 실행하세요.

리스트 21-3 문제

```python
import numpy as np
import matplotlib.pyplot as plt
import urllib.request
%matplotlib inline

# 아주 간단한 합성곱층을 정의합니다.
class Conv:
    # 간단한 예이기 때문에 W는 3×3으로 고정하고 이후 절에서 다룰 strides나 padding
은 고려하지 않았습니다.
    def __init__(self, W):
        self.W = W
    def f_prop(self, X):
        out = np.zeros((X.shape[0]-2, X.shape[1]-2))
        for i in range(out.shape[0]):
            for j in range(out.shape[1]):
                x = X[i:i+3, j:j+3]
                out[i,j] = np.dot(self.W.flatten(), x.flatten())
        return out

# 아주 간단한 풀링층을 정의합니다.
class Pool:
    # 간단한 예이기 때문에 이후 절에서 다룰 strides나 padding은 고려하지 않았습니다.
    def __init__(self, l):
        self.l = l
    def f_prop(self, X):
        l = self.l
        out = np.zeros((X.shape[0]//self.l, X.shape[1]//self.l))
        for i in range(out.shape[0]):
            for j in range(out.shape[1]):
                # 아래 밑줄 부분을 기입하고 주석을 제거하세요.
                out[i,j] = #____(X[i*l:(i+1)*l, j*l:(j+1)*l])
        return out

local_filename, headers = urllib.request.urlretrieve('https://
aidemystorageprd.blob.core.windows.net/data/5100_cnn_data/circle.npy')
X = np.load(local_filename)
```

```python
plt.imshow(X)
plt.title("The original image", fontsize=12)
plt.show()

# 커널
W1 = np.array([[0,1,0],
               [0,1,0],
               [0,1,0]])
W2 = np.array([[0,0,0],
               [1,1,1],
               [0,0,0]])
W3 = np.array([[1,0,0],
               [0,1,0],
               [0,0,1]])
W4 = np.array([[0,0,1],
               [0,1,0],
               [1,0,0]])

# 합성곱
conv1 = Conv(W1); C1 = conv1.f_prop(X)
conv2 = Conv(W2); C2 = conv2.f_prop(X)
conv3 = Conv(W3); C3 = conv3.f_prop(X)
conv4 = Conv(W4); C4 = conv4.f_prop(X)

plt.subplot(1,4,1); plt.imshow(C1)
plt.subplot(1,4,2); plt.imshow(C2)
plt.subplot(1,4,3); plt.imshow(C3)
plt.subplot(1,4,4); plt.imshow(C4)
plt.suptitle("Convolution result", fontsize=12)
plt.show()

# 풀링
pool = Pool(2)
P1 = pool.f_prop(C1)
P2 = pool.f_prop(C2)
P3 = pool.f_prop(C3)
P4 = pool.f_prop(C4)

plt.subplot(1,4,1); plt.imshow(P1)
plt.subplot(1,4,2); plt.imshow(P2)
plt.subplot(1,4,3); plt.imshow(P3)
plt.subplot(1,4,4); plt.imshow(P4)
plt.suptitle("Pooling result", fontsize=12)
plt.show()
```

- X[i*l:(i+1)*l, j*l:(j+1)*l]은 특징 맵의 부분 구간을 나타냅니다.
- 행렬의 최댓값(부분 구간의 최댓값)은 np.max( ) 함수로 구할 수 있습니다.

리스트 21-4 해답

```
In        (... 생략 ...)
                         # 아래 밑줄 부분을 기입하고 주석을 제거하세요.
                         out[i,j] = np.max(X[i*l:(i+1)*l, j*l:(j+1)*l])
                  return out
          (... 생략 ...)
```

Out

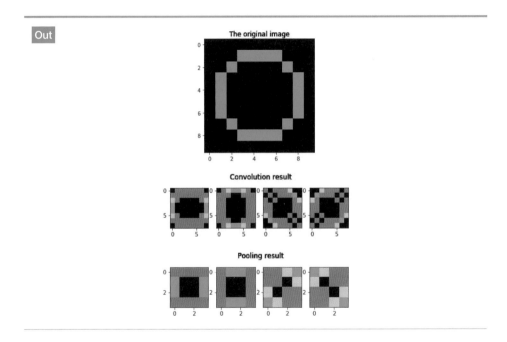

21.2.4 CNN 구현

여기서는 Keras와 TensorFlow를 사용하여 CNN을 구현합니다. 실무에서는 이러한 라이브러리를 사용하여 모델을 구현하는 경우가 대부분입니다.

그림 21-17 CNN 층 구현

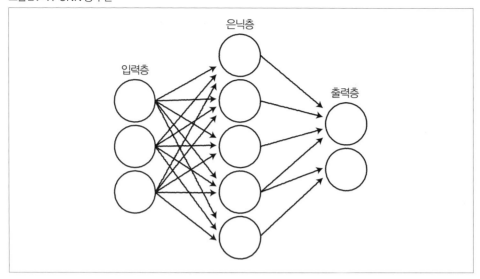

Keras에서는 먼저 모델을 관리하는 인스턴스를 만들고, add( ) 메서드로 모델의 층을 하나씩 추가합니다.

먼저 **인스턴스**를 만듭니다.

```
model=Sequential()
```

다음처럼 add( ) 메서드를 사용하여 모델의 층을 하나씩 추가합니다. 전결합층은 다음과 같이 정의합니다.

```
model.add(Dense(128))
```

합성곱층은 다음과 같이 추가합니다(64종의 3×3 필터를 입력 이미지에 적용하여 128가지를 출력한다는 뜻입니다). 파라미터는 21.3절 '하이퍼파라미터'에서 배웁니다.

```
model.add(Conv2D(filters=64, kernel_size=(3, 3)))
```

풀링층은 다음과 같이 추가합니다. 파라미터는 21.3절에서 배웁니다.

```
model.add(MaxPooling2D(pool_size=(2, 2)))
```

마지막으로 **컴파일**을 하면 신경망 모델의 생성이 종료됩니다.

```
model.compile(optimizer=sgd, loss="categorical_crossentropy", metrics=["accuracy"])
```

다음과 같이 기술하면 [그림 21-18]처럼 모델의 구조를 나타낸 표가 출력됩니다.

```
model.summary()
```

문제

공란에 다음과 같은 층을 추가하고, [그림 21-18]과 같은 구조의 네트워크 모델을 구축하여
실행하세요. 각 층의 파라미터는 다음을 따르세요(파라미터의 의미는 21.3절 '하이퍼파라미
터'에서 배웁니다).

- Conv2D(input_shape =(28, 28, 1), filters=32, kernel_size=(2, 2), strides
  =(1, 1) padding="same")
- MaxPooling2D(pool_size=(2, 2), strides=(1,1))
- Conv2D(filters=32, kernel_size=(2, 2), strides=(1, 1) padding="same")
- MaxPooling2D(pool_size=(2, 2), strides=(1,1))

그림 21-18 네트워크 모델

Layer (type)	Output Shape	Param #
conv2d_1 (Conv2D)	(None, 28, 28, 32)	160
max_pooling2d_1 (MaxPooling2	(None, 27, 27, 32)	0
conv2d_2 (Conv2D)	(None, 27, 27, 32)	4128
max_pooling2d_2 (MaxPooling2	(None, 26, 26, 32)	0
flatten_1 (Flatten)	(None, 21632)	0
dense_1 (Dense)	(None, 256)	5538048
activation_1 (Activation)	(None, 256)	0
dense_2 (Dense)	(None, 128)	32896
activation_2 (Activation)	(None, 128)	0
dense_3 (Dense)	(None, 10)	1290
activation_3 (Activation)	(None, 10)	0

```
Total params: 5,576,522
Trainable params: 5,576,522
Non-trainable params: 0
```

```
from keras.layers import Activation, Conv2D, Dense, Flatten, MaxPooling2D
from keras.models import Sequential, load_model
from keras.utils.np_utils import to_categorical

# 모델을 정의합니다.
model = Sequential()

# ----------------------------------------------------------------
# 여기에 코드를 작성하세요.




# ----------------------------------------------------------------

model.add(Flatten())
model.add(Dense(256))
model.add(Activation('sigmoid'))
model.add(Dense(128))
model.add(Activation('sigmoid'))
model.add(Dense(10))
model.add(Activation('softmax'))

model.summary()
```

힌트

model.summary( )로 모델의 구조를 출력합니다. 이 출력이 문제의 그림과 일치하도록 모델을 정의합니다.

해답

리스트 21-6 해답

```
(... 생략 ...)
# ----------------------------------------------------------------
# 여기에 코드를 작성하세요.
model.add(Conv2D(input_shape=(28, 28, 1),
                 filters=32,
                 kernel_size=(2, 2),
                 strides=(1, 1),
                 padding="same"))
```

```
model.add(MaxPooling2D(pool_size=(2, 2),
                       strides=(1,1)))
model.add(Conv2D(filters=32,
                 kernel_size=(2, 2),
                 strides=(1, 1),
                 padding="same"))
model.add(MaxPooling2D(pool_size=(2, 2),
                       strides=(1,1)))
# ----------------------------------------------------------
(... 생략 ...)
```

```
Layer (type)                   Output Shape          Param #
=================================================================
conv2d_1 (Conv2D)              (None, 28, 28, 32)    160

max_pooling2d_1 (MaxPooling2   (None, 27, 27, 32)    0

conv2d_2 (Conv2D)              (None, 27, 27, 32)    4128

max_pooling2d_2 (MaxPooling2   (None, 26, 26, 32)    0

flatten_1 (Flatten)            (None, 21632)         0

dense_1 (Dense)                (None, 256)           5538048

activation_1 (Activation)      (None, 256)           0

dense_2 (Dense)                (None, 128)           32896

activation_2 (Activation)      (None, 128)           0

dense_3 (Dense)                (None, 10)            1290

activation_3 (Activation)      (None, 10)            0
=================================================================
Total params: 5,576,522
Trainable params: 5,576,522
Non-trainable params: 0
```

21.2.5 CNN을 이용한 분류(MNIST)

MNIST는 [그림 21-19]와 같은 필기체 숫자의 데이터셋입니다. 각 이미지는 크기가 28×28 픽셀로 1채널(흑백)의 데이터이며, 각각 0~9의 클래스 라벨이 있습니다. CNN으로 MNIST 데이터셋을 분류해봅시다.

그림 21-19 MNIST

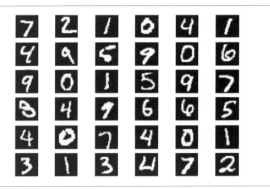

출처 corochannNote
URL corochann.com/mnist-inference-code-1202.html

문제

공란에 다음과 같은 층을 추가하고, Keras로 [그림 21-20]과 같은 구조의 모델을 구축하고 실행하세요(리스트 21-7). 각 층의 파라미터는 다음처럼 지정합니다.

- `Conv2D(32, kernel_size=(3, 3), input_shape=(28,28,1))`
- `Activation('relu')`
- `Conv2D(filters=64, kernel_size=(3, 3))`
- `Activation('relu')`
- `MaxPooling2D(pool_size=(2, 2))`
- `Dropout(0.25)`
- `Flatten()`
- `Dense(128)`
- `Activation('relu')`
- `Dropout(0.5)`
- `Dense(10)`

그림 21-20 모델

```
Layer (type)                     Output Shape          Param #
=================================================================
conv2d_1 (Conv2D)                (None, 26, 26, 32)     320
_____
activation_1 (Activation)        (None, 26, 26, 32)     0
_____
conv2d_2 (Conv2D)                (None, 24, 24, 64)     18496
_____
activation_2 (Activation)        (None, 24, 24, 64)     0
_____
max_pooling2d_1 (MaxPooling2     (None, 12, 12, 64)     0
_____
dropout_1 (Dropout)              (None, 12, 12, 64)     0
_____
flatten_1 (Flatten)              (None, 9216)           0
_____
dense_1 (Dense)                  (None, 128)            1179776
_____
activation_3 (Activation)        (None, 128)            0
_____
dropout_2 (Dropout)              (None, 128)            0
_____
dense_2 (Dense)                  (None, 10)             1290
_____
activation_4 (Activation)        (None, 10)             0
=================================================================
Total params: 1,199,882
Trainable params: 1,199,882
Non-trainable params: 0
```

리스트 21-7 문제

In
```python
from keras.datasets import mnist
from keras.layers import Dense, Dropout, Flatten, Activation
from keras.layers import Conv2D, MaxPooling2D
from keras.models import Sequential, load_model
from keras.utils.np_utils import to_categorical
from keras.utils.vis_utils import plot_model
import numpy as np
import matplotlib.pyplot as plt
%matplotlib inline

# 데이터를 읽어 들입니다.
(X_train, y_train), (X_test, y_test) = mnist.load_data()

# 전체 데이터 중 학습에 300장, 테스트에 100장의 데이터를 사용합니다.
# Conv 층은 4차원 배열을 받아들입니다(배치 크기 × 가로 × 세로 × 채널 수).
# MNIST 데이터는 RGB 이미지가 아니라 원래 3차원 데이터이므로 미리 4차원으로 변환합니다.
X_train = X_train[:300].reshape(-1, 28, 28, 1)
X_test = X_test[:100].reshape(-1, 28, 28, 1)
y_train = to_categorical(y_train)[:300]
y_test = to_categorical(y_test)[:100]
```

```python
# 모델을 정의합니다.
model = Sequential()

# -----------------------------------------------------------------
# 여기에 코드를 작성하세요.




# -----------------------------------------------------------------

model.compile(loss='categorical_crossentropy',
              optimizer='adadelta',
              metrics=['accuracy'])

model.fit(X_train, y_train,
          batch_size=128,
          epochs=1,
          verbose=1,
          validation_data=(X_test, y_test))

# 정확도를 평가합니다.
scores = model.evaluate(X_test, y_test, verbose=1)
print('Test loss:', scores[0])
print('Test accuracy:', scores[1])

# 데이터를 시각화합니다(테스트 데이터의 처음 10장).
for i in range(10):
    plt.subplot(2, 5, i+1)
    plt.imshow(X_test[i].reshape((28,28)), 'gray')
plt.suptitle("The first ten of the test data", fontsize=20)
plt.show()

# 예측합니다(테스트 데이터의 처음 10장).
pred = np.argmax(model.predict(X_test[0:10]), axis=1)
print(pred)

model.summary()
```

힌트

add( ) 메서드로 층을 추가합니다.

리스트 21-8 해답

In
```
(... 생략 ...)
# -------------------------------------------------------------
# 여기에 코드를 작성하세요.
model.add(Conv2D(32, kernel_size=(3, 3),input_shape=(28,28,1)))
model.add(Activation('relu'))
model.add(Conv2D(filters=64, kernel_size=(3, 3)))
model.add(Activation('relu'))
model.add(MaxPooling2D(pool_size=(2, 2)))
model.add(Dropout(0.25))
model.add(Flatten())
model.add(Dense(128))
model.add(Activation('relu'))
model.add(Dropout(0.5))
model.add(Dense(10))
# -------------------------------------------------------------
(... 생략 ...)
```

Out
```
Train on 300 samples, validate on 100 samples
Epoch 1/1
300/300 [==============================] - 1s 3ms/step - loss: 12.6350 -
acc: 0.1733 - val_loss: 13.8612 - val_acc: 0.1300
100/100 [==============================] - 0s 550us/step
Test loss: 13.861245803833008
Test accuracy: 0.13
```

The first ten of the test data

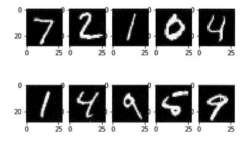

```
[9 0 9 9 9 9 9 9 9 9]
```

Layer (type)	Output Shape	Param #
conv2d_3 (Conv2D)	(None, 26, 26, 32)	320
activation_4 (Activation)	(None, 26, 26, 32)	0
conv2d_4 (Conv2D)	(None, 24, 24, 64)	18496
activation_5 (Activation)	(None, 24, 24, 64)	0
max_pooling2d_3 (MaxPooling2	(None, 12, 12, 64)	0
dropout_1 (Dropout)	(None, 12, 12, 64)	0
flatten_2 (Flatten)	(None, 9216)	0
dense_4 (Dense)	(None, 128)	1179776
activation_6 (Activation)	(None, 128)	0
dropout_2 (Dropout)	(None, 128)	0
dense_5 (Dense)	(None, 10)	1290
activation_7 (Activation)	(None, 10)	0

```
Total params: 1,199,882
Trainable params: 1,199,882
Non-trainable params: 0
```

21.2.6 CNN을 이용한 분류(cifar10)

cifar10은 [그림 21-21]의 사진처럼 10종류의 개체가 있는 이미지 데이터셋입니다. 각 이미지는 32×32 픽셀로 3채널(R, G, B)의 데이터이며, 각각 0~9의 클래스 라벨이 붙어 있습니다.

각 클래스 라벨에 해당하는 개체는 다음과 같습니다.

- 0: 비행기
- 1: 자동차

- 2: 새
- 3: 고양이
- 4: 사슴
- 5: 개
- 6: 개구리
- 7: 말
- 8: 선박
- 9: 트럭

그림 21-21 cifar10

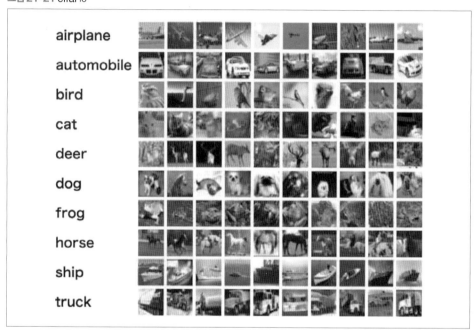

출처 The CIFAR-10 dataset
URL www.cs.toronto.edu/~kriz/cifar.html

CNN으로 cifar10 데이터셋의 분류를 실시합시다.

문제

[리스트 21-9]의 공란에 다음 층을 추가하고, Keras로 [그림 21-22]와 같은 구조의 모델을 구축하고 실행하세요. 각 층의 파라미터는 다음과 같습니다.

- Conv2D(64, (3, 3), padding='same')

- Activation('relu')
- Conv2D(64, (3, 3))
- Activation('relu')
- MaxPooling2D(pool_size=(2, 2))
- Dropout(0.25)

그림 21-22 작성할 모델

```
Layer (type)                    Output Shape         Param #
=================================================================
conv2d_1 (Conv2D)               (None, 32, 32, 32)   896

activation_1 (Activation)       (None, 32, 32, 32)   0

conv2d_2 (Conv2D)               (None, 30, 30, 32)   9248

activation_2 (Activation)       (None, 30, 30, 32)   0

max_pooling2d_1 (MaxPooling2    (None, 15, 15, 32)   0

dropout_1 (Dropout)             (None, 15, 15, 32)   0

conv2d_3 (Conv2D)               (None, 15, 15, 64)   18496

activation_3 (Activation)       (None, 15, 15, 64)   0

conv2d_4 (Conv2D)               (None, 13, 13, 64)   36928

activation_4 (Activation)       (None, 13, 13, 64)   0

max_pooling2d_2 (MaxPooling2    (None, 6, 6, 64)     0

dropout_2 (Dropout)             (None, 6, 6, 64)     0

flatten_1 (Flatten)             (None, 2304)         0

dense_1 (Dense)                 (None, 512)          1180160

activation_5 (Activation)       (None, 512)          0

dropout_3 (Dropout)             (None, 512)          0

dense_2 (Dense)                 (None, 10)           5130

activation_6 (Activation)       (None, 10)           0
=================================================================
Total params: 1,250,858
Trainable params: 1,250,858
Non-trainable params: 0
```

리스트 21-9 문제

```
import keras
from keras.datasets import cifar10
from keras.layers import Activation, Conv2D, Dense, Dropout, Flatten,
MaxPooling2D
from keras.models import Sequential, load_model
```

```
from keras.utils.np_utils import to_categorical
import numpy as np
import matplotlib.pyplot as plt
%matplotlib inline

# 데이터를 읽어 들입니다.
(X_train, y_train), (X_test, y_test) = cifar10.load_data()

# 전체 데이터 중 학습에 300장, 테스트에 100장의 데이터를 사용합니다.
X_train = X_train[:300]
X_test = X_test[:100]
y_train = to_categorical(y_train)[:300]
y_test = to_categorical(y_test)[:100]


# 모델을 정의합니다.
model = Sequential()
model.add(Conv2D(32, (3, 3), padding='same',
                 input_shape=X_train.shape[1:]))
model.add(Activation('relu'))
model.add(Conv2D(32, (3, 3)))
model.add(Activation('relu'))
model.add(MaxPooling2D(pool_size=(2, 2)))
model.add(Dropout(0.25))

# ---------------------------------------------------------------
# 여기에 코드를 작성하세요.




# ---------------------------------------------------------------

model.add(Flatten())
model.add(Dense(512))
model.add(Activation('relu'))
model.add(Dropout(0.5))
model.add(Dense(10))
model.add(Activation('softmax'))

# 컴파일합니다.
opt = keras.optimizers.rmsprop(lr=0.0001, decay=1e-6)
model.compile(loss='categorical_crossentropy',
```

```
                optimizer=opt,
                metrics=['accuracy'])

# 학습시킵니다.
model.fit(X_train, y_train, batch_size=32, epochs=1)

# 가중치를 저장하려면 다음을 사용합니다.
model.save_weights('param_cifar10.hdf5')

# 정확도를 평가합니다.
scores = model.evaluate(X_test, y_test, verbose=1)
print('Test loss:', scores[0])
print('Test accuracy:', scores[1])

# 데이터를 시각화합니다(테스트 데이터의 처음 10장).
for i in range(10):
    plt.subplot(2, 5, i+1)
    plt.imshow(X_test[i])
plt.suptitle("The first ten of the test data", fontsize=20)
plt.show()

# 예측합니다(테스트 데이터의 처음 10장).
pred = np.argmax(model.predict(X_test[0:10]), axis=1)
print(pred)

model.summary()
```

힌트

add( ) 메서드로 층을 추가합니다.

해답

리스트 21-10 해답

In
```
(... 생략 ...)
# ------------------------------------------------------------
# 여기에 코드를 작성하세요.
model.add(Conv2D(64, (3, 3), padding='same'))
model.add(Activation('relu'))
model.add(Conv2D(64, (3, 3)))
model.add(Activation('relu'))
model.add(MaxPooling2D(pool_size=(2, 2)))
model.add(Dropout(0.25))
# ------------------------------------------------------------
(... 생략 ...)
```

```
Downloading data from https://www.cs.toronto.edu/~kriz/cifar-10-python.
tar.gz
170500096/170498071 [==============================] - 1461s 9us/step
Epoch 1/1
300/300 [==============================] - 1s 5ms/step - loss: 14.3018 -
acc: 0.0800
100/100 [==============================] - 0s 2ms/step
Test loss: 13.69067699432373
Test accuracy: 0.11
```

The first ten of the test data

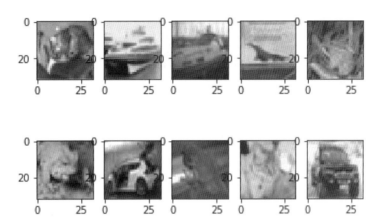

[3 3 3 3 3 3 3 6 3 3]

Layer (type)	Output Shape	Param #
conv2d_5 (Conv2D)	(None, 32, 32, 32)	896
activation_8 (Activation)	(None, 32, 32, 32)	0
conv2d_6 (Conv2D)	(None, 30, 30, 32)	9248
activation_9 (Activation)	(None, 30, 30, 32)	0
max_pooling2d_4 (MaxPooling2	(None, 15, 15, 32)	0
dropout_3 (Dropout)	(None, 15, 15, 32)	0
conv2d_7 (Conv2D)	(None, 15, 15, 64)	18496

activation_10 (Activation)	(None, 15, 15, 64)	0
conv2d_8 (Conv2D)	(None, 13, 13, 64)	36928
activation_11 (Activation)	(None, 13, 13, 64)	0
max_pooling2d_5 (MaxPooling2	(None, 6, 6, 64)	0
dropout_4 (Dropout)	(None, 6, 6, 64)	0
flatten_3 (Flatten)	(None, 2304)	0
dense_6 (Dense)	(None, 512)	1180160
activation_12 (Activation)	(None, 512)	0
dropout_5 (Dropout)	(None, 512)	0
dense_7 (Dense)	(None, 10)	5130
activation_13 (Activation)	(None, 10)	0

```
=================================================================
Total params: 1,250,858
Trainable params: 1,250,858
Non-trainable params: 0
```

21.3 하이퍼파라미터

21.3.1 filters(합성곱층)

합성곱층의 filters 파라미터는 **특징 맵의 수**(추출할 특징의 종류)를 지정합니다. [그림 21-23]처럼 첫 번째 합성곱층에서 filters는 20이고, 두 번째 합성곱층에서도 filters는 20입니다. filters가 너무 작아서 필요한 특징을 추출하지 못하면 학습을 잘 진행되지 않지만 반대로 너무 크면 과학습하기 쉬우므로 주의하세요.

그림 21-23 합성곱층과 풀링층

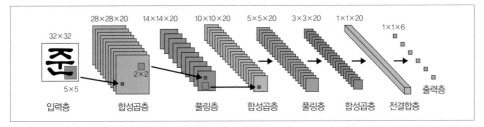

출처 DeepAge

URL deepage.net/deep_learning/2016/11/07/convolutional_neural_network.html

문제

- 여기서도 알고리즘의 내용을 이해하기 위해 Keras와 TensorFlow를 이용하지 않고 구현합니다.
- 합성곱 실행 부분을 제대로 기술하여 filters=10의 합성곱을 수행하세요. 이때 비슷한 특징 맵이 많이 만들어지는 것도 확인하세요.

리스트 21-11 문제

```python
import numpy as np
import matplotlib.pyplot as plt
import urllib.request

# 간단한 합성곱층을 정의합니다.
# 1채널 이미지의 합성곱만 상정합니다.
# 간단한 예이기 때문에 커널은 3×3으로 고정하고 strides나 padding은 고려하지 않았습니다.
class Conv:
    def __init__(self, filters):
        self.filters = filters
        self.W = np.random.rand(filters,3,3)
    def f_prop(self, X):
        out = np.zeros((filters, X.shape[0]-2, X.shape[1]-2))
        for k in range(self.filters):
            for i in range(out[0].shape[0]):
                for j in range(out[0].shape[1]):
                    x = X[i:i+3, j:j+3]
                    out[k,i,j] = np.dot(self.W[k].flatten(), x.flatten())
        return out
```

```
local_filename, headers = urllib.request.urlretrieve('https://
aidemystorageprd.blob.core.windows.net/data/5100_cnn_data/circle.npy')
X = np.load(local_filename)

filters=10

# 합성곱층을 생성합니다.
conv = Conv(filters=filters)

# 합성곱을 실행하세요.
C =
# --------------------------------------------------------------
# 이후는 모두 시각화를 위한 코드입니다.
# --------------------------------------------------------------
plt.imshow(X)
plt.title('The original image', fontsize=12)
plt.show()

plt.figure(figsize=(5,2))
for i in range(filters):
    plt.subplot(2,filters/2,i+1)
    ax = plt.gca() # get current axis
    ax.tick_params(labelbottom="off", labelleft="off", bottom="off",
                   left="off") # 축을 삭제합니다.
    plt.imshow(conv.W[i])
plt.suptitle('kernel', fontsize=12)
plt.show()

plt.figure(figsize=(5,2))
for i in range(filters):
    plt.subplot(2,filters/2,i+1)
    ax = plt.gca() # get current axis
    ax.tick_params(labelbottom="off", labelleft="off", bottom="off",
                   left="off") # 축을 삭제합니다.
    plt.imshow(C[i])
plt.suptitle('Convolution result', fontsize=12)
plt.show()
```

힌트

conv.f_prop(X)로 X에 합성곱할 수 있습니다.

리스트 21-12 해답

In
```
( ... 생략 ... )
# 합성곱을 실행하세요.
C = conv.f_prop(X)
# -------------------------------------------------------------
# 이후는 모두 시각화를 위한 코드입니다.
# -------------------------------------------------------------
( ... 생략 ... )
```

Out

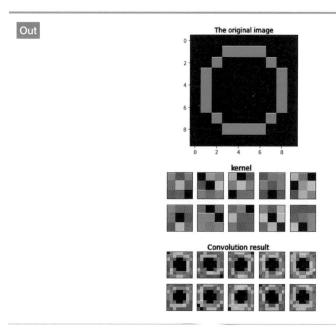

21.3.2 kernel_size (합성곱층)

합성곱층의 kernel_size 파라미터로 커널의 크기를 지정합니다. [그림 21-24]의 첫 번째 합성
곱층에서 kernel_size는 5×5입니다.

그림 21-24 합성곱층과 풀링층

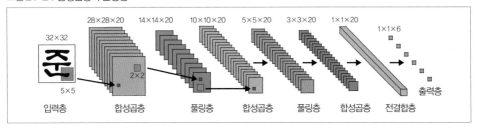

출처 DeepAge
URL deepage.net/deep_learning/2016/11/07/convolutional_neural_network.html

kernel_size가 너무 작으면 극히 작은 특징도 검출할 수 없게 되어 제대로 학습할 수 없습니다. 반대로 너무 크면 원래 작은 특징의 모임으로 검출될 예정이었던 큰 특징까지 섬출되어 계층 구조 파악에 자신 있는 신경망 모델의 강점을 살리지 못하고 비효율적인 모델이 되어버립니다.

문제

- 여기서도 알고리즘의 내용을 이해하기 위해 Keras와 TensorFlow를 이용하지 않고 구현합니다.
- [리스트 21-13]의 공란을 알맞게 채워 kernel_size=(6,6)의 합성곱을 수행하세요. 또한 커널 크기가 너무 크면 흐릿한 특징 맵이 검출되어버리는 것도 확인하세요.

리스트 21-13 문제

```
In
    import numpy as np
    import matplotlib.pyplot as plt
    import urllib.request

    # 간단한 합성곱층을 정의합니다.
    # 1채널 이미지의 합성곱만 상정합니다.
    # 간단한 예이기 때문에 strides나 padding은 고려하지 않았습니다.
    class Conv:
        def __init__(self, filters, kernel_size):
            self.filters = filters
            self.kernel_size = kernel_size
            self.W = np.random.rand(filters, kernel_size[0], kernel_size[1])
        def f_prop(self, X):
            k_h, k_w = self.kernel_size
            out = np.zeros((filters, X.shape[0]-k_h+1, X.shape[1]-k_w+1))
            for k in range(self.filters):
```

```
                for i in range(out[0].shape[0]):
                    for j in range(out[0].shape[1]):
                        x = X[i:i+k_h, j:j+k_w]
                        out[k,i,j] = np.dot(self.W[k].flatten(), x.flatten())
            return out

local_filename, headers = urllib.request.urlretrieve('https://
aidemystorageprd.blob.core.windows.net/data/5100_cnn_data/circle.npy')
X = np.load(local_filename)

# 합성곱 1
filters = 4
kernel_size = (3,3)

# 합성곱층을 생성합니다.
conv1 = Conv(filters=filters, kernel_size=kernel_size)

# 합성곱을 실행합니다.
C1 = conv1.f_prop(X)

# 합성곱 2
filters = 4
kernel_size = (6,6)

# 합성곱층을 생성하세요.
conv2 =

# 합성곱을 실행하세요.
C2 =
# ---------------------------------------------------------------
# 이후는 모두 시각화를 위한 코드입니다.
# ---------------------------------------------------------------
plt.imshow(X)
plt.title('The original image', fontsize=12)
plt.show()

plt.figure(figsize=(10,1))
for i in range(filters):
    plt.subplot(1,filters,i+1)
    ax = plt.gca() # get current axis
    ax.tick_params(labelbottom="off", labelleft="off", bottom="off",
                   left="off") # 축을 삭제합니다.
    plt.imshow(conv1.W[i])
plt.suptitle('Kernel Visualization', fontsize=12)
```

```
    plt.show()

    plt.figure(figsize=(10,1))
    for i in range(filters):
        plt.subplot(1,filters,i+1)
        ax = plt.gca() # get current axis
        ax.tick_params(labelbottom="off", labelleft="off", bottom="off",
                       left="off") # 축을 삭제합니다.
        plt.imshow(C1[i])
    plt.suptitle('Convolution result 1', fontsize=12)
    plt.show()

    plt.figure(figsize=(10,1))
    for i in range(filters):
        plt.subplot(1,filters,i+1)
        ax = plt.gca() # get current axis
        ax.tick_params(labelbottom="off", labelleft="off", bottom="off",
                       left="off") # 축을 삭제합니다.
        plt.imshow(conv2.W[i])
    plt.suptitle('Kernel Visualization', fontsize=12)
    plt.show()

    plt.figure(figsize=(10,1))
    for i in range(filters):
        plt.subplot(1,filters,i+1)
        ax = plt.gca() # get current axis
        ax.tick_params(labelbottom="off", labelleft="off", bottom="off",
                       left="off") # 축을 삭제합니다.
        plt.imshow(C2[i])
    plt.suptitle('Convolution result 2', fontsize=12)
    plt.show()
```

힌트

합성곱 1의 구현을 참조하세요.

해답

리스트 21-14 해답

In
```
(... 생략 ...)
# 합성곱층을 생성하세요.
conv2 = Conv(filters=filters, kernel_size=kernel_size)

# 합성곱을 실행하세요.
C2 = conv2.f_prop(X)
```

```
# ----------------------------------------------------------------
# 이후는 모두 시각화를 위한 코드입니다.
# ----------------------------------------------------------------
(... 생략 ...)
```

Out

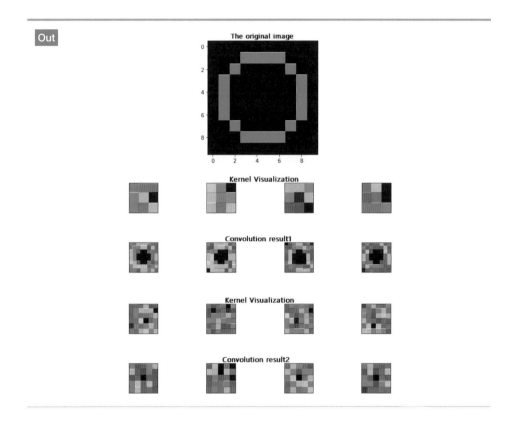

21.3.3 strides(합성곱층)

합성곱층의 strides 파라미터는 특징을 추출하는 간격, 즉 커널을 이동하는 거리를 지정합니다
(그림 21-25, 21-26). 현시점에서는 그림의 파란색 패널 주위의 흰색 테두리는 신경 쓰지 마
세요. 다음 절에서 설명합니다.

strides가 작을수록 세부적인 특징량을 추출할 수 있지만 이미지 내의 동일한 위치에 같은 특징
을 여러 번 감지해버리는 등 불필요한 계산이 많아질 수 있습니다. 그러나 일반적으로 strides는
작은 편이 좋다고 여겨져 Keras의 Conv2D 층에서 strides는 기본으로 (1,1)로 되어 있습니다.

그림 21-25 strides=(1,1)

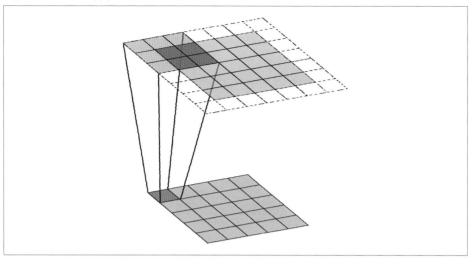

▲ strides=(1,1)

출처 CNTK 103: Part D – Convolutional Neural Network with MNIST
URL cntk.ai/pythondocs/CNTK_103D_MNIST_ConvolutionalNeuralNetwork.html

그림 21-26 strides=(2,2)

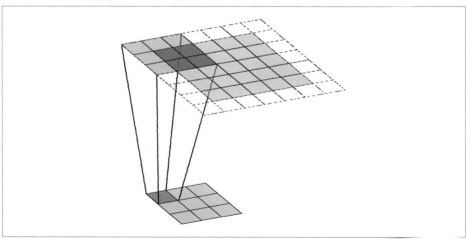

▲ strides=(2,2)

출처 CNTK 103: Part D – Convolutional Neural Network with MNIST
URL cntk.ai/pythondocs/CNTK_103D_MNIST_ConvolutionalNeuralNetwork.html

- 여기서도 알고리즘의 내용을 이해하기 위해 Keras와 TensorFlow를 이용하지 않고 구현합니다.
- [리스트 21-15]의 공란을 채워 strides=(2,2)의 합성곱을 수행하세요.

리스트 21-15 문제

```
In

import numpy as np
import matplotlib.pyplot as plt
import urllib.request

# 간단한 합성곱층을 정의합니다.
# 1채널 이미지의 합성곱만 상정합니다.
# 간단한 예이기 때문에 padding은 고려하지 않았습니다.
class Conv:
    def __init__(self, filters, kernel_size, strides):
        self.filters = filters
        self.kernel_size = kernel_size
        self.strides = strides
        self.W = np.random.rand(filters, kernel_size[0], kernel_size[1])
    def f_prop(self, X):
        k_h = self.kernel_size[0]
        k_w = self.kernel_size[1]
        s_h = self.strides[0]
        s_w = self.strides[1]
        out = np.zeros((filters, (X.shape[0]-k_h)//s_h+1,
                                 (X.shape[1]-k_w)//s_w+1))
        for k in range(self.filters):
            for i in range(out[0].shape[0]):
                for j in range(out[0].shape[1]):
                    x = X[i*s_h:i*s_h+k_h, j*s_w:j*s_w+k_w]
                    out[k,i,j] = np.dot(self.W[k].flatten(), x.flatten())
        return out

local_filename, headers = urllib.request.urlretrieve('https://
aidemystorageprd.blob.core.windows.net/data/5100_cnn_data/circle.npy')
X = np.load(local_filename)

# 합성곱 1
filters = 4
kernel_size = (3,3)
strides = (1,1)
```

```
# 합성곱층을 생성합니다.
conv1 = Conv(filters=filters, kernel_size=kernel_size, strides=strides)

# 합성곱을 실행합니다.
C1 = conv1.f_prop(X)

# 합성곱 2
filters = 4
kernel_size = (3,3)
strides = (2,2)

# 합성곱층을 생성하세요.
conv2 =
conv2.W = conv1.W # 커널을 통일합니다.

# 합성곱을 실행하세요.
C2 =
# ----------------------------------------------------------------
# 이후는 모두 시각화를 위한 코드입니다.
# ----------------------------------------------------------------
plt.imshow(X)
plt.title('The original image', fontsize=12)
plt.show()

plt.figure(figsize=(10,1))
for i in range(filters):
    plt.subplot(1,filters,i+1)
    ax = plt.gca() # get current axis
    ax.tick_params(labelbottom="off", labelleft="off", bottom="off",
                   left="off") # 축을 삭제합니다.
    plt.imshow(conv1.W[i])
plt.suptitle('Kernel Visualization', fontsize=12)
plt.show()

plt.figure(figsize=(10,1))
for i in range(filters):
    plt.subplot(1,filters,i+1)
    ax = plt.gca() # get current axis
    ax.tick_params(labelbottom="off", labelleft="off", bottom="off",
                   left="off") # 축을 삭제합니다.
    plt.imshow(C1[i])
plt.suptitle('Convolution result 1', fontsize=12)
plt.show()
```

```
plt.figure(figsize=(10,1))
for i in range(filters):
    plt.subplot(1,filters,i+1)
    ax = plt.gca() # get current axis
    ax.tick_params(labelbottom="off", labelleft="off", bottom="off",
                   left="off") # 축을 삭제합니다.
    plt.imshow(conv2.W[i])
plt.suptitle('Kernel Visualization', fontsize=12)
plt.show()

plt.figure(figsize=(10,1))
for i in range(filters):
    plt.subplot(1,filters,i+1)
    ax = plt.gca() # get current axis
    ax.tick_params(labelbottom="off", labelleft="off", bottom="off",
                   left="off") # 축을 삭제합니다.
    plt.imshow(C2[i])
plt.suptitle('Convolution result 2', fontsize=12)
plt.show()
```

`힌트`

합성곱 1의 구현을 참조하세요.

`해답`

리스트 21-16 해답

```
In   (... 생략 ...)
     # 합성곱층을 생성하세요.
     conv2 = Conv(filters=filters, kernel_size=kernel_size, strides=strides)
     conv2.W = conv1.W # 커널을 통일합니다.

     # 합성곱을 실행하세요.
     C2 = conv2.f_prop(X)
     # ----------------------------------------------------------------
     # 이후는 모두 시각화를 위한 코드입니다.
     # ----------------------------------------------------------------
     (... 생략 ...)
```

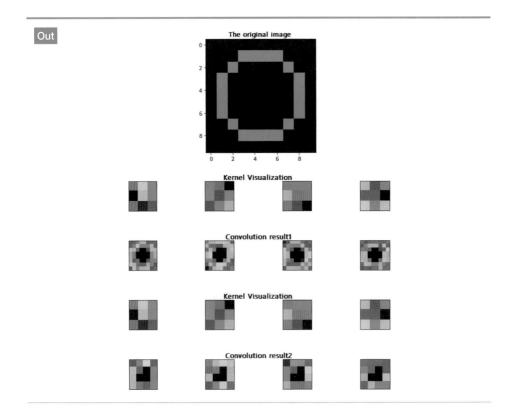

21.3.4 padding(합성곱층)

패딩은 입력 이미지의 주변을 0으로 채우는 것을 말합니다. 패딩에 의해 가장자리 데이터의 특징도 잘 고려되게 됩니다. 그 외에도 데이터 갱신 빈도가 올라가고, 각 층의 입출력 유닛 수를 조정할 수 있는 장점이 존재합니다.

[그림 21-27]의 하늘색 패널 주위에 흰 테두리는 패딩을 표현한 것입니다. 상하로 1, 좌우로 1의 패딩을 한 그림입니다.

그림 21-27 strides=(1,1)

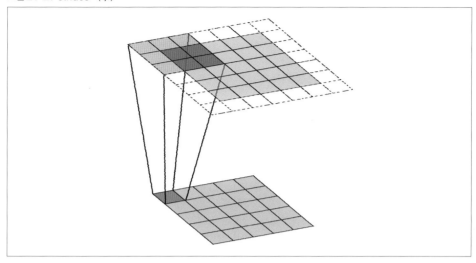

출처 CNTK 103: Part D - Convolutional Neural Network with MNIST
URL cntk.ai/pythondocs/CNTK_103D_MNIST_ConvolutionalNeuralNetwork.html

Keras의 Conv2D 층에서 padding=valid, padding=same과 같은 패딩 방법을 지정합니다. padding=valid의 경우 패딩은 수행되지 않으며, padding=same의 경우 출력되는 특징 맵이 입력 크기와 일치하도록 입력에 패딩을 수행합니다. [리스트 21-17]의 ①에서는 padding=(1,1) 처럼 패딩 폭을 인수로 받습니다.

문제

- 여기서도 알고리즘의 내용을 이해하기 위해 Keras와 TensorFlow를 이용하지 않고 구현합니다.
- [리스트 21-17]의 공란을 채워 padding=(2,2)의 합성곱(②)을 수행하세요.

리스트 21-17 문제

```
import numpy as np
import matplotlib.pyplot as plt
import urllib.request

# 간단한 합성곱층을 정의합니다.
```

```python
# 1채널 이미지의 합성곱만 상정합니다.
class Conv:
    def __init__(self, filters, kernel_size, strides, padding):
        self.filters = filters
        self.kernel_size = kernel_size
        self.strides = strides
        self.padding = padding
        self.W = np.random.rand(filters, kernel_size[0], kernel_size[1])
    def f_prop(self, X):
        k_h, k_w = self.kernel_size
        s_h, s_w = self.strides
        p_h, p_w = self.padding
        out = np.zeros((filters, (X.shape[0]+p_h*2-k_h)//s_h+1,
                                 (X.shape[1]+p_w*2-k_w)//s_w+1))
        # 패딩
        X = np.pad(X, ((p_h, p_h), (p_w, p_w)), 'constant',
                   constant_values=((0,0),(0,0)))
        self.X = X # 나중에 패딩 결과를 시각화하기 위해 저장해둡니다.
        for k in range(self.filters):
            for i in range(out[0].shape[0]):
                for j in range(out[0].shape[1]):
                    x = X[i*s_h:i*s_h+k_h, j*s_w:j*s_w+k_w]
                    out[k,i,j] = np.dot(self.W[k].flatten(),
                                        x.flatten())
        return out


local_filename, headers = urllib.request.urlretrieve('https://
aidemystorageprd.blob.core.windows.net/data/5100_cnn_data/circle.npy')
X = np.load(local_filename)

# 합성곱 1
filters = 4
kernel_size = (3,3)
strides = (1,1)
padding = (0,0)   ─①

# 합성곱층을 생성합니다.
conv1 = Conv(filters=filters, kernel_size=kernel_size, strides=strides,
             padding=padding)

# 합성곱을 실행합니다.
C1 = conv1.f_prop(X)
```

```python
# 합성곱 2
filters = 4
kernel_size = (3,3)
strides = (1,1)
padding = (2,2)        ──②

# 합성곱층을 생성하세요.
conv2 =
conv2.W = conv1.W # 가중치를 통일합니다.

# 합성곱을 실행하세요.
C2 =
# ------------------------------------------------------------
# 이후는 모두 시각화를 위한 코드입니다.
# ------------------------------------------------------------
plt.imshow(conv1.X)
plt.title('Padding result of convolution 1', fontsize=12)
plt.show()

plt.figure(figsize=(10,1))
for i in range(filters):
    plt.subplot(1,filters,i+1)
    ax = plt.gca() # get current axis
    ax.tick_params(labelbottom="off", labelleft="off", bottom="off",
               left="off") # 축을 삭제합니다.
    plt.imshow(conv1.W[i])
plt.suptitle('Visualization of the convolution 1 kernel', fontsize=12)
plt.show()

plt.figure(figsize=(10,1))
for i in range(filters):
    plt.subplot(1,filters,i+1)
    ax = plt.gca() # get current axis
    ax.tick_params(labelbottom="off", labelleft="off", bottom="off",
               left="off") # 축을 삭제합니다.
    plt.imshow(C1[i])
plt.suptitle('Result of convolution 1', fontsize=12)
plt.show()

plt.imshow(conv2.X)
plt.title('Padding result of convolution 2', fontsize=12)
plt.show()
```

```
plt.figure(figsize=(10,1))
for i in range(filters):
    plt.subplot(1,filters,i+1)
    ax = plt.gca() # get current axis
    ax.tick_params(labelbottom="off", labelleft="off", bottom="off",
                   left="off") # 축을 삭제합니다.
    plt.imshow(conv2.W[i])
plt.suptitle('Visualization of the convolution 2 kernel', fontsize=12)
plt.show()

plt.figure(figsize=(10,1))
for i in range(filters):
    plt.subplot(1,filters,i+1)
    ax = plt.gca() # get current axis
    ax.tick_params(labelbottom="off", labelleft="off", bottom="off",
                   left="off") # 축을 삭제합니다.
    plt.imshow(C2[i])
plt.suptitle('Result of convolution 2', fontsize=12)
plt.show()
```

힌트

합성곱 1의 구현을 참조하세요.

해답

리스트 21-18 해답

```
In    (... 생략 ...)
      # 합성곱층을 생성하세요.
      conv2 = Conv(filters=filters, kernel_size=kernel_size, strides=strides,
      padding=padding)
      conv2.W = conv1.W # 가중치를 통일합니다.

      # 합성곱을 실행하세요.
      C2 = conv2.f_prop(X)
      # -------------------------------------------------------------
      # 이후는 모두 시각화를 위한 코드입니다.
      # -------------------------------------------------------------
      (... 생략 ...)
```

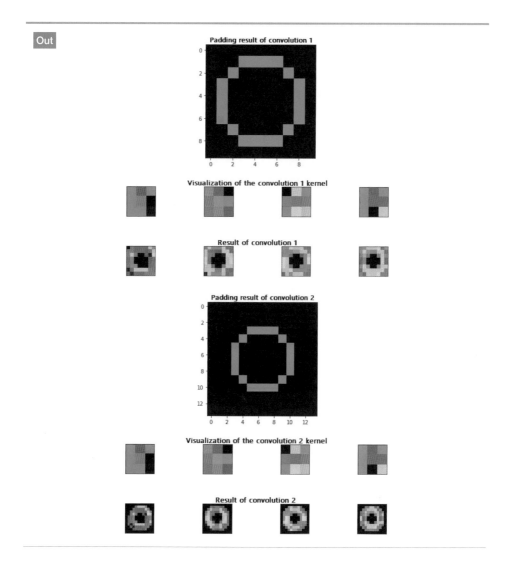

21.3.5 pool_size(풀링층)

풀링층의 pool_size 파라미터는 **풀링의 거칠기**를 지정하는 파라미터입니다. [그림 21-28]에서는 첫 풀링의 크기가 2×2로 되어 있습니다.

pool_size를 크게 하면 위치에 대한 견고성(강건성^{robustness})이 상승(이미지 내에서 개체의 위치가 다소 변화해도 출력이 변화하지 않는 것)하지만 기본적으로 pool_size는 2×2로 하면 좋다고 알려져 있습니다.

그림 21-28 합성곱층과 풀링층

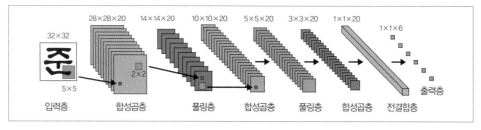

출처 DeepAge

URL deepage.net/deep_learning/2016/11/07/convolutional_neural_network.html

문제

- 여기서도 알고리즘의 내용을 이해하기 위해 Keras와 TensorFlow를 이용하지 않고 구현 합니다.
- [리스트 21-19]의 공란을 채워 pool_size=(4,4)의 Max 풀링을 수행하세요.

리스트 21-19 문제

```
In    import numpy as np
      import matplotlib.pyplot as plt
      import urllib.request

      # 간단한 합성곱층을 정의합니다.
      class Conv:
          def __init__(self, W, filters, kernel_size):
              self.filters = filters
              self.kernel_size = kernel_size
              self.W = W # np.random.rand(filters, kernel_size[0],
                         #                  kernel_size[1])
          def f_prop(self, X):
              k_h, k_w = self.kernel_size
              out = np.zeros((filters, X.shape[0]-k_h+1, X.shape[1]-k_w+1))
              for k in range(self.filters):
                  for i in range(out[0].shape[0]):
                      for j in range(out[0].shape[1]):
                          x = X[i:i+k_h, j:j+k_w]
                          out[k,i,j] = np.dot(self.W[k].flatten(),
                                              x.flatten())
              return out
```

```python
# 간단한 풀링층을 정의합니다.
# 1채널 특징 맵의 풀링만 상정합니다.
class Pool:
    def __init__(self, pool_size):
        self.pool_size = pool_size
    def f_prop(self, X):
        k_h, k_w = self.pool_size
        out = np.zeros((X.shape[0]-k_h+1, X.shape[1]-k_w+1))
        for i in range(out.shape[0]):
            for j in range(out.shape[1]):
                out[i,j] = np.max(X[i:i+k_h, j:j+k_w])
        return out


local_filename, headers = urllib.request.urlretrieve('https://
aidemystorageprd.blob.core.windows.net/data/5100_cnn_data/circle.npy')
X = np.load(local_filename)

local_filename_w, headers = urllib.request.urlretrieve('https://
aidemystorageprd.blob.core.windows.net/data/5100_cnn_data/weight.npy')
W = np.load(local_filename_w)


# 합성곱
filters = 4
kernel_size = (3,3)
conv = Conv(W=W, filters=filters, kernel_size=kernel_size)
C = conv.f_prop(X)


# 풀링 1
pool_size = (2,2)
pool1 = Pool(pool_size)
P1 = [pool1.f_prop(C[i]) for i in range(len(C))]


# 풀링 2(정의하세요.)
pool_size = (4,4)
pool2 =
P2 =
# -------------------------------------------------------------
# 이후는 모두 시각화를 위한 코드입니다.
# -------------------------------------------------------------
plt.imshow(X)
plt.title('The original image', fontsize=12)
plt.show()


plt.figure(figsize=(10,1))
```

```
for i in range(filters):
    plt.subplot(1,filters,i+1)
    ax = plt.gca() # get current axis
    ax.tick_params(labelbottom="off", labelleft="off", bottom="off",
                   left="off") # 축을 삭제합니다.
    plt.imshow(C[i])
plt.suptitle('Convolution result', fontsize=12)
plt.show()

plt.figure(figsize=(10,1))
for i in range(filters):
    plt.subplot(1,filters,i+1)
    ax = plt.gca() # get current axis
    ax.tick_params(labelbottom="off", labelleft="off", bottom="off",
                   left="off") # 축을 삭제합니다.
    plt.imshow(P1[i])
plt.suptitle('Pooling result', fontsize=12)
plt.show()

plt.figure(figsize=(10,1))
for i in range(filters):
    plt.subplot(1,filters,i+1)
    ax = plt.gca() # get current axis
    ax.tick_params(labelbottom="off", labelleft="off", bottom="off",
                   left="off") # 축을 삭제합니다.
    plt.imshow(P2[i])
plt.suptitle('Pooling result', fontsize=12)
plt.show()
```

힌트

풀링 1의 구현을 참조하세요.

해답

리스트 21-20 해답

In
```
import numpy as np
import matplotlib.pyplot as plt
import urllib.request
(... 생략 ...)

# 풀링 2(정의하세요.)
pool_size = (4,4)
```

```
pool2 = Pool(pool_size)
P2 = [pool2.f_prop(C[i]) for i in range(len(C))]
# -----------------------------------------------------------------
# 이후는 모두 시각화를 위한 코드입니다.
# -----------------------------------------------------------------
(... 생략 ...)
```

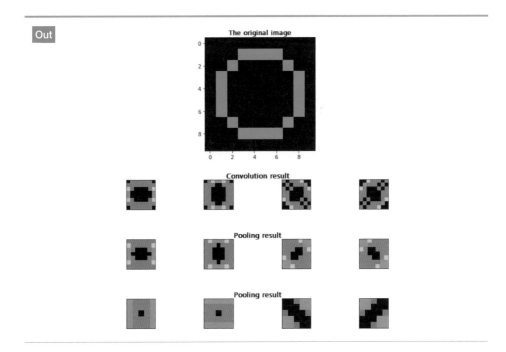

21.3.6 strides(풀링층)

풀링층의 strides 파라미터는 합성곱층의 strides 파라미터와 마찬가지로 특징 맵을 풀링하는 간격을 지정합니다. Keras의 Conv2D 층에서 strides는 기본적으로 pool_size와 일치하도록 되어 있습니다.

그림 21-29 strides=(1,1)

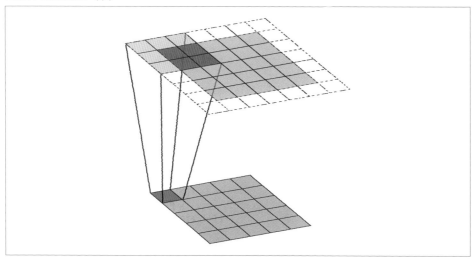

▲ strides=(1,1)

출처 CNTK 103: Part D – Convolutional Neural Network with MNIST
URL cntk.ai/pythondocs/CNTK_103D_MNIST_ConvolutionalNeuralNetwork.html

그림 21-30 strides=(2,2)

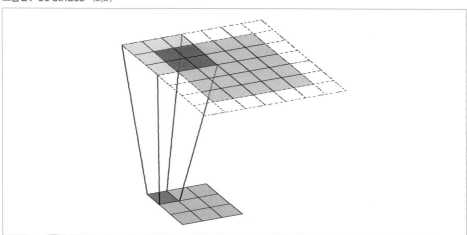

▲ strides=(2,2)

출처 CNTK 103: Part D – Convolutional Neural Network with MNIST
URL cntk.ai/pythondocs/CNTK_103D_MNIST_ConvolutionalNeuralNetwork.html

- 여기서도 알고리즘의 내용을 이해하기 위해 Keras와 TensorFlow를 이용하지 않고 구현합니다.
- [리스트 21-21]의 공란을 채워 strides=(2,2)의 Max 풀링을 수행하세요.

리스트 21-21 문제

```python
import numpy as np
import matplotlib.pyplot as plt
import urllib.request

# 간단한 합성곱층을 정의합니다.
class Conv:
    def __init__(self, W, filters, kernel_size):
        self.filters = filters
        self.kernel_size = kernel_size
        self.W = W # np.random.rand(filters, kernel_size[0],
                   #                 kernel_size[1])
    def f_prop(self, X):
        k_h, k_w = self.kernel_size
        out = np.zeros((filters, X.shape[0]-k_h+1, X.shape[1]-k_w+1))
        for k in range(self.filters):
            for i in range(out[0].shape[0]):
                for j in range(out[0].shape[1]):
                    x = X[i:i+k_h, j:j+k_w]
                    out[k,i,j] = np.dot(self.W[k].flatten(),
                                        x.flatten())
        return out

# 간단한 풀링층을 정의합니다.
# 1채널 특징 맵의 풀링만 상정합니다.
class Pool:
    def __init__(self, pool_size, strides):
        self.pool_size = pool_size
        self.strides = strides
    def f_prop(self, X):
        k_h, k_w = self.pool_size
        s_h, s_w = self.strides
        out = np.zeros(((X.shape[0]-k_h)//s_h+1, (X.shape[1]-k_w)//s_w+1))
        for i in range(out.shape[0]):
            for j in range(out.shape[1]):
                out[i,j] = np.max(X[i*s_h:i*s_h+k_h, j*s_w:j*s_w+k_w])
        return out
```

```
local_filename, headers = urllib.request.urlretrieve('https://
aidemystorageprd.blob.core.windows.net/data/5100_cnn_data/circle.npy')
X = np.load(local_filename)

local_filename_w, headers = urllib.request.urlretrieve('https://
aidemystorageprd.blob.core.windows.net/data/5100_cnn_data/weight.npy')
W = np.load(local_filename_w)

# 합성곱
filters = 4
kernel_size = (3,3)
conv = Conv(W=W, filters=filters, kernel_size=kernel_size)
C = conv.f_prop(X)

# 풀링 1
pool_size = (2,2)
strides = (1,1)
pool1 = Pool(pool_size, strides)
P1 = [pool1.f_prop(C[i]) for i in range(len(C))]

# 풀링 2(정의하세요.)
pool_size = (3,3)
strides = (2,2)
pool2 =
P2 =
# ------------------------------------------------------------
# 이후는 모두 시각화를 위한 코드입니다.
# ------------------------------------------------------------
plt.imshow(X)
plt.title('The original image', fontsize=12)
plt.show()

plt.figure(figsize=(10,1))
for i in range(filters):
    plt.subplot(1,filters,i+1)
    ax = plt.gca() # get current axis
    ax.tick_params(labelbottom="off", labelleft="off", bottom="off",
                   left="off") # 축을 삭제합니다.
    plt.imshow(C[i])
plt.suptitle('Convolution result', fontsize=12)
plt.show()

plt.figure(figsize=(10,1))
for i in range(filters):
```

```
        plt.subplot(1,filters,i+1)
        ax = plt.gca() # get current axis
        ax.tick_params(labelbottom="off", labelleft="off", bottom="off",
                       left="off") # 축을 삭제합니다.
        plt.imshow(P1[i])
    plt.suptitle('Pooling result', fontsize=12)
    plt.show()

    plt.figure(figsize=(10,1))
    for i in range(filters):
        plt.subplot(1,filters,i+1)
        ax = plt.gca() # get current axis
        ax.tick_params(labelbottom="off", labelleft="off", bottom="off",
                       left="off") # 축을 삭제합니다.
        plt.imshow(P2[i])
    plt.suptitle('Pooling result', fontsize=12)
    plt.show()
```

힌트

풀링 1의 구현을 참조하세요.

해답

리스트 21-22 해답

In

```
(... 생략 ...)

# 풀링 2( 정의하세요. )
pool_size = (3,3)
strides = (2,2)
pool2 = Pool((3,3), (2,2))
P2 = [pool2.f_prop(C[i]) for i in range(len(C))]
# -------------------------------------------------------------
# 이후는 모두 시각화를 위한 코드입니다.
# -------------------------------------------------------------
(... 생략 ...)
```

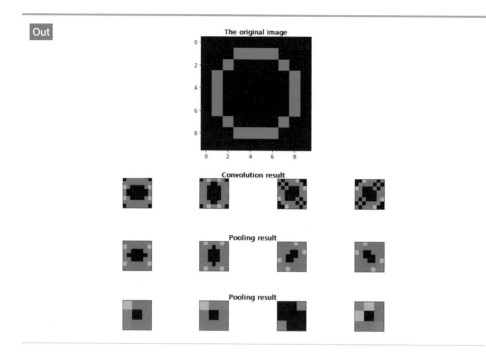

21.3.7 padding(풀링층)

합성곱층의 padding과 마찬가지로 풀링층의 padding 파라미터는 패딩 방식을 지정합니다(그림 21-31).

그림 21-31 strides=(1,1)

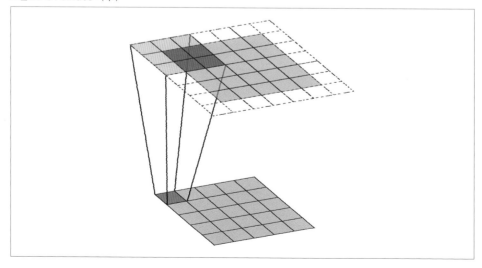

출처 CNTK 103: Part D - Convolutional Neural Network with MNIST

URL cntk.ai/pythondocs/CNTK_103D_MNIST_ConvolutionalNeuralNetwork.html

Keras의 MaxPooling2D 층에서는 padding=valid, padding=same과 같이 패딩 방법을 지정합니다. padding=valid의 경우 패딩은 수행되지 않으며, padding=same의 경우 출력되는 특징 맵이 입력 크기와 일치하도록 입력에 패딩을 수행합니다.

[리스트 21-23]의 ①에서는 padding=(1,1)처럼 패딩 폭을 인수로 받습니다.

문제

- 여기서도 알고리즘의 내용을 이해하기 위해 Keras와 TensorFlow를 이용하지 않고 구현합니다.
- [리스트 21-23]의 공란을 채워 padding=(1,1)의 Max 풀링을 수행하세요.

리스트 21-23 문제

```python
import numpy as np
import matplotlib.pyplot as plt
import urllib.request

# 간단한 합성곱층을 정의합니다.
class Conv:
    def __init__(self, W, filters, kernel_size):
        self.filters = filters
        self.kernel_size = kernel_size
        self.W = W # np.random.rand(filters, kernel_size[0],
                   #                 kernel_size[1])
    def f_prop(self, X):
        k_h, k_w = self.kernel_size
        out = np.zeros((filters, X.shape[0]-k_h+1, X.shape[1]-k_w+1))
        for k in range(self.filters):
            for i in range(out[0].shape[0]):
                for j in range(out[0].shape[1]):
                    x = X[i:i+k_h, j:j+k_w]
                    out[k,i,j] = np.dot(self.W[k].flatten(),
                                        x.flatten())
        return out
```

```python
# 간단한 풀링층을 정의합니다.
# 1채널 특징 맵의 풀링만 상정합니다.
class Pool:
    def __init__(self, pool_size, strides, padding):
        self.pool_size = pool_size
        self.strides = strides
        self.padding = padding
    def f_prop(self, X):
        k_h, k_w = self.pool_size
        s_h, s_w = self.strides
        p_h, p_w = self.padding
        out = np.zeros(((X.shape[0]+p_h*2-k_h)//s_h+1,
                        (X.shape[1]+p_w*2-k_w)//s_w+1))
        X = np.pad(X, ((p_h,p_h),(p_w,p_w)), 'constant',
                   constant_values=((0,0),(0,0)))
        for i in range(out.shape[0]):
            for j in range(out.shape[1]):
                out[i,j] = np.max(X[i*s_h:i*s_h+k_h, j*s_w:j*s_w+k_w])
        return out


local_filename, headers = urllib.request.urlretrieve('https://
aidemystorageprd.blob.core.windows.net/data/5100_cnn_data/circle.npy')
X = np.load(local_filename)


local_filename_w, headers = urllib.request.urlretrieve('https://
aidemystorageprd.blob.core.windows.net/data/5100_cnn_data/weight.npy')
W = np.load(local_filename_w)


# 합성곱
filters = 4
kernel_size = (3,3)
conv = Conv(W=W, filters=filters, kernel_size=kernel_size)
C = conv.f_prop(X)


# 풀링 1
pool_size = (2,2)
strides = (2,2)
padding = (0,0)
pool1 = Pool(pool_size=pool_size, strides=strides, padding=padding)
P1 = [pool1.f_prop(C[i]) for i in range(len(C))]


# 풀링 2(정의하세요.)
pool_size = (2,2)
strides = (2,2)
```

```
padding = (1,1)    ─①
pool2 =
P2 =
# ---------------------------------------------------------------
# 이후는 모두 시각화를 위한 코드입니다.
# ---------------------------------------------------------------
plt.imshow(X)
plt.title('The original image', fontsize=12)
plt.show()

plt.figure(figsize=(10,1))
for i in range(filters):
    plt.subplot(1,filters,i+1)
    ax = plt.gca() # get current axis
    ax.tick_params(labelbottom="off", labelleft="off", bottom="off",
                left="off") # 축을 삭제합니다.
    plt.imshow(C[i])
plt.suptitle('Convolution result', fontsize=12)
plt.show()

plt.figure(figsize=(10,1))
for i in range(filters):
    plt.subplot(1,filters,i+1)
    ax = plt.gca() # get current axis
    ax.tick_params(labelbottom="off", labelleft="off", bottom="off",
                left="off") # 축을 삭제합니다.
    plt.imshow(P1[i])
plt.suptitle('Pooling result', fontsize=12)
plt.show()

plt.figure(figsize=(10,1))
for i in range(filters):
    plt.subplot(1,filters,i+1)
    ax = plt.gca() # get current axis
    ax.tick_params(labelbottom="off", labelleft="off", bottom="off",
                left="off") # 축을 삭제합니다.
    plt.imshow(P2[i])
plt.suptitle('Pooling result', fontsize=12)
plt.show()
```

힌트

풀링 1의 구현을 참조하세요.

리스트 21-24 해답

In

```
(... 생략 ...)
# 풀링 2(정의하세요.)
pool_size = (2,2)
strides = (2,2)
padding = (1,1)
pool2 = Pool(pool_size=pool_size, strides=strides, padding=padding)
P2 = [pool2.f_prop(C[i]) for i in range(len(C))]
# -----------------------------------------------------------------
# 이후는 모두 시각화를 위한 코드입니다.
# -----------------------------------------------------------------
(... 생략 ...)
```

Out

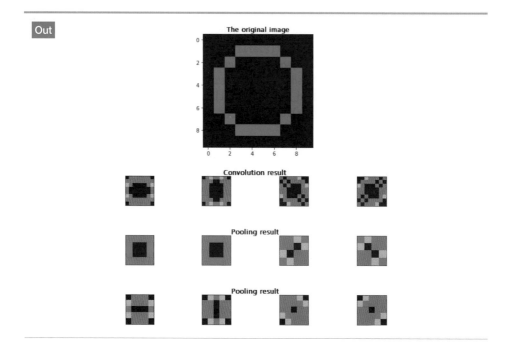

║연습 문제║

지금까지의 코드를 기반으로 Keras에서 CNN을 구현하고, 모델을 구축해봅시다.

[리스트 21-25]의 주석 부분을 구현하세요.

리스트 21-25 문제

```
In    from keras.layers import Activation, Conv2D, Dense, Flatten, MaxPooling2D
      from keras.models import Sequential, load_model
      from keras.utils.np_utils import to_categorical

      # 모델을 정의합니다.
      # 인스턴스를 작성하세요.
      model =

      model.add(Conv2D(input_shape=(28, 28, 1),
                       filters=32,
                       kernel_size=(2, 2),
                       strides=(1, 1),
                       padding="same"))
      model.add(MaxPooling2D(pool_size=(2, 2),
                             strides=(1,1)))
      model.add(Conv2D(filters=32,
                       kernel_size=(2, 2),
                       strides=(1, 1),
                       padding="same"))
      model.add(MaxPooling2D(pool_size=(2, 2),
                             strides=(1,1)))
      model.add(Flatten())
      model.add(Dense(256))

      # 활성화 함수는 sigmoid를 사용하세요.
      model.add()
      model.add(Dense(128))

      # 활성화 함수는 sigmoid를 사용하세요.
      model.add()
      model.add(Dense(10))

      # 활성화 함수는 softmax를 사용하세요.
      model.add()

      model.summary()
```

모델의 인스턴스는 Sequential( )로 만들 수 있습니다.

리스트 21-26 해답

```
from keras.layers import Activation, Conv2D, Dense, Flatten, MaxPooling2D
from keras.models import Sequential, load_model
from keras.utils.np_utils import to_categorical

# 모델을 정의합니다.
# 인스턴스를 작성하세요.
model = Sequential()
(... 생략 ...)

# 활성화 함수는 sigmoid를 사용하세요.
model.add(Activation('sigmoid'))
model.add(Dense(128))

# 활성화 함수는 sigmoid를 사용하세요.
model.add(Activation('sigmoid'))
model.add(Dense(10))

# 활성화 함수는 softmax를 사용하세요.
model.add(Activation('softmax'))

model.summary()
```

Out

Layer (type)	Output Shape	Param #
conv2d_9 (Conv2D)	(None, 28, 28, 32)	160
max_pooling2d_6 (MaxPooling2	(None, 27, 27, 32)	0
conv2d_10 (Conv2D)	(None, 27, 27, 32)	4128
max_pooling2d_7 (MaxPooling2	(None, 26, 26, 32)	0
flatten_4 (Flatten)	(None, 21632)	0
dense_8 (Dense)	(None, 256)	5538048

```
activation_14 (Activation)    (None, 256)              0
_____
dense_9 (Dense)               (None, 128)              32896
_____
activation_15 (Activation)    (None, 128)              0
_____
dense_10 (Dense)              (None, 10)               1290
_____
activation_16 (Activation)    (None, 10)               0
=================================================================
Total params: 5,576,522
Trainable params: 5,576,522
Non-trainable params: 0
```

설명

Keras에서는 먼저 모델을 관리하는 인스턴스를 만들고, add( ) 메서드로 모델의 층을 하나씩 추가합니다. Sequential 모델의 인스턴스를 작성하려면 model = Sequential( )로 합니다. 그리고 Activation('sigmoid')로 활성화 함수를 지정할 수 있습니다.

이 장을 복습하여 각 층의 인수가 각각 어떤 역할을 하는지 이해하기 바랍니다.

CHAPTER 22

CNN을 이용한 이미지 인식 응용

22.1 데이터 부풀리기

22.1.1 ImageDataGenerator

이미지 인식에는 이미지 데이터 및 그에 대응하는 라벨(지도 데이터)의 조합이 대량으로 필요합니다. 그러나 충분한 수의 이미지와 라벨의 조합을 준비하는 것은 다양한 비용적 측면에서 어려울 수 있습니다. 따라서 데이터 수를 충분한 양으로 늘릴 때 **이미지 부풀리기**를 활용할 수 있습니다.

이미지 부풀리기가 단순히 복사해서 양을 늘리는 것이라면 큰 의미가 없습니다. 그러므로 이미지를 뒤집거나 좌우로 조금씩 이동시켜 새로운 데이터를 만들어냅니다(그림 22-1).

그림 22-1 새로운 이미지를 만드는 방법

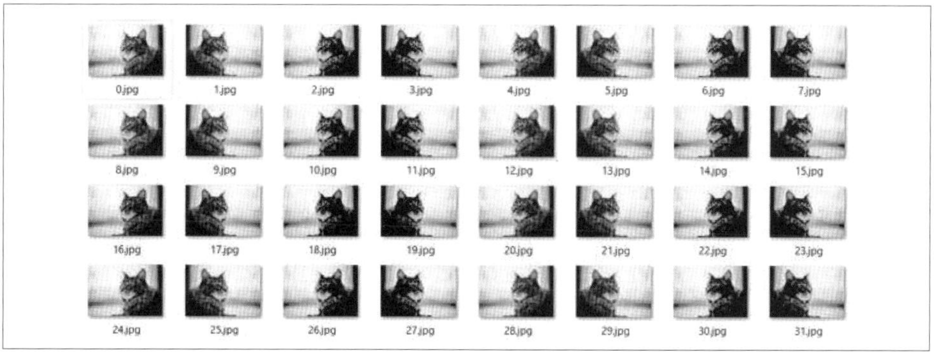

여기서는 Keras의 ImageDataGenerator를 사용하여 패딩을 실시합니다. ImageDataGenerator에는 여러 인수가 있어서 다양한 방법으로 데이터를 쉽게 가공할 수 있습니다. 또한 복수의 가공법을 조합하여 새로운 이미지를 생성할 수 있습니다.

다음은 ImageDataGenerator에서 널리 쓰이는 옵션입니다.

옵션
```
datagen = ImageDataGenerator(rotation_range=0.,
                             width_shift_range=0.,
                             height_shift_range=0.,
                             shear_range=0.,
                             zoom_range=0.,
                             channel_shift_range=0,
                             horizontal_flip=False,
                             vertical_flip=False)
```

- rotation_range : 회전하는 범위(단위 : degree)
- width_shift_range : 수평 이동하는 범위(이미지의 가로폭에 대한 비율)
- height_shift_range : 수직 이동하는 범위(이미지의 세로폭에 대한 비율)
- shear_range : 전단(shearing) 범위. 크게 하면 더 비스듬하게 찌그러진 이미지가 됨(단위 : degree)
- zoom_range : 이미지를 확대/축소시키는 비율(최소 : 1 - zoom_range, 최대 : 1 + zoom_range)
- channel_shift_range : 입력이 RGB 3 채널인 이미지의 경우 R, G, B 각각에 임의의 값을 더하거나 뺄 수 있음(0~255)
- horizontal_flip : True로 설정 시 가로로 반전
- vertical_flip : True로 설정 시 세로로 반전

이 외에도 여러 인수가 있습니다. 자세히 알아보려면 아래 사이트를 참고하세요.

- **Keras 공식 사이트(이미지 전처리)**
  URL keras.io/preprocessing/image/

문제

다음 중 ImageDataGenerator로 조건에 맞게 데이터를 부풀리는 코드로 적합한 것을 고르세요.

1. ImageDataGenerator(rotation_range=30,height_shift_range=0.2,vertical_flip=True)

```
2. ImageDataGenerator(rotation_range=30,height_shift_range=0.2,horizontal_
   flip=True)

3. ImageDataGenerator(rotation_range=30,width_shift_range=0.2,vertical_
   flip=True)

4. ImageDataGenerator(rotation_range=30,width_shift_range=0.2,horizontal_
   flip=True)
```

- **조건**
  - 무작위로 회전하는 범위는 30degree
  - 무작위로 수평 이동할 때 이미지의 가로폭에 대한 비율은 20%
  - 무작위로 세로 반전

힌트

datagen = ImageDataGenerator( )로 생성기를 작성할 수 있습니다.

해답

```
3. ImageDataGenerator(rotation_range=30,width_shift_range=0.2,vertical_
   flip=True)
```

22.2 정규화

22.2.1 다양한 정규화 방법

[그림 22-2]는 정규화의 예입니다. 규칙에 따라 데이터를 처리하고, 사용하기 쉽게 하는 것을 정규화라고 합니다.

[그림 22-2]에서는 정규화로 햇볕이 드는 방법을 통일하여 학습에 직접적인 관계가 없는 데이터 간의 차이를 제거하고 있습니다. 이렇게 하면 학습 효율을 크게 높일 수 있습니다.

그림 22-2 정규화의 예

[그림 22-3]의 그래프는 cifar10 분류에 **배치 정규화**batch normalization, BN를 수행하여 정확도가 크게 상승한 것을 보여줍니다.

그림 22-3 정규화의 유무

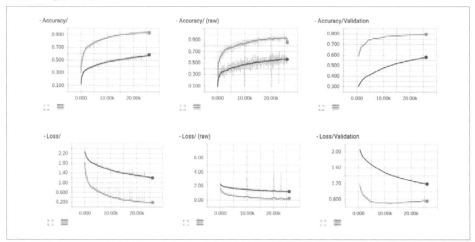

출처 DeepAge
URL deepage.net/deep_learning/2016/10/26/batch_normalization.html

파란색 선이 BN 없음, 검은색 선이 BN 있음입니다. 최근에는 심층 신경망 모델에서 정규화가 별로 필요 없다고 여겨지기도 하지만 간단한 모델을 사용하는 경우에는 매우 유용합니다.

딥러닝의 정규화 방법은 여러 가지가 있으며, 대표적인 것은 다음과 같습니다.

- 배치 정규화(Batch Normalization, BN)
- 주성분 분석(Principal Component Analysis, PCA)
- 특잇값 분해(Singular Value Decomposition, SVD)
- 제로위상 성분 분석(Zero-phase Component Analysis, ZCA)
- 국소 응답 정규화(Local Response Normalization, LRN)
- 전역 콘트라스트 정규화(Global Contrast Normalization, GCN)
- 국소 콘트라스트 정규화(Local Contrast Normalization, LCN)

이들 정규화 방법은 크게 **표준화**standardization와 **백색화**whitening로 나눌 수 있습니다. 이들에 대해서는 이어지는 절에서 살펴보겠습니다.

문제

다음 중 정규화에 대한 가장 적절한 설명을 고르세요.

1. 딥러닝에 사용되는 혹은 사용된 정규화 방식은 두 종류다.
2. 정규화 처리 절차는 자동으로 학습된다.
3. 일반적으로 정규화를 수행하면 학습 효율을 높일 수 있다.
4. 정규화 방식은 크게 '표준화'와 '평균화'의 두 가지로 나뉜다.

힌트

비교적 단순한 네트워크에서 모델의 정확도를 높일 때는 정규화가 매우 효과적입니다.

해답

3. 일반적으로 정규화를 수행하면 학습 효율을 높일 수 있다.

22.2.2 표준화

표준화standardization는 개별 특징에 대해 평균을 0으로, 분산을 1로 하여 특징별 데이터 분포를 좁히는 방법입니다.

[그림 22-4]의 이미지는 cifar10 데이터셋의 각 특징(여기서는 R, G, B의 3채널)에 표준화를 실시한 것입니다(보기 좋도록 조금 수정했습니다).

표준화를 수행하면 색조가 평균적이 되어 회색처럼 보이지만, 반대로 지금까지 눈에 띄지 않았던 색(R, G, B 중 하나)이 다른 색상과 동일한 수준에서 중요시(가중치가 붙음)되므로 숨은 특징을 찾기 쉬워집니다.

그림 22-4 cifar10 데이터셋에서 각 특징의 표준화를 실시한 결과

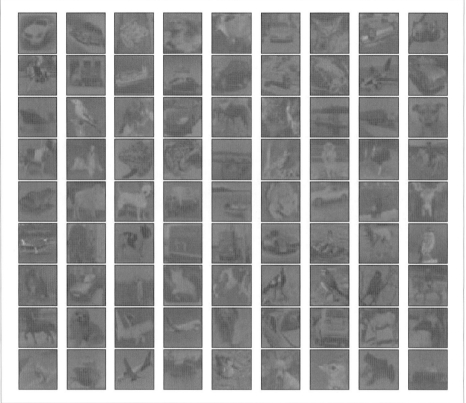

문제

여기에서는 Keras와 TensorFlow를 이용해서 구현합니다. 다음 조건 및 [리스트 22-1]에 따라 cifar10 데이터셋의 처음 10장의 사진을 표준화하고, 원본 이미지와 비교하세요.

• 각 이미지의 표준화를 수행하세요.
• 표준화는 ImageDataGenerator를 사용하세요. 힌트를 참조하여 ImageDataGenerator에 적절한 인수를 전달하세요.

```
In    import matplotlib.pyplot as plt
      from keras.datasets import cifar10
      from keras.preprocessing.image import ImageDataGenerator
      %matplotlib inline

      (X_train, y_train), (X_test, y_test) = cifar10.load_data()

      for i in range(10):
          plt.subplot(2, 5, i + 1)
          plt.imshow(X_train[i])
      plt.suptitle('The original image', fontsize=12)
      plt.show()

      # Generator를 생성하세요.
      datagen =

      # 표준화합니다.
      g = datagen.flow(X_train, y_train, shuffle=False)
      X_batch, y_batch = g.next()

      # 생성한 이미지를 보기 좋게 만듭니다.
      X_batch *= 127.0 / max(abs(X_batch.min()), X_batch.max())
      X_batch += 127.0
      X_batch = X_batch.astype('uint8')

      for i in range(10):
          plt.subplot(2, 5, i + 1)
          plt.imshow(X_batch[i])
      plt.suptitle('Standardization result', fontsize=12)
      plt.show()
```

힌트

• datagen=ImageDataGenerator( )로 생성기를 만들 수 있습니다.

• 각 채널의 평균을 0으로, 분산을 1로 하여 표준화할 수 있습니다.

• ImageDataGenerator에 samplewise_center=True를 지정하여 각 이미지 채널의 평균을 0으로,
samplewise_std_normalization=True를 지정하여 각 이미지 채널의 분산을 1로 할 수 있습니다.

리스트 22-2 해답

In
```
(... 생략 ...)
# Generator를 생성하세요.
datagen = ImageDataGenerator(samplewise_center=True,
                             samplewise_std_normalization=True)

# 표준화합니다.
(... 생략 ...)
```

Out

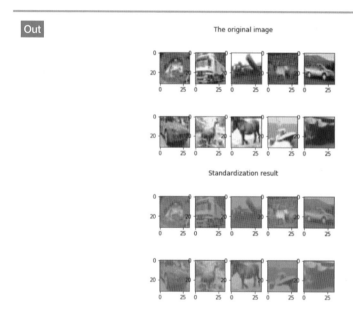

22.2.3 백색화

백색화whitening는 데이터 성분 사이의 상관관계를 없애는 방법입니다. [그림 22-5]의 이미지는 cifar10 데이터셋의 각 특징(여기서는 R, G, B의 3채널)에 백색화를 실시한 것입니다(보기 좋도록 조금 수정했습니다).

백색화를 수행하면 전체적으로 어두워지고 가장자리가 강조된 것처럼 보이지만 이는 백색화가 주위의 픽셀 정보로부터 쉽게 상정되는 색상은 무시하는 효과가 있기 때문입니다.

백색화로 정보량이 적은 면이나 배경 등이 아니라 정보량이 많은 가장자리 등을 강조함으로써 학습 효율을 높일 수 있습니다.

그림 22-5 백색화

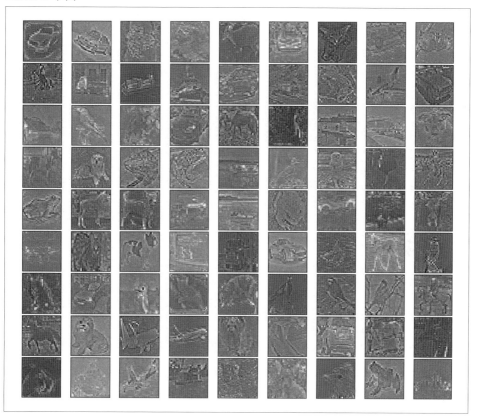

다음 조건 및 [리스트 22-3]에 따라 cifar10 데이터셋의 처음 10장의 사진을 백색화하고, 원본 이미지와 비교하세요.

• 백색화는 ImageDataGenerator를 사용하세요. 힌트를 참조하여 ImageDataGenerator에 적절한 인수를 전달하세요.

```
In    import matplotlib.pyplot as plt
      from keras.datasets import cifar10
      from keras.preprocessing.image import ImageDataGenerator
      %matplotlib inline

      (X_train, y_train), (X_test, y_test) = cifar10.load_data()

      # 전체 데이터 중 학습에 300장, 테스트에 100장의 데이터를 사용합니다.
      X_train = X_train[:300]
      X_test = X_test[:100]
      y_train = y_train[:300]
      y_test = y_test[:100]

      for i in range(10):
          plt.subplot(2, 5, i + 1)
          plt.imshow(X_train[i])
      plt.suptitle('The original image', fontsize=12)
      plt.show()

      # Generator를 생성하세요.
      datagen =

      # 백색화합니다.
      datagen.fit(X_train)
      g = datagen.flow(X_train, y_train, shuffle=False)
      X_batch, y_batch = g.next()

      # 생성한 이미지를 보기 좋게 만듭니다.
      X_batch *= 127.0 / max(abs(X_batch.min()), abs(X_batch.max()))
      X_batch += 127
      X_batch = X_batch.astype('uint8')

      for i in range(10):
          plt.subplot(2, 5, i + 1)
          plt.imshow(X_batch[i])
      plt.suptitle('Whitening result', fontsize=12)
      plt.show()
```

힌트

• datagen=ImageDataGenerator( )로 생성기를 만들 수 있습니다.

• ImageDataGenerator에 zca_whitening=True를 지정하여 제로위상 성분 분석을 적용할 수 있습니다.

리스트 22-4 해답

In
```
(... 생략 ...)
# Generator를 생성하세요.
datagen = ImageDataGenerator(zca_whitening=True)

# 백색화합니다.
(... 생략 ...)
```

Out

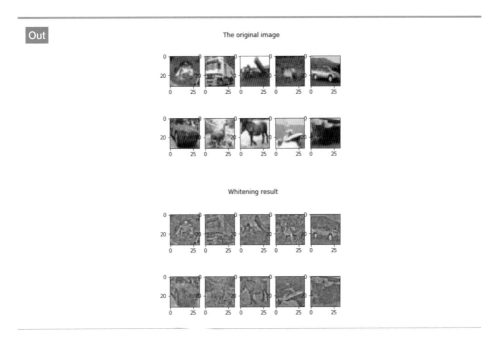

22.2.4 배치 정규화

딥러닝에서 미니배치 학습을 통해 배치마다 표준화를 수행하는 것을 **배치 정규화**batch normalization 라고 합니다.

Keras에서는 전결합층이나 합성곱층, 활성화 함수 등과 마찬가지로 다음과 같이 model의 add( ) 메서드로 모델에 배치 정규화를 통합할 수 있습니다.

```
model.add(BatchNormalization())
```

배치 정규화는 데이터의 전처리뿐만 아니라 중간층의 출력에도 적용할 수 있습니다. 특히 활성화 함수 ReLU 등 출력값의 범위가 한정되지 않은 함수의 출력에 배치 정규화를 사용하면 학습이 원활하게 진행되어 큰 효과를 발휘합니다.

문제

[리스트 22-5]의 공란에 배치 정규화를 통합하는 구문을 추가하여 실행하세요. 이때 다음에 주의하세요.

- 올바르게 정규화하면 활성화 함수에 sigmoid가 아닌 ReLU 함수를 사용해도 학습을 잘할 수 있습니다.
- ReLU을 제대로 사용하면 sigmoid 함수를 사용하는 것보다 좋은 학습 결과가 나오는 경우가 많습니다.

리스트 22-5 문제

```
import numpy as np
import matplotlib.pyplot as plt
from keras.datasets import mnist
from keras.layers import Activation, Conv2D, Dense, Flatten, MaxPooling2D,
BatchNormalization
from keras.models import Sequential, load_model
from keras.utils.np_utils import to_categorical

(X_train, y_train), (X_test, y_test) = mnist.load_data()

X_train = np.reshape(a=X_train, newshape=(-1, 28, 28, 1))[:300]
X_test = np.reshape(a = X_test,newshape=(-1, 28, 28, 1))[:300]
y_train = to_categorical(y_train)[:300]
y_test = to_categorical(y_test)[:300]

# model1(활성화 함수로 sigmoid를 쓰는 모델)을 정의합니다.
model1 = Sequential()
model1.add(Conv2D(input_shape=(28, 28, 1), filters=32,
                  kernel_size=(2, 2), strides=(1, 1), padding="same"))
model1.add(MaxPooling2D(pool_size=(2, 2)))
model1.add(Conv2D(filters=32, kernel_size=(
    2, 2), strides=(1, 1), padding="same"))
model1.add(MaxPooling2D(pool_size=(2, 2)))
model1.add(Flatten())
model1.add(Dense(256))
```

```python
model1.add(Activation('sigmoid'))
model1.add(Dense(128))
model1.add(Activation('sigmoid'))
model1.add(Dense(10))
model1.add(Activation('softmax'))

# 컴파일합니다.
model1.compile(optimizer='sgd', loss='categorical_crossentropy',
               metrics=['accuracy'])
# 학습시킵니다.
history = model1.fit(X_train, y_train, batch_size=32, epochs=3,
                     validation_data=(X_test, y_test))

# 시각화합니다.
plt.plot(history.history['acc'], label='acc', ls='-', marker='o')
plt.plot(history.history['val_acc'], label='val_acc', ls='-',
         marker='x')
plt.ylabel('accuracy')
plt.xlabel('epoch')
plt.suptitle('model1', fontsize=12)
plt.show()

# model2(활성화 함수로 ReLU를 쓰는 모델)를 정의합니다.
model2 = Sequential()
model2.add(Conv2D(input_shape=(28, 28, 1), filters=32,
                  kernel_size=(2, 2), strides=(1, 1), padding="same"))
model2.add(MaxPooling2D(pool_size=(2, 2)))
model2.add(Conv2D(filters=32, kernel_size=(
    2, 2), strides=(1, 1), padding="same"))
model2.add(MaxPooling2D(pool_size=(2, 2)))
model2.add(Flatten())
model2.add(Dense(256))
model2.add(Activation('relu'))
# 배치 정규화를 추가하세요.

model2.add(Dense(128))
model2.add(Activation('relu'))
# 배치 정규화를 추가하세요.

model2.add(Dense(10))
model2.add(Activation('softmax'))

# 컴파일합니다.
model2.compile(optimizer='sgd', loss='categorical_crossentropy',
               metrics=['accuracy'])
```

```python
# 학습시킵니다.
history = model2.fit(X_train, y_train, batch_size=32, epochs=3,
                     validation_data=(X_test, y_test))

# 시각화합니다.
plt.plot(history.history['acc'], label='acc', ls='-', marker='o')
plt.plot(history.history['val_acc'], label='val_acc', ls='-',
         marker='x')
plt.ylabel('accuracy')
plt.xlabel('epoch')
plt.suptitle('model2', fontsize=12)
plt.show()
```

힌트

배치 정규화는 층이 아니지만 Keras에서는 다른 층과 동일하게 다룰 수 있습니다.

해답

리스트 22-6 해답

In

```python
(... 생략 ...)
# 배치 정규화를 추가하세요.
model2.add(BatchNormalization())
model2.add(Dense(128))
model2.add(Activation('relu'))
# 배치 정규화를 추가하세요.
model2.add(BatchNormalization())
model2.add(Dense(10))
model2.add(Activation('softmax'))
# 컴파일합니다.
(... 생략 ...)
```

Out

```
Train on 300 samples, validate on 300 samples
Epoch 1/3
300/300 [==============================] - 1s 3ms/step - loss: 2.3076 - acc:
0.1400 - val_loss: 2.2596 - val_acc: 0.1833
Epoch 2/3
300/300 [==============================] - 0s 897us/step - loss: 2.1911 -
acc: 0.3133 - val_loss: 2.2002 - val_acc: 0.2633
Epoch 3/3
300/300 [==============================] - 0s 817us/step - loss: 2.1220 -
acc: 0.4167 - val_loss: 2.1666 - val_acc: 0.3433
```

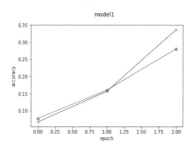

```
Train on 300 samples, validate on 300 samples
Epoch 1/3
300/300 [==============================] - 1s 4ms/step - loss: 1.8897 - acc:
0.4033 - val_loss: 1.7229 - val_acc: 0.5100
Epoch 2/3
300/300 [==============================] - 0s 911us/step - loss: 0.6545 -
acc: 0.8100 - val_loss: 1.2731 - val_acc: 0.6300
Epoch 3/3
300/300 [==============================] - 0s 823us/step - loss: 0.3986 -
acc: 0.8800 - val_loss: 1.1974 - val_acc: 0.6733
```

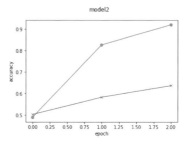

22.3 전이학습

대규모 신경망을 학습시키는 데는 매우 많은 시간이 걸리며, 데이터도 대량으로 필요합니다. 이런 경우 대량의 데이터로 미리 학습되어 공개된 모델을 이용하는 것이 효과적입니다. 학습된 모델을 이용하여 새로운 모델을 학습시키는 것을 전이학습transfer learning이라고 합니다.

Keras에서는 ImageNet(120만장, 1000클래스로 이루어진 거대한 이미지 데이터셋)으로 학습한 이미지 분류 모델과 그 가중치를 다운로드하여 사용할 수 있습니다.

공개된 모델은 여러 가지가 있지만 여기서는 VGG16 모델을 예로 설명합니다.

그림 22-6 VGG 모델

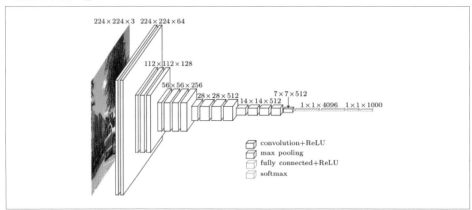

출처 VGG in TensorFlow의 FIG.2 – MACROARCHITECTURE OF VGG16
URL www.cs.toronto.edu/~frossard/post/vgg16/
참고 VERY DEEP CONVOLUTIONAL NETWORKS FOR LARGE-SCALE IMAGE RECOGNITION
URL arxiv.org/pdf/1409.1556.pdf

VGG 모델은 옥스퍼드 대학의 VGG^{Visual Geometry Group} 팀이 만든 네트워크 모델(그림 22-6)로, 2014년에 열린 ILSVRC^{ImageNet Large Scale Visual Recognition Challenge}라는 대규모 이미지 인식 대회에서 준우승을 차지했습니다. 작은 필터를 사용한 합성곱을 2~4회 연속으로 실시하여 풀링을 반복하는 당시로서는 상당히 층을 깊게 한 것이 특징입니다. VGG 모델은 가중치를 가진 층(합성곱층과 전결합층)을 16층 거듭한 것과 19층 거듭한 것이 있으며, 각각 VGG16, VGG19라고 부릅니다. VGG16은 합성곱 13층 + 전결합층 3층 = 16층의 신경망으로 되어 있습니다.

원래 VGG 모델은 1,000클래스의 분류 모델이므로 출력 유닛이 1,000개 있지만, 마지막 전결합층을 제외한 도중까지의 층을 특징 추출용 층으로 사용하여 전이학습에 활용할 수 있습니다.

또한 입력 이미지의 크기를 신경 쓸 필요가 없습니다. VGG16 모델은 합성곱층 커널의 크기가 3×3으로 작고, padding='same'으로 되어 있으며, 극단적으로 입력 이미지가 적지 않은 한 13층을 거쳐 추출되는 특징 수가 일정 부분 확보되기 때문입니다.

문제

다음 중 전이학습에 대한 알맞은 설명을 고르세요.

1. 입력 이미지의 크기는 원래 모델의 구조에 맞춰 미리 확대하거나 축소할 필요가 있다.

2. 원래 모델과 동일한 출력을 상정하지 않은 모델에는 전이학습을 수행할 수 없다.

3. 전이학습에서는 학습된 모델 구조를 새로운 모델에 사용할 수 있지만 가중치는 처음부터 학습시킬 필요가 있다.

4. 전이학습을 수행하면 일반적으로 학습에 소요되는 시간을 단축할 수 있다.

힌트

원래 모델과 입출력이 다른 모델에도 전이학습을 실시할 수 있고, 가중치도 학습된 것을 활용할 수 있습니다.

해답

4. 전이학습을 수행하면 일반적으로 학습에 소요되는 시간을 단축할 수 있다.

22.3.1 VGG16

Keras로 cifar10 데이터셋을 전이학습을 이용하여 분류합시다. 지금까지 사용해온 Sequential 유형의 모델에 VGG16 모델을 조합하겠습니다. 먼저 VGG 모델을 만듭니다(리스트 22-7).

리스트 22-7 VGG 모델 작성 예

```
from keras.applications.vgg16 import VGG16

input_tensor = Input(shape=(32, 32, 3))
vgg16 = VGG16(include_top=False, weights='imagenet', input_tensor=input_
tensor)
```

input_tersor로 입력 형태를 부여합니다. include_top은 원래 모델의 최후 전결합층을 사용할지 여부입니다. 이를 False로 하면 원래 모델의 합성곱층의 특징 추출 부분만 사용하여 이후 층에는 스스로 작성한 모델을 추가할 수 있습니다. weights에 imagenet을 지정하면 ImageNet에서 학습한 가중치를 사용하고, None을 지정하면 임의의 가중치를 사용하게 됩니다.

특징 추출 부분 이후에 새로운 다른 층을 추가하려면 미리 VGG와 다른 모델(여기서는 top_model)을 정의하고 [리스트 22-8]과 같이 결합합니다.

```
top_model = vgg16.output
top_model = Flatten(input_shape=vgg16.output_shape[1:])(top_model)
top_model = Dense(256, activation='sigmoid')(top_model)
top_model = Dropout(0.5)(top_model)
top_model = Dense(10, activation='softmax')(top_model)

model = Model(inputs=vgg16.input, outputs=top_model)
```

VGG16에 의한 특징 추출 부분의 가중치는 갱신되면 흐트러져버리므로 [리스트 22-9]처럼 고정시킵니다.

리스트 22-9 가중치 고정

```
# model의 19번째 층까지는 vgg 모델
for layer in model.layers[:19]:
    layer.trainable = False
```

컴파일과 학습은 동일하게 이뤄지지만 전이학습의 경우 최적화에 SGD를 선택하는 것이 좋다고 알려져 있습니다(리스트 22-10).

리스트 22-10 SGD로 최적화

```
model.compile(loss='categorical_crossentropy',
              optimizer=optimizers.SGD(lr=1e-4, momentum=0.9),
              metrics=['accuracy'])
```

문제

[리스트 22-11]의 공란을 채워 cifar10 분류 모델을 VGG16을 사용하여 생성하고 전이학습하는 코드를 완성하세요.

리스트 22-11 문제

```
from keras import optimizers
from keras.applications.vgg16 import VGG16
from keras.datasets import cifar10
from keras.layers import Dense, Dropout, Flatten, Input
```

```python
from keras.models import Model, Sequential
from keras.utils.np_utils import to_categorical
import matplotlib.pyplot as plt
import numpy as np
%matplotlib inline

(X_train, y_train), (X_test, y_test) = cifar10.load_data()

y_train = to_categorical(y_train)
y_test = to_categorical(y_test)

# input_tensor를 정의하세요.
input_tensor =

vgg16 = VGG16(include_top=False, weights='imagenet', input_tensor=input_
tensor)

top_model = vgg16.output
top_model = Flatten(input_shape=vgg16.output_shape[1:])(top_model)
top_model = Dense(256, activation='sigmoid')(top_model)
top_model = Dropout(0.5)(top_model)
top_model = Dense(10, activation='softmax')(top_model)

# vgg16과 top_model을 연결하세요.
model =

# 19층까지 가중치를 고정시키세요.


# 모델을 확인합니다.
model.summary()

model.compile(loss='categorical_crossentropy',
              optimizer=optimizers.SGD(lr=1e-4, momentum=0.9),
              metrics=['accuracy'])

# 사전에 학습된 모델을 저장해놓았다면 다음처럼 해당 모델을 읽어 들일 수 있습니다.
# model.load_weights('param_vgg.hdf5')

# 배치 크기 32, epoch 수 3으로 학습합니다.
model.fit(X_train, y_train, validation_data=(X_test, y_test), batch_
size=32, epochs=3)

# 다음과 같이 모델을 저장할 수 있습니다.
model.save_weights('param_vgg.hdf5')
```

```
# 정확도를 평가합니다.
scores = model.evaluate(X_test, y_test, verbose=1)
print('Test loss:', scores[0])
print('Test accuracy:', scores[1])

# 데이터를 시각화합니다(테스트 데이터의 처음 10장).
for i in range(10):
    plt.subplot(2, 5, i+1)
    plt.imshow(X_test[i])
plt.suptitle("The first ten of the test data", fontsize=16)
plt.show()

# 예측합니다(테스트 데이터의 처음 10장).
pred = np.argmax(model.predict(X_test[0:10]), axis=1)
print(pred)
```

힌트

정확도가 47% 정도에 머물러 있습니다. 훈련 데이터양을 늘려 여러 번 학습을 반복하면 90% 정도까지 올라가지만 계산 자원과 시간이 많이 필요합니다.

해답

리스트 22-12 해답

In
```
(... 생략 ...)
# input_tensor를 정의하세요.
input_tensor = Input(shape=(32, 32, 3))
(... 생략 ...)
# vgg16과 top_model을 연결하세요.
model = Model(inputs=vgg16.input, outputs=top_model)

# 19층까지 가중치를 고정시키세요.
for layer in model.layers[:19]:
    layer.trainable = False

# 모델을 확인합니다.
model.summary()
(... 생략 ...)
```

Out

Layer (type)	Output Shape	Param #
input_1 (InputLayer)	(None, 32, 32, 3)	0

block1_conv1 (Conv2D)	(None, 32, 32, 64)	1792
block1_conv2 (Conv2D)	(None, 32, 32, 64)	36928
block1_pool (MaxPooling2D)	(None, 16, 16, 64)	0
block2_conv1 (Conv2D)	(None, 16, 16, 128)	73856
block2_conv2 (Conv2D)	(None, 16, 16, 128)	147584
block2_pool (MaxPooling2D)	(None, 8, 8, 128)	0
block3_conv1 (Conv2D)	(None, 8, 8, 256)	295168
block3_conv2 (Conv2D)	(None, 8, 8, 256)	590080
block3_conv3 (Conv2D)	(None, 8, 8, 256)	590080
block3_pool (MaxPooling2D)	(None, 4, 4, 256)	0
block4_conv1 (Conv2D)	(None, 4, 4, 512)	1180160
block4_conv2 (Conv2D)	(None, 4, 4, 512)	2359808
block4_conv3 (Conv2D)	(None, 4, 4, 512)	2359808
block4_pool (MaxPooling2D)	(None, 2, 2, 512)	0
block5_conv1 (Conv2D)	(None, 2, 2, 512)	2359808
block5_conv2 (Conv2D)	(None, 2, 2, 512)	2359808
block5_conv3 (Conv2D)	(None, 2, 2, 512)	2359808
block5_pool (MaxPooling2D)	(None, 1, 1, 512)	0
flatten_13 (Flatten)	(None, 512)	0
dense_37 (Dense)	(None, 256)	131328
dropout_1 (Dropout)	(None, 256)	0
dense_38 (Dense)	(None, 10)	2570

```
====================================================================
Total params: 14,848,586
Trainable params: 133,898
Non-trainable params: 14,714,688
```
```
Train on 50000 samples, validate on 10000 samples
Epoch 1/3
50000/50000 [==============================] - 308s 6ms/step - loss: 2.3175
- acc: 0.2181 - val_loss: 1.7376 - val_acc: 0.4135
Epoch 2/3
50000/50000 [==============================] - 311s 6ms/step - loss: 1.8929
- acc: 0.3411 - val_loss: 1.5795 - val_acc: 0.4558
Epoch 3/3
50000/50000 [==============================] - 311s 6ms/step - loss: 1.7381
- acc: 0.3927 - val_loss: 1.5028 - val_acc: 0.4812
10000/10000 [==============================] - 52s 5ms/step
Test loss: 1.5028112098693847
Test accuracy: 0.4812
```

The first ten of the test data

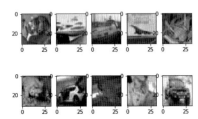

[6 8 9 9 6 6 1 6 5 7]

||연습 문제||

CNN은 데이터양을 늘려 학습시킴으로써 과학습을 피하고 일반화 성능이 좀 더 높은 모델을 만들 수 있습니다. 여기서는 ImageDataGenerator의 사용법을 복습합니다.

문제

[리스트 22-13]의 주석 부분을 구현하세요.

```
In    import matplotlib.pyplot as plt
      from keras.datasets import cifar10
      from keras.preprocessing.image import ImageDataGenerator
      %matplotlib inline

      # 이미지 데이터를 읽어 들입니다.
      (X_train, y_train), (X_test, y_test) = cifar10.load_data()

      # 이미지를 표시합니다.
      for i in range(10):
          plt.subplot(2, 5, i + 1)
          plt.imshow(X_train[i])
      plt.suptitle('original', fontsize=12)
      plt.show()

      # 확장할 때의 설정을 기술하세요(자유롭게 설정하세요).
      generator = ImageDataGenerator(
                      rotation_range=          , # OO°까지 회전합니다.
                      width_shift_range=       , # 수평으로 무작위 시프트시킵니다.
                      height_shift_range=      , # 수직으로 무작위 시프트시킵니다.
                      channel_shift_range=     , # 색조를 임의로 변경합니다.
                      shear_range=             , # 대각선(pi/8까지)으로 잡아당깁니다.
                      horizontal_flip=         , # 무작위로 수직 반전합니다.
                      vertical_flip=           , # 무작위로 수평 반전합니다.
                      )

      # 이미지를 확장하세요(.flow를 사용해서 확장할 이미지 데이터를 전달합니다. 비교해서 표시
      하기 위해 shuffle=False를 지정합니다).
      extension =
      X_batch  =

      # 생성한 이미지를 보기 좋게 만듭니다.
      X_batch *= 127.0 / max(abs(X_batch.min()), X_batch.max())
      X_batch += 127.0
      X_batch = X_batch.astype('uint8')

      # 확장된 이미지를 표시합니다.
      for i in range(10):
          plt.subplot(2, 5, i + 1)
          plt.imshow(X_batch[i])
      plt.suptitle('extension', fontsize=12)
      plt.show()
```

힌트

'flow(데이터, 인수)'로 설정합니다.

해답

리스트 22-14 해답

```
In    (... 생략 ...)
      # 확장할 때의 설정을 기술하세요(자유롭게 설정하세요).
      generator = ImageDataGenerator(
                      rotation_range=90,          # 90°까지 회전합니다.
                      width_shift_range=0.3,      # 수평으로 무작위 시프트시킵니다.
                      height_shift_range=0.3,     # 수직으로 무작위 시프트시킵니다.
                      channel_shift_range=70.0,   # 색조를 임의로 변경합니다.
                      shear_range=0.39,           # 대각선(pi/8까지)으로 잡아당깁니다.
                      horizontal_flip=True,       # 무작위로 수직 반전합니다.
                      vertical_flip=True          # 무작위로 수평 반전합니다.
                      )

      # 이미지를 확장하세요(.flow를 사용해서 확장할 이미지 데이터를 전달합니다. 비교해서 표시
      하기 위해 shuffle=False를 지정합니다).
      extension = generator.flow(X_train, shuffle=False)
      X_batch = extension.next()
      (... 생략 ...)
```

Out

original

extension

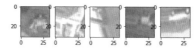

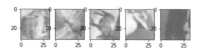

[표 22-1]에 ImageDataGenerator에서 자주 사용되는 인수를 나타냈습니다.

표 22-1 ImageDataGenerator에서 자주 사용되는 인수

변수	설명
rotation_range	회전하는 범위(단위: degree)
width_shift_range	수평 이동하는 범위(이미지의 가로폭에 대한 비율)
height_shift_range	수직 이동하는 범위(이미지의 세로폭에 대한 비율)
shear_range	전단(shearing) 범위. 크게 하면 더 비스듬하게 찌그러진 이미지가 됨(단위: degree)
zoom_range	이미지를 확대/축소시키는 비율(최소: 1-zoom_range, 최대: 1+zoom_range)
channel_shift_range	입력이 RGB3 채널인 이미지의 경우 R, G, B 각각에 임의의 값을 더하거나 뺄 수 있음 (0~255)
horizontal_flip	True로 설정 시 가로로 반전
vertical_flip	True로 설정 시 세로로 반전

||종합 문제||

문제

[리스트 22-15]의 공란을 채워 cifar10을 vgg16 모델로 전이학습시키세요.

• cifar10의 데이터를 모두 이용해도 좋습니다.

• 데이터 부풀리기와 확장은 '없음'으로 합니다.

• 가중치의 고정은 15층까지로 합니다.

• epoch 수는 3으로, 65% 이상의 정확도를 확보하세요.

리스트 22-15 문제

```
In    from keras import optimizers
      from keras.applications.vgg16 import VGG16
      from keras.datasets import cifar10
      from keras.layers import Dense, Dropout, Flatten, Input
      from keras.models import Model, Sequential
      from keras.utils.np_utils import to_categorical
      import matplotlib.pyplot as plt
      import numpy as np
```

```python
# 데이터를 읽어 들이세요.
(X_train, y_train), (X_test, y_test) =

y_train = to_categorical(y_train)
y_test = to_categorical(y_test)

# input_tensor를 정의하여 vgg의 ImageNet으로 학습된 모델을 작성하세요.
input_tensor =
vgg16 =

# 특징량 추출 부분의 모델을 만듭니다.
top_model = vgg16.output
top_model = Flatten(input_shape=vgg16.output_shape[1:])(top_model)
top_model = Dense(256, activation='sigmoid')(top_model)
top_model = Dropout(0.5)(top_model)
top_model = Dense(10, activation='softmax')(top_model)

# vgg16과 top_model을 연결시키세요.
model =

# 다음 for 문을 완성시켜 15층까지 가중치를 고정시키세요.
for layer in
    layer.trainable =

# 학습하기 전에 모델의 구조를 확인하세요.
model.summary()

# 컴파일합니다.
model.compile(loss='categorical_crossentropy',
              optimizer=optimizers.SGD(lr=1e-4, momentum=0.9),
              metrics=['accuracy'])

# 사전에 학습된 모델을 저장해놓았다면 다음처럼 해당 모델을 읽어 들일 수 있습니다.
# model.load_weights('param_vgg_15.hdf5')

# 배치 크기 32로 학습시키세요.
model.fit()

# 다음과 같이 모델을 저장할 수 있습니다.
model.save_weights('param_vgg_15.hdf5')

# 정확도를 평가합니다.
scores = model.evaluate(X_test, y_test, verbose=1)
print('Test loss:', scores[0])
print('Test accuracy:', scores[1])
```

모델 작성은 22.3.1절 'VGG16'을 참조하세요.

리스트 22-16 해답

In
```python
(... 생략 ...)
# 데이터를 읽어 들이세요.
(X_train, y_train), (X_test, y_test) = cifar10.load_data()

y_train = to_categorical(y_train)
y_test = to_categorical(y_test)

# input_tensor를 정의하여 vgg의 ImageNet으로 학습된 모델을 작성하세요.
input_tensor = Input(shape=(32, 32, 3))
vgg16 = VGG16(include_top=False, weights='imagenet', input_tensor=input_
tensor)
(... 생략 ...)
# vgg16과 top_model을 연결시키세요.
model = Model(inputs=vgg16.input, outputs=top_model)

# 다음 for 문을 완성시켜 15층까지 가중치를 고정시키세요.
for layer in model.layers[:15]:
    layer.trainable = False
(... 생략 ...)

# 배치 크기 32로 학습시키세요.
model.fit(X_train, y_train, validation_data=(X_test, y_test), batch_
size=32, epochs=3)
(... 생략 ...)
```

Out

Layer (type)	Output Shape	Param #
input_4 (InputLayer)	(None, 32, 32, 3)	0
block1_conv1 (Conv2D)	(None, 32, 32, 64)	1792
block1_conv2 (Conv2D)	(None, 32, 32, 64)	36928
block1_pool (MaxPooling2D)	(None, 16, 16, 64)	0
block2_conv1 (Conv2D)	(None, 16, 16, 128)	73856

```
block2_conv2 (Conv2D)          (None, 16, 16, 128)        147584

block2_pool (MaxPooling2D)     (None, 8, 8, 128)          0

block3_conv1 (Conv2D)          (None, 8, 8, 256)          295168

block3_conv2 (Conv2D)          (None, 8, 8, 256)          590080

block3_conv3 (Conv2D)          (None, 8, 8, 256)          590080

block3_pool (MaxPooling2D)     (None, 4, 4, 256)          0

block4_conv1 (Conv2D)          (None, 4, 4, 512)          1180160

block4_conv2 (Conv2D)          (None, 4, 4, 512)          2359808

block4_conv3 (Conv2D)          (None, 4, 4, 512)          2359808

block4_pool (MaxPooling2D)     (None, 2, 2, 512)          0

block5_conv1 (Conv2D)          (None, 2, 2, 512)          2359808

block5_conv2 (Conv2D)          (None, 2, 2, 512)          2359808

block5_conv3 (Conv2D)          (None, 2, 2, 512)          2359808

block5_pool (MaxPooling2D)     (None, 1, 1, 512)          0

flatten_4 (Flatten)            (None, 512)                0

dense_7 (Dense)                (None, 256)                131328

dropout_4 (Dropout)            (None, 256)                0

dense_8 (Dense)                (None, 10)                 2570
=================================================================
Total params: 14,848,586
Trainable params: 7,213,322
Non-trainable params: 7,635,264


Train on 50000 samples, validate on 10000 samples
Epoch 1/3
50000/50000 [==============================] - 1242s 25ms/step - loss:
1.5940 - acc: 0.4476 - val_loss: 1.0976 - val_acc: 0.6176
```

```
Epoch 2/3
50000/50000 [==============================] - 1258s 25ms/step - loss:
1.1378 - acc: 0.6148 - val_loss: 0.9465 - val_acc: 0.6748
Epoch 3/3
50000/50000 [==============================] - 1262s 25ms/step - loss:
0.9900 - acc: 0.6666 - val_loss: 0.8800 - val_acc: 0.7008
10000/10000 [==============================] - 90s 9ms/step
Test loss: 0.8800413980484009
Test accuracy: 0.7008
```

설명

전이학습의 22.3.1절 'VGG16'과 달리 모든 층이 아니라 일부 층만 고정시켜서 학습했습니다.
여기서 작성한 model은 19층까지 ImageNet에 의한 가중치 학습을 완료하고 있지만, 그중 15
층까지 고정시켰습니다. 22.3.1절에서는 동일한 학습 방법으로 약 47% 정도가 나온 반면 여기
서는 70%까지 정밀도를 높였습니다. 그러나 실행 시간이 대략 2~3배로 늘어났습니다.

고정층을 부분적으로 적용함으로써 학습이 필요한 파라미터 수가 증가했기 때문에 계산량이 늘
어난 반면 정확도는 향상되었습니다. 데이터 수가 적을 때는 이처럼 일부 층만 고정시키는 방법
이 매우 유용하지만 정확성과 학습 시간은 트레이드오프 관계에 있다는 점을 알아두세요.

맺음말

인공지능, 암호화폐 등 다양한 첨단기술 연구가 진행되고 있습니다. 하지만 인공지능이 인간의 일자리를 빼앗는 것은 아닌지, 암호화폐는 돈세탁에 사용될지도 모르는 위험한 통화라는 등 잘못된 생각을 가진 분도 많습니다. 하지만 첨단기술을 이용하여 자율주행 등 지금까지 인류가 누릴 수 없었던 편리한 서비스가 많이 생겨나고 있습니다. 그래서 Aidemy의 임무는 이러한 기술의 확산을 지원하기 위해 '사회와 기술을 연결한다'는 것으로 정했습니다. 자율주행 등의 유용한 도구나 시스템을 만드는 것은 엔지니어이며, Aidemy의 임무를 구현하는 것은 엔지니어가 중심이 되어야 한다고 생각하고 있습니다. 따라서 필자는 Aidemy를 통해 엔지니어의 기술 향상이나 프로덕트 제작 지원을 계속하고 있습니다.

이 책의 출간이 타진되었을 때 스테이크홀더나 사내에서 '이 책을 출간하면 Aidemy 자체의 매출이 떨어지는 것은 아닌가?'라는 논의도 있었습니다. 물론 이 책과 Aidemy의 콘텐츠는 중복되는 부분이 있습니다. 그래서 단기적으로 보면 Aidemy 매출이 떨어질 수도 있습니다. 그러나 Aidemy의 사업 영역은 머신러닝이나 딥러닝 교육 콘텐츠의 웹 판매뿐만이 아닙니다. Aidemy는 '사회와 기술을 연결하는' 회사입니다. 따라서 사업 영역을 교육, 연수, 인재 서비스는 물론 엔지니어를 위한 도구 제공 등으로 광범위하게 넓히고 있습니다. 사내교육 콘텐츠의 매출지표만을 쫓지 않고, 엔지니어에 널리 기여하는 회사가 되는 것을 가장 중요시하고 있습니다. 이러한 배경에서 출간을 결심했습니다. 이 책이 계기가 되어 한 사람이라도 더 많은 엔지니어가 인공지능(머신러닝)의 주제를 더 가깝게 느껴주시면 '사회와 기술을 연결'하는 회사로서의 책임을 다하고 있다고 생각할 것입니다.

마지막으로 도서 집필에 많은 분께 신세를 졌습니다. 이 자리를 빌려 감사의 말씀을 드립니다. 이 책의 집필에는 Aidemy의 비전에 공감해 Aidemy의 콘텐츠를 집필하신 수많은 엔지니어께서 협력해주셨습니다. 특히 콘텐츠의 품질을 높이기 위해 힘써주신 무라카미 신타로(村上 真太朗), 카가미 료(加賀美 崚), 모리야마 코우다이(森山 広大), 카와이 마사루(河合 大), 야마자키 야스히로(山崎 泰晴), 키무라 유지(木村 優志)에게 깊은 감사의 말씀드립니다. 또한 편집자이신 주식회사 쇼에이샤의 미야코시 타카유키(宮腰隆之)는 귀중한 집필 기회를 주셨고, 출간에 큰 도움을 주셨습니다.[1] 이 책이나 Aidemy 서비스로 많은 엔지니어가 기술 향상을 하시기 바랍니다.

주식회사 Aidemy CEO 이시카와 아키히코(石川 聡彦)

---

1 옮긴이_ 일본어 인명 번역은 매우 어려운 일이며 정확하지 않을 수 있습니다.

INDEX

INDEX

INDEX

INDEX